Publication de la librairie du Dictionnaire des Arts et Manufactures

L'ART INDUSTRIEL

ou

LES BEAUX ARTS

CONSIDÉRÉS DANS LEURS RAPPORTS

AVEC L'INDUSTRIE MODERNE

PAR

Charles LABOULAYE

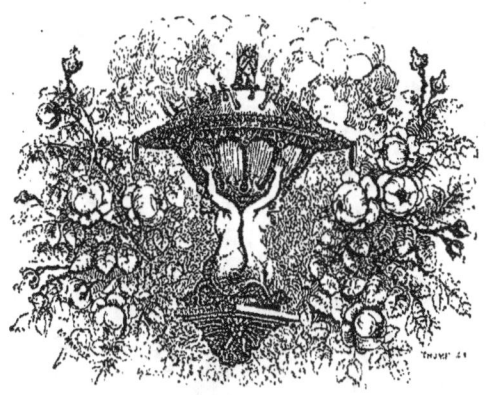

PARIS

G. MASSON, ÉDITEUR

120, BOULEVARD SAINT-GERMAIN

L'ART INDUSTRIEL

PARIS. — IMPRIMERIE E. CAPIOMONT ET V. RENAULT

6, RUE DES POITEVINS, 6

Publication de la librairie du Dictionnaire des Arts et Manufactures

L'ART INDUSTRIEL

ou

LES BEAUX ARTS

CONSIDÉRÉS DANS LEURS RAPPORTS

AVEC L'INDUSTRIE MODERNE

PAR

Charles LABOULAYE

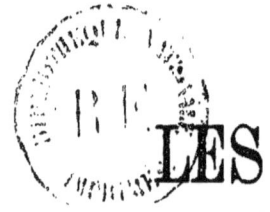

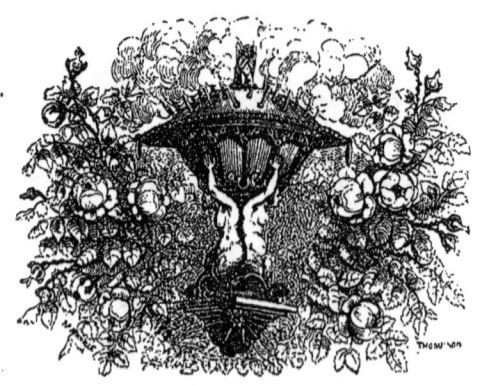

PARIS

G. MASSON, ÉDITEUR

120, BOULEVARD SAINT-GERMAIN

ART INDUSTRIEL

—◦∞◦—

DE L'ART INDUSTRIEL — SON IMPORTANCE
SA CLASSIFICATION — DU BEAU — SON ÉTUDE HISTORIQUE

I. — ARCHITECTURE

STYLES SUCCESSIFS : ÉGYPTIEN, GREC, ROMAIN, BYZANTIN, OGIVAL
RENAISSANCE, LOUIS XIV — INDOU, MAURESQUE — ÉPOQUE ACTUELLE
ANNEXES DE L'ARCHITECTURE : CÉRAMIQUE — VERRERIE — MOBILIER

II. — SCULPTURE

STATUAIRE — BRONZES — ARTS VESTIAIRES — ORFÉVRERIE — BIJOUTERIE
STYLES SUCCESSIFS — ÉPOQUE MODERNE

III. — PEINTURE

1. DESSIN : GRAVURE — TYPOGRAPHIE — LITHOGRAPHIE
2. COLORATION : EMPLOI DES COULEURS DANS L'ARCHITECTURE, LA CÉRAMIQUE
ET LE MOBILIER — PAPIERS PEINTS — TOILES PEINTES
3. RÉUNION D'ÉLÉMENTS COLORÉS : VITRAUX — TISSUS — CACHEMIRES

ART INDUSTRIEL

On s'est généralement accordé, depuis quelques années, à désigner sous le nom d'art industriel les diverses manifestations de l'art dans l'industrie, les applications des beaux-arts aux œuvres industrielles, et inversement la multiplication des œuvres d'art par les procédés industriels.

Nous réunirons ici, dans un seul travail, tout ce qui se rapporte à une question dont la grande importance est aujourd'hui pleinement démontrée, et qui autrefois, complètement négligée dans les études industrielles, était toujours oubliée dans les ouvrages relatifs à l'industrie.

DÉFINITION DE L'ART INDUSTRIEL — IMPORTANCE — CLASSIFICATION

La vue de tout produit créé par le travail industriel éveille nécessairement en nous deux idées, l'idée d'utilité et celle de beauté.

L'utilité se rapporte aux besoins qu'un produit peut satisfaire, aux propriétés naturelles des matières premières employées, aux qualités que le travail leur a fait acquérir. Cette dernière considération nous conduit à l'étude des procédés de la fabrication qui, indépendamment de ses applications, offre tant d'intérêt dès qu'on vient à reconnaître que les transformations opérées par l'industrie résultent de l'emploi bien entendu des lois naturelles. L'intelligence de celles-ci fait naître tous les grands progrès, fournit les merveilleux moyens d'action sur la nature, qui sont la gloire de notre siècle; en un mot, le travail industriel est l'utilisation des connaissances scientifiques.

La beauté n'éveille pas en nous la même curiosité quant aux procédés d'exécution; nous admirons dans un produit l'élégance de la forme, la beauté des décorations, sans trop penser aux difficultés que sa création a pu rencontrer. Or, ces questions d'élégance de forme, d'harmonie des proportions et des couleurs, ne sont autres que celles qui appartiennent au domaine des beaux-arts, qui ont pour objet de créer des œuvres par lesquelles on se propose, en général, d'atteindre non l'utilité, non la satisfaction d'un besoin matériel, mais exclusivement la beauté, source d'une jouissance tout intellectuelle. C'est donc dans l'art pur que l'industrie doit aller chercher ses modèles, ses principes de beauté, là où tout est subordonné au charme de l'œil, absolument comme dans la science pure on trouve le point de départ des procédés techniques, de l'action de l'homme sur la nature.

Tels sont les deux pôles de toute production industrielle : « la science et l'art; » en tout produit se réalise leur liaison intime; il faut emprunter à l'un et à l'autre ce qui est nécessaire pour qu'un produit remplisse les conditions d'utilité et de beauté auxquelles il doit satisfaire en même temps.

L'art entre donc pour une grande part dans la production industrielle, et c'est sou vent la plus importante. En général, c'est en cherchant à satisfaire aux besoins de chaque jour, que l'industrie se propose de créer des objets non-seulement utiles, mais encore pour lesquels la forme, l'harmonie des proportions et des couleurs sont éminemment précieuses, et qu'elle rencontre l'art. Tandis que la question de conve nance domine surtout pour nombre de productions placées à certaine distance de la consommation directe, comme dans l'agriculture, l'extraction des métaux, la con struction des machines, etc., celle-ci est subordonnée à l'art et disparaît presque, bien qu'elle ne doive jamais être oubliée, sous le besoin d'élégance, quand il s'agit de la multitude d'objets qui servent à la satisfaction de nos besoins journaliers, avec lesquels nous vivons en quelque sorte, et dans lesquels se manifeste le goût de chacun de nous, comme les habitations, les vases, les vêtements, les meubles, etc.

Pour ces produits, créés par une industrie prospère, dans un état de civilisation avancée, une bonne fabrication ne suffit pas; il faut y joindre l'élégance, le charme, surtout pour ceux qui s'adressent aux classes riches et dont le prix de revient peut être élevé. C'est une condition essentielle de succès pour les nations qui cherchent à exporter certains produits de leur industrie, qui prétendent leur donner une supériorité sur ceux des autres nations, et il leur faut pour cela utiliser tous les éléments que l'étude des arts peut fournir. La science qui préside aux métamorphoses de la matière, qui pèse et mesure, donne des méthodes infaillibles, rapides et économiques pour transformer les produits bruts et les rendre immédiatement utilisables, mais est incapable de donner à ces produits la forme agréable, l'éclat qu'une civilisation avancée exige de tout ce qu'elle emploie. L'art doit ici intervenir, l'œuvre appartient à l'artiste[1].

Mais peut-on trouver par des études sur les arts des notions qui s'appliquent direc tement à l'industrie pour guider le producteur?

Pour bien répondre à cette question, il faut se reporter à l'autre base de l'industrie,

---

1. L'artiste peut se rencontrer partout, dit M. E. Trélat, dans son remarquable discours d'inauguration de l'École d'architecture; il n'est nécessairement nulle part. Bien que certaines professions semblent ne com porter que des artistes, ceux-ci sont souvent aussi rares en elles qu'ailleurs.

Voulez-vous une preuve de cette diffusion de l'ar tiste dans la société? Voyez ce qu'il en est de ses œu vres. On les rencontre à tout instant là où on ne les eût pas intentionnellement été chercher, et c'est ce qui explique la bonne fortune de ces heureux créa teurs de collections, si pleines d'intérêt pour les ama teurs et qui sont des trésors pour l'art. Allez à un de ces musées rétrospectifs que les cabinets privés cons tituent de temps en temps; ne le voyez-vous pas? ces collections, ingénieusement conçues, chaque jour grandissent, se développent, se ramifient en tous sens;

et si, partant de nos beaux musées publics, où sont réunis les types dominants de nos œuvres d'art, nous descendons vers la mince étagère longuement garnie par les passionnés chercheurs d'armes, de meubles, d'é toffes, de poteries, de verrerie, de coutellerie, etc.; nous heurtons la preuve palpable de l'universalité de l'œu vre d'art incessamment produite sur l'art.

Mais, après avoir considéré l'œuvre, envisageons l'ouvrier. Souvent on tend à définir la nature d'un homme par cette simple appellation : *C'est un artiste !* Je ne prends pas ce mot dans le sens professionnel; je l'entends appliquer à l'individu, et il peut être aussi bien question ici de l'homme qui dresse une se melle de soulier que de celui qui tient habituellement une palette et des brosses en ses mains. *C'est un ar tiste*, dit-on. Qu'est-ce que cela veut dire vulgairement? Cela veut dire que celui de nos semblables que nous aux sciences pures. Les mathématiques, la mécanique rationnelle, etc., sciences n'ayant que le vrai pour but, déductions logiques d'éléments purement intellectuels, seuls ou mélangés avec quelques données fondamentales fournies par l'expérience, ne peuvent s'appliquer directement à la pratique ; mais elles servent à créer des sciences intermédiaires, des sciences appliquées. Telle est la mécanique physique, qui procède de la mécanique rationnelle, mais dans laquelle on tient compte des propriétés physiques des corps, considérés non plus comme nous les concevons abstraitement, mais analysés d'après les résultats d'expériences nombreuses.

La théorie des arts industriels, qui peut être directement utilisée, doit se concevoir de la même manière que celle des sciences appliquées. Elle procède de celle des beaux-arts qui ont pour objet le beau en lui-même, où l'on en cherche la manifestation dans des œuvres qui le rendent nettement perceptible, sans se proposer aucun autre but; mais ceux-ci ne se confondent pas avec l'art industriel, qui ne fait en général qu'une application partielle des résultats des travaux des maîtres qui ouvrent des voies nouvelles, dans des limites spéciales à chaque cas particulier, en raison de la convenance à laquelle le produit industriel doit satisfaire. Sans beauté dans les objets communs, le produit du travail industriel devient souvent un véritable objet d'art, dans la partie supérieure de l'échelle que l'on peut construire pour chaque genre d'utilités. Le costume à bon marché de l'ouvrier, bien que pouvant être fait avec plus ou moins de goût, occupera difficilement sa place dans le monde de l'art, mais la toilette d'une reine de beauté, sa coiffure, sa robe, ses bijoux, etc., peuvent être des chefs-d'œuvre, avoir une véritable valeur artistique.

Il résulte de ceci que les arts industriels différeront d'autant plus des beaux-arts proprement dits, que par leur nature les œuvres que produisent ces derniers seront moins susceptibles d'un emploi utile, pourront moins servir à la satisfaction de nos besoins. C'est pour cela que la musique ne peut en faire partie; que la peinture n'y occupe qu'une place peu en rapport avec celle si considérable qu'elle tient dans les beaux-arts, parce que la condition d'utilité fait disparaître la recherche de l'idéal, les aspirations d'un ordre supérieur. Jamais en déposant quelques couleurs sur une étoffe on ne pourra se proposer de faire un véritable tableau, mais Raphaël, en traçant les cartons de tapisserie d'Hampton-Court, dont le dessin est d'une élégance, d'une pureté incomparables, a fourni la véritable route, et montré comment les grands artistes peuvent dominer l'industrie. Pour la sculpture, au contraire, le produit industriel viendra souvent se confondre avec celui de l'art pur : ainsi, par exemple la pièce d'orfèvrerie sur laquelle on fera naître des formes qui devront plaire à l'œil pourra bientôt devenir une véritable œuvre d'art; il n'y a de différence essentielle (en laissant de côté les conditions commerciales de prix de revient) que dans la nécessité d'employer certains éléments commandés par l'utilité, ou des proportions trop réduites, ce qui trace souvent une ligne de démarcation entre le produit industriel et celui purement artistique. Enfin, l'architecture traitant essentiellement d'une utilité, d'une construction, est, par sa nature intime, un art industriel.

---

dénommons ainsi ne fait pas nécessairement comme tout le monde; que, toutes fois qu'il entreprend une chose, il ne se dit pas : *Comment fait mon voisin ?* mais bien : *Comment se doit faire cette chose pour être vraiment faite ?* — Cela veut dire que le monde pour lui est incessamment peuplé de questions toujours vierges et qu'il est toujours naïvement prêt à les aborder dans leur virginité. — Cela veut dire que, s'il construit une maison ou confectionne un habit, il projette l'une ou taille l'autre en vue de l'habitant ou de l'habillé, et non pour utiliser une fois de plus le patron d'une forme consacrée par la convention.

C'est l'accord du beau et de l'utile, de l'art et de la convenance, qui forme la base de tout l'édifice de l'art industriel. Embellir les demeures, spiritualiser en quelque sorte les besoins les plus naturels de la vie, par la recherche et l'application du beau, est son but; l'ornementation, la décoration, son genre de manifestation le plus fréquent.

Il est facile d'apprécier la haute portée intellectuelle des questions que nous avons à étudier dans ce travail; mais ne fût-elle pas comprise, que, dans l'ordre des faits, traduction toujours fidèle des phénomènes de l'esprit humain, la vaste étendue du champ de l'art industriel, des applications des beaux-arts à l'industrie, qui comprend presque tous les produits qui nous entourent, suffirait pour faire apprécier à quel degré il est nécessaire de s'y arrêter. Cet élément de succès pour les nations comme pour les individus est le plus souvent négligé dans les meilleurs ouvrages sur la production, où le côté technique, celui du tour de main ou tout au plus de l'application des sciences à l'industrie est en général surtout mis en lumière; et cependant si, se plaçant, par exemple, au point de vue de la France, on peut dire que la diffusion des sciences dans leurs applications à l'industrie est une base fondamentale de notre prospérité, on doit affirmer, comme également capitale tout au moins, l'étude des beaux-arts; car les plus grands succès des produits de notre industrie sont évidemment dus à la diffusion du goût dans la nation, au talent de nos artistes, si bien secondés par l'habileté de nos fabricants et de nos ouvriers.

Les expositions universelles ont démontré à plusieurs reprises le mérite principal de plusieurs de nos industries, à savoir un cachet tout particulier de bon goût qui donne souvent aux produits les moins importants une véritable valeur artistique. Qui ne sait que presque toujours Paris crée la mode, c'est-à-dire invente et juge souverainement en fait d'articles de goût employés pour les vêtements, l'ameublement, etc.? Si l'on remontait à l'origine de la création de bien des objets élégants de cette industrie française si estimée dans le monde entier, l'on verrait que leur valeur est souvent due à l'imagination d'une simple ouvrière, qui a eu le goût assez pur pour créer heureusement une forme nouvelle.

L'étude des beaux-arts, qui est, dans ses manifestations les plus élevées, le grand moyen de vulgariser le bon goût, de faire naître des artistes éminents, capables de former des écoles, de donner une heureuse impulsion, est donc d'une extrême importance pour la France, si l'on ne veut pas la voir déchoir de sa position et s'amoindrir en présence des efforts intelligents des nations rivales, qui ne négligent rien pour améliorer le goût de leurs producteurs, par le développement de l'enseignement du dessin et l'exposition publique des chefs-d'œuvre des arts. Cette étude doit d'autant plus être encouragée que ce qui nous fait le plus défaut aujourd'hui, malgré tous les progrès techniques, c'est la tradition du beau qui se transmettait jadis de génération en génération, dans des ateliers passant des pères aux fils, le sentiment de l'harmonie et de la perfection qui est l'âme de nombre d'objets conçus et fabriqués par nos aïeux, marqués au coin de la noblesse et de l'élégance. Si l'on cherchait la cause de notre infériorité en ce point, on la trouverait, sans aucun doute, dans la scission violente et systématique avec le passé qui date de la Révolution.

L'Angleterre, avec son éminent bon sens, ayant vu clairement à l'Exposition de Londres de 1851 tout ce qu'elle avait à faire dans cette voie, a fondé aussitôt les musées de Sydenham, de South-Kensington, ainsi qu'un très-grand nombre d'écoles de dessin. Elle a parfaitement compris que c'était là une condition vitale de succès pour sa puissante industrie, si admirable au point de vue technique, mais qui était dépassée par des nations rivales au point de vue du goût. Elle a senti que l'avenir de son immense commerce d'exportation dépendait des progrès artistiques de ses producteurs. Aussi a-t-elle été récompensée de ses efforts par des progrès considérables accomplis en peu d'années.

La précieuse qualité qu'on nomme le bon goût, qui distingue les produits similaires des nations parvenues à un haut degré d'avancement dans l'art industriel, est sans contredit l'élément qui s'assimile le plus difficilement. Copier une machine inventée dans un pays voisin est chose facile dans l'état actuel de la mécanique; donner du goût aux ouvriers qui manient les diverses pièces d'un bijou pour qu'ils les assemblent avec un sentiment net du résultat à obtenir, c'est à peine si l'étude et la culture permettront d'y arriver après plusieurs générations. L'imitation des produits dus à une population d'artistes est difficile, vu son immense variété; elle constitue une supériorité presque inattaquable chez une nation qui, la possédant, ne s'abandonne pas elle-même. C'est ce qui explique la permanence de supériorité, sur d'intelligents rivaux, de quelques-unes de nos industries, telles que la fabrique de soieries de Lyon, celle des articles de Paris dans la capitale, etc. On peut, croyons-nous, établir que c'est par l'étude des objets mobiliers les plus usuels, de ceux surtout qui, par leur destination, sont d'un usage journalier et servent aux fonctions les plus communes, que l'on arrive à apprécier le plus sûrement la valeur des productions artistiques d'un peuple; quand, loin de considérer l'art comme un passe-temps, il le fait entrer dans ses mœurs, qu'il devient pour lui un véritable besoin, on est forcé de lui reconnaître les aptitudes supérieures qui font les peuples véritablement artistes [1].

La première chose que nous ayons à faire, avant d'entrer dans l'étude que nous nous proposons, c'est de délimiter nettement l'étendue du champ que nous avons à parcourir. On peut classer les travaux de l'art industriel au point de vue des emplois des objets auxquels il s'applique, c'est-à-dire des vêtements, des ustensiles d'économie domestique, de l'ameublement, de la décoration des maisons, etc. Mais comme c'est au point de vue de l'application des beaux-arts que nous devons ici considérer les travaux de l'industrie, notre but étant d'analyser, dans les étroites limites où cela est possible,

[1]. L'ART EST UN; il est la source de tous les progrès. (Extrait de l'ouvrage de M. De Laborde sur l'application des beaux-arts à l'industrie.)

L'étude, en vue d'une spécialité, dessèche et atrophie le talent; l'art dans ses données supérieures rend apte à toutes les spécialités. Qui dit spécialité dans l'art ne dit pas un art différent, et si l'on peut distinguer des genres distincts, suivant des aptitudes particulières, comme l'histoire et le paysage dans la peinture, comme l'art monumental et l'art appliqué à l'industrie, cela ne constitue pas des divisions dans l'art. Je sais que, suivant l'opinion vulgaire, le grand mur de la Chine élevé entre l'art et l'industrie est l'utilité, l'emploi, la destination pratique des œuvres. Ce qui n'est d'aucun usage, ce qui n'a aucune application possible, en peu de mots, ce qu'on range dans les inutilités, est de l'art, et comme tel devrait prendre le premier rang dans l'estime publique; tout au contraire, ce qui a sa destination, son but, son emploi, sa raison d'être, est de l'industrie et, à

ce compte, placé vis-à-vis de l'art à un rang inférieur : ainsi la cime des monts, qui plane dans le pur azur du ciel, domine le fond bourbeux de la vallée où s'agitent nos misères. C'est là une erreur, un contre-sens, qu'il faut combattre et détruire à tout prix.

Cette distinction de l'art et de l'industrie n'a de force et d'autorité que parce qu'elle est maintenue par les artistes supérieurs, parce qu'elle a pour appui les hommes de lettres. Ils ont dit : vous n'avez d'autre préoccupation que de gagner de l'argent, vous n'êtes pas des nôtres. Nous sommes des hommes d'imagination, vous êtes des gens d'affaires; nous sommes des artistes, vous êtes des marchands. Ce désintéressement est-il bien vrai? N'ai-je pas entendu parler d'une loi de la propriété intellectuelle qui tarife les opéras: tant pour siffler un de vos airs; qui taxe les produits de l'imagination: tant pour reproduire une page de votre prose et vos vers au bas d'un journal; qui défend vos tableaux: tant pour les copier et les

les éléments de leur beauté et nullement de traiter de leur utilité ou des procédés techniques, nous sommes conduit à rapprocher des beaux-arts les arts industriels qu en procèdent. Par suite, nous établirons les meilleures divisions en distinguant ce qu se rapporte au dessin, à la forme, à la construction; les divisions admises des beaux-arts, nous permettront de tracer le tableau ci-après, qui renferme l'indication des principales industries artistiques et de leurs relations avec les beaux-arts.

Dans ce tableau nous faisons passer l'architecture avant la sculpture et la peinture, à cause de la nécessité, que nous ferons apprécier plus loin, d'établir d'abord les types les plus complets de l'art aux diverses époques, à l'aide de l'architecture, qui, dans ses œuvres complexes, comprend et résume les autres arts :

1. ARTS DE CONSTRUCTION A L'AIDE DE CORPS AMENÉS A DES FORMES
GÉOMÉTRIQUES.

ARCHITECTURE... { I. Architecture proprement dite. *Grandes constructions.*
II. Céramique. } *Petites constructions annexes de l'Architecture.*
III. Meubles.

2. ARTS DE LA FORME, PROCÉDANT NOTAMMENT DE L'IMITATION DES CORPS VIVANTS.

SCULPTURE........ IV. Statuaire. — Arts vestiaires. — Orfévrerie. — Bijouterie.

3. ARTS DU DESSIN ET DE LA COULEUR, REPRODUISANT LES APPARENCES
DES OBJETS NATURELS.

PEINTURE........ { V. *Par tracé de lignes.* — Dessin.
VI. *Par application de couleurs.* — Impressions sur papier et sur étoffes.
VII. *Par juxtaposition d'éléments colorés.* — Mosaïques. — Tissus divers.

Nous allons entrer dans quelques détails sur les subdivisions établies ci-dessus, avant de chercher à démontrer l'utilité des principes qu'il est possible de formuler pour guider dans les travaux qui relèvent de l'art.

graver? Vous tenez boutique d'œuvres de génie, et vous dédaignez Fourdinois, parce qu'il vend son dressoir; Morel, parce qu'il vend ses bijoux. Ah! j'admets, jusqu'à un certain point, la fierté de l'artiste de l'antiquité et du moyen âge qui, pauvre et désintéressé, portait la tête haute en voyant les métiers exploiter ses compositions, s'enrichir de ses idées. Il se disait avec un juste orgueil: Ce qui me distingue de cette foule, ce n'est pas l'art, nous sommes tous artistes, moi en tableaux et en statues, eux en bahuts sculptés et en orfévrerie ciselée; ce qui me distingue, c'est le désintéressement, c'est la préoccupation unique de ma création et, quand elle est parfaite, son abandon à la grâce de Dieu et au profit de tous sans réserve de droits et arrière-pensée de lucre.

Reléguons donc ces classifications puériles dans l'antre des vieux préjugés; mais il est une distinction qui subsistera toujours, en dépit de la vulgarisation générale de la science et des arts que je prêche, en dépit de ces lois fiscales de la propriété artistique et littéraire que je réprouve, la distinction du génie et du talent élevé.

En résumé: 1° L'art a sa vie propre en dehors de la nécessité de ses applications; mais en s'appliquant à l'industrie humaine, loin de rabaisser sa mission, il l'agrandit. La théorie du beau, que Platon a développée dans son *Hippias,* paraît convenir mieux à l'industrie qu'à l'art, et cela seul prouverait combien l'un et l'autre se confondaient dans l'antiquité. Platon définissait le beau : *la complète convenance des moyens relativement à leur fin.* La fin, le but, devraient donc rester toujours présents à l'esprit de l'artiste, comme nous le conseillons à l'industriel, afin qu'une parfaite harmonie se voie, se sente même, entre les matières qu'il a employées, la forme qu'il a donnée, le genre de travail qu'il a adopté, et l'usage auquel il destine son œuvre. 2° L'objet d'art n'ayant pas de destination, sa mission étant d'éveiller des sentiments; c'est l'art dans sa pureté, et non pas l'art appliqué, qu'un gouvernement sage doit enseigner et encourager, parce que c'est à la source qu'une bonne ménagère va chercher l'eau dans toute sa limpidité. 3° Il n'y a que deux modèles: la nature et l'art grec; l'un et l'autre se prêtant à l'interprétation de tous les sentiments, l'un et l'autre se pliant à toutes les conditions de nos besoins: la nature, image de la perfection; les œuvres grecques, interprètes inappréciables de la nature, modèles à suivre pour l'imiter.

8

ÉLÉMENTS DE L'ART INDUSTRIEL

Précisons l'indication des principaux éléments matériels des productions de l'industrie, admise dans le tableau ci-contre de la division de l'art industriel.

I. — FORMES GÉOMÉTRIQUES

Les éléments de l'art industriel, au point de vue des formes qu'on doit distinguer lorsqu'on cherche à établir (pour faciliter l'étude) des divisions entre des éléments qui sont le plus souvent réunis, sont d'abord les formes régulières que nous appellerons géométriques, c'est-à-dire celles dont la géométrie se propose l'étude. Nous distinguerons :

1° Les formes rectilignes de l'architecture qui, par suite de la nécessité de remplir les conditions de stabilité, donne toujours aux monuments, dans le sens vertical, des formes rectilignes, et emploie nombre d'accessoires de la forme de cubes, prismes, etc.

2° Les formes cylindriques, coniques, etc., qui rencontrent plusieurs applications dans l'architecture, dans les colonnes notamment, et constituent essentiellement les produits de la Céramique obtenus de tout temps à l'aide du tour du potier (le tour étant essentiellement propre à former des surfaces de révolution); enfin la combinaison des formes rectilignes et de celles obtenues par le tour dans le travail du bois pour la fabrication des Meubles.

3° La forme sphérique qui se rencontre dans les dômes de l'architecture, et qui, dans un art usuel, est obtenue pour ainsi dire naturellement, dans la fabrication des ustensiles en verre, par insufflation, et qui, plus ou moins altérée, constitue toutes les formes qu'ils conservent.

C'est par les proportions harmonieuses de ces formes purement géométriques multipliées à l'infini, souvent sur une échelle colossale dans les grands édifices, que s'obtient le charme des constructions qui n'emploient pas, ou plutôt n'emploient que comme accessoires les autres formes dont nous allons parler.

En dehors des formes principales que je viens de rappeler, dont l'œil saisit facilement la régularité, sont les formes irrégulières que le goût peut engendrer, toutes les variations à l'infini de surfaces courbes. Après les voûtes, le plus souvent de forme sphérique ou cylindrique, quelquefois ogivales, on doit citer l'emploi dans la décoration des petits éléments multipliés, tels que les rosaces, les oves, etc., les entrelacements de lignes en relief peu saillantes. Ces accessoires se rapportent aux arts de la forme, à la sculpture qui crée les lignes, les reliefs dont la multiplication ou le groupement rappelle presque forcément quelque objet pris dans la nature dont elles semblent bientôt la caricature, si elles n'en sont pas l'imitation. Là est en effet la seconde et importante série d'éléments à considérer.

II. — IMITATION DES FORMES DES CORPS VIVANTS.

L'imitation des formes les plus gracieuses que nous présente la nature, des proportions divines des plus belles créations, fournit à la décoration ses éléments les plus nombreux; source bien féconde, variée à l'infini, dont l'emploi charme les yeux à coup sûr. C'est dans la Sculpture proprement dite, que les ressources dérivant de l'imitation des formes naturelles sont pleinement utilisées. Dans les applications industrielles les plus générales qui s'y rattachent, les conditions d'emploi, les moyens d'exécution peuvent permettre la multiplication des œuvres d'art, mais ne permettent pas toujours une imitation complète; on se contente le plus ordinairement de rappeler des motifs gracieux. Bien souvent même l'imitation n'est que partielle; l'ornement dérive d'une imitation, mais n'emprunte à la nature que l'harmonie générale. On peut poser en principe que, dans le plus grand nombre de cas, l'art industriel doit limiter à une imitation approximative de la nature la sphère qui lui est propre, et abandonner aux beaux-arts proprement dits (qui se manifestent cependant assez souvent sous le manteau de l'industrie) l'emploi de l'imitation complète pour révéler un idéal, faire comprendre les sentiments et les pensées des personnages.

C'est dans l'étude des plantes, des fleurs, des animaux, des jeunes enfants, du corps humain, que se rencontrent une foule d'éléments que le goût créateur de l'artiste combine à l'infini; ce sont ces éléments, exemples les plus parfaits de rapports harmonieux, dont l'imitation plaît toujours à nos yeux, qui satisfont le sens moral et éveillent en nous les idées de grâce. Dans la plupart des applications des beaux-arts à l'industrie, ils doivent être considérés comme étant la base fondamentale de presque toutes les formes gracieuses, de la plupart des harmonies qui produisent la décoration, de l'ornementation.

Ainsi nous distinguerons parmi les objets qui fournissent les principaux sujets d'imitation :

1º Les plantes, feuilles (où se distinguent, suivant M. Owen Jones, dans les meilleures écoles, la proportionnalité des aires, la tangence des rayons à la tige centrale), boutons, fleurs, entrelacements divers, guirlandes, bouquets, etc.;

2º Les animaux de tout genre, oiseaux, chiens, chevaux, reptiles, etc.;

3º La figure humaine, enfants, femmes, hommes.

III. — DESSIN ET COLORATION

La décoration des surfaces, tant par des dessins produits par des tracés de lignes qu'à l'aide de la coloration, atteint sa plus haute expression dans la peinture, qui reproduit les apparences des corps, et à l'aide de leur imitation vient peindre aux yeux les sentiments de la vie elle-même.

Les ressources que la peinture fournit à l'art industriel forment une importante partie de celui-ci; mais sans qu'elle se confonde, à beaucoup près, avec lui. L'industrie et les beaux-arts se rapprochent beaucoup quand il s'agit de formes, mais jamais l'emploi fait par le travail industriel des lignes et des couleurs n'atteindra l'art qui traduit le mieux les sentiments à l'aide de l'imitation, si ce n'est dans les cas où l'œuvre d'art vient s'appliquer sur un produit industriel, juxtaposition qui n'infirme pas notre observation. Aussi n'avons-nous pas à traiter de l'art de la peinture ; nous rappellerons toutefois que c'est cet art, que ce sont les travaux des artistes qui inspirent les producteurs, qui fournissent les principes de dessin et de décoration qui doivent guider les fabricants, et que, d'un autre côté, les modèles que l'industrie se propose d'imiter, dus aux artistes industriels, méritent souvent d'occuper une place honorable, sinon parmi les produits d'art de premier ordre, au moins après eux.

Les moyens d'ornementation industrielle s'offrent donc à nous sous deux aspects différents, analogues à ceux que nous avons rencontrés déjà en traitant de la forme :

1° La première division se rapporte au point de vue du dessin, à l'emploi de lignes, dont l'enlacement ne rappelle aucun objet déterminé, qui ont par leurs formes une grâce propre. Les Orientaux, qui n'acceptent pas la représentation de la figure humaine, ont surtout multiplié ce genre de décoration. Au point de vue de la coloration, cette division comprend la polychromie, c'est-à-dire l'emploi d'un nombre limité de couleurs appliquées en teintes plates et offrant à la vue des tons, des couleurs dont l'aspect, la proportion la réjouit. Nous ferons rentrer dans cette division la coloration des frises des temples par les anciens, au moyen âge la décoration des voûtes des cathédrales.

2° La seconde division se rapporte à des imitations de la nature, à la représentation d'objets gracieux, et, relativement aux couleurs, à l'emploi de teintes diverses, rarement dégradées, qui reproduisent l'aspect des objets colorés ; cependant les conditions techniques ne permettent pas le plus souvent (à moins qu'on ait recours à la peinture proprement dite pour rehausser le produit industriel) de les montrer tels qu'ils sont dans la nature et tels que la peinture les reproduit, c'est-à-dire éclairés par une lumière qui fait sentir leurs reliefs, qui porte des ombres indiquant leurs positions relatives. Dans la décoration industrielle on n'emploie en général que des couleurs franches, juxtaposées ou superposées, et on parvient, par les procédés de décoration, à imiter, à rappeler des objets gracieux, mais bien rarement à éveiller des sentiments comme dans la peinture proprement dite. Les procédés vont, sans doute, en s'améliorant chaque jour, mais la perfection du travail est nécessairement limitée par les conditions économiques de la production et la valeur du travail du producteur habile qui l'exécute, quelque procédé qu'il emploie.

DU BEAU

Nous devons dire, en commençant, quelques mots du but de ce travail, du beau, dont nous allons étudier les manifestations dans l'industrie, en suivant les principes reconnus dans la pratique des beaux-arts.

Et d'abord, qu'est-ce que le beau? C'est là une de ces questions auxquelles il n'est pas possible de faire une réponse satisfaisante ; le beau étant une idée première, essentielle, de l'esprit humain, n'est pas susceptible de définition mathématique. Pour faire apprécier le beau, que chacun sent s'il ne peut le définir, pour développer un sentiment dont le germe existe en nous, il n'est guère possible, comme toutes les fois qu'il s'agit d'idées fondamentales, que de répéter sous des formes, équivalentes au fond, l'énoncé de sentiments propres à notre nature. Ce qui est possible toutefois, c'est de faire sentir, en analysant ses éléments, ce que nous appelons le beau; de déterminer les conditions principales auxquelles satisfont les productions acclamées par tous comme des types évidents de beauté.

La première observation que l'on doive faire relativement au beau sensible, c'est qu'il consiste dans une harmonie qui n'est pas une propriété de la matière dont se composent les éléments à l'aide desquels il se matérialise en quelque sorte. Voilà bien des siècles que Socrate établissait, avec sa méthode si pleine de bon sens, cette vérité. Il démontrait aux différents artistes, à l'armurier Pistias comme au peintre Parrhasius, comme au philosophe Aristippe, que la beauté d'une femme accomplie, la beauté d'une coupe, la beauté d'un casque, étaient une même chose, et que les formes de ces différents objets étaient assujetties aux mêmes lois générales.

Le beau, suivant Platon, est « la splendeur du vrai. » Belle formule, qui s'applique admirablement au beau intellectuel et moral plutôt qu'à celui révélé par des formes matérielles, ou au moins ne s'y applique que si l'on se place à un point de vue très-élevé, si l'on sent que le beau dans l'art est la perfection idéale, divine, des formes, réalisée par une admirable imitation des objets naturels. Raphaël disait : « Le peintre est dans l'obligation de faire les choses, non comme les fait la nature, mais comme elle devrait les faire, » et il a appuyé ce grand précepte d'admirables exemples. C'est la même notion de la traduction de l'idéal à l'aide de réalités matérielles qui a été parfaitement sentie dans les beaux travaux sur l'Esthétique des philosophes allemands, et répond à leur définition de l'art: l'accord de l'idéal et du réel, du fini et de l'infini.

Le beau ne saurait être compris par le raisonnement, qui n'en saisit jamais qu'un côté; celui-ci reste dans le fini, l'exclusif; l'autre est de sa nature infini.

La matière devient belle pour nous, dit excellemment Channing, quand elle semble perdre son apparence matérielle, son inertie, ses limites et sa grossièreté; quand, par la légèreté éthérée de ses formes et de ses mouvements, elle semble se « spiritualiser. » D'où il tire d'admirables conséquences morales sur l'importance de la culture de l'individu pour le rendre capable de voir et sentir le beau, qui sont d'une profonde vérité[1].

Par l'industrie, quelque merveilleuse qu'elle soit, l'homme ne fait que diriger les forces de la nature, une vie qui n'est pas en lui; mais l'art est l'expression de sa propre vie, ou mieux encore, sa vie elle-même se réalisant, se communiquant aux autres hommes, et faisant effort pour s'éterniser.

Aucune œuvre d'art ne saurait donc être créée par les seules forces mécaniques.

Pour rester dans des considérations d'un ordre moins élevé, plus voisines des applications, demandons-nous quelles sont ces lois dont parlait Socrate, en quoi consiste cette complète convenance des moyens relativement à leur fin, qu'indique Platon, et recherchons quelles sont les conditions principales auxquelles satisfont les types du beau.

Dans chaque ordre de production on peut énoncer des règles spéciales; mais il est une règle principale qui domine toutes les autres et qui s'applique aux produits de l'esprit

---

1. *De la théorie de l'art ou de l'esthétique.* — Pour qu'une étude raisonnée sur les applications des beaux-arts soit possible, il faut qu'il existe une science du beau, une philosophie des beaux-arts, formée des principes supérieurs dont découlent les règles secondaires que peut faire reconnaître l'étude expérimentale. Cette partie de la philosophie, à laquelle on a donné le nom d'*esthétique*, a été l'objet des travaux de la plupart des grands philosophes, mais c'est l'œuvre des grands penseurs allemands de l'avoir constituée en corps de doctrine philosophique, en l'étudiant surtout dans l'esprit humain, étude d'où ne peuvent sortir des règles pour les applications.

Nous ne saurions entrer dans des études de cet ordre, mais nous croyons qu'on nous saura gré d'une indication de la nature de ces puissantes conceptions. Nous l'empruntons à l'excellent article *Esthétique*, du Dictionnaire des sciences philosophiques :

« L'esthétique ne prit son véritable essor, et l'art la conscience de lui-même, qu'avec Schelling et la révolution qu'il opéra dans le monde philosophique.

« Voici comment ce philosophe est arrivé à la conception de l'art. La base de son système, c'est l'identité des deux points de vue séparés par Kant et ses successeurs, le sujet et l'objet. Ici l'idéal et le réel, le fini et l'infini, rentrent dans une unité supérieure au sein de laquelle les différences s'effacent et l'harmonie s'établit. Quoique cette unité fondamentale soit partout dans l'univers physique et moral, elle n'est pas cependant manifeste dans la nature, qui est le monde du réel, du fini, le règne du destin. Dans le monde moral, ce qui apparaît, c'est l'idéal, l'esprit, la liberté. Or cette opposition de l'idéal et du réel, de la fatalité et de la liberté, disparaît dans l'art qui opère leur conciliation et leur fusion. Le beau, c'est l'accord, l'unité du fini et de l'infini, de l'existence fatale et de l'activité libre, de la vie et de la matière, de la nature et de l'esprit, et

l'art dans ses œuvres nous fait contempler cette harmonieuse unité. Elle existe déjà dans l'artiste; car le génie, c'est le résultat de la combinaison de ces deux principes. Dans l'enthousiasme et l'inspiration, il y a deux éléments : l'un qui appartient à la nature, l'autre à la liberté; l'un instinctif, spontané, *inconscient*, l'autre qui a conscience de lui-même. Ainsi se trouvent réunis dans l'art les deux termes de l'existence: leur unité constitue la vérité, la beauté, l'absolu, le divin; l'art qui la manifeste et la révèle est donc essentiellement religieux. Il y a plus, il est *l'organe* de la religion, qui lui emprunte ses symboles et ses emblèmes. En un mot, l'art est la plus haute manifestation de l'esprit.

« C'est à la philosophie de Schelling que l'on doit tous les travaux qui ont eu pour but, en Allemagne, la connaissance de l'art sous toutes ses formes et dans tous ses grands mouvements, et en particulier la réhabilitation de l'art chrétien. Mais l'écueil n'était pas loin; savoir: la confusion des sphères différentes de la pensée, l'identification de la philosophie, de l'art, de la religion et des formes qui leur sont propres. La religion est devenue une espèce de poésie; de ce moment date la dévotion à l'art. Le sentimentalisme, le mysticisme et le symbolisme ont fait irruption partout dans la science et dans l'histoire. Nous ne sommes pas restés en France étrangers à cette influence.

« Après Schelling est venu Hegel, qui, adoptant la conception de Schelling, la rectifie et la développe. D'abord il fixe à l'art sa véritable place parmi les formes fondamentales de la pensée humaine; il lui conserve, comme manifestation de la vérité, son rang élevé à côté de la religion et de la philosophie; mais il le place au-dessous de l'une et de l'autre comme représentant le vrai sous une forme sensible, et ne s'adressant à l'esprit que par l'intermédiaire des sens et de l'imagination. En même temps, il maintient leurs limites respectives et leur rôle propre. D'un autre côté, aussi bien qu'à la plupart de ceux des arts, condition qui a été définie « l'unité dans la variété, l'unité de l'ensemble et la convenance des parties. » Nous empruntons à saint Augustin un passage, célèbre à bien juste titre, où il formule admirablement ce grand principe.

« Si je demande à un architecte, dit-il, pourquoi, ayant construit une arcade à l'une des ailes de son édifice, il en fait autant à l'autre, il me répondra sans doute que c'est afin que les membres de son architecture symétrisent bien ensemble. Mais pourquoi cette symétrie vous paraît-elle nécessaire? Par la raison que cela plaît? Mais qui êtes-vous, pour vous ériger en arbitre de ce qui doit plaire ou ne doit pas plaire aux hommes? et d'où savez-vous que la symétrie nous plaît? J'en suis sûr, parce que les choses ainsi disposées ont de la décence, de la justesse, de la grâce; en un mot, parce que cela est beau. Fort bien. Mais, dites-moi, cela est-il beau parce qu'il plaît, ou cela plaît-il parce qu'il est beau? Sans difficulté, cela plaît parce qu'il est beau. Je le crois comme vous. Mais je vous demande encore : pourquoi cela est-il beau? et si ma question vous embarrasse, parce qu'en effet les maîtres de votre art ne vont guère jusque-là, vous conviendrez du moins sans peine que la similitude, l'égalité, la convenance des parties de votre bâtiment réduit tout à une espèce d'unité qui contente la raison? C'est ce que je voulais dire. Oui; mais prenez-y garde. Il n'y a point de vraie unité dans les corps, puisqu'ils sont tous composés d'un nombre innombrable de parties, dont chacune est

il s'empare de la pensée de Schelling, la développe et l'applique; de ce germe il fait éclore un vaste système enchaîné dans toutes ses parties avec un art admirable. Il embrasse la science dans son ensemble et toutes ses divisions; après avoir étudié l'idée du beau en elle-même, dans la nature et dans l'art, il s'attache à suivre son développement dans ses formes fondamentales à travers les époques de l'histoire; enfin il donne une classification et une théorie des arts particuliers, de l'architecture, de la sculpture, de la peinture, de la musique et de la poésie, caractérisant chacun d'eux, déterminant ses principes, ses formes essentielles et ses règles générales. Hegel est le premier qui ait conçu l'esthétique dans son ensemble et ait tenté de réaliser ce vaste plan. Son ouvrage est le premier monument complet élevé à la philosophie des beaux-arts, et il a déployé dans l'exécution les caractères de son génie, la profondeur et la puissance systématiques, jointes à une finesse d'analyse qui poursuit les principes jusque dans leurs dernières applications. Il a semé dans son livre une foule de vues originales et vraies, de critiques pleines de sens et de justesse. Il a même révélé dans cette partie de son système des qualités que l'on n'attendait guère d'un métaphysicien et d'un esprit aussi sévère : non-seulement il fait preuve de connaissances positives en ce qui concerne les principaux monuments de l'art et de la poésie; mais il déploie dans son style une véritable richesse d'imagination, malgré les défauts qui tiennent à sa manière et à sa terminologie. Sans doute l'œuvre est imparfaite, elle laisse de grandes lacunes et des irrégularités; mais c'est un monument plein de grandeur, digne de son objet et de celui qui l'a élevé; il n'a pas été dépassé. Tout ce qui s'est écrit depuis en Allemagne, sur le beau et l'art, a été inspiré par Schelling ou Hegel. »

M. Pictet, dans un intéressant ouvrage sur le beau, a résumé et précisé la science allemande. Il a bien établi que le beau n'existait pas seulement dans l'imagination de celui qui le perçoit, qu'il ne saurait dépendre des variations et des inconséquences du goût individuel. Néanmoins, il est certain qu'on ne saurait faire du beau l'objet d'une démonstration mathématique. Le beau est au nombre des vérités d'intuition qui ne sont pas explicables par le raisonnement. Suivant M. Pictet, l'intuition est *une vue à la fois matérielle et intellectuelle* par laquelle nous pénétrons dans le monde des existences réelles, et entrons en communication avec la nature. Relativement au beau, l'intuition est une opération unique et complexe par laquelle nous saisissons l'objet beau à la fois dans son apparence et dans son essence, dans la forme et dans l'idée. Il faut que chez le spectateur, *l'intuition de la réalité et la perception de l'idée se confondent dans un acte commun.* « L'œil, dit Plotin, ne verrait pas le soleil s'il n'était d'une nature analogue à la lumière solaire. De même *si l'âme* ne se fait belle, elle n'aperçoit pas la beauté. » Il y a donc une double opération dont l'analogie établit entre le beau extérieur et son correspondant psychologique la mystérieuse relation dont on s'étonne. « Ce ne sont pas, dit M. Pictet, des éléments ennemis, et s'excluant mutuellement, qui se rencontrent dans le phénomène intuitif du beau. C'est l'esprit qui parle et l'esprit, c'est l'idée à l'intérieur qui saisit l'idée à l'extérieur, c'est l'élément divin en nous qui reconnaît l'élément divin hors de nous. Dans cette opération, tout est accord, tout est harmonie. L'identification complète de l'idée et de la forme à l'extérieur entraîne nécessairement la fusion non moins intime de notre nature intellectuelle et de notre nature sensible dans un même acte d'intuition.

Ainsi le *jugement* du beau ne se distingue pas du *sentiment* du beau; mais, pour employer une expression de Cousin : ils sont *enveloppés l'un dans l'autre.*

encore composée d'une infinité d'autres. Où est-ce donc que vous la voyez cette unité qui vous dirige dans la construction de votre dessin, cette unité que vous regardez dans votre art comme une loi inviolable, cette unité que votre édifice doit imiter pour être beau, mais que rien sur la terre ne peut imiter parfaitement, puisque rien sur la terre ne peut être parfaitement un? Or, de là, que s'ensuit-il? Ne faut-il pas reconnaître qu'il y a donc au-dessus de nos esprits une certaine unité originale, souveraine, éternelle, parfaite, qui est la règle essentielle du beau que vous cherchez dans la pratique de votre art? »

La nette perception de l'unité dans toute œuvre est une loi fondamentale; mais si elle domine toutes les autres, elle est loin d'être la seule, ou plutôt, comme nous le verrons bientôt, ces lois ne sauraient être absolument générales, ou plutôt jamais complétement formulées de manière à en rendre l'application certaine. Mais au moins peut-on encore en indiquer quelques-unes des plus importantes, en faire entrevoir l'existence.

Nous avons dit que le beau est une harmonie, un rhythme (c'est la définition d'Aristote, l'ordre et l'harmonie des parties), prenant ainsi notre définition ou plutôt cherchant à nous faire comprendre par un exemple pris dans la musique, celui des beaux-arts où cette observation est la plus facile à faire.

Quels sont les éléments de la musique? Des notes formées par des vibrations dont les nombres sont entre eux dans un rapport mathématique simple et tellement déterminé, que tout son intermédiaire, toute fausse note produit sur une oreille exercée une impression désagréable. Ce résultat certain fait bien comprendre, ce qui paraît bien moins évident à priori, comment les rapports de hauteur et de largeur d'une colonne, les espacements des colonnes, etc., tous les faits de ce genre admis par les architectes, incompris par les personnes étrangères à l'art, peuvent se trouver rigoureusement déterminés, et comment l'œil qui transmet l'harmonie, comme l'oreille dans le cas précédent, doit se trouver choqué, si l'on s'écarte de la loi mathématique que l'on trouve appliquée par les artistes les plus éminents.

Suivons notre comparaison :

On sait que dans la musique l'oreille est favorablement impressionnée par certaines successions de notes, dites accords, tandis que d'autres forment des dissonances désagréables à l'oreille. De même, certains groupements d'objets plairont à l'œil, tandis que d'autres lui seront désagréables. Dans quelques cas de l'architecture et de la céramique notamment, la loi de répétition et de symétrie répond surtout à cette condition. Comme une tierce est agréable à l'oreille, une division par trois de certains éléments, dans une construction par exemple, peut être préférable à toute autre et devenir une règle avantageuse à observer.

Enfin, dans la musique comme dans les autres arts, les éléments ne constituent pas le beau, bien qu'ils soient nécessaires pour le produire; le groupement dû au goût de l'artiste en est le principe essentiel. La musique fait encore bien comprendre par la variété de ses compositions tantôt graves, tantôt légères, comment on peut produire un nombre infini de combinaisons distinctes avec un nombre limité d'éléments, et combien est erroné le système des gens, peu nombreux aujourd'hui, qui croient que la simple reproduction des belles œuvres est la seule voie ouverte au génie des modernes, que le beau a été incarné dans des types dont il est impossible de s'écarter; sans comprendre que l'imitation absolue est impossible à des générations qui n'ont plus foi dans les idées auxquelles l'art a fourni jadis une certaine forme extérieure. Bien que cette croyance tende de jour en jour à perdre de son crédit, elle sera difficilement abandonnée par certains esprits médiocres qui s'obstineront toujours à copier, n'étant pas capables de produire par leurs propres forces.

Entrons dans les détails qui permettront d'apprécier les œuvres d'art, pour le plus grand profit de tous, et surtout de l'artiste lui-même, dont la plus grande récompense est de voir son travail compris; malheureusement, comme le fait observer Diderot, combien de compositions où il est contraint d'employer plus de rapports que le plus grand nombre n'en peut saisir!

C'est le bon emploi de ces rapports dont parle Diderot, de ces éléments multiples qui produit la beauté d'une œuvre quelconque. Ce sont eux surtout qui permettent de traduire, d'une manière compréhensible pour tous, la pensée créatrice de l'artiste rendue, dans les circonstances les plus diverses, à l'aide de formes qui lui donnent une expression matérielle.

C'est parce que la compréhension de beau se réduit à celle de rapports qu'elle est saisissable pour tous les esprits. En effet, l'exercice immédiat de nos facultés nous donne des idées d'ordre, d'arrangement, d'harmonie, qui se rencontrent dans ce qui est beau. Sans doute ces idées acquièrent une plus grande netteté quand on fixe sur elles son attention, quand on considère les cas les plus saillants de leurs applications, comme nous venons de tenter de le faire avec des comparaisons tirées d'un cas dans lequel les appréciations sont le plus faciles. Mais si ces idées n'acquièrent toute leur précision que dans les esprits cultivés, elles ne peuvent être absolument étrangères à aucun; elles se confondent en effet avec les notions de nombre, de grandeur, et autres, qui s'éveillent les premières dans l'intelligence humaine.

CONDITIONS FONDAMENTALES DU BEAU

Les conditions du beau dans les œuvres de l'industrie forment l'objet de tout ce travail; nous allons bientôt dire comment c'est par l'étude des œuvres les plus célèbres, que l'on parvient à sentir quelques-unes des règles que suit l'imagination de l'artiste. Auparavant, essayons de compléter, autant qu'on peut le faire, à priori, les lois fondamentales que nous avons déjà tenté plus haut d'indiquer, de formuler les principes, de définir les rapports dont nous avons fait sentir l'existence. Malheureusement il nous faudra bientôt reconnaître qu'il est difficile d'aller bien loin dans cette voie.

DE LA CONVENANCE.

La première condition à laquelle doit satisfaire un produit est celle de la convenance : un bâtiment inhabitable, un vase qui ne saurait contenir de liquide, révoltent le bon sens du spectateur et le laissent froid devant les décorations les plus multipliées. Nul besoin d'insister à cet égard, quand il s'agit de produits industriels dont le caractère d'utilité doit dominer, souvent d'une manière absolue, tous les autres caractères.

Négligée quelquefois par les architectes du commencement de ce siècle, préoccupés avant tout de l'imitation des monuments grecs, la convenance était devenue, par réaction, le caractère fondamental, essentiel, qu'un célèbre professeur (M. Durand) assignait à l'architecture. Les élèves de ses cours à l'École polytechnique, officiers du génie ou d'artillerie, ont élevé des magasins, des halles d'une belle simplicité, qui, dans bien des endroits, écrasent, par leur bel aspect, de mauvaises églises ou mairies de villages affublées de colonnes mal à propos employées. Cependant si la convenance détermine les grandes lignes d'un ensemble, on doit avouer que, dans le cas général, il est des parties facultatives; ce sont celles-là qui peuvent être déterminées en vue de la décoration, mais sans jamais empiéter sur la convenance.

UNITÉ.

Nous pouvons considérer comme établie, par le beau passage de saint Augustin que nous avons rapporté, la nécessité de l'unité si évidente par elle-même, c'est-à-dire du concours de toutes les parties pour produire un effet déterminé et ne pas amoindrir l'effet de l'ensemble par des parties de l'œuvre qui détournent l'attention. Toutefois, si, dans le domaine de la pratique, le principe s'applique directement à l'architecture, il est loin d'en être aussi clairement de même dans d'autres manifestations de l'art, où l'unité peut être sentie mais non démontrée [1].

DES PROPORTIONS.

La condition fondamentale, qui comprend en quelque sorte toutes les autres, consiste à donner aux diverses parties, tant lignes que formes, des proportions constituant l'harmonie; proportions, rapports, que découvre quelquefois le sentiment de l'artiste, que l'on recueille souvent par des observations faites sur la nature animée.

Nous suivrons M. Ziégler (ÉTUDES CÉRAMIQUES) pour l'indication de cette loi fondamentale, à laquelle on donne le nom d'EURHYTHMIE.

« Vitruve nous a transmis cette expression (qu'il définit comme synonyme de proportions), par laquelle les Grecs désignaient une des conditions du beau en architecture.

« L'Eurhythmie ne s'applique qu'à la partie pittoresque de l'édifice, qu'aux reliefs de tout genre susceptibles d'accord, de répétition. Ainsi, d'un certain point de vue général et lointain, la colonnade représente un vaste ornement; c'est une série cadencée, rhythmique, qui s'accorde avec d'autres séries.

« Si j'examine l'ordre dorique grec, qui est le beau simple par excellence, je vois que le rhythme contribue puissamment à la beauté.

« Au-dessus de notes graves, sonores, gigantesques de la colonnade, je suis frappé des divisions rhythmiques de l'entablement, où les triglyphes se succèdent comme les mesures d'une mélodie. J'admire la belle ordonnance des métopes consécutives, la régularité de leurs mouvements périodiques, la proportion des intervalles, la justesse des temps, le parfait accord des parties concertantes, je dis concertantes, car l'Eurhythmie a pour objet « de lier en un concert général les membres et les ornements variés de l'édifice..... »

« De tels effets ne sont pas dus au caprice de l'imagination; ils procèdent d'une science, d'une loi, qui est l'Eurhythmie. Ils expliquent pourquoi la musique entrait dans l'éducation d'un architecte athénien, possesseur des secrètes formules de Pythagore. »

La détermination de ces proportions harmonieuses dans la colonne grecque, dans le groupement de ses éléments, constitue l'ordre dont nous parlerons bientôt.

1. Je comprends, dit Topfer (dans son charmant ouvrage *Réflexions et menus propos d'un peintre Genevois*), que dans un poëme, dans une peinture d'histoire, dans un groupe de statuaire, dans un bas-relief, partout, en un mot, où il y a une action ou une sorte d'action, l'unité puisse se saisir partiellement sous une forme purement rationnelle; mais dans une simple statue, dans l'Antinoüs, par exemple, ou dans la Vénus de Médicis, si l'on préfère, mais dans un simple paysage de Karl du Jardin ou de Potter, mais surtout dans toute composition musicale de Haydn, de Mozart ou de Beethoven, il n'y a nul moyen d'y saisir rationnellement quoi que ce soit qui puisse en expliquer l'unité.

Affirmera-t-on pour cela que, dans ces ouvrages, il n'y a pas et il ne peut pas y avoir d'unité? Ce serait nier la lumière; ce serait plus encore, car ce serait admettre que de débris incohérents il peut naître un ensemble, que de fragments assemblés au hasard il peut résulter une expression, que de pensées sans lien, sans analogie, sans unité en un mot, il peut éclore un poëme! Si donc l'unité éclate dans une composition de Beethoven aussi bien que dans un poëme épique de Virgile ou du Tasse, et que cette unité n'y soit pas pour une obole rationnelle, qu'est-ce à dire, sinon que c'est ailleurs que dans quoi que ce soit de rationnel qu'on doit la chercher, et que c'est dans le moi seulement qu'on peut en trouver le principe? Le moi seul a pu, indépendamment du raisonnement et par voie d'expansion, en s'infusant dans l'œuvre tout entière, lui imprimer sa propre individualité, c'est-à-dire un mode d'ordre et de relation trop éclatant pour ne pas frapper d'emblée, mais en même temps trop intime et trop mystérieux pour pouvoir être aperçu par l'analyse rationnelle.

DE LA RÉPÉTITION ET DE LA SYMÉTRIE.

Un fait capital, d'une application de chaque instant dans la pratique de l'Architecture, est la répétition, que l'on peut ériger, à juste titre, en principe d'ornementation. Un objet indifférent, comme un petit cube, étant répété et formant une série, produit un effet agréable dans une moulure : tels sont les denticules. Une cannelure, une feuille, une perle étant répétées, deviennent pour l'architecte des ornements qui tirent toute leur valeur de la répétition.

La répétition est alterne lorsque les parties répétées varient en volume et en étendue, aussi bien par la forme que par le dessin.

Le sentiment, dit M. Garnier, ne peut se manifester librement, pleinement, que lorsqu'il est sollicité par la loi de la répétition. Rien de plus aisé que de trouver de nombreux exemples de la généralité de cette loi. Ainsi, au théâtre, la répétition d'un mot, précisément parce qu'il est attendu, qu'il ne saisit pas à l'improviste le spectateur, le conduit à l'apogée de la gaieté ou de la terreur. Un effet analogue est produit par la vue d'objets matériels.

La loi de symétrie rentre dans la répétition, presque toujours nécessairement symétrique des éléments, qui seule satisfait à l'unité. C'est ainsi que la répétition de deux ailes semblables aux deux extrémités d'un édifice, en attirant également l'œil de l'observateur, le force à embrasser l'ensemble de la construction qui ne lui paraît en équilibre que terminée par deux parties symétriques.

Bien que s'appliquant plus spécialement à l'architecture par leurs indications, ces lois sont vraies pour toute espèce de décoration industrielle, pour les tracés, les lignes de tout genre, aussi bien que pour les formes, et sont les plus importantes parmi les nombreuses lois que l'artiste doit respecter. L'artiste dont nous avons cité plus haut les observations sur les rapports des grandeurs, a voulu indiquer également quelques principes fondamentaux relatifs à l'emploi des couleurs; nous allons encore le suivre sur ce terrain.

LOIS DE LA COLORATION

LOIS DE PROPORTION

Nous avons dit que « les belles proportions, quant aux formes architecturales et céramiques, résultent d'un ensemble où toutes les parties, étant symétriques, doivent en quantités diverses dépendre d'une masse à laquelle elles se rattachent et qui les domine par son volume et son importance. » Il n'y a rien à modifier à ce principe dans son application à la coloration. Les proportions relatives entre les différentes étendues colorées seront d'autant plus nécessaires à observer, que le ton sera plus pur et plus voisin du maximum d'éclat de la couleur. Citant un exemple, il fait observer que la vigueur des tons, des couleurs, y est en raison inverse de l'étendue qu'elles occupent.

« Examinons, dit-il, les productions si variées de l'industrie des étoffes et des papiers peints : nous voyons d'abord un fond dominant ; puis, sans considérer aucunement le mérite du dessin, ni la perfection de l'exécution, nous pouvons remarquer qu'il existe des proportions relatives entre les couleurs qui ornent les fonds ; qu'elles sont réparties en quantités subordonnées, que l'aspect de ces œuvres plaît d'autant plus que les règles précitées ont été mieux observées. »

LOI D'ASSIMILATION.

La loi d'assimilation est une loi qui permet, indépendamment du dessin et des proportions, de produire un effet harmonieux avec diverses couleurs.

« Un vase, je suppose, doit recevoir des ornements bleus : que le fond en soit d'un gris fin et bleuâtre, que les rouges soient mêlés de bleu comme dans la fleur du glaïeul, que les blancs eux-mêmes, quoique vifs, soient faiblement azurés ; la teinte dominante assimilatrice qui est le bleu, pénétrant le fond et les tons superposés, il en résultera la variété, l'unité, l'harmonie. »

LOI DE JUXTAPOSITION.

« L'harmonie peut encore résulter de l'ordre dans lequel les couleurs sont juxtaposées. Il existe donc un ordre naturel, une loi suivant laquelle un certain nombre de pièces colorées, de teintes plates même à leur maximum d'éclat, peuvent produire un accord harmonieux sans recours ni à la hiérarchie des proportions, ni à l'influence d'une couleur assimilatrice, par le seul ordre dans lequel les couleurs seront juxtaposées.

« Cet ordre se révèle dans l'arc-en-ciel, les spectres lumineux qui charment la vue par la disposition des couleurs mixtes ; car dans ces deux exemples le jaune est mêlé au vert, le rouge à l'orangé, et le bleu au violet. »

Nous traiterons plus loin, en parlant des applications de la peinture, des effets de contraste et d'éclat des couleurs dont M. Chevreul a formulé les lois dans un travail justement célèbre. Nous dirons seulement qu'un filet noir, placé entre les couleurs, offre un moyen, souvent employé, d'atténuer les effets de la juxtaposition.

DES RAPPORTS EN GÉNÉRAL

Les principes que je viens d'énoncer, pouvant se résumer sous forme de rapports simples, trouvent leur application dans une foule de cas, et on a cherché à les réunir dans des formules comme le faisait Pythagore. Un curieux dessin de Michel-Ange nous initie aux recherches de cet illustre artiste essayant de déterminer les RAPPORTS de longueur existant entre les diverses parties du corps humain : la simplicité de ces rapports est remarquable. Léonard de Vinci a fait un travail analogue ; seulement, au lieu d'exprimer les longueurs par des nombres abstraits, il les exprimait par des LON-GUEURS DE TÊTE. Dans le type de beauté qu'il avait adopté, l'homme a une hauteur égale à huit fois celle de la tête et se subdivise ainsi : du sol au genou, deux têtes; — du genou à la partie inférieure du tronc, deux têtes; — du bas du tronc aux bouts des seins, deux têtes; — des bouts des seins au sommet de la tête, deux têtes.

Des rapports numériques de même ordre existent dans les produits types de toutes les branches des beaux-arts.

Puisqu'on reconnaît dans toutes les BELLES CHOSES l'existence de RAPPORTS SIMPLES, il est logique de se demander si, au moyen d'une formule générale, on pourrait représenter tous les cas possibles de manifestation du beau.

Cette question, M. Lagout se l'est posée, et l'étude des chefs-d'œuvre l'a conduit à ce théorème d'esthétique : DANS LES BEAUX-ARTS (MUSIQUE COMPRISE), LES RAPPORTS LES PLUS SIMPLES PRODUISENT LES SENSATIONS LES PLUS AGRÉABLES.

« L'oreille et l'œil, dit-il, tomberaient en confusion sous l'influence d'une série de notes ou de longueurs qui n'auraient entre elles que des rapports compliqués et dès lors insaisissables par le moyen de nos sens. »

Il n'est pas besoin d'une longue étude pour voir que les facteurs 2, 3 et 5, qui expriment des rapports très-simples, sont ceux que l'on rencontre le plus fréquemment.

Il a tenté par suite de représenter ce résultat par une formule comprenant ces rapports. C'est sous un appareil scientifique exagéré, l'énoncé de principes simples, que l'homme de goût a toujours présents à l'esprit, dont il a l'intuition sans s'en rendre compte, et qu'il applique instinctivement sans chercher à les formuler.

Est-il utile d'établir des formules de ce genre, de donner l'explication en langage vulgaire des créations artistiques? Serait-il rien de plus incompréhensible, de plus fastidieux, de plus inutile? Nous voyons des tentatives de ce genre dans les écrits des critiques, mais ont-ils jamais donné une idée nette d'une œuvre d'art? Cela est impossible. Essayez une analyse en langage ordinaire de l'ouverture de Guillaume Tell et demandez-vous si le lecteur aura la moindre notion de ce chef-d'œuvre? Le lecteur le plus perspicace en saura moins que le plus ignorant qui l'aura entendu et même le plus mauvais musicien qui aura jeté un coup d'œil sur la partition. En un mot la vue de l'œuvre d'art, ou, à son défaut, de sa représentation, est la condition expresse de la possibilité d'une analyse et celle-ci est bien peu de chose en face de cette vue, n'est que la constatation le plus souvent de ce qui saute aux yeux. Ceci était nécessaire à établir pour montrer une des faces de l'utilité du présent travail.

ÉTUDE HISTORIQUE DES ARTS

DES STYLES

D'après la marche que nous venons de suivre, si toutes les lois du beau pouvaient être définies, nous n'aurions plus qu'à étudier l'application de ces lois mathématiques, de ces formules, de ces proportions dans chaque branche particulière de l'art; en un mot, il serait possible de constituer une science positive de l'art dont les limites seraient faciles à déterminer d'une manière absolue. Mais il n'en est nullement ainsi, comme on peut le prévoir d'après le petit nombre de lois générales que nous sommes parvenu à indiquer et qui ne peuvent d'ailleurs, comme on le sent facilement, avoir aucune influence sur le développement des facultés artistiques, de l'esprit inventif, ce qui doit être l'objet principal de l'étude que nous entreprenons ici. Comme il vient d'être dit, la définition des harmonies d'une œuvre d'art ne pourrait être que son insupportable description en langue vulgaire; sa vue, son étude, en apprennent bien plus sur son essence propre.

Si l'on remarque que les œuvres qui éveillent en nous le sentiment de ce que nous ppelons le beau, étant des créations de notre esprit, ont une relation directe avec la civilisation, avec les idées qui agitent l'esprit humain à chaque époque, on voit qu'il y a à faire une étude longue et profitable pour comprendre les élégances particulières, les harmonies diverses, mises en lumière par les maîtres appréciés en chaque siècle. En un mot, il y a une succession historique, qui doit être étudiée, des harmonies découvertes avant nous; moyen puissant de développer le goût par des comparaisons et des études convenables, qui permet d'arriver à la production d'harmonies nouvelles, quand on a compris et senti d'abord celles qui ont été découvertes dans la succession des travaux des hommes de génie de toutes les époques et de tous les pays. Ce n'est pas à l'imitation littérale du passé que l'on parvient ainsi, mais à l'intelligence des harmonies que les artistes ont su trouver.

La production du beau étant due surtout à l'initiative, au sentiment de l'art de chaque grand artiste, écho de son époque sans cesser d'être lui-même, sa conception se transforme avec les générations; elle n'est pas progressive, et l'on ne peut, comme dans les sciences, profiter de tous les progrès en ne conservant que les théorèmes nouveaux découverts par nos prédécesseurs. Tandis que les succès de nos études scientifiques, qui augmentent les éléments dont on dispose, nous font pénétrer chaque jour davantage dans la connaissance plus complète des lois de la nature, que chaque recherche forme un échelon solide qui permet à tous les travailleurs de s'élever plus haut, et que, plus ou moins rapide, la marche en avant est néanmoins certaine, les arts ont au contraire des allures tout à fait irrégulières, les travaux ne s'ajoutent plus les uns aux autres, les décadences sont fréquentes; une période féconde en talents est parfois suivie d'une autre complétement stérile.

En un mot, il s'agit ici de connaissances de l'ordre des sciences morales, et l'étude historique, en attirant notre attention sur des œuvres que nous apprécions avec le sentiment du beau, doit donner des résultats aussi nets que ceux que, dans d'autres voies, nous étudions à l'aide du sentiment du juste.

Insistons un peu sur ce point de vue d'une grande importance, qui donne la vraie raison d'être de notre travail sur l'art industriel.

On sait que l'école historique, si justement célèbre en Allemagne, qui a rendu illustres les noms de Savigny, de Niebuhr, etc., et révolutionné les études juridiques, a prouvé surabondamment que l'étude abstraite du droit, si l'on emploie une méthode de déduction semblable à celle de la géométrie, ne mène qu'à des résultats de peu de valeur; que chaque cerveau, prenant une vue incomplète du juste pour le juste absolu, arrive bientôt, par des déductions parfaitement logiques, à l'absurde le moins contestable.

Au contraire (et les travaux de l'école historique l'ont également démontré), l'étude historique des institutions, en permettant de comparer, d'étudier les effets des lois les plus diverses chez tous les peuples et dans tous les temps, en forçant de tenir compte de tous les éléments qu'il est impossible de comprendre entièrement dans une analyse, en étudiant des réalités au lieu de suivre des conceptions formées à priori, permet d'entrevoir une image bien plus complète, bien plus nette, de ce juste absolu, divin, que l'intelligence humaine ne saurait jamais parfaitement définir.

C'est de la même manière que les monuments, les œuvres remarquables des diverses époques, forment la véritable école du beau, et que leur étude attentive peut seule permettre d'entrevoir, de développer le sentiment de ce beau divin, qui ne peut se formuler en quelques phrases, résulter de quelques déductions plus ou moins logiques. C'est l'étude intelligente des chefs-d'œuvre, l'analyse raisonnée de chacun, qui devient le but de tout bon ouvrage sur les arts, et nous venons de prouver que c'est la seule méthode qui puisse le rendre utile.

Le résultat principal de l'étude historique des arts, c'est de nous faire concevoir nettement ce qu'on appelle les styles, c'est-à-dire les éléments, les proportions employées à chaque période de civilisation, les harmonies qui ont un rapport intime avec les idées régnantes à chaque époque, exprimées avec les éléments dont on dispose, et dont les variations peu sensibles quand on ne regarde que les transformations successives qui s'opèrent lentement, deviennent très-saillantes dans des œuvres produites à des époques très-éloignées. C'est ce qui va devenir clair par les développements qui vont suivre, et surtout par la vue des dessins des chefs-d'œuvre justement célèbres. C'est ainsi, pour nous borner à deux exemples bien tranchés, qu'on retrouvera facilement dans le Parthénon et la colonne corinthienne quelques relations avec la grâce, l'élégance de la philosophie et du paganisme grec; et dans la cathédrale gothique, l'aspiration vers le ciel, le grandiose du catholicisme du moyen âge.

Pour suivre un semblable développement historique, pour rappeler en quelques mots les grandes époques de l'histoire où la civilisation jetant un grand éclat a dû laisser des œuvres considérables, c'est toujours de la Grèce qu'il faut partir ; c'est là que nous trouvons les origines de nos arts, de nos sciences, de la géométrie comme du sentiment de l'harmonie des lignes. C'est en Grèce que les applications industrielles des beaux-arts ont pris naissance en même temps que ceux-ci. L'imagination des Grecs avait ennobli jusqu'aux ustensiles les moins précieux; Athènes fut, pour les fabrications de tout genre comme pour les arts, la maîtresse et la reine du goût. Il suffit de penser un instant au degré si élevé de perfection qu'atteignirent la poésie, l'éloquence, la philosophie aux beaux jours de la Grèce, pour apprécier, quand les chefs-d'œuvre ne seraient pas sous nos yeux, qu'il a dû se produire, à une époque de civilisation si brillante, un admirable développement de l'art. Les produits en durent varier à l'infini dans une société libre, où l'action des citoyens pouvait prendre tout son essor. Ce sont les travaux de tout un peuple d'artistes qui ont engendré les chefs-d'œuvre si variés de l'art grec. On comprend comment la petite ville d'Athènes joua un rôle que son importance semblait lui refuser, lorsque, possédant les plus grands artistes, elle devint par suite la première ville manufacturière de la Grèce.

Il faut observer, toutefois, que, puisque c'est en Égypte que les Grecs avaient puisé la plupart des éléments de leurs arts, l'étude de l'art égyptien doit précéder celle de l'art grec.

Les Égyptiens nous ont laissé des monuments dont les proportions colossales manifestent clairement une étonnante et bien ancienne civilisation, et qui, grâce à leur solidité, nous ont révélé une foule de renseignements sur l'état des arts à cette époque si reculée. A l'opposé de l'art grec, où l'imitation de la nature tint une si grande place, le caractère dominant du style égyptien lui fut imprimé par une théocratie toute-puissante qui rendit immobile cet art grandiose, en assujettissant tout à des règles fixes, immuables.

Après la splendeur de la Grèce vint celle des Romains, qui ne cultivèrent les beaux-arts que lorsqu'ils eurent conquis la Grèce; nation guerrière, ils furent transformés par l'art grec, qui poursuivit son œuvre en initiant ses vainqueurs au goût des arts. Enrichie des dépouilles du monde entier, Rome penchait déjà vers sa ruine, qu'Athènes, Argos, Thèbes, Corinthe, pillées, saccagées, mais toujours peuplées d'artistes, acquéraient, par leurs manufactures, une nouvelle célébrité. Il est juste de dire que si les Romains ont emprunté aux Grecs les principes de l'art et souvent les artistes eux-mêmes, cependant leurs œuvres ont quelquefois un grandiose que n'avaient pas les productions grecques, et qui semblent refléter quelque chose de l'immensité de l'empire romain.

Rome, souveraine du monde, vit concentrer entre les mains de sa puissante aristocratie les richesses du monde entier. Les manifestations les plus éclatantes de l'esprit et de l'art, l'éloquence, la poésie, vinrent s'y donner rendez-vous. Mais les beaux-arts cultivés plus souvent par l'esclave grec que par le citoyen romain, après avoir jeté un éclat qui fera toujours de cette époque une des plus célèbres dans les fastes de l'humanité, déchurent sous les empereurs par les excès d'une civilisation raffinée, s'épuisant elle-même.

Le déplacement de la capitale de l'empire, la fondation de Byzance, fut le signal d'une transformation des arts; le goût s'altéra en même temps que le luxe des décorations brillantes, propres à l'Orient, se propagea. Sous Constantin ceint du diadème, vêtu de la robe éclatante des souverains de l'Asie, ce fut l'élément oriental, asiatique, qui triompha de l'élément romain, et créa une industrie dont le rôle fut très-considérable, au milieu de l'effondrement universel. Ainsi l'industrie fut anéantie à tel point en Occident par l'invasion des barbares, que les Mérovingiens, et après eux les princes de la race Carlovingienne, durent longtemps recevoir de l'Orient les meubles précieux, les étoffes et tous les objets de luxe. On allait aussi en Égypte chercher les soieries de l'Asie, qui furent longtemps apportées par les marchands arabes trafiquant avec la Perse, l'Inde et même la Chine.

Le mouvement de transport des arts d'Orient en Occident se prononce d'une manière bien évidente sous le règne de Charlemagne. Ce prince fait venir d'Orient des manuscrits, des objets de toute nature, des armes, des étoffes, et ce n'est véritablement qu'à partir de son règne que l'on voit percer les premiers germes des arts industriels de l'Occident.

Bientôt, sous l'influence de la tradition propre à chaque peuple, combinée avec celle du christianisme, cause de la plus grande révolution morale que la terre ait jamais vue, le style byzantin transporté en Occident y devint le style roman. Ce fut par les produits de ce style que les nations qui avaient envahi et détruit l'empire romain commencèrent à faire sentir, sous la tutelle de l'Église, leur tendance à sortir de la barbarie.

Plus tard ces nations abandonnent complétement les traditions de l'antiquité; les grandes cathédrales gothiques sortent de terre et les arts tendent à renaître pour décorer ces gigantesques constructions. On a classé ces productions dans un style qu'on a appelé ogival, du nom de l'ogive, élément spécial à son architecture. A cette époque, où la féodalité était subordonnée à la papauté, pendant la durée de cette puissante théocratie, il devait s'accomplir de grandes œuvres dans cette Europe animée d'une même foi religieuse symbolisée dans de gigantesques constructions, chez ces grandes nations occidentales qui s'éveillaient à une vie nationale ou au moins provinciale.

Lorsqu'au xvᵉ siècle les nations chrétiennes, et surtout les républiques d'Italie, arrivant à un haut degré de richesse, cherchèrent à faire refleurir les arts, elles retrouvèrent la tradition de l'antiquité. Lorsque les Croisés s'étaient précipités sur l'Orient et avaient détruit les restes de l'empire grec, ils avaient rapporté dans leur pays le goût des arts qui s'y étaient maintenus. Les barons normands, qui avaient fondé le royaume de Sicile, prirent à la Grèce l'industrie de la soie qui s'y était conservée, en enlevant des ouvriers et installant de force une colonie en Sicile. Enfin, les Vénitiens, devenus plus tard maîtres d'une partie de l'Archipel, transplantèrent dans leur patrie ce qui existait encore d'art et d'industrie chez les Grecs, éléments qui ont donné à Venise son caractère oriental. C'est avec ces éléments, arrachés à la Grèce, que l'Italie prépara cette grande époque de la Renaissance qui remit tous les arts en honneur.

Les méthodes des artistes grecs se répandirent dans toute l'Italie; ce fut le point de départ de ces écoles illustres qui se formèrent successivement. Vers le milieu du xvᵉ siècle, en 1453, un événement important, la prise de Constantinople par Mahomet II, donna une nouvelle impulsion aux arts renaissants, en forçant les derniers artistes byzantins à s'expatrier. Grâce à tous ces éléments, grâce à l'enrichissement de la société moderne, le progrès se fit sentir en Italie d'abord, où Venise, Florence surtout, la véritable Athènes des temps modernes, Gênes, etc., étaient arrivées à un degré inconnu jusque-là de richesse et de liberté, puis bientôt dans le reste de l'Europe. La noble protection, le goût éclairé des Médicis, des Sforce, des d'Est, des Maximilien, des Charles-Quint, véritables souverains de leur siècle, et dignes de comprendre les merveilles de l'art, firent bientôt surgir les Masaccio, les Buonarotti, les Raphaël, les Vinci, les Titien, les Benvenuto Cellini.

On sait comment, grâce aux encouragements de François Ier, les arts passèrent de l'Italie en France avec Léonard de Vinci, le Primatice, Benvenuto Cellini, etc., et retrouvant des éléments importants d'une école nationale, dans un pays affolé à son tour par la Renaissance, s'y élevèrent à une grande hauteur; combien fut brillante cette époque pour tous les arts.

Après le xve siècle, il nous faut arriver jusqu'à Louis XIV pour trouver un mouvement, une ère comparable de splendeur dans toute l'Europe, et surtout chez la nation française, qui se sentit appelée à accomplir des œuvres considérables. Les créations de ce règne, où les hommes éminents semblaient se multiplier, ont un cachet de grandeur qui les fait reconnaître, elles ont donné un type à l'art. On sait toutes les grandes choses qui furent alors créées en France ; la profusion des œuvres d'art, la recherche de l'élégance, le raffinement dans la décoration arrivèrent enfin, au siècle de Louis XV, à créer un style, maniéré quelquefois, mais empreint de richesse et d'originalité, qui s'est appliqué heureusement à une foule de produits industriels et qu'on a plus tard cherché à copier.

Depuis cette époque, l'Empire, en France, livré à une imitation médiocrement entendue de l'art grec, adopté par une société qui, au sortir d'une longue révolution, ne savait plus où retrouver de traditions, n'a rien laissé de notable dans le champ de l'art; la Restauration elle-même, pendant laquelle le gothique a été surtout glorifié par l'école romantique, n'engendra guère de productions originales que dans le champ de la fantaisie, dans des œuvres secondaires.

Nous arrivons ainsi à l'époque actuelle, à ces cinquante dernières années. Des éléments nouveaux, les progrès de la richesse générale, la multiplication du nombre des propriétaires, la diffusion des lumières, en un mot des besoins nouveaux et des idées nouvelles, ont conduit et conduisent chaque jour à des créations de types inconnus jusqu'ici, qui doivent couronner dignement le riche développement industriel qui caractérise notre siècle, correspondre à la puissance inouïe et nouvelle de nos moyens d'action sur la matière, fournir satisfaction aux besoins d'élégance de millions de familles parvenues à la richesse, qui jadis bornaient leurs efforts à subvenir à leur existence. Il y a pour la France à reproduire, à son profit, le siècle de Périclès, si elle veut se livrer au travail et se placer en tête des aspirations de la civilisation moderne.

Dans cette énumération rapide des époques pendant lesquelles l'art a jeté le plus vif éclat, nous n'avons suivi que les évolutions de la civilisation gréco-romaine dont nous procédons directement. Certes, c'est dans les œuvres produites par cette civilisation que se rencontrent les principaux types des harmonies qui plaisent le plus à notre goût; mais ce ne sont pas les seules. Les autres civilisations, dans leur plus grand éclat, ont créé aussi d'élégants modèles que l'art industriel s'est empressé d'adopter.

Ainsi nous citerons l'Inde, qui précède peut-être comme antiquité cette Égypte, dont la tradition remonte aux plus anciens temps bibliques, et qui a fourni tant de ressources à l'industrie de la Grèce; nous ne devons pas oublier les œuvres de la race arabe, qui, un moment, a menacé d'envahir l'Europe et s'est étendue sur une grande partie du monde, pour y constituer de puissants empires. Les éléments orientaux, qu'elle s'est assimilés, avaient déjà pris une place importante dans l'art de l'empire byzantin; elle les a développés tandis que l'Europe les repoussait. Enfin nous aurons à parler de la Chine, pays si étendu, couvert d'une population compacte, possédant bien long-temps avant nous de puissants éléments de civilisation, l'imprimerie notamment, et qui a cultivé d'une manière bien remarquable certains arts industriels.

Nous aurons donc à étudier, pour chacune des divisions établies plus haut :

L'ART ÉGYPTIEN,
L'ART GREC,
L'ART ROMAIN,
L'ART BYZANTIN, — ROMAN,
L'ART GOTHIQUE,
L'ART DE LA RENAISSANCE,
L'ART SOUS LOUIS XIV ET SOUS LOUIS XV.

Et les manifestations des civilisations orientales et asiatiques, savoir :

L'ART INDOU,
L'ART ARABE, PERSAN, MAURESQUE,
L'ART CHINOIS.

Nous terminerons enfin par l'ART MODERNE.

Chaque époque de civilisation s'incarne en certains types; c'est ce que nous fera bien sentir l'étude des produits les plus complets de chacune d'elles : nous voulons parler des grands monuments, des créations de l'architecture. Nous y trouverons la traduction des aspirations de chaque siècle, l'indication des éléments adoptés par l'art industriel à chaque époque dans ses diverses manifestations, les mêmes besoins engendrant toujours des manifestations analogues, enfin les caractères particuliers qui constituent ce que nous appelons les styles. C'est ce que nous ferons apprécier dans le chapitre suivant, consacré à l'architecture, à la première des divisions établies plus haut dans l'art indus-triel; toutefois, dans quelques cas, l'intelligence des styles s'obtiendra plus facilement par la vue d'œuvres moins importantes, où le caractère de l'art à une époque est exa-géré. Remarquons que, dans tous les temps, et surtout lorsqu'il s'agit d'ornementation industrielle, presque toujours les artistes obéissent aux règles de l'art pur, se livrent à l'imitation de la nature, sans s'attacher à des conventions qui nous paraissent le cachet particulier de chaque style; c'est en général l'avis des contemporains qui voient avec les mêmes yeux que les artistes de leur époque. Ce n'est que plus tard que le style se révèle : c'est lorsque les artistes se sont mis à suivre des idées différentes de celles qui guidaient leurs prédécesseurs, que le système auquel obéissaient ceux-ci, sans en avoir conscience, devient sensible.

En nous bornant à l'étude sommaire des styles, nous ne prétendons pas qu'elle seule suffise à l'étude historique du beau, et que d'autres recherches soient inutiles. Pour rendre cette étude complète, indépendamment du récit des événements et des idées régnantes en chaque siècle et en chaque contrée, il faudrait définir les idées dominantes dans les diverses écoles, c'est-à-dire chez les groupes d'artistes qui ont préféré certaines formes à d'autres, telles ou telles combinaisons de lignes et de couleurs, telles ou telles manières de faire, aussi bien que décrire l'œuvre individuelle des artistes éminents qui, inspirés par leur époque, ont eu une grande influence personnelle sur les œuvres, le goût de leur siècle, et dont l'histoire se confond presque avec celle du développement de l'art. En effet, c'est l'artiste éminent qui découvre le beau et le fait admirer; il ne dit pas ce que tout le monde sait, mais ce que tout le monde est susceptible de comprendre à l'époque où il vit; ce que chacun croyait savoir déjà une fois qu'il l'a dit[1]. Or cette œuvre complète, encyclopédique, nous paraît immense et à peu près irréalisable : son extrême étendue ferait d'ailleurs perdre de vue l'ensemble et les rapports des diverses parties; aussi l'esquisse seule nous paraît abordable, et c'est à elle que nous bornons nos efforts, supposant connu du lecteur ce que nous serons obligés d'emprunter à l'histoire de chaque époque et de chaque artiste éminent.

---

1. Dans son rapport sur les applications de l'art à l'industrie (classe 8, Exposition de 1867), M. E. Taigny a fort bien traité la question de l'influence des artistes sur l'industrie, dans un passage que nous rapporterons ici :

« A toutes les époques, l'industrie a été tributaire de l'art, mais l'influence des artistes a été plus ou moins directe selon les temps et la constitution civile des sociétés. On peut dire qu'autrefois la ligne de démarcation entre l'art et l'industrie était plus fictive que réelle, en ce sens que les artistes qui, par goût ou par nécessité, se livraient à l'étude de l'ornementation et des arts du mobilier, ne formaient pas, comme aujourd'hui, une classe absolument distincte et ne se plaçaient pas, dans la composition de leurs œuvres, au point de vue de la reproduction industrielle. On pourrait cependant suivre, pendant toute la période du moyen âge, la trace des corporations qui gardèrent des traditions précieuses et furent de véritables écoles d'art industriel.

« Il ne faut pas oublier aussi que les plus grands peintres et sculpteurs de la Renaissance ne dédaignaient pas de mettre leur talent au service de l'industrie; mais, outre qu'ils exécutaient la plupart du temps leurs modèles eux-mêmes (tant étaient complètes et variées les ressources de leur génie), leurs œuvres ne s'adressaient qu'à un public d'élite. Il est incontestable également que l'influence des maîtres tels que Raphaël, Michel-Ange, Léonard de Vinci, Benvenuto, Albert Durer et tant d'autres, a régné d'une manière heureuse sur les imitations sorties des mains des praticiens d'un ordre secondaire.

« Sous les Valois et leurs successeurs, l'art français marqua une tendance plus prononcée à se dédoubler, et c'est alors qu'on vit naître quelques écoles qui eurent en vue spécialement l'application du dessin aux arts du mobilier et de la décoration. Ces écoles, qui se succédèrent jusqu'à la fin du règne de Louis XIV, furent l'honneur de nos industries; elles leur donnèrent ces formes variées qui les font reconnaître et imiter. Ducerceau, Marot, Lepautre, Bérain, Gillot, Germain; puis, plus tard, Blondel, Meissonnier, Roubo, Salembier, de la Fosse, Riesner, Gouttières, ont imprimé à leurs œuvres un admirable cachet de grandeur et d'élégance, qui laisse à leurs successeurs peu de chance d'être originaux.

« Aussi cet héritage est-il lourd à porter. Nos yeux, accoutumés à se fixer sur les modèles d'une civilisation de luxe où la grande délicatesse de la main s'alliait à l'emploi judicieux de la matière, sont devenus difficiles à contenter. Il n'est pas étonnant que les artistes eux-mêmes, charmés par des œuvres qui laissent peu de prise à la critique, aient cherché à se renfermer dans l'imitation du passé plutôt que d'innover. Mais cette imitation peut-elle suffire à l'industrie moderne qui a d'autres besoins à satisfaire que ceux d'une société aristocratique? Les longs loisirs, la certitude d'une vie modeste mais assurée, à l'ombre de quelque protection royale, ne sont plus possibles; le temps presse, il faut produire beaucoup et vite, donner un caractère artistique à des objets souvent grossiers par la matière employée, d'une faible valeur intrinsèque, s'étendant à des besoins sans cesse renaissants, et dont la condition première est d'assurer, par la production, une rémunération suffisante au fabricant; de là la nécessité et l'accroissement d'une classe spéciale d'artistes, se rattachant à l'art par les principes et les règles de la composition, mais ayant fait une étude spéciale des conditions d'application exigées par la fabrication moderne. »

Nous terminerons chaque division par une revue détaillée des œuvres de l'époque moderne. Les Expositions universelles, en mettant à notre disposition une quantité suffisante de matériaux, nous fourniront le moyen de donner une grande utilité pratique à cet ouvrage, et nous permettront d'indiquer la voie véritable de l'avenir, celle dans laquelle les efforts doivent être dirigés.

Dans l'étude détaillée des produits de l'industrie des diverses nations on doit tenir grand compte des efforts des artistes placés dans des milieux différents, ce qui influe sur les modifications d'un style lorsqu'il se transforme à une époque, parallèlement chez les divers peuples, avec un cachet particulier chez chacun. C'est ce qu'on voit facilement quand on considère les produits si nombreux des grandes industries des puissantes nations qui rivalisent avec nous et dont le développement industriel et artistique est considérable. Sous ce rapport, l'Allemagne, où les arts ont pris un grand essor, mérite une place importante, et l'école allemande mérite d'être étudiée avec soin. L'Angleterre est depuis longtemps en avance sur nous dans la voie industrielle ; c'est la gloire de la France d'atteindre et de dépasser quelquefois les Anglais, qui, dans le nombre de produits, ont su élever à la hauteur de l'art cette convenance élégante pour laquelle on a inventé le mot de « confortable. » L'Italie est toujours la terre classique de l'art. Citons encore les pays orientaux, dont certains produits nous surprennent par leur supériorité incontestable, et qui nous offriront dans certaines industries des indications très-précieuses. Tous ces éléments nous permettront d'établir bien nettement l'intéressant tableau de l'état actuel de l'art industriel chez les nations qui excellent dans l'exécution d'un produit quelconque, qui sont supérieures en un point aux autres nations.

SECTION I

ARCHITECTURE

Nous **avons** dit que l'étude de l'Architecture est particulièrement convenable pour faire apprécier, pour bien définir l'esprit des conceptions de chaque époque, le style qui se révèle clairement à la vue des productions du plus grandiose de tous les arts, de celui qui, en raison de l'importance de ses créations, du grand nombre d'éléments qu'elles nécessitent, réagit le plus sur tous les autres et les transforme sous l'influence de l'inspiration régnante. On le comprend facilement, si l'on réfléchit que le système d'Architecture d'une époque, qui donne la physionomie des édifices destinés à répondre aux aspirations d'une nation, se modifie avec les progrès de la science, les ressources qu'elle offre aux constructeurs, les coutumes régnantes, avec le goût enfin, le sentiment du beau de chaque génération. S'adressant en quelque sorte à toutes les facultés de l'homme, à tous les désirs de la société, pour laquelle il a été construit, le monument traduit fidèlement ses idées, ses aspirations.

L'Architecture est l'expression matérielle des besoins, des facultés et des sentiments du temps où elle est créée. Le style est la forme particulière que prend cette expression sous l'influence du climat et des mœurs, des matériaux dont on dispose et de l'état des sciences qu'on applique

Pour montrer quelle netteté les divisions fondamentales par style, acquièrent dans l'Architecture, nous reprendrons notre citation de deux éléments essentiels, bien caractérisés, de deux styles différents, la colonne grecque et l'ogive du moyen âge. Certes, personne ne pourra voir ces deux éléments accolés sans se sentir, grâce à un sentiment instinctif, blessé par une semblable réunion. Or c'est l'intelligence nette des styles, qui sont si difficiles à définir et qu'on est réduit souvent à faire apprécier par le dessin plutôt que par des analyses, qui peut être le résultat le plus certain de l'étude des monuments de l'art : et ce n'est pas un minime résultat que de les faire apprécier, en vue des applications importantes que comporte l'art industriel, par les personnes qui se livrent à ces applications. Cette étude, si complexe qu'elle paraisse, est indispensable, si l'on ne veut pas être exposé à réunir des éléments de styles différents qui, parfois, déshonorent certains produits dont la création a coûté beaucoup de travail. C'est donc en traitant de l'Architecture que nous essayerons de faire sentir, d'indiquer les principes généraux des divers styles, de manière à n'avoir pas à y revenir longuement en parlant des autres produits de l'art industriel.

Les lois de la pesanteur et de la stabilité rendent indispensable en Architecture l'emploi de lignes verticales et horizontales; l'ordonnance des divisions intérieures, comme le travail à l'aide de la règle, exige généralement des surfaces planes, réglées (sur lesquelles s'appliquent des lignes droites), se coupant à angles droits. Des conditions toutes spéciales de la construction, résulte le caractère spécial et le plus saillant de l'art architectural, qui, nous l'avons dit, n'est nullement un art d'imitation de formes naturelles, mais un art dont le caractère dominant est géométrique, et qui tire son charme de l'harmonie, des proportions des éléments qui lui sont propres. Sous ce rapport, elle ne donnerait peut-être pas une idée des styles aussi complète que nous l'avons annoncé, si nous ne comprenions ici, sous la même division, la sculpture décorative, annexe si importante de l'Architecture, qui arrive à une imitation, particulière et le plus souvent incomplète, de modèles pris dans la nature vivante.

Si nous avions à traiter ici spécialement de l'Architecture, et non pas plus particulièrement de l'aspect des édifices, nous aurions à tenir compte, dans chaque cas, des éléments qui entrent dans les constructions, de la nature des matériaux qui se trouvaient à la portée des divers peuples et qui ont une relation directe avec les formes qu'il leur fut possible de donner à leurs temples : le granit en Égypte, les marbres en Grèce, etc. Il y aurait aussi à étudier les progrès de la science des procédés de construction, tels que l'invention de l'arcade, l'emploi des ciments chez les Romains, l'emploi du fer de nos jours; progrès qui se traduisent par un rapport croissant du vide au plein dans les édifices. Mais ces questions se rapportent surtout à l'art des constructions, et nous n'avons nulle prétention de faire ici un traité d'Architecture, ni de traiter des questions de convenance qui souvent doivent tout primer dans cet art industriel.

D'ailleurs, il ne faut pas confondre les aspirations de l'art avec les moyens matériels qui en ont rendu la traduction complète plus ou moins possible. Ces aspirations ont leur cause dans les idées, les désirs de chaque époque, de chaque civilisation, qui agitent l'humanité et inspirent les artistes dont le génie a pû être le plus grand aux époques où l'exécution était la moins facile. Ce serait, en effet, une grave erreur d'appliquer aux œuvres d'art les idées modernes, si souvent exagérées, sur le progrès de l'humanité; c'est seulement dans la puissance de traduire, de matérialiser les idées par des moyens de travail, à l'aide des richesses accumulées, et surtout grâce aux progrès essentiellement continus des sciences mathématiques et physiques, que les nations modernes ont une supériorité incontestable sur celles qui les ont précédées.

Au delà de ce qui préoccupe le génie du constructeur, et sous peine de se destituer, l'Architecture, dit M. Trélat, conduit les formes déduites des lois de la stabilité jusqu'à l'expression harmonique, qui rend accessibles à tous le sens et la valeur propre de ses œuvres. Pour cela, elle fait appel à des ressources ignorées ou négligées de l'ingénieur : les rapports accentués des parties des ouvrages; les relations mesurées des masses, des pleins, des vides; les jeux de la lumière sur les surfaces; les valeurs de tons; les couleurs; la peinture; la sculpture; puis mille ressources complémentaires qu'elle crée selon les clartés d'expression auxquelles elle veut aboutir. Par un procédé qui lui est commun avec tous les arts, mais qui la distingue essentiellement des sciences appliquées, par un long et persistant tâtonnement de ces moyens, elle cherche, elle trouve, elle fixe les valeurs des parties de son œuvre, valeurs qu'elle compense, pondère, accuse, fait dominer ou éteint, selon le sentiment juste qu'elle veut exciter ou faire prévaloir. La difficile habitude de manier librement ce procédé et ces ressources, la pensée incessante d'en tirer parti pour constituer l'édifice architectural, voilà la condition de l'artiste qui prend le nom d'architecte.

Nous préciserons encore le rôle de l'architecture en donnant un instant la parole, sur cette question, à une voix autorisée, au savant M. L. Reynaud.

« L'architecture, dit-il, est un art sur lequel la science et l'industrie exercent immédiatement une grande influence, puisqu'il leur doit ses moyens d'existence et une partie de son expression; et c'est précisément dans cette dépendance de la matière et des lois qui la régissent, dans cette triple empreinte d'art, de science et d'industrie, qu'elle puise son caractère particulier; et c'est pour cela que ses productions ont eu, à différentes époques, une prédominance réelle sur celles de tous les autres arts. Il existe, en effet, une certaine relation entre les usages, les connaissances et les sentiments de l'humanité aux diverses périodes de son développement. Cette relation constitue une sublime et mystérieuse harmonie, qui est marquée sur tous les travaux de la main de l'homme; mais bien que nous en ayons conscience, nous ne pouvons la lire sur chacun d'eux, tandis que l'architecture a le pouvoir de la résumer et de l'exposer nettement. Les sentiments, les connaissances et les usages se traduisent dans nos édifices par la décoration et les proportions, par la nature et l'emploi des matériaux, par le nombre et la distribution des pièces; la richesse et la grandeur des monuments représentent d'ailleurs la puissance et l'industrie de la nation qui les a élevés. Ainsi, que la distribution soit conforme aux exigences des coutumes, que les procédés de construction soient tels qu'ils soient indiqués par la science, que les proportions et le mode de décoration découlent naturellement des sentiments et du goût de l'époque, et le système d'architecture qui en résultera aura le privilège et la puissance de représenter la société sous toutes ses faces. Il s'adressera à toutes les facultés de l'homme; ce sera, en quelque sorte, une admirable encyclopédie; ce sera l'harmonieux résumé de toute une synthèse.

« Mais il est évident que les hommes ne peuvent ainsi créer la représentation d'une grande synthèse, qu'autant qu'ils ont eux-mêmes conscience de cette synthèse; en un mot, qu'une science générale est nécessaire pour l'établissement d'un système complet d'architecture. Aussi l'architecture n'a-t-elle eu son grand caractère de vérité et d'harmonie générale que dans les époques religieuses. A chaque système religieux on a constamment vu correspondre un système d'architecture qui en a été le symbole et la réalisation matérielle; et l'on a vu constamment aussi ces systèmes se développer ensemble, et périr ensemble; les ruines de l'un semblent ne subsister que pour attester la puissance passée et la chute irrévocable de l'autre. A de pareilles époques c'est dans les monuments religieux que l'architecture atteint son plus haut degré de perfection, c'est pour eux qu'elle semble avoir été créée, et c'est d'eux qu'elle descend aux autres édifices. Alors, en effet, toute science et toute poésie viennent d'un Dieu connu, et tendent à remonter vers lui; et les nations consacrent avec bonheur les richesses et les forces dont elles peuvent disposer, pour honorer un principe ou vulgariser une idée morale dans lesquels elles ont foi et amour. Les monuments consacrés à la Divinité sont d'éclatantes expressions des sentiments des peuples; ils répondent à des besoins impérieux, ils sont indispensables; car si on ne peut concevoir de religion sociale sans culte, on n'en peut concevoir non plus sans architecture. Sans doute, des préceptes de morale peuvent être formulés et répandus par la poésie parlée; la peinture et la sculpture peuvent présenter le bien sous des formes séduisantes, se plaire à retracer les actions conformes aux nécessités de l'association. Mais il est nécessaire de bien montrer que toutes ces manifestations de sentiments tendent vers un but unique; il faut un lieu de réunion pour tous ces hommes convoqués à la même pensée; il faut un vaisseau dans lequel retentira la voix de l'orateur ou du poëte, et dans lequel viendront s'encadrer harmonieusement les œuvres du peintre et du sculpteur. C'est à l'architecture qu'il appartient de créer cet édifice; et cette création est tellement grande alors, qu'elle comprend implicitement toutes les autres, qu'elle les inspire et les dirige toutes. Il s'ensuit que l'architecture d'une nation peut atteindre à une très-grande perfection, alors que la peinture et la sculpture de cette nation sont encore dans l'enfance. Ainsi dans l'Inde et l'Égypte antique, ainsi chez les Arabes, au moyen âge. Mais en revanche on peut citer telle époque, où les tableaux et les statues sont des œuvres d'art, tandis que les monuments ne sont plus que des amas de pierres, ne parlent plus à l'imagination des hommes, et ne peuvent plus satisfaire qu'à des besoins matériels. Ce n'est pas que l'architecture, par le développement qu'elle requiert, étouffe ou comprime l'essor des autres arts et les empêche de se produire, ainsi qu'on l'a prétendu. En Grèce, par exemple, tous les arts ont marché parallèlement, et tous sont arrivés en même temps à leur plus haut degré de perfection. Mais c'est que les peintres, les poëtes, les sculpteurs peuvent se révéler et se faire comprendre en tout temps, tandis qu'il faut une ardente croyance pour qu'un architecte puisse manifester la puissance de son art. Les œuvres des premiers se prêtent à des expressions plus diverses et plus spéciales, elles sont plus individuelles; celles du second ne peuvent rendre que des idées ou des sentiments généraux, et appartiennent plus à son époque qu'à lui-même; celles-ci sont en grande partie déterminées par les procédés employés pour les mettre en lumière, celles-là sont complétement indépendantes de ces procédés; en d'autres termes, les unes appartiennent exclusivement à l'art, les autres relèvent à la fois de l'art et de la science. »

Nous compléterons plus loin ce qui se rapporte à la décoration des édifices. La sculpture et la coloration fournissent en effet de grandes ressources pour orner les monuments, à la condition d'être employées convenablement. Nous dirons seulement ici que la grande loi de la décoration, dans l'Architecture, est qu'elle soit en rapport parfait de proportions, d'esprit, avec l'édifice qu'elle doit compléter.

La silhouette, le contour, dit M. Garnier, doit primer les autres qualités du sculpteur dans la décoration sculpturale.

La coloration, la tonalité, la tache doit primer les autres qualités du peintre dans la décoration picturale.

Passons à l'étude des divers styles; nous y trouverons l'application de ces principes, et nous reconnaîtrons l'utilité des divisions que nous avons établies ci-dessus pour l'étude des monuments les plus célèbres, remplissant les conditions de convenance, possédant des harmonies spéciales de proportions que nous avons indiquées comme conditions fondamentales du beau.

Nous ne pouvons nous flatter d'indiquer dans chaque cas les rapports d'où résultent les harmonies des diverses parties des édifices; c'est dans les ouvrages spéciaux d'architecture qu'ils peuvent se trouver définis, et encore est-il bien rare que l'analyse en soit complète. C'est surtout par la vue des édifices, c'est en montrant les éléments eux-mêmes qu'on procède le plus souvent; et c'est ce que nous ferons dans le plus grand nombre de cas possibles.

A plus forte raison, comme nous l'avons déjà dit, nous éviterons de développer, dans des digressions historiques, les considérations relatives à chaque monument; nous ne donnerons pas dans ce travail l'histoire de la nation et de l'époque qui les a vus s'élever, de l'artiste qui leur a consacré son talent. Nous n'avons pas cru devoir nous livrer à cette étude curieuse et importante sans doute, mais qui, par ses grands développements, eût rendu difficiles les comparaisons qui doivent faire l'utilité de ce travail.

STYLE ÉGYPTIEN

Les colossales constructions de l'Égypte ont précédé celles de la Grèce et ont eu sur l'architecture grecque une influence incontestable. Elles ont de plus une relation plus ou moins directe avec celles de l'antique Orient qui remontent aux premiers âges de l'humanité. Nous devons donc les examiner en premier lieu, d'autant plus que la solidité incroyable de ces constructions édifiées à l'aide de blocs de granit, souvent d'un volume énorme, leur a permis de résister à l'œuvre des siècles, suffisamment au moins pour nous permettre d'apprécier les conditions auxquelles se conformaient les architectes.

« L'art égyptien, dit Raoul-Rochette, essentiellement symbolique dans le fond comme dans la forme des images qu'il employa, ne fut jamais figuratif qu'autant qu'il eut besoin de représenter des corps pour exprimer des idées. » Dans l'architecture, comme dans la statuaire, des formules consacrées, des principes conventionnels, faisant partie de la religion même, empêchaient l'essor des architectes, auxquels toute espèce d'innovation était interdite, et qui devaient se borner à l'imitation des chefs-d'œuvre les plus remarquables de leurs prédécesseurs. Chose bien inouïe, dans cette civilisation si ancienne, ce sont les œuvres de l'antiquité la plus reculée qui sont les plus colossales, qui exigeaient pour l'exécution le plus de savoir chez les architectes, des moyens plus puissants d'exécution chez les constructeurs.

Le caractère dominant de l'architecture égyptienne, le moyen qu'elle emploie pour satisfaire le sentiment de l'éternelle immobilité, du gigantesque (que l'on sent si bien dans les pyramides), qu'inspirent naturellement les grandes lignes du désert de l'Égypte, consiste dans le placement horizontal de grosses pièces de granit, d'immenses monolithes, sur des supports verticaux. De là résultèrent la plate-bande et bientôt la colonne, quelquefois voisine de la colonne dorique grecque, souvent couverte d'une décoration qui ne manque pas d'élégance.

Nous donnons ici deux de ces colonnes qui sont fort remarquables par l'ornementation des chapiteaux et même par leurs proportions, bien qu'un peu lourdes peut-être par comparaison avec les colonnes grecques. La colonne étant par essence l'unité du rhythme, c'est en partant de son diamètre comme unité servant à évaluer les autres parties d'un édifice, qu'habituellement on cherche à calculer les proportions, à reconnaître l'harmonie mathématiquement. On peut trouver dans les planches du grand ouvrage de l'expédition d'Égypte les dessins complets des principaux temples, à l'aide

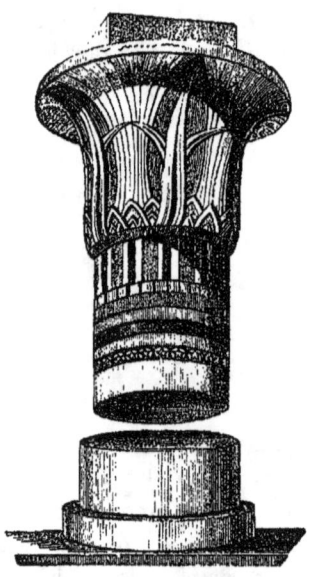 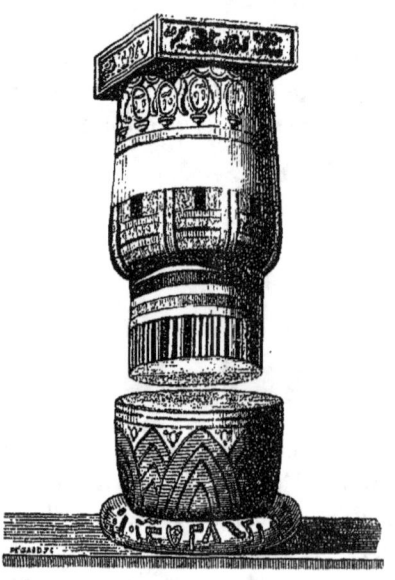

1. Chapiteau égyptien.   2. Chapiteau égyptien.

desquels pourraient s'obtenir les éléments de semblables rapports. Nous allons voir bientôt, en traitant du style grec, comment ces éléments sont liés entre eux dans les constructions grecques; ce qui explique l'importance attachée habituellement à la colonne dans les études d'architecture [1].

Pour donner idée de l'aspect extérieur des temples [2] (les colonnes ne figurant en général que dans les intérieurs), nous donnons la vue du temple de Karnac, une des

[1]. En architecture, dit Donaldson, on doit entendre par ordre, non pas tant la colonne et l'entablement qu'elle porte, qu'un principe reconnu de décoration, un arrangement systématique, une certaine proportion caractéristique qui embrasse non-seulement la colonne et l'entablement, mais aussi tous les autres accessoires d'un édifice et tous les moindres détails de chaque partie.

L'architecte anglais se place à un point de vue qui nous semble être le véritable; c'est par suite de la grande part donnée à l'art grec dans l'enseignement de l'architecture, que la colonne qui y tient une grande place, étant devenue le type de l'ordre, s'est même à tort confondue avec lui.

[2]. Les monuments les plus remarquables qui subsistent encore en partie, dans l'ancienne Égypte, sont: les Pyramides; — le Sphinx gigantesque; — le Temple de Karnac; — le Rhamnesséum, tombeau de la dynastie de Rhamsès; — Ipsamboul, en Nubie, taillé dans le granit; — Medinet-Habou; — le Temple de Philæ (de l'époque des Ptolémées), dont on a vu une reproduction à l'Exposition de 1867, etc.

merveilles de l'Égypte, qui, avec les divers exemples du produit de l'art industriel que

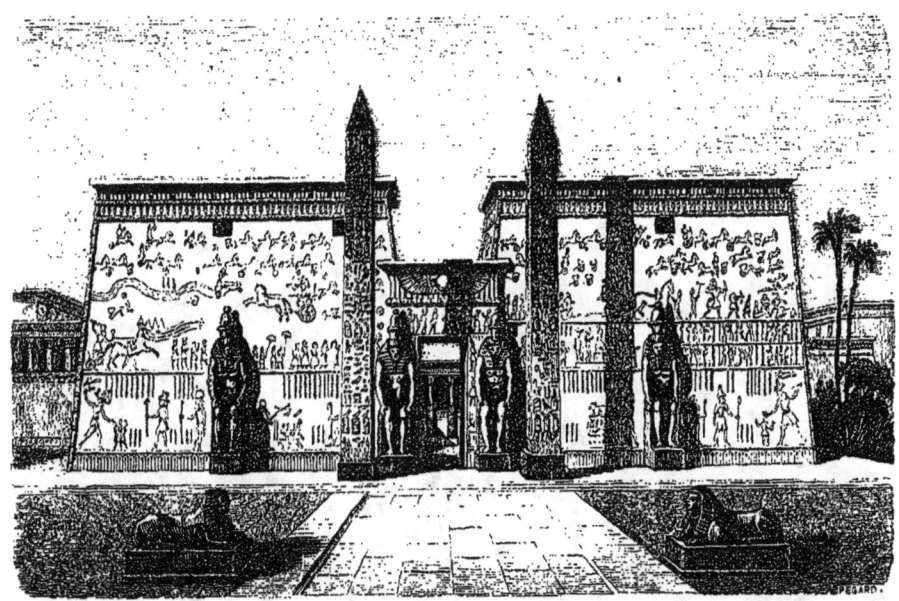

3. Temple de Karnac.

nous rencontrerons plus loin, pourra donner une idée assez nette du style caractéristique de l'art dans cette antique et curieuse civilisation.

STYLE GREC

Les Grecs furent les premiers architectes de l'antiquité. Bien que ne disposant que des ressources des Égyptiens, c'est-à-dire ne sachant construire qu'avec des pierres horizontales placées sur des supports verticaux (en employant toutefois de plus, dans les intérieurs, des pièces de bois qui, par leur longueur, leur ont permis d'obtenir des résultats tout différents), ils couvrirent leur pays de chefs-d'œuvre qui sont restés des types immortels du beau, qui ont conservé la même supériorité que les chefs-d'œuvre de leur sculpture et de leur poésie; et plus tard ce furent des architectes grecs qui construisirent la majeure partie des monuments de Rome.

Ce qui fit la supériorité de l'art grec, dans les édifices construits pour un polythéisme qui était la déification de toutes les nobles aspirations, ce fut un sentiment admirable des proportions les plus heureuses des divers éléments de l'architecture, la juste appréciation de l'harmonie des grandes lignes de constructions, qui formaient une base d'une grande élégance pour supporter les sculptures, les bas-reliefs qui venaient les décorer.

La couverture des édifices grecs a une inclinaison modérée, les détails sont fins et nettement accusés, les oppositions nombreuses. Jamais on n'a mieux compris la loi et l'harmonie des contrastes. En un mot, l'élégance d'éléments de dimensions assez restreintes, en rapport avec la grandeur des végétaux de la Grèce, les lentisques et les orangers, une décoration d'un goût et d'une exécution admirable, tels sont les principaux caractères de cette belle architecture.

Nous donnons ici le chef-d'œuvre de l'art grec, le Parthénon [1], ce temple de Minerve,

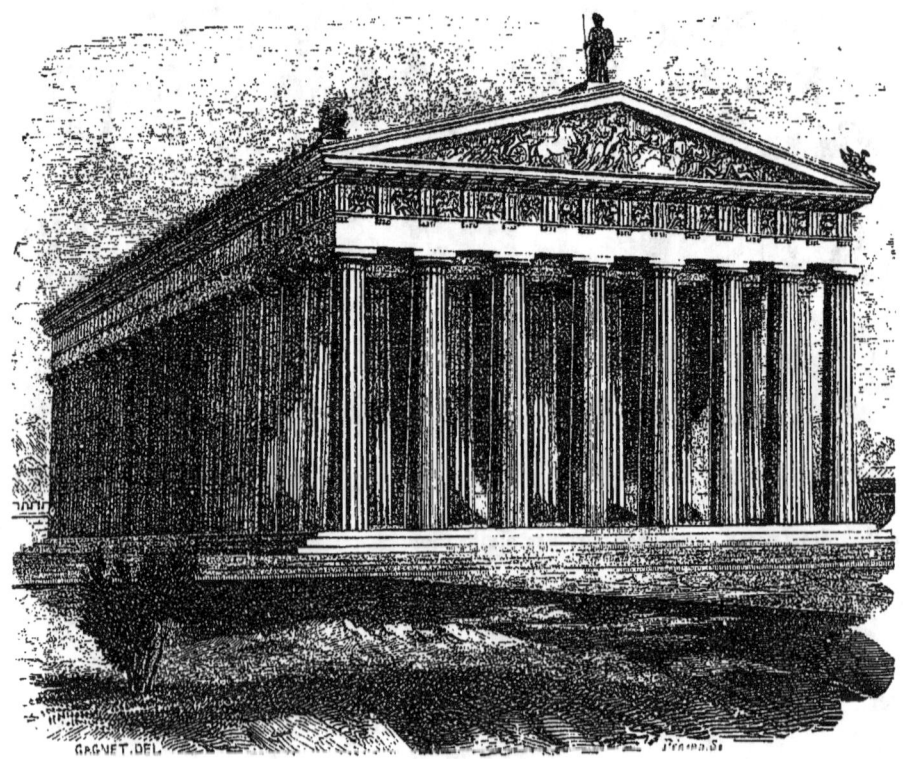

4. Parthénon.

construit sous Périclès, dont les débris mutilés excitent encore l'enthousiasme des voyageurs. C'est le plus beau type qui puisse être offert de l'architecture qui nous rappelle la plus brillante civilisation, ce siècle de Périclès, de Socrate, de Phidias, d'Alcibiade, etc., qui, à la fois, dans l'art et l'industrie, l'éloquence, la philosophie, a pu être égalé, mais jamais surpassé.

Les colonnes de ce temple appartiennent à l'ordre dorique, qui a un caractère spécial de noblesse et de sévérité. Ces colonnes sont dépourvues de base, leur fût est orné de cannelures larges et peu profondes, le chapiteau est composé d'une grande moulure en forme de coupe, reposant sur deux ou trois petits filets, et surmontée d'un tailloir en

---

1. Les monuments les plus précieux des beaux temps de la Grèce dont il nous soit parvenu des débris un peu considérables, sont : le Parthénon, dont Ictinus et Callicrates furent les architectes; les Propylées; — le Monument choragique; — le Temple d'Égine. Le Temple de Pæstum dans la grande Grèce, dont les ruines sont si belles, est tout à fait d'architecture grecque.

forme de table carrée. Les triglyphes, ornements cannelés simulant des extrémités de solives, que l'on voit dans la frise de l'entablement, appartiennent exclusivement à cet ordre. Nous donnons ici le détail de la colonne et de l'entablement de l'ordre dorique, sur une échelle assez grande, pour en faire bien apprécier les détails.

L'importance des proportions de la colonne, des dimensions de ses diverses parties calculées en fractions de son diamètre, (calcul à l'aide duquel on a cherché à surprendre la science des architectes grecs, en déterminant par le même procédé toutes les parties avoisinantes, et par suite de proche en proche, presque toutes les proportions des édifices) a fait donner le nom d'ordre aux colonnes. Nous donnons ci-dessous un exemple

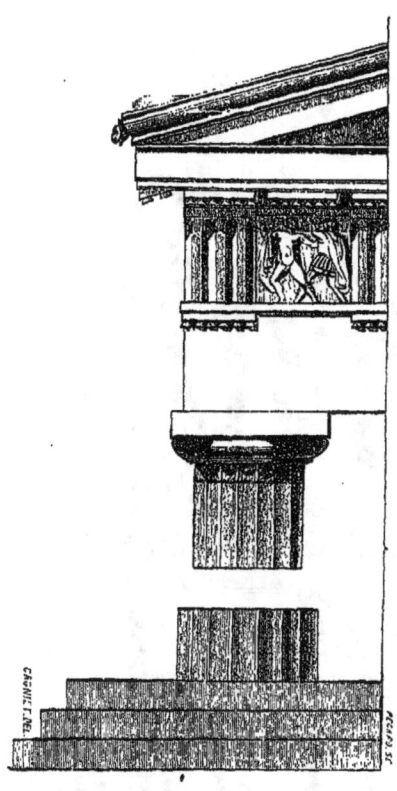

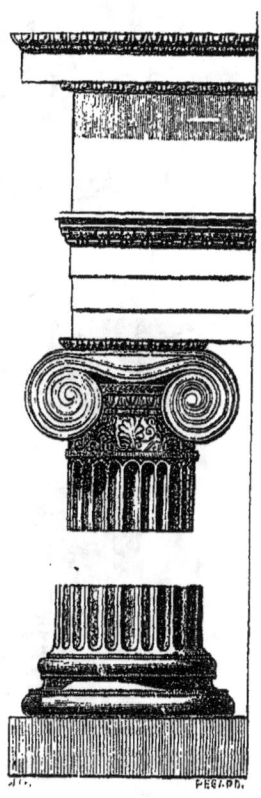

5. Colonne dorique.

6. Colonne ionique.

de ce mode de détermination. Mais nous pensons qu'il vaut mieux s'en tenir à la définition de l'ordre que nous avons donnée plus haut; c'est la seule applicable à tous les cas. Quoi qu'il en soit, il importe de parler ici des deux autres genres de colonnes des temples grecs, des deux autres ordres qui ont été si souvent imités.

L'un est l'ordre ionique, différent du dorique par ses proportions plus légères, par des détails plus fins, par l'emploi des bases, par la forme de son chapiteau, qui est beaucoup plus allongé et orné à ses angles de grandes volutes; dans la frise de cet ordre commencent à paraître les sujets continus qu'on ne rencontre que par exception dans l'ordre précédent.

Enfin le corinthien, dû, dit-on, à Callimaque, forme le troisième ordre. La colonne s'allonge davantage, le chapiteau est plus élévé que dans l'ordre ionique et s'épanouit en forme de corbeille; la végétation la plus riche et la plus légère vient se mêler aux formes de ce dernier pour les décorer par des courbes gracieuses. Le tailloir du chapiteau cesse d'être carré pour prendre une forme curviligne, la frise est ordinairement ornée de feuillages enroulés et les ornements se multiplient[1].

Pour faire apprécier comment les Grecs savaient employer à propos cette colonne,

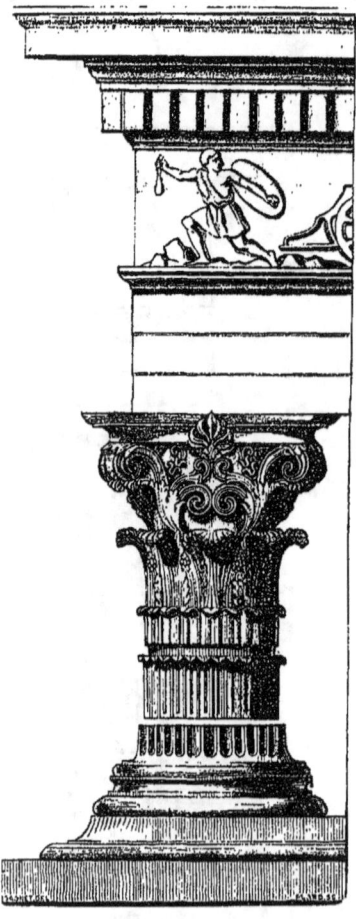

7. Colonne corinthienne

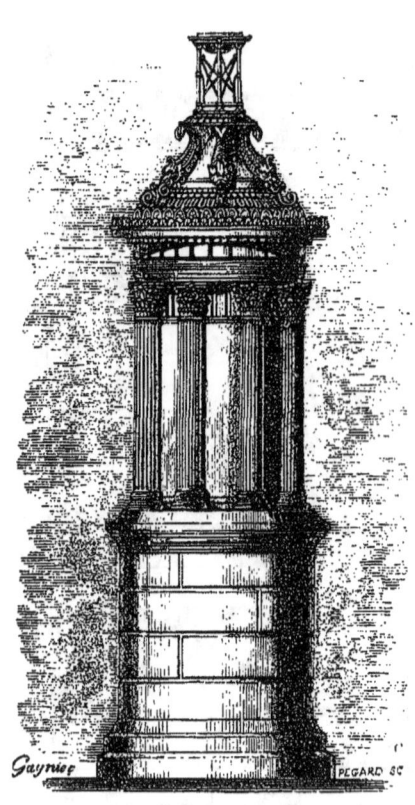

8. Monument de Lysicrate.

nous reproduisons ici le monument choragique (du chef des chœurs) de Lysicrate que l'on voit encore à Athènes, et dont l'élégance et la légèreté sont vraiment admirables.

1. Une jeune fille de Corinthe, dit Vitruve, étant morte au moment où elle allait se marier, sa nourrice recueillit dans une corbeille plusieurs petits objets auxquels elle avait été attachée pendant sa vie. Pour les mettre à l'abri des injures du temps et les conserver, cette femme couvrit la corbeille d'une tuile et la posa ainsi sur le tombeau. Dans ce lieu se trouvait, par hasard, la racine d'une plante d'Acanthe; au printemps, elle poussa des feuilles et des tiges qui entourèrent la corbeille. La rencontre des coins de la tuile força leurs extrémités à se recourber, ce qui forma le commencement des volutes. Le sculpteur Callimaque, passant près de ce tombeau, vit le panier, et remarqua la grâce avec laquelle ces fleurs naissantes le couronnaient. Cette forme nouvelle lui plut; il l'imita dans les colonnes qu'il fit par la suite à Corinthe, et il établit, d'après ce modèle, les proportions et les règles de l'ordre corinthien.

Sa hauteur est de deux diamètres, prise sous la cymaise de la corniche; la hauteur de la base est de trois demi-diamètres.

Il nous resterait à donner les nombres qui fixent les rapports de la hauteur et du diamètre des colonnes des divers ordres. Bien que reproduits imperturbablement dans tous les traités d'architecture, les rapports donnés par Vignole entre le diamètre de la base et les diverses parties de la colonne sont contestés aujourd'hui, comme ayant été obtenus en arrondissant les chiffres. Ziégler, après Vignole, pense avoir trouvé dans le diamètre moyen (moyenne entre le diamètre du haut et celui du bas de la colonne, toujours de forme plus ou moins conique) la véritable unité. Ainsi, sur une colonne dorique, il a trouvé, en divisant en douze parties ce diamètre moyen :

Diamètre supérieur, 10. — Diamètre moyen, 12. — Diamètre inférieur, 14 — Et pour les autres dimensions qui s'en déduisent : Hauteur du fronton, 28 douzièmes. — Entre-colonnes, 16 douzièmes. — Frise, 12 douzièmes. — Architrave, 8 douzièmes. — Larmier, 3 douzièmes. — Cymaise, 3 douzièmes. — Chapiteau, 6 douzièmes.

Nous ne parlerons pas ici des imitations si nombreuses du style grec qui ont été tentées dans les temps modernes et dans divers pays. Nous dirons seulement qu'en général, le plus grand défaut de ces imitations est d'avoir exagéré les proportions des monuments, de telle sorte que les effets se sont trouvés tout différents, et que, par exemple, l'église de la Madeleine, à Paris, peut être à peu près semblable au Parthénon, mais tellement grossi qu'il est devenu méconnaissable.

Nous compléterons, à ce propos, nos observations sur la question de l'imitation des styles qui n'est pas toujours à repousser comme on le pourrait conclure de ce que nous avons dit précédemment.

L'époque à laquelle chaque monument d'un style déterminé a été construit permet, en général, de déterminer facilement les idées qu'il était destiné à traduire, et, par suite, les circonstances où les études de ce style peuvent trouver une application convenable. Lors donc qu'une œuvre est à réaliser sous l'inspiration d'idées qui ont eu toute leur glorification à des époques antérieures à la nôtre, l'imitation bien comprise peut devenir parfaitement convenable; c'est ainsi, pour prendre le premier exemple qui se présente à notre esprit, qu'en orfévrerie il serait absurde de faire un reliquaire autrement qu'en style gothique, rappelant ceux qui, pendant tout le moyen âge, pendant la plus grande splendeur du catholicisme, ont orné les cathédrales.

. Pour le style grec, outre que fondé sur les principes géométriques de la construction, il forme naturellement une grande partie de la plupart des styles des époques postérieures, on pourrait de même trouver des exemples où sa reproduction absolue serait convenable pour un monument destiné à rappeler l'élégance, le goût des arts de la Grèce. Nous citerons comme excellente application la Glyptothèque de Munich, charmant monument grec destiné à contenir les chefs-d'œuvre de la statuaire, et où se trouve l'admirable bas-relief qui décorait le fronton du temple d'Égine.

STYLE ROMAIN

Rome reçut des Étrusques, qui étaient eux-mêmes, tout porte à le croire, une colonie grecque, les premiers principes de l'art; toutefois la voûte qui apparaît dans les édifices est l'élément d'un art arrivé, sans secours étranger, à un assez haut degré de perfection. La voûte, en permettant d'espacer les points d'appui et d'employer de petits matériaux, a été un très-grand perfectionnement technique qui a été apporté à l'art des constructions, et c'est dans l'architecture romaine qu'elle fut employée pour la première fois pour de grands édifices.

Dès le temps de Sylla, les Romains commencèrent à imiter les Grecs, à se parer des

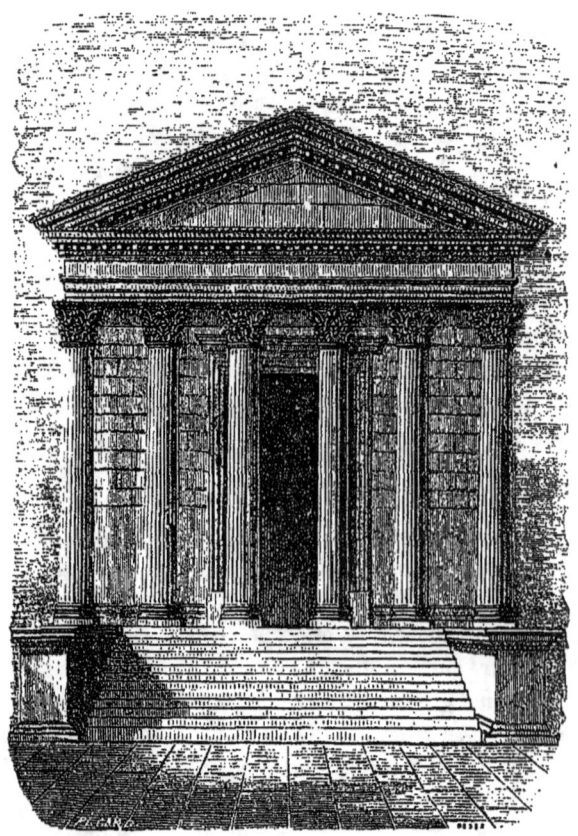

9. Maison Carrée de Nîmes.

dépouilles de la Grèce; ce fut aux architectes grecs que Rome eut recours pour élever des monuments qui eurent, par-dessus tout, le cachet de cette origine. Toutefois, il faut observer que les constructions tendirent à grandir; les monuments perdirent un peu de la finesse et de l'élégance de ceux de la Grèce qui les avaient inspirés, comme les traditions de ce pays avaient complété, embelli la religion des Romains ; mais, comme dans la plupart des emprunts faits par le peuple conquérant, les édifices, en prenant de plus grandes proportions, eurent chez les Romains un caractère plus grandiose.

Nous donnons ici le dessin d'un monument romain vraiment éclairé d'un reflet de l'art grec, la Maison Carrée de Nîmes, un des édifices les plus élégants construits par les Romains dans les Gaules, et qui, par ses dimensions, rappelle tout à fait un temple de la Grèce. Les détails des ornements du chapiteau et de la frise sont bien peu différents du corinthien grec. Nous les représentons dans la figure ci-jointe, qui montre ces

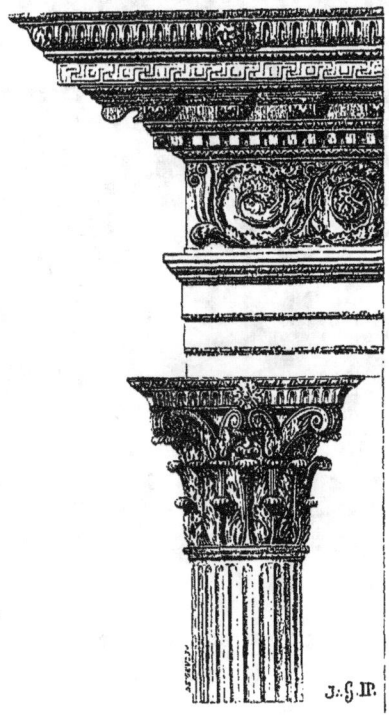

10. Colonne et chapiteau de la Maison Carrée.

différences et aussi la fermeté, la pureté de la sculpture décorative de ce charmant reste de l'antiquité.

Nous ne dirons rien de l'ordre composite attribué aux Romains, qui n'était qu'une modification du corinthien, ni du toscan, si lourd et si écrasé. Au point de vue de la décoration, l'art romain ne se sépare guère de l'art grec que par l'emploi fréquent de feuillages enroulés.

Les moyens de construction des Romains ne furent pas limités à ceux que possédaient les Grecs : comme nous l'avons déjà dit, les Étrusques leurs fournirent un nouvel élément, la voûte, qui leur permit d'exécuter des travaux admirables au point de vue de l'ingénieur, des ponts complétant ces admirables voies romaines qui étaient leur grand moyen de domination du monde entier, des aqueducs pour amener de l'eau dans les villes Au point de vue de l'aspect des constructions, ce nouvel élément fournit des effets très-heureux, surtout au point de vue de la grandeur, effets qui se retrouvent dans la plupart des édifices postérieurs où. l'on a utilisé ce progrès de la science. On trouve à Rome plusieurs monuments qui empruntent à cet élément un caractère tout particulier. Nous citerons le Colisée, immense amphithéâtre pouvant contenir

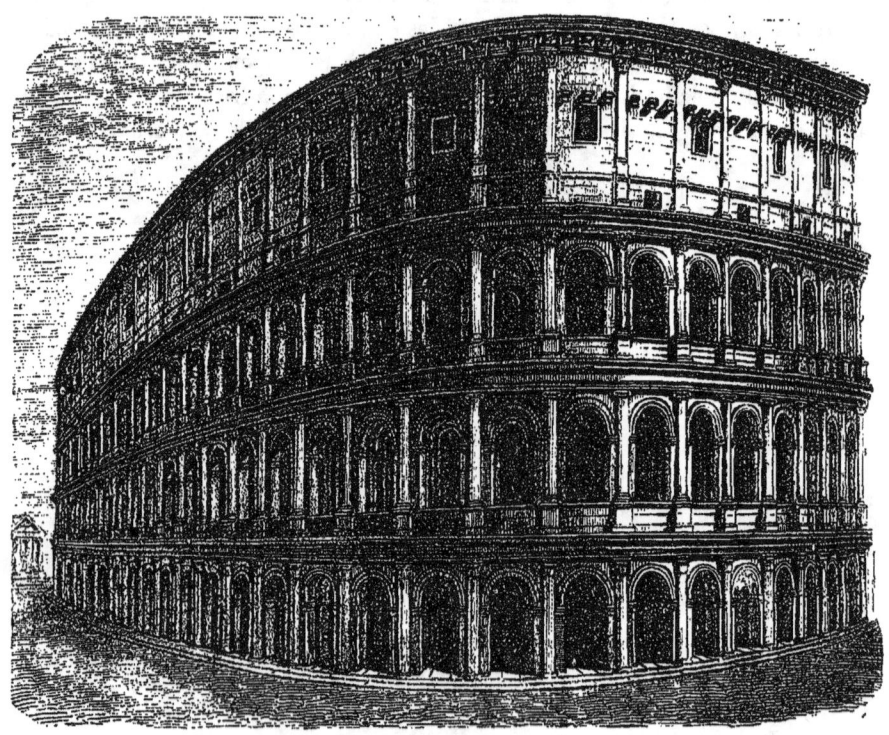

11. Colisée.

cent mille spectateurs; les piliers des arcades y sont accompagnés de colonnes des trois ordres grecs, employés en raison de la hauteur de chaque partie de l'édifice. Ce genre de décoration rappelle bien l'empire romain, c'est-à-dire une époque de richesse où l'on savait réunir les moyens d'ornementation déjà trouvés, mais où l'esprit créateur faisait défaut.

Les admirables débris qui subsistent encore de nos jours de grandes constructions des Romains [1] montrent les progrès qu'ils avaient faits dans la découverte de ciments d'une admirable solidité, et qui leur permettaient de réussir dans des travaux dont la grandeur excite une juste admiration. Le plus extraordinaire sans contredit, sous ce rapport, est le Panthéon d'Agrippa, recouvert d'une coupole qui, grâce à l'excellence de ces matériaux, ne forme qu'un seul bloc qui a résisté aux ravages du temps. Bien probablement cette coupole, dernier degré de la science de la construction des voûtes, a été le modèle

1. Les monuments remarquables qui nous restent des Romains sont nombreux Outre les exemples ci-dessus, nous citerons :

La Cloaca Maxima, ou grand égout formé de trois étages de voûtes et construit par Tarquin l'Ancien; — le Panthéon d'Agrippa; — la Colonne Trajane; — le Colisée; — le Tombeau d'Adrien, aujourd'hui château Saint-Ange; — les arcs de Constantin, de Titus, de Sévère.

En France. — A Nîmes : Maison-Carrée; — Arènes; — Pont du Gard. — Les arcs de Triomphe d'Orange Arles, Nîmes, etc.

originel des dômes qui, comme nous allons le voir, ont joué un grand rôle dans les belles constructions inspirées par le catholicisme, lorsque les architectes **voulurent** ne pas s'éloigner de la tradition classique.

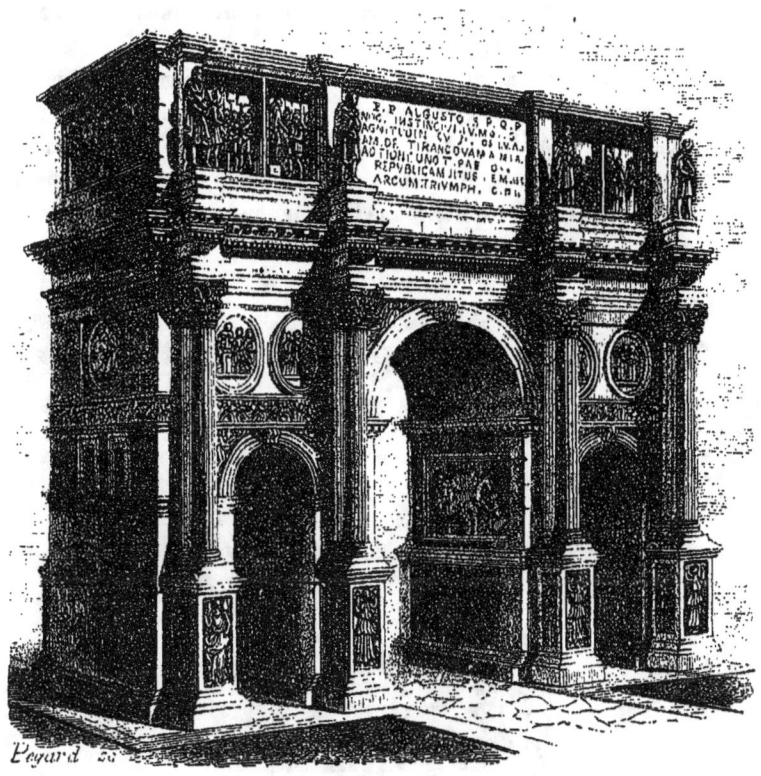

12. Arc de Triomphe de Constantin.

L'arc de triomphe de Constantin, un des mieux conservés, nous montrera encore une des heureuses applications des constructions voûtées à des monuments d'une grande élégance.

STYLE BYZANTIN, ROMAN

L'altération du style romain, lorsqu'il fallut construire les églises que réclamait le culte chrétien, satisfaire à ses tendances mystiques, conduisit à deux styles d'architecture, par l'effet de deux influences réagissant l'une sur l'autre, celle de l'empire d'Orient, celle des nations du Nord.

L'abandon presque absolu de l'architrave, l'emploi constant de l'arc reposant sur des colonnes, celui du dôme placé au centre des édifices religieux, sont, avec la profusion de la dorure, de la mosaïque, des peintures sur fond d'or, les caractères distinctifs du style byzantin, où se rencontrent bien des éléments orientaux que l'on retrouve dans le style arabe. C'est au style byzantin oriental que se rattachent les monuments qui donnent à Venise un cachet si extraordinaire de richesse et de splendeur.

« L'arcade, dit Vaudoyer, qui était devenue l'élément dominant de l'architecture romaine, était cependant restée assujettie aux proportions des ordres grecs, dont l'entablement lui servait d'accompagnement obligé, et de ce mélange d'ornements si divers était né le style mixte, qui caractérise l'architecture gréco-romaine. Or les chrétiens en dégageant l'arcade, en abandonnant l'emploi des ordres antiques et en faisant de la colonne le support réel de l'arc, ont posé les bases d'un nouveau style, qui conduisit à l'emploi exclusif des arcs et des voûtes dans les monuments chrétiens. C'est l'église de Sainte-Sophie, à Constantinople, bâtie par Justinien, au milieu du sixième siècle, qui

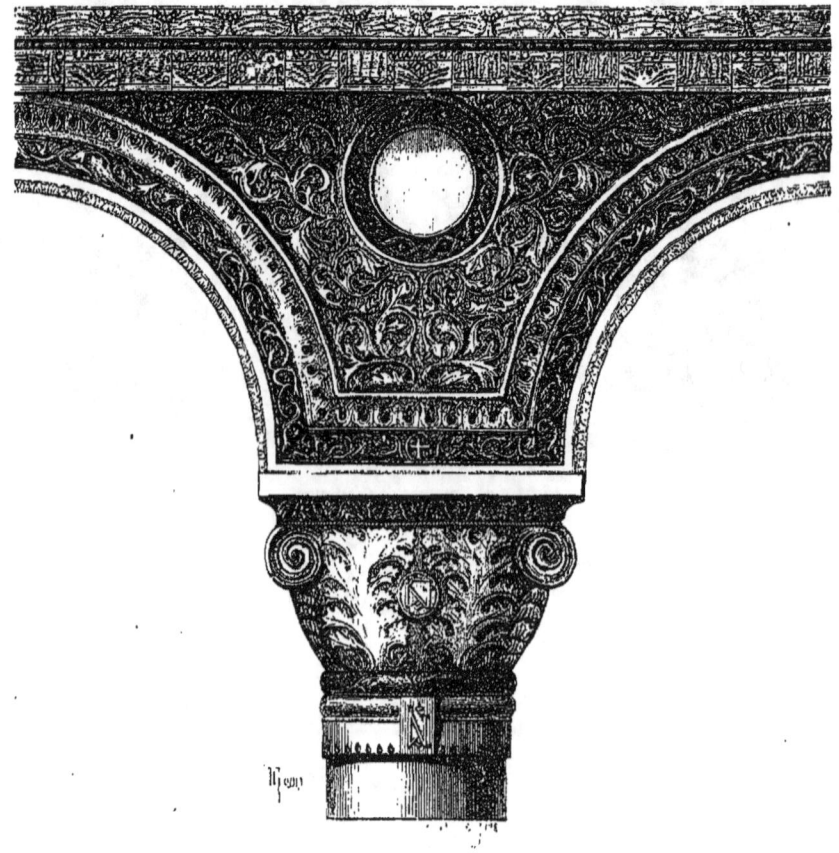

13. Sainte-Sophie.

nous offre le plus ancien exemple de ce système de construction en arcs et en voûtes, dans une église de grande proportion. »

Le tympan de Sainte-Sophie, représenté figure 13, peut donner une idée du genre de colonnes et de la riche décoration de ce monument, qui est sans contredit le chef-d'œuvre du style byzantin.

L'élément asiatique qui s'introduisit complétement dans les constructions de Byzance tendait déjà à se faire place sous l'empire romain. « Ce n'est pas d'aujourd'hui, disait Quintilien, qu'existe la distinction entre le style « asiatique » et le style « attique : » celui-ci serré, pur et sain, celui-là enflé et vide; l'un n'admettant rien de superflu, l'autre manquant surtout de goût et de mesure. »

A l'Occident, ce fut dans le style latin adopté par l'Église latine, et qui ne consistait guère qu'en une application imparfaite de la tradition romaine, que vers le dixième siècle, et sous l'influence de l'admiration des raffinements de l'empire d'Orient, les nations occidentales tendirent à manifester quelque peu leur individualité par l'architecture. Elles y réussirent, autant que le permit l'Église, par la constitution du style roman, qui a toujours conservé l'arc en plein cintre et a produit plusieurs édifices remarquables, qui se sont en général bien conservés, grâce en grande partie à l'excès de solidité des murs et au diamètre généralement exagéré des colonnes.

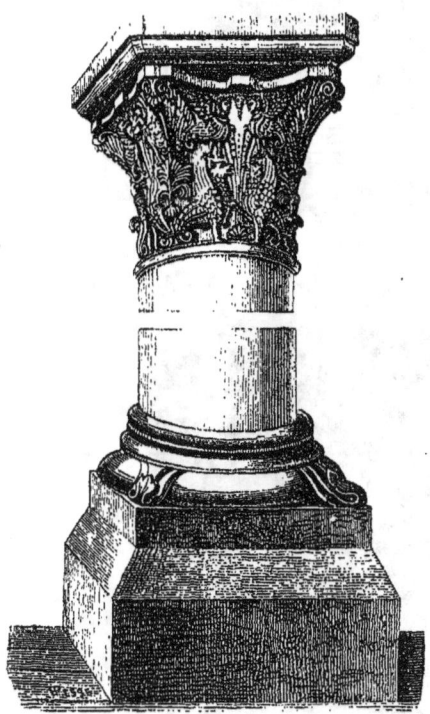

14. Colonne romane.

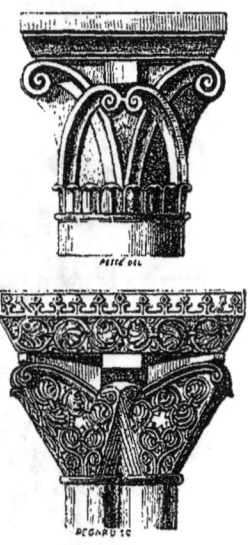

15. Chapiteaux romans, 16.

Ces colonnes, en général massives, reçurent des ornements variés, en zigzag, en forme de câbles, de torsades, de pointes de diamant, d'étoiles, et prirent un caractère spécial par la variété des combinaisons géométriques, la répétition multiple des petits ornements. Des animaux, des feuillages vinrent quelquefois figurer dans les chapiteaux. Les figures de celles que nous reproduisons ici donneront une idée de leur décoration.

Comme type du genre roman, dans son alliance avec la tradition, c'est-à-dire à bien

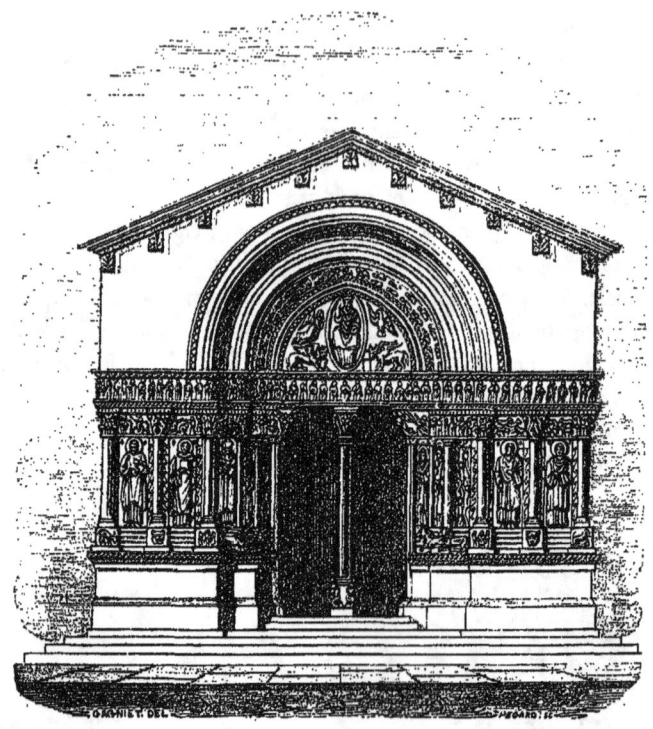

17. Façade de Saint-Trophime.

peu près bysantin, nous avons représenté une construction du midi de la France, où

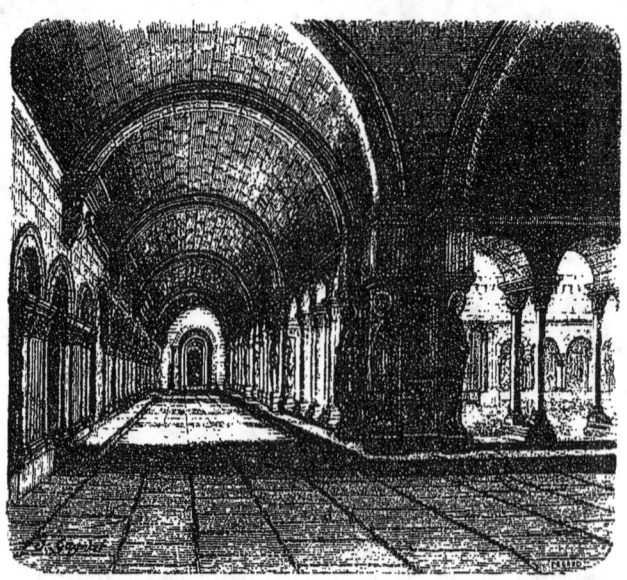

18. Intérieur du cloître de Saint-Trophime.

les traditions de l'art gréco-romain ont toujours subsisté : le cloître de Saint-Trophime, d'Arles, dont la première figure représente la porte, et la seconde la cour intérieure.

Comme s'éloignant bien davantage de la tradition gréco-romaine, nous donnerons la façade de Notre-Dame de Poitiers, célèbre à bien juste titre. C'est assurément le monu-

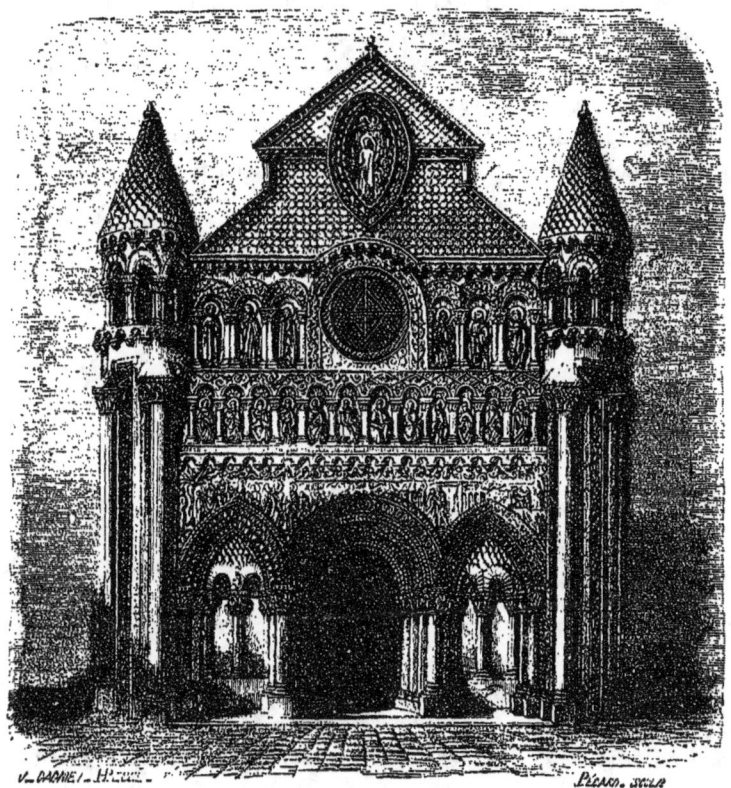

19. Notre-Dame de Poitiers.

ment de notre pays qui convient le mieux à tous égards comme modèle, car il comprend tous les éléments de décoration des façades romanes du douzième siècle : une porte en plein cintre reposant sur de fortes colonnes, une rosace centrale avec des meneaux figurant les raies d'une roue; des arcatures formées par la rencontre de deux arcades non percées; une façade décorée de petites arcades en plein cintre ornées de statues de saints.

Les travaux du style roman furent soumis aux autorités et aux traditions de l'Église, et, par suite, s'ils s'exécutèrent d'une manière d'abord très-remarquable pour l'époque, ils progressèrent lentement. L'intervention de l'Église se fit jour par l'action des moines qui, partant de la Lombardie et de Rome, devaient naturellement faire construire des édifices se rattachant à la tradition romaine, dont le style était le style romain altéré.

L'art chrétien, combiné avec les tendances des races germaniques, se fit cependant place dans ce style, surtout en cherchant à intéresser le sens moral bien plus qu'à flatter le sens physique. La grandeur, l'élévation qu'on donna aux églises pour diriger les idées vers le Ciel (tendance que l'état de la science des constructions ne permettait pas de contenter à l'époque des constructions romanes, et qui a engendré le gothique ogival dont nous parlons ci-après), la reproduction des légendes des propagateurs de la foi, les images de pieux solitaires exténués par le jeûne et les macérations, couronnés de saintes auréoles; tels sont les points de départ, les éléments traduits par les architectes à cette époque. Le symbolisme s'introduisit de toutes parts dans la décoration et y occupa une place considérable. Dans l'ornementation de ce style, il faut tenir compte de la peinture qui couvrait les voûtes, des mosaïques, des vitraux de couleur prescrits par Charlemagne pour les églises de son vaste empire.

D'après ce qui précède, on voit que, sous le nom de byzantin roman, nous comprenons plusieurs styles voisins qui ont inspiré les architectes pendant plusieurs siècles :

1° Le byzantin[1];

2° Le latin, très-voisin du style romain de la fin de l'Empire;

3° Le roman[2];

4° Le roman de transition, qui tend au style ogival.

STYLE GOTHIQUE OGIVAL

Le style ogival fut définitivement constitué sous saint Louis, à cette époque de splendeur de l'Église catholique; dès lors toute tradition de l'antiquité fut oubliée, et un nouveau style d'architecture fut créé, qui se caractérisa par l'abandon du plein cintre et l'adoption de l'ogive comme élément essentiel; ogive qui, comme les flèches nombreuses dont on orna les parties supérieures des édifices, paraît provenir de l'Orient, du Sarrasin.

L'aspiration vers le grandiose, le désir de donner aux monuments une élévation extraordinaire, aux voûtes une hauteur qui excitât l'étonnement, l'admiration universelle, élévation où quelques personnes veulent retrouver un sentiment inspiré par les grandes forêts du Nord; le soin de munir les clochers élevés de ces flèches élancées qui se perdent dans la nue; de faire contraster leur élévation avec la légèreté des découpures qui les décorent : tel est l'esprit dominant du gothique. Nos belles cathédrales sont comme des symboles complets de la religion, le résumé des croyances, de la foi vive, des aspirations mystiques de l'époque, c'est le temple du fidèle qui, aspirant à la vie future, se trouve exilé ici-bas; l'aspiration du croyant aux splendeurs du ciel. On sacrifia tout au désir de produire une profonde impression religieuse en rapport avec les idées régnantes, même les conditions architecturales; et on reproche avec raison, à ce point de vue, aux églises gothiques les nombreux contre-forts nécessaires à leur solidité.

---

1. Nous citerons comme types du byzantin : Sainte-Sophie, construite à Constantinople sous Justinien ; Isidore et Anthemius, architectes. On y employa le dôme, pour la première fois, dans les grandes églises; — Saint-Marc, à Venise, et sa place.

2. Parmi les principaux monuments romans, nous citerons : Notre-Dame-du-Puy; — Saint-Germain-des-Prés; — Saint-Zeno, à Vérone; — Notre-Dame de Poitiers; — Saint-Loup, à Bayeux; — Saint-Front, à Périgueux; — Jumiéges, près Rouen; — Notre-Dame-du-Port, à Clermont; — Saint-Menoux, près Moulins; — le Dôme d'Aix-la-Chapelle; — Saint-Gédéon, à Cologne, etc.

Le style ogival se prêtait bien à la réalisation des plans les plus audacieux des architectes laïques qui se substituèrent peu à peu aux moines, et à la traduction de l'influence
des nations occidentales, qui vivaient d'une vie propre, bien différente de la barbarie

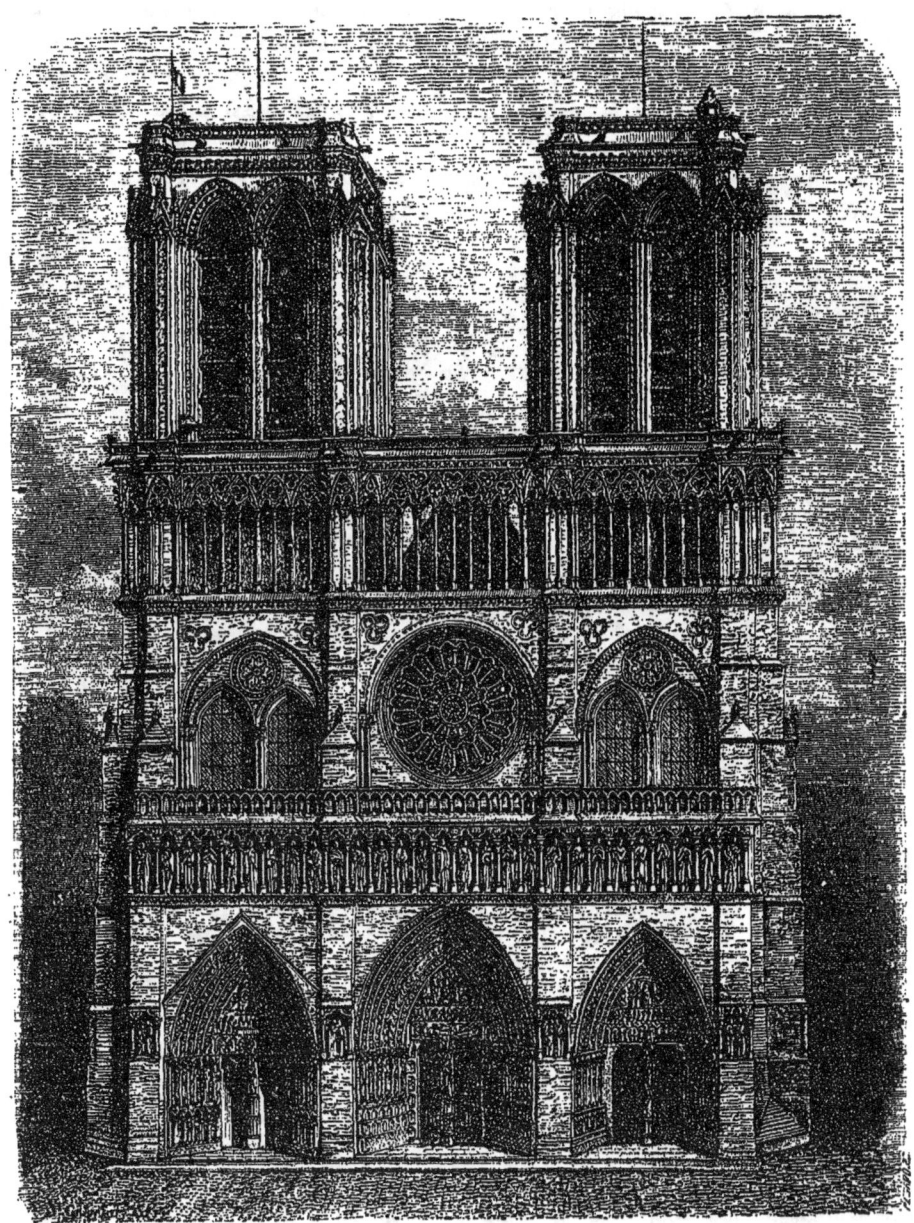

20. Notre-Dame de Paris.

de l'époque précédente, et qui n'attendaient plus de Rome l'inspiration en fait de goût.
Aussi bientôt ce style devint national : il est français, anglais, teutonique; et surtout
dans sa dernière période, lorsqu'il s'achemine vers la Renaissance, il cesse d'être exo-

tique et sacerdotal, comme l'avait été celui de l'Égypte; de sortir des règles et du dogme, non du sol et des mœurs; d'être enfin assujetti aux canons de l'Église.

Les ornements naturels à nos pays, propres à symboliser la foi religieuse du moyen âge, furent variés à l'infini par de véritables inventeurs qui ne copiaient pas, et dont l'œuvre est originale si elle n'est toujours d'un goût parfait. La peinture, la dorure étaient prodiguées à l'intérieur; les voûtes étaient couvertes d'azur parsemé d'étoiles d'or et d'argent. Les feuilles de la vigne vierge, du lierre, la rose, la pomme de pin se rencontrent souvent dans la sculpture décorative; comme aussi la croix, l'auréole, le serpent, le trèfle représentant la Trinité; le trèfle à quatre feuilles figurant les quatre Évangélistes, aussi rappelés par l'ange, le lion, le bœuf, l'aigle; la vigne enfin, qui rappelle le vin de l'Eucharistie.

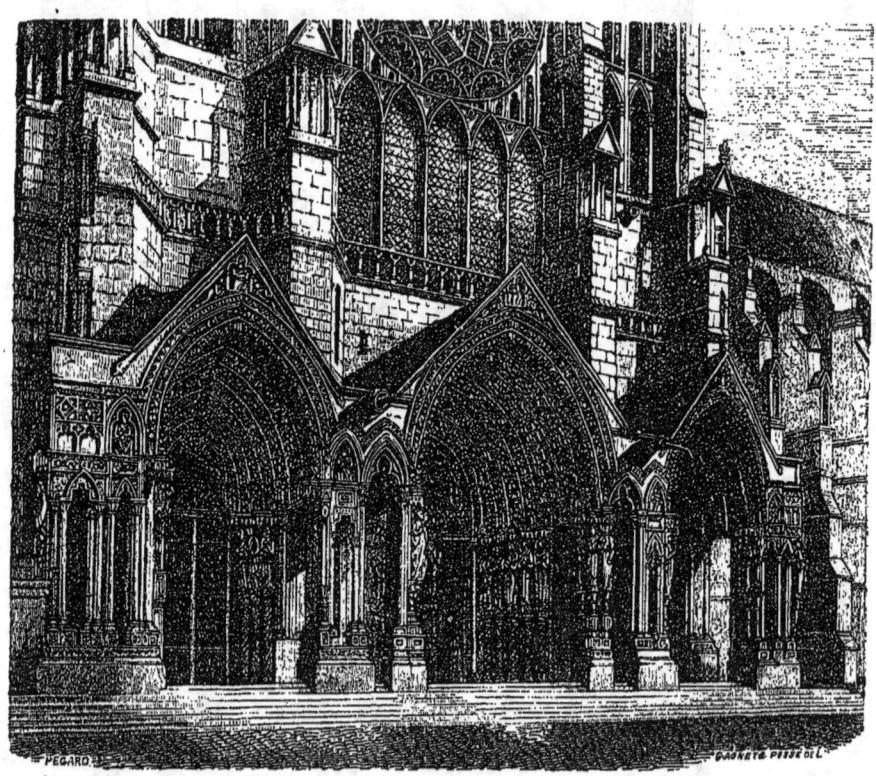

21. Cathédrale de Chartres.

Un caractère de l'architecture ogivale qu'il importe de noter, c'est que les voûtes à nervures des églises reposaient, comme des voûtes d'arête, sur des piliers très élevés qu'il fallut soutenir par des contreforts extérieurs. Ce système de construction se prêta fort heureusement à l'emploi d'un admirable élément de décoration qui fut fourni à l'église gothique par la peinture sur verre : les fenêtres, auxquelles ce mode de construction permit de donner de très grandes dimensions, et qui, comme les roses de la façade, furent garnies de vitraux de couleur tamisant la lumière et lui donnant un éclat admirable. Rien de semblable n'avait été obtenu dans les styles antérieurs, sauf dans le style roman, où ce genre de décoration ne pouvait avoir le même éclat par suite des dimensions bien moindres des fenêtres; on n'avait pas pensé plus tôt à combiner les effets vraiment magiques de mosaïques transparentes, que l'industrie n'était pas au reste en mesure de fabriquer avant cette époque.

Le soin pris de dissimuler les grands diamètres des colonnes, de leur donner de la légèreté en leur donnant la forme de piliers fasciculés, est le dernier terme du désir du gothique d'élever les esprits vers le ciel par l'audace des lignes verticales non interrompues, rejoignant des voûtes d'une grande élévation.

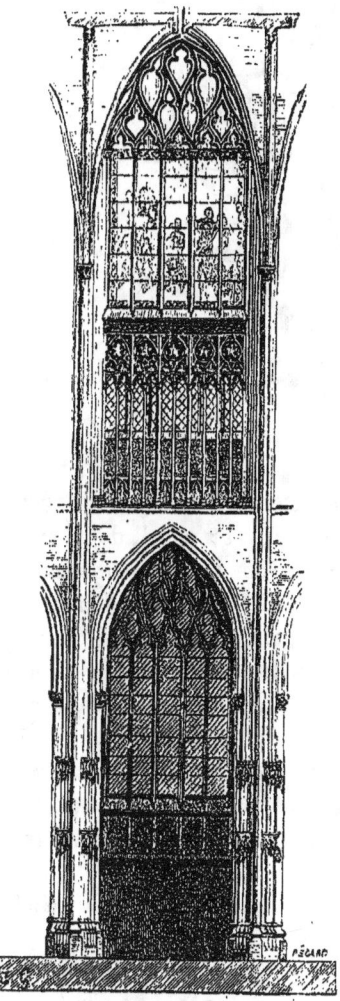

22. Travée de Saint-Onen.

Nous donnons comme type du style ogival la façade de Notre-Dame de Paris, un des plus admirables monuments du moyen âge. Nous ne chercherons pas ici à en faire valoir toutes les harmonies; nous renverrons aux pages de Victor Hugo. Là, au milieu des exagérations du romancier, se révèlent les sentiments qu'éveillaient dans les âmes de nos pères ces édifices merveilleux sous tous les rapports. Ils y trouvaient leurs aspirations traduites et satisfaites d'une façon remarquable, par la majesté de l'ensemble, par la richesse des détails, par la multiplicité des bas-reliefs où venaient se retracer toutes les légendes qui constituaient leur foi, mélange de naïveté et d'aspirations mystiques. Le sentiment religieux se reflète dans les monuments de cette époque.

Comme modèle des décorations souvent placées en avant des portes, nous citerons l'élégant portail latéral de la cathédrale de Chartres, ajouté au monument après sa construction, et qui est un exemple curieux de l'emploi de la sculpture décorative. Enfin, comme type de la dernière période du gothique, à l'époque où la Renaissance se faisait sentir, nous représentons (fig. 22) une travée de Saint-Ouen de Rouen qui réalise la tendance à allonger les lignes verticales.

L'arc ogival, élément caractéristique de cette architecture, a eu plusieurs formes; l'une des plus employées fut l'ogive équilatérale, qui a ses centres placés à ses deux extrémités inférieures, de façon que les arcs forment un triangle équilatéral par leur intersection. Les Anglais, qui ont gardé le mieux la tradition du style gothique, tout à fait national chez eux, ont employé, depuis le quinzième siècle, l'arc Tudor, ou gothique surbaissé, dans lequel les arcs deviennent presque horizontaux, et dont le point d'intersection est à peine apparent; il se rapproche beaucoup de l'anse de panier de la Renaissance.

En Angleterre, au reste, la Renaissance n'a pas cessé d'être gothique, et a constitué ce que les Anglais appellent le style Élisabeth.

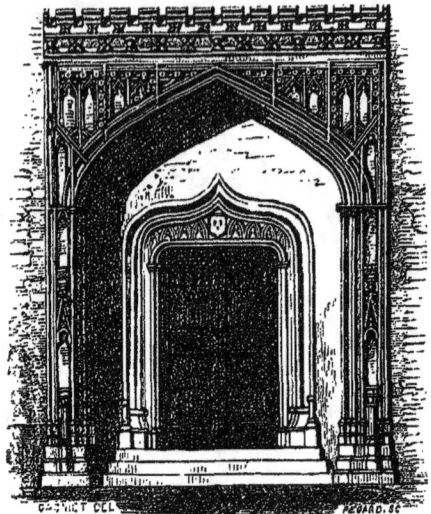

23. Arc Tudor.

C'est à l'Allemagne ancienne que M. Th. Hope (HISTOIRE DE L'ARCHITECTURE) attribue l'invention du style ogival. Ce qui est certain, c'est qu'elle l'adopta avec une ardeur toute particulière, qu'explique assez bien l'absence des traditions romaines dans ce pays comparé à l'Italie, au midi de la France, etc. L'Allemagne, dès le moment où le style ogival apparut dans l'architecture, l'employa également dans les autres productions des beaux-arts, dans la sculpture, la ciselure, la peinture, l'écriture même ; elle prodigua partout de longues lignes perpendiculaires, des angles aigus, des ornements de toutes sortes analogues à ceux des édifices gothiques ; ce qui montre amplement que ce style n'était pas une mode importée de l'étranger, mais que, dans tous les arts, il procédait de la même source, c'est-à-dire du goût national des artistes allemands.

On voit, par ce qui précède, comment on peut établir plusieurs subdivisions dans le style ogival [1], et distinguer ;

1° Le style ogival primaire ou à lancettes, voisin du roman : douzième et treizième siècle :

2° Le style ogival secondaire ou rayonnant, ainsi nommé de la forme rayonnante des roses, des quatres feuilles qui ornent les fenêtres : ce style règne aux treizième et quatorzième siècles ;

Enfin, 3° le gothique tertiaire ou flamboyant, aux quatorzième et quinzième siècles, employant des décorations en forme de flammes ou de langues, variant à l'infini des

1. Les plus célèbres constructions du style gothique ogivale sont :

En France : La Sainte-Chapelle, par Pierre de Montereau, sous saint Louis ; — Notre-Dame de Paris (XIIe et XIIIe siècles) ; — les cathédrales de Reims, Bourges, Évreux, Laon, Amiens, Noyon, Strasbourg, (par Johan de Steinbach), Soissons (XIIIe et XIVe siècles) ; — Saint-Ouen, Saint-Maclou, les églises de Tours Brest (XIVe et XVe siècles).

En Allemagne : la cathédrale de Cologne.

En Angleterre : Westminster, la cathédrale de Salisbury.

ornements qui, par leur perfection, annoncent la Renaissance, et produisent des œuvres charmantes qui peuvent être classées également dans les styles voisins ; tel est, par exemple, l'hôtel Bourgtheroulde (que nous donnons plus loin).

STYLE RENAISSANCE

L'Italie, couverte des monuments de l'antiquité, n'avait jamais voulu adopter le style ogival. Elle donna le signal du retour aux traditions de l'antiquité, lorsque la richesse des nations modernes rendit possible un état nouveau de la société, lorsque la découverte de l'imprimerie vint rendre irrésistible l'impulsion due aux idées nouvelles.

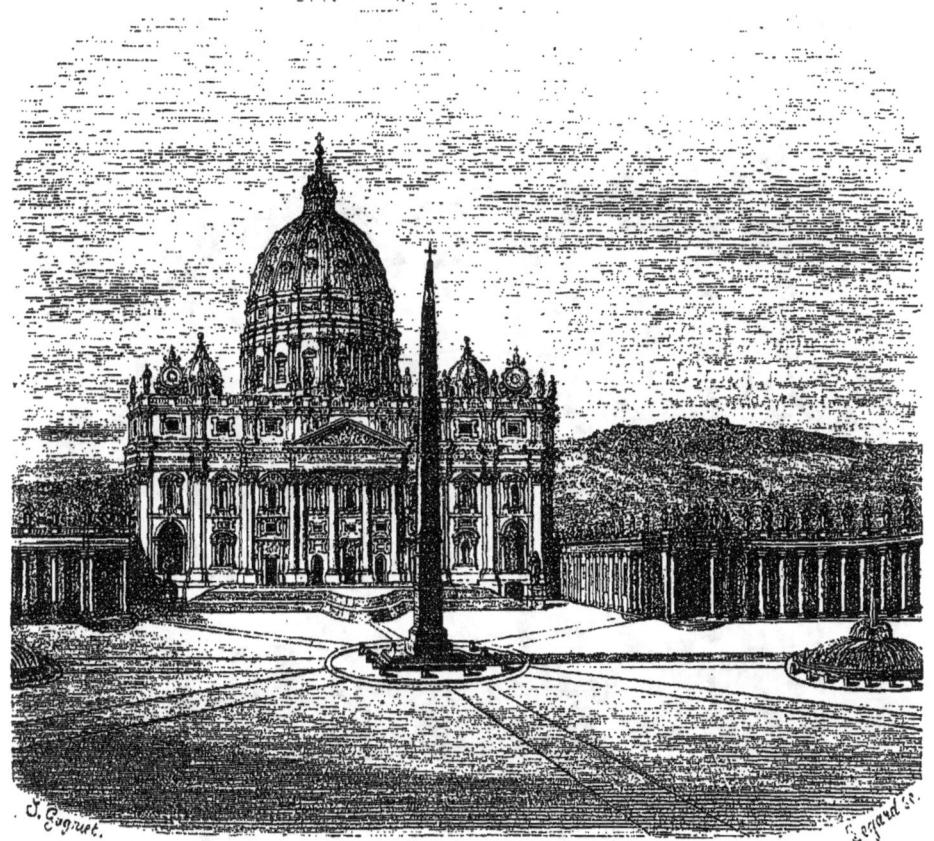

24 Saint-Pierre de Rome.

Bien que le retour au classique, à l'antiquité, fût le drapeau des artistes qui se sont immortalisés à cette belle époque de la Renaissance, leur génie propre, consacré à la splendeur du culte catholique qui adoptait tous les arts pour atteindre le maximum d'éclat, vint donner à leurs œuvres un caractère nouveau correspondant aux éléments des temps modernes, et surtout aux idées chrétiennes, si différentes des idées païennes. C'est dans la peinture que l'on peut surtout le reconnaître, et Raphaël doit être cité comme le type immortel de cette alliance de l'art chrétien avec l'art grec. Pour ne pas sortir de notre sujet, de l'architecture, nous dirons qu'elle brilla par le sentiment de la pureté des lignes et des proportions ; on vit reparaître, en quelque sorte, les lignes horizontales ; les arcs surbaissés presque rectilignes, reposant sur des colonnes, remplacèrent les voûtes ogivales de forme aiguë.

Pour passer en revue les principaux types de construction de la Renaissance, les œuvres des architectes devenus des artistes libres et indépendants et non plus les ouvriers du clergé, nous devons d'abord citer les églises. La plus colossale de toutes est Saint-Pierre, formée de la coupole du Panthéon d'Agrippa « suspendue dans les airs, » grande conception du génie universel de Michel-Ange, qui sut imprimer à cette œuvre le sentiment de la domination universelle de la papauté en employant les éléments fournis surtout par la tradition romaine classique, mais agrandis dans des proportions jusque-là inconnues. Nous donnons ici la vue de l'extérieur de ce temple, digne d'être le premier temple du monde chrétien, par son immensité et la splendeur de ses décorations, malheureusement exagérées au dix-septième siècle par le Bernin qui y fit des additions qui ne sont pas toutes heureuses.

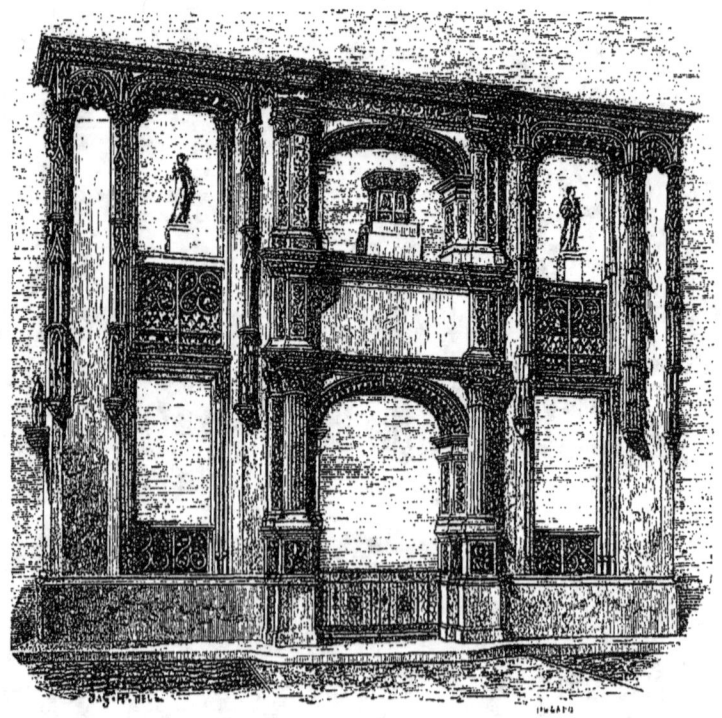

25. Façade du château de Gaillon.

Toutefois, sauf dans le cas qui précède et dans un petit nombre d'autres, ce n'est pas par l'immensité des édifices, c'est plutôt par la modération de la grandeur de l'élément architectural que la Renaissance se distingue, revenant ainsi plutôt à l'art grec qu'à l'art romain, avec un admirable sentiment du caractère élégant du premier.

Ce qui y a beaucoup contribué, c'est que l'architecture de la Renaissance ne fut plus seulement religieuse comme celle du moyen âge; elle fut pour le moins autant laïque. Les châteaux, les belles maisons se multipliant avec l'accroissement des richesses, réclamèrent tous les ornements de l'architecture et de la statuaire, et fournirent un vaste champ aux œuvres qu'engendrait l'imagination d'une multitude d'artistes créateurs.

On ne saurait trop remarquer, dans les créations de l'architecture de la Renaissance, avec quelle confiance les artistes se livraient à leur imagination, pour combiner les détails de l'architecture sans se traîner dans des voies déjà tracées; avec quel sentiment net des proportions les plus harmonieuses, avec quelle fécondité, quelle grâce, à l'aide

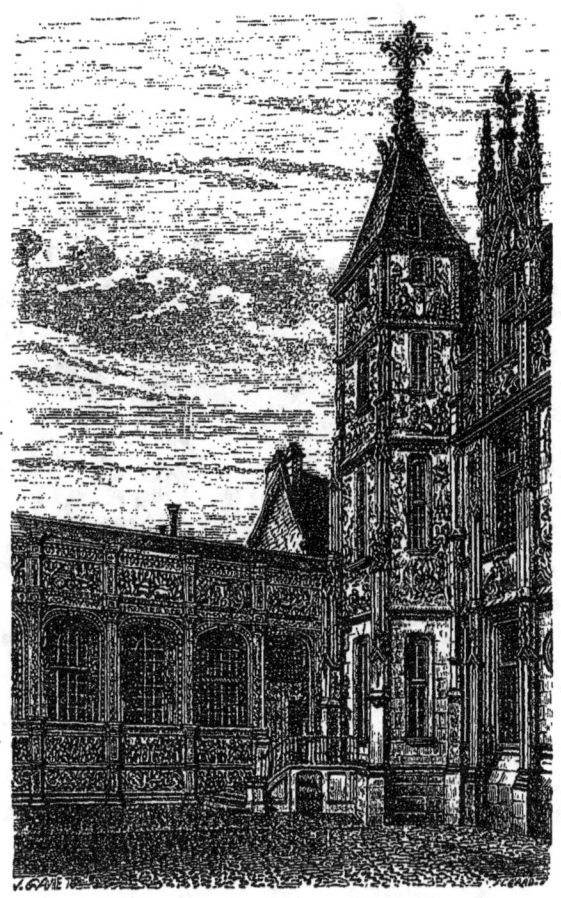

26. Hôtel Bourgtheroulde, à Rouen.

de quel large emploi de la sculpture décorative ils savaient remplir les conditions d'élégance qui caractérisent les créations de cette époque, où les arts ont joué un si grand rôle. Nous allons en donner quelques exemples célèbres,

Le château de Gaillon, construit par le cardinal d'Amboise, et dont nous reproduisons l'élégante façade, telle qu'on la voit aujourd'hui dans la cour du palais des Beaux-Arts, conserve encore quelques traces du gothique ; mais on y trouve une élégance, une pureté de lignes qui rappelle heureusement l'arc grec. Les colonnes, de peu de hauteur, comme dans la plupart des constructions de la Renaissance, se trouvent de dimensions convenables pour l'encadrement des fenêtres, des portes formées d'arcs surbaissés, et ne paraissent jamais des hors-d'œuvre.

A côté de cette élégante construction, due surtout au goût italien, nous citerons l'hôtel Bourgtheroulde, de Rouen, qui nous fournit un exemple de charmante habitation privée, et montre combien les architectes de cette époque savaient, comme ils l'ont fait dans cette construction moitié gothique, moitié renaissance, modifier le gothique pour en conserver des parties élégantes, les aigrettes, les dentelles de pierre, etc., et les mélanger avec les arcs surbaissés et les bas-reliefs multipliés du nouveau style.

Enfin, nous terminerons par le chef-d'œuvre des constructions de la Renaissance en France, le Louvre, élevé par Pierre Lescot, architecte français. On ne saurait trop

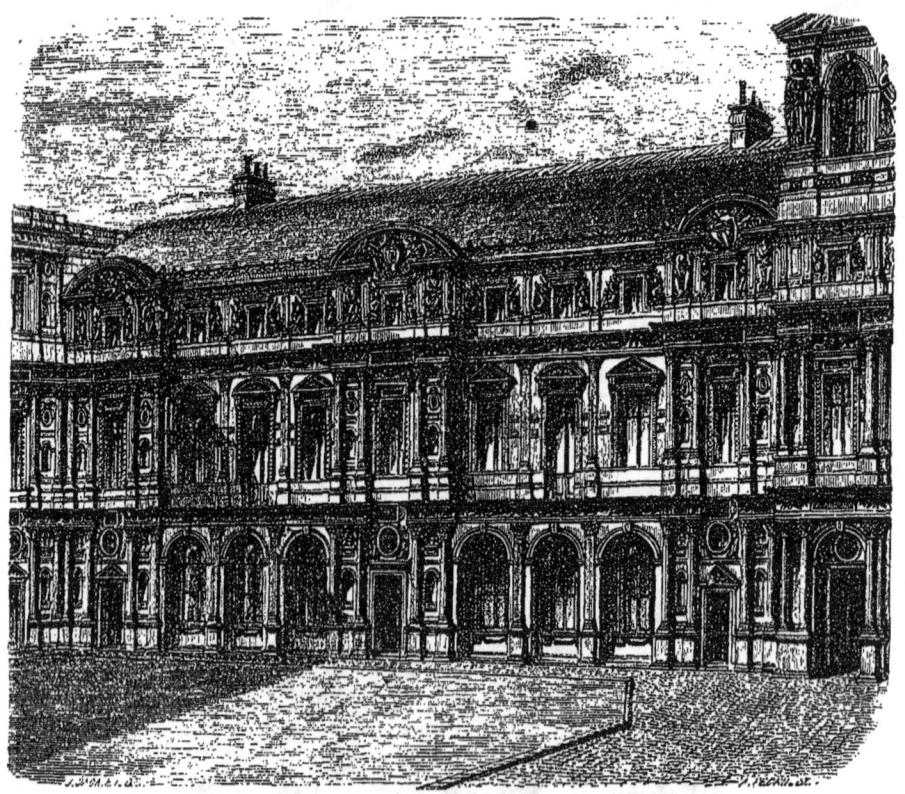

27. Cour du Louvre.

admirer les heureuses dispositions de cette construction, la symétrie des avant-corps, l'élégance des colonnes, la richesse, l'habile profusion des décorations sculptées. Dans ce monument, dit M. Vaudoyer, aucune influence étrangère ne se fait sentir; c'est une production vraiment nationale qui l'emporte de beaucoup sur ce qui l'a précédée, et qui n'a pas été surpassée depuis [1].

1. Parmi les chefs-d'œuvre de la Renaissance nous citerons :
En Italie : Saint-Pierre à Rome, la Basilique de Vicence, San Pietro in Montorio; — à Florence : la Cathédrale, le palais Pitti, le palais Médicis; — à Pise, le Campo-Santo.

L'époque de Henri IV et celle du commencement du règne de Louis XIII ont produit quelques jolies constructions d'un genre particulier, dans lesquelles la brique rouge alterne avec la pierre de taille et qui se signalent par l'élévation de leurs toits pointus. Le livre L'ARCHITECTURE par le maître strasbourgeois Ditterlin, publié à Nuremberg, en 1598, est le résumé de tout ce qui a été produit en ce genre, dans les divers arts.

STYLES LOUIS XIV ET LOUIS XV

Sous le règne de Louis XIV, on chercha en tout le grandiose. Pour l'architecture, tout en reprenant les traditions de l'antiquité romaine, lors d'un retour à la puissante administration de l'époque des Césars, on accrut les dimensions des édifices sans rien garder des souvenirs de la Renaissance, dont les œuvres n'étaient plus jugées assez imposantes. Les détails de ce style sont robustes, les moulures lourdes, mais fermes et accentuées.

Si la plupart des édifices construits alors peuvent être considérés comme des imitations de l'art romain auquel ils se rattachent plus directement qu'à l'art grec, quelques-uns cependant, franchement inspirés par les idées de l'époque et dus à des artistes distingués, ont un caractère de grandeur, de largeur, qui leur est tout à fait propre, et sont

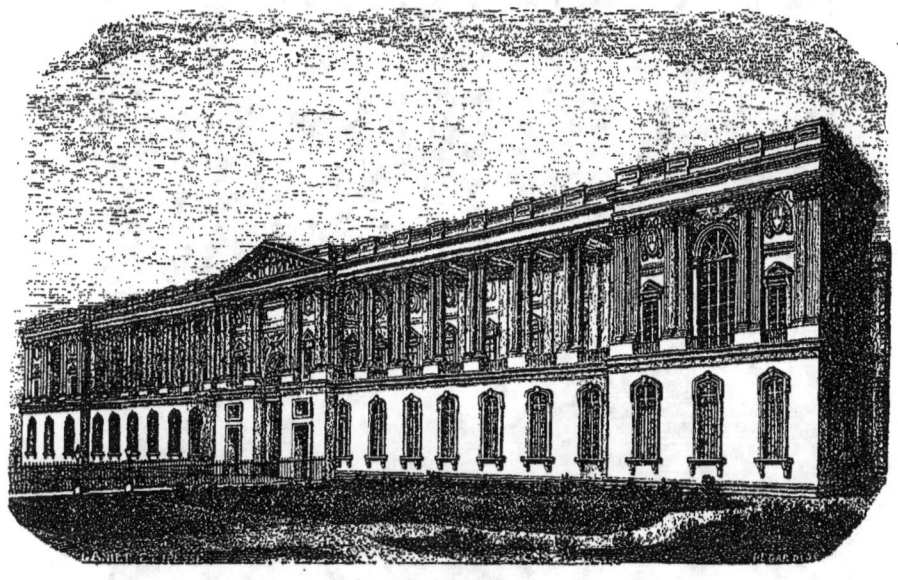

23. Colonnade du Louvre.

restés à une belle place dans l'opinion publique. Nous citerons dans le nombre, et au premier rang, la colonnade du Louvre, œuvre de Perrault.

En France, appartiennent à la Renaissance: Fontainebleau, la maison de Moret, le palais du cardinal d'Amboise, le Louvre, le château d'Anet, les Tuileries. Les plus grand architectes de cette époque furent: Brunelleschi, Michel-Ange, Buonarotti, le Bramante, Raphaël, Palladio, Pierre Lescot, Philibert Delorme.

Ce monument, dans lequel on doit remarquer un premier emploi de colonnes acco-
lées, excita l'admiration des contemporains, et causa un enthousiasme dû surtout au
mérite de la nouveauté de cette disposition.

L'amour du grandiose, appliqué mal à propos aux édifices privés, donna dans
ce cas des résultats mauvais ; des pilastres ou des colonnes gigantesques encadrant
plusieurs étages dans leurs lignes monotones donnent l'idée d'un édifice trop grand
pour notre usage, qu'il faut gâter en quelque sorte pour y loger de simples hu-
mains. Comme exemple de construction à laquelle s'applique cette observation, et
comme type des constructions du règne de Louis XIV, nous citerons le château
de Versailles, construit sur les plans de Mansard. Dans cet édifice, un rez-de-chaussée
sévère avec arcades supporte des colonnes de la hauteur de deux étages que sur-
monte un architrave.

Nous ne parlons ici que des monuments du siècle de Louis XIV qui se distinguent

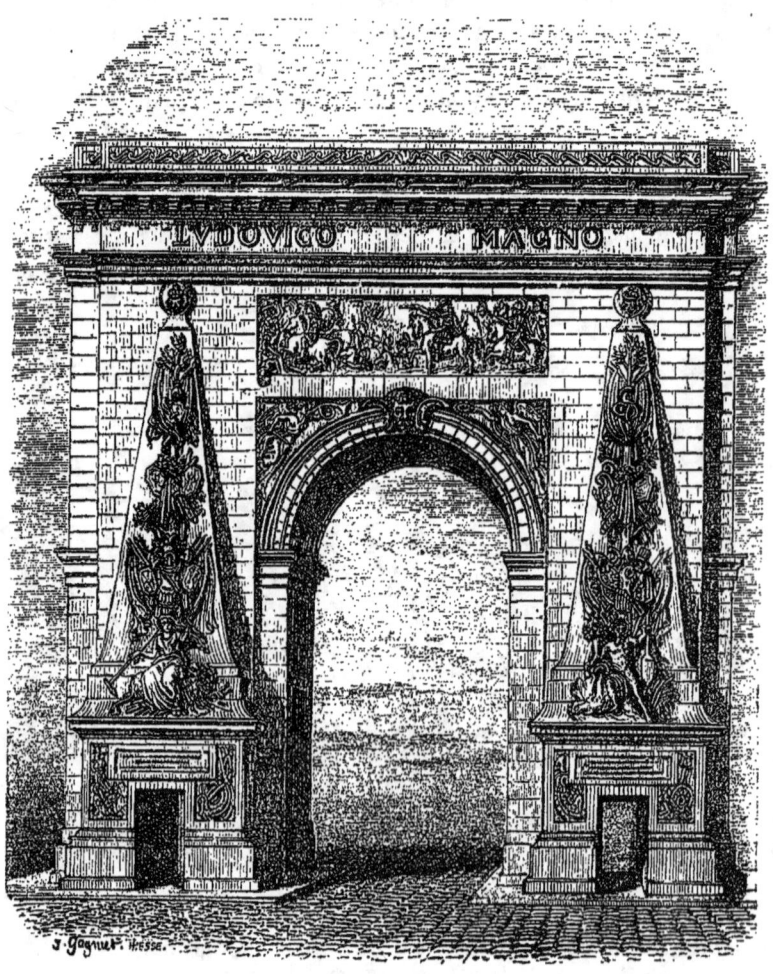

29. Porte Saint-Denis.

d'une imitation de l'antiquité ou des constructions élevées en Italie. Nous donnerons
maintenant, comme interprétation du style romain dans le goût de l'époque, la porte

Saint-Denis (construite par Blondel), inspirée par l'arc de triomphe romain, mais singulièrement agrandi, et qui possède un caractère propre de grandeur.

On peut dire de l'époque du règne de Louis XV qu'elle n'a eu qu'une médiocre importance pour l'architecture proprement dite, malgré quelques belles œuvres, telles que les bâtiments de la place Louis XV, construits par Gabriel, qui sont une imitation excellente de Perrault.

Le goût italien des Bernin, des Borromini, qui commença à se faire jour à l'époque de la vieillesse de Louis XIV, vint exagérer la multiplication déjà admise de trophées et ornements analogues ; cette profusion d'ornementations mérite de fixer l'attention, car elle a constitué le style Louis XV, qui occupe une grande place dans la décoration industrielle, comme nous le reconnaîtrons bientôt en étudiant ses applications nombreuses dans le mobilier, l'orfèvrerie, etc. Ce style est fin et élégant ; la ligne droite y fait place aux lignes courbes, brisées ; il est désigné sous le nom de style italien chez la plupart des auteurs étrangers

On ne peut guère citer d'exemples plus complets du style Louis XV que les hôtels du faubourg Saint-Germain. Leur inspection montre bientôt que les architectes de l'époque étaient bien plus préoccupés de l'intérieur que de l'extérieur. Ces constructions consistent en général en grandes masses rectangulaires, offrant un vaste espace pour des pièces de grande dimension; l'ensemble n'est en général remarquable qu'au point de vue des bonnes dispositions intérieures, et, comme nous le disons plus haut, de la décoration. Un genre purement propre à ce style doit être cité : nous voulons parler de la volute qui accompagne à l'étage le plus élevé les parties latérales des fenêtres, dont la partie supérieure est courbe.

Avant de passer à l'époque actuelle, nous passerons en revue les produits des civilisations orientales et asiatiques, dont l'étude est assez peu importante au point de vue de l'Architecture. Les Orientaux n'ont eu d'influence que sur le style byzantin adopté pour un petit nombre de monuments d'Europe, Saint-Marc de Venise notamment.

CIVILISATIONS ASIATIQUES ET ORIENTALES

STYLE INDOU

Les anciens temples de l'Inde, aussi bien que les ruines assyriennes de Ninive, rappellent les monuments religieux, les nécropoles de l'ancienne Égypte. L'étude de ces monuments, de ces styles, les plus anciens que nous connaissions, mériterait qu'on s'y arrêtât longuement, car c'est dans les types anciens qu'il faut surtout étudier les éléments qui se répètent en se transformant à l'infini dans les divers styles; ce qui est vrai pour les éléments de la décoration industrielle comme pour les monuments. Malheureusement les documents sont rares, les restes peu nombreux. Parmi les œuvres do l'Inde les plus remarquables, nous citerons un de ces temples taillés dans le roc et qui sont d'une étendue immense, le temple d'Ellora, dont nous donnons ici le dessin. On y remarque des colonnes basses, dont le fût est orné de sculpture, et dont le chapiteau

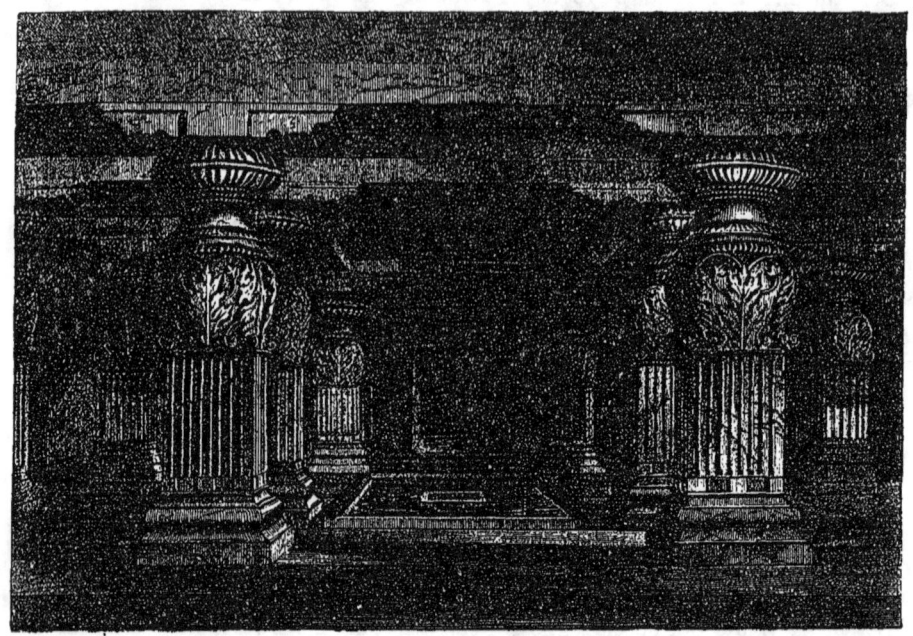

30. Temple d'Ellora.

est de forme renflée d'une façon toute particulière; on la retrouve dans nombre de décorations de produits de l'Inde.

« Les religions de l'Inde, dit Lamennais, renferment toutes une idée panthéistique, unie à un sentiment profond des énergies de la nature. Le temple dut porter l'empreinte de cette idée et de ce sentiment. Or, le panthéisme est à la fois quelque chose d'immense et de vague. Que le temple s'agrandisse indéfiniment, qu'au lieu d'offrir un tout régulier, saisissable à l'œil, il force, par ce qu'il a d'inachevé, l'imagination à l'étendre encore, à l'étendre toujours, sans qu'elle arrive jamais à se le représenter tout ensemble comme un et comme circonscrit en des limites déterminées, l'idée panthéistique aura son expression. Mais pour que le sentiment relatif à la nature ait aussi la sienne, il faudra que ce même temple naisse en quelque manière dans son sein, s'y développe, qu'elle en soit la mère, pour ainsi parler. C'est là, dans ses ténébreuses entrailles, que l'artiste descendra, qu'il accomplira son œuvre, qu'il fera circuler la vie, une vie qui commence à peine à s'individualiser en des productions à l'état de simple ébauche : symbole d'un monde en germe, d'un monde qu'anime et qu'organise, dans la masse homogène de la substance primordiale, le souffle puissant de l'être universel. »

D'autres temples célèbres de l'Inde sont de construction moderne; au style indien sont venus se mélanger le dôme et les coupoles, parce qu'ils sont dus aux conquérants mahométans. Ils rentrent dans la division suivante, tout en ayant en partie conservé un caractère spécial.

STYLE ARABE, MAURESQUE

La civilisation arabe qui a jeté tant d'éclat en Égypte, à Bagdad, nous est révélée par des monuments qui reflètent admirablement la richesse d'imagination des Orientaux, aussi bien que leur goût pour les couleurs éclatantes.

Les formes de ces édifices procèdent directement de l'art byzantin, qui avait déjà donné satisfaction aux tendances de l'Orient, et qui a eu sur l'art arabe une influence incontestable ; celui-ci a conservé les éléments que les nations occidentales ont aban-

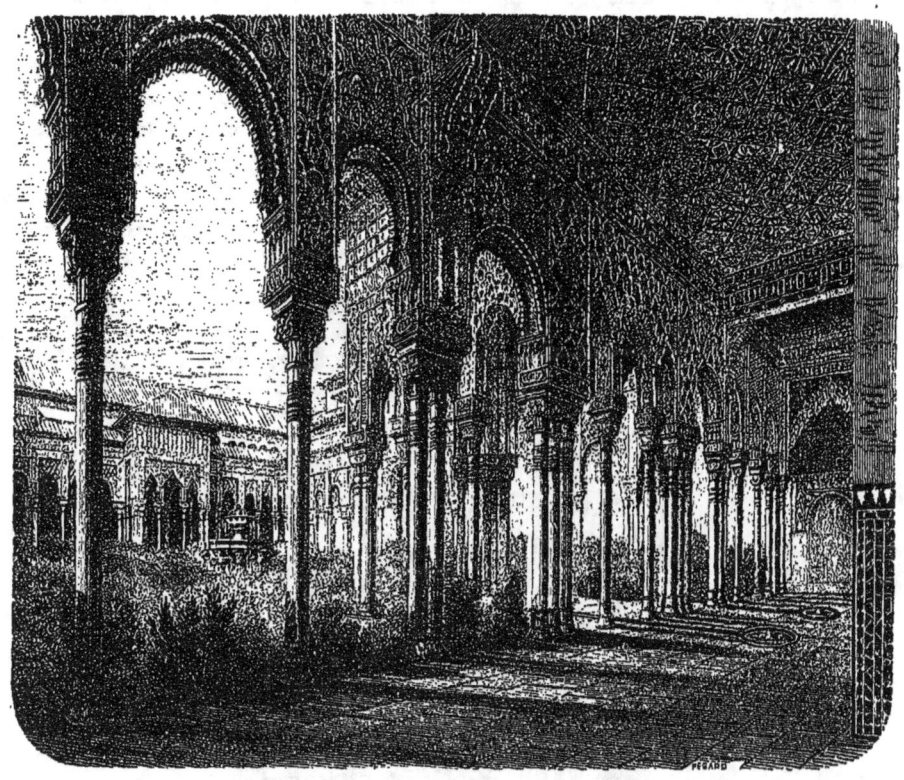

31. Alhambra.

donnés, et a exagéré les différences qui séparent le byzantin du romain. Ainsi, les arcs toujours reposant sur colonnes ont un type particulier ; ils sont rentrants à la base, et comprennent plus d'une demi-circonférence. Cette architecture emploie aussi souvent des pendentifs d'une extrême légèreté qui rappellent les stalactites, et le dôme s'enfle tellement qu'on le voit fréquemment prendre la forme d'un bulbe.

La Perse a exercé sur l'art arabe une grande influence, qui augmenta encore lorsque les deux pays eurent embrassé la foi de Mahomet. La Perse avait des traditions propres, comme l'ont montré les ruines de Persépolis.

C'est naturellement en Orient, à Constantinople, au Caire, à Bagdad, que doivent se rencontrer les principaux exemples des constructions de style arabe. On en trouve aussi en Europe ; les relations intimes de Venise et de la Russie avec Constantinople ont fait imiter l'architecture des Orientaux dans ces deux pays.

Mais c'est en Espagne surtout, dans le beau pays de Grenade et de Cordoue, que l'art mauresque, la branche la plus brillante de l'art arabe, a créé des chefs-d'œuvre ; l'arc en fer à cheval constitue la forme favorite et caractéristique de ces constructions. L'Alhambra, dont nous donnons ici la cour intérieure ornée d'une fontaine, luxe si précieux dans les pays chauds, a toujours excité l'enthousiasme des voyageurs. Il est de proportions très petites, comparé à nos grandes constructions.

Les décorations mauresques dont ce ravissant palais offre un si bel exemple sont restées le type d'un genre d'ornementation d'une grande élégance, qui a trouvé une multitude d'applications industrielles. La loi musulmane interdisant la représentation d'êtres animés, c'est vers la combinaison des lignes, des couleurs éclatantes, du bleu, du rouge, de l'or, que se porta le goût des artistes. Ces treillis formés de courbes s'entrelaçant à l'infini, qui seront mieux définis par les exemples que nous multiplions plus loin, et auxquels on a donné le nom d'arabesques, forment les principaux éléments de décoration de ces édifices, dont l'éclat se comprend mieux quand on sait que ces décorations étaient produites sur les murailles à l'aide de moulages colorés [1]. Leur netteté comme leur éclat est incomparable et tout à fait en rapport avec la richesse des rêveries orientales.

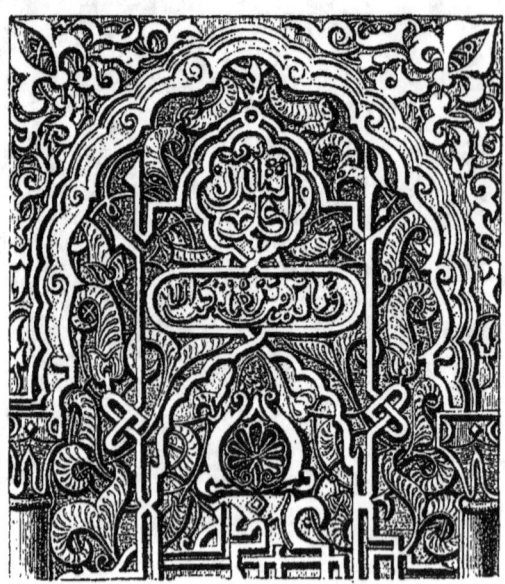

32. Porte de la mosquée de Cordoue.

Nous donnons encore la porte de la mosquée de Cordoue, qui permettra d'apprécier ce genre de décoration, reproduit dans cette figure sur une plus grande échelle que celle du dessin qui représente la cour de l'Alhambra.

1. Principaux monuments des Maures d'Espagne : la Tour de la Giralda, l'Alcazar, à Séville ; — l'Alhambra, à Grenade ; — la Mosquée de Cordoue.

On voit par ce qui précède que le style dont nous traitons comprend trois subdivisions principales :

Le style sarrasin ou arabe pur ; — le style mauresque ; le style persan.

STYLE CHINOIS

Les Chinois, si industrieux dans les petites choses, dans les détails de l'industrie, ne paraissent pas s'être élevés jusqu'à la conception de l'organisation des grands travaux de construction. Aussi ne connaît-on de ce pays aucun édifice comparable à nos grands

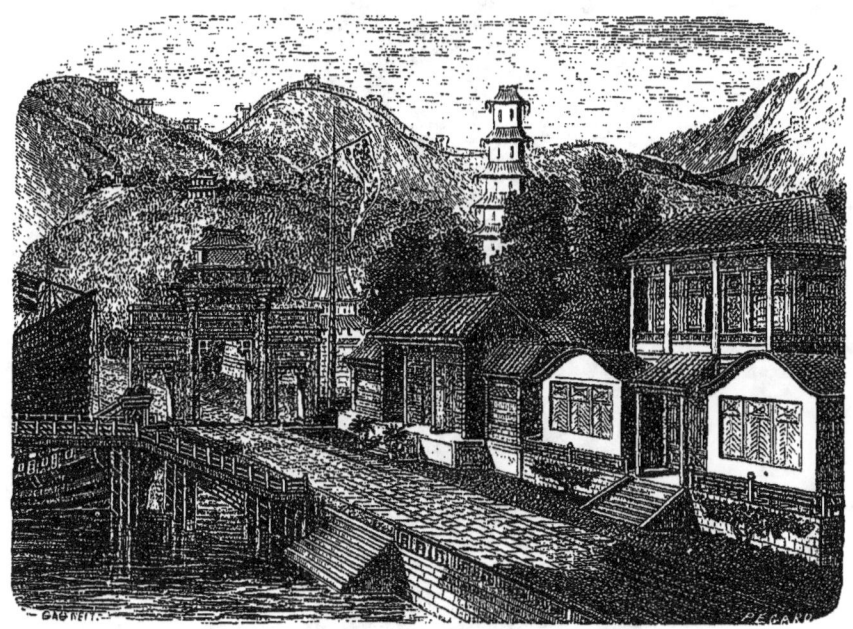

33. Ville chinoise.

monuments. Au reste, les règles immuables qui, dans cette société, règlent la construction de tout édifice en raison de l'importance du personnage qui doit l'habiter, rendent tout progrès bien difficile.

Comme caractères principaux de cette architecture, on doit signaler l'apparence de tentes qu'offrent les maisons, l'emploi de piliers de bois très-élevés pour former des galeries, les toits retroussés à leurs extrémités ornées de pendentifs, qui donnent aux constructions un aspect tout particulier. Nous avons cherché à reproduire dans la figure ci-contre l'effet des divers éléments de cette architecture.

Il est curieux de retrouver aussi nettement dans l'Architecture les traditions d'une race ; de voir les conquérants tartares de la Chine, dont les ancêtres ont toujours vécu sous la tente, conserver le même type d'habitation au milieu d'une population industrieuse.

L'emploi de la porcelaine, produite si abondamment en Chine, est assez fréquent dans les légers édifices de ce pays. Nous représentons ici un monument de ce genre

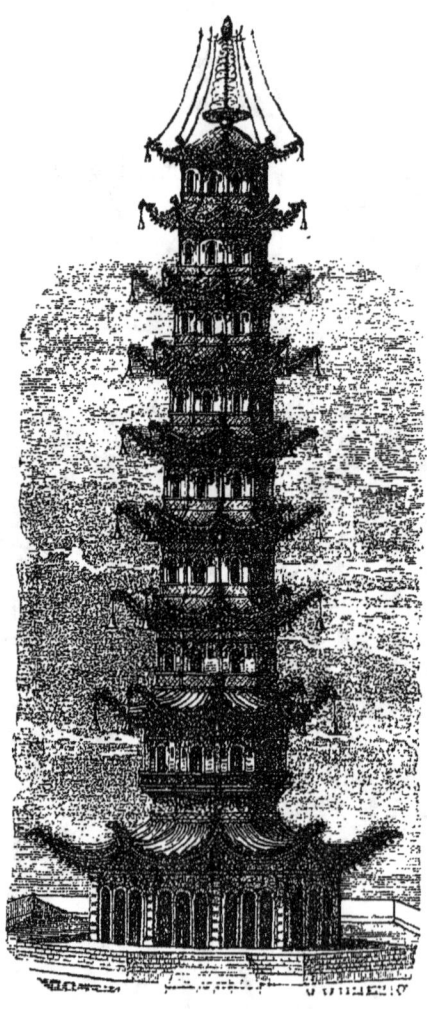

34. Tour de porcelaine.

bien connu, dit la Tour de porcelaine, parce qu'elle est entièrement incrustée en cette substance. Commencée en 1303, elle fut achevée en 1432.

Depuis que les Européens ont pu pénétrer plus facilement en Chine, la vérité des observations précédentes a été pleinement confirmée, et on a été bien étonné de ne rencontrer, dans une immense capitale comme Pékin, aucune construction satisfaisant aux conditions de stabilité, de durée, que nous sommes habitués à rencontrer dans les grands édifices.

STYLE ACTUEL

Les agitations et l'Europe pendant la République, le Consulat et l'Empire, laissèrent trop peu de calme aux esprits, à cette époque, pour traduire les aspirations du siècle à l'aide de nombreuses créations d'architecture, d'autant plus que l'admiration exagérée de l'art antique conduisait les architectes à copier servilement, de toutes pièces, les monuments de l'antiquité, et leur faisait élever des édifices souvent défectueux, surtout parce qu'ils ne sentaient pas assez que le charme disparaît le plus souvent quand on modifie l'échelle d'une construction. Ce système donna cependant quelquefois de beaux résultats : la colonne de la place Vendôme fut une heureuse imitation de la colonne Trajane, et l'arc de triomphe de l'Étoile est plus grandiose que l'arc de triomphe romain, dont il est une imitation. Toutefois, l'originalité manque, et, sauf quelques exceptions peu nombreuses et insuffisantes pour constituer un style, l'on doit considérer cette époque comme n'occupant que bien peu de place parmi celles qui ont vu les arts constituer un type nouveau.

Sous la Restauration et après 1830, l'étude des monuments gothiques, le retour aux anciennes traditions inspiré par l'école romantique, après avoir passionné un moment les esprits, n'a surtout conduit qu'à des restaurations et à des reproductions, ce qui a eu lieu également en Angleterre et en Allemagne. Ce n'est guère que dans une application voisine de l'Architecture que le Romantisme a triomphé, je veux parler de l'art de tracer des jardins.

Sous Louis XIV, Le Nôtre avait su, par l'emploi des grandes allées droites, des longues perspectives, admirablement encadrer les grandes constructions de palais splendides ; Versailles est resté le type d'un genre d'une grandeur incomparable.

Ce genre a cédé la place aux jardins anglais, d'où les allées droites, les arbres taillés ont été exclus, où les effets admirés dans la nature, les vallonnements, les pelouses verdoyantes, les roches, etc., sont imités. Il se prête mieux à l'exiguïté de la plupart des propriétés de campagne qui sont créées de nos jours, et paraît être en rapport avec le goût actuel.

Définir le caractère de l'architecture d'une époque, un style qui n'est compris le plus souvent qu'après avoir duré un ou deux siècles, est une œuvre presque impossible pour les contemporains ; toutefois, on peut dire que les travaux de nombre d'artistes de talent ont avancé l'œuvre qui consiste à préciser la formule de l'art du dix-neuvième siècle. S'il n'est pas constitué, quelques éléments se dégagent chaque jour au milieu d'un admirable progrès dans les moyens de production, d'une rapidité incroyable d'exécution, progrès qui se rapporte au métier plus qu'à l'art dont nous nous occupons ici. Le confortable et l'élégance de nombreuses habitations, aussi belles que des palais, sont incontestables ; peut-on y reconnaître le style actuel ?

On peut dire que l'Architecture est remarquable, de nos jours, par la facilité et la perfection avec laquelle on crée aujourd'hui des imitations des styles des diverses époques, et qu'on préfère le plus souvent reprendre les traditions de la Renaissance, en employant une sculpture décorative qui, par sa délicatesse, se confond tout à fait avec la statuaire. L'écueil est que cette sculpture n'est pas seulement décorative, qu'elle devient individuelle et cesse d'être un accessoire de la construction qu'elle doit compléter. Sui

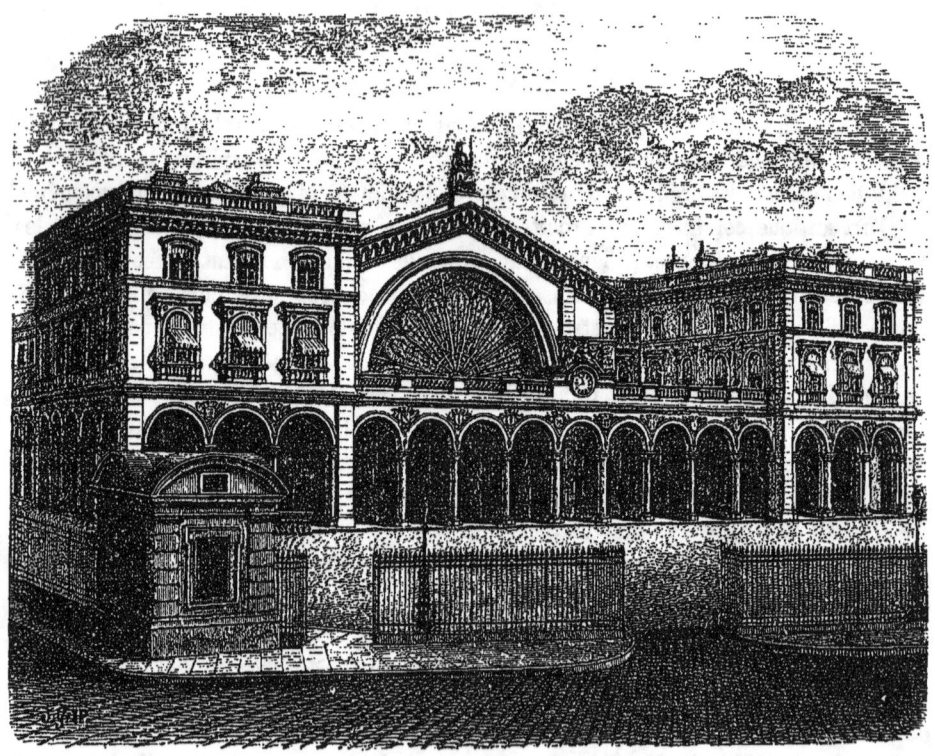

35. Gare du chemin de fer de l'Est, à Paris.

vant M. Garnier, un des maîtres les plus autorisés, le style actuel se caractérise par une grande tendance à la vérité. Les extérieurs des édifices sont en harmonie parfaite avec les intérieurs, et la raison, ainsi que l'aspect, y trouvent leur compte. Les détails d'ornementation procèdent directement du grec de la plus belle époque, mais ils gardent néanmoins le caractère individuel de l'artiste, en même temps que le caractère de notre temps.

Ajoutons que, dans quelques cas, on est arrivé à des effets nouveaux et qui surprennent l'admiration, à l'aide des ressources offertes par les progrès de l'art de la construction.

Le plus éminent progrès de cet ordre réside dans l'emploi du fer dans les édifices, qui permet d'obtenir des portées horizontales autrefois impossibles, et, par suite, de réaliser des constructions spécialement convenables pour notre société démocratique ; il doit faire disparaître les bâtiments étroits, les petites voûtes à de grandes hauteurs, mais il paraissait d'une extrême difficulté d'en tirer un effet heureux. On y est parvenu dans quelques cas. Nous citerons en premier lieu la gare du chemin de fer de l'Est, à Paris, due à M. Duquesnay, architecte, qui a su manier également le fer et la pierre, profiter de l'étendue de la toiture pour placer sur la façade une rosace digne du moyen âge, harmonieusement encadrée. C'est là une belle œuvre, non imitée, bien de son époque, remplissant toutes les conditions de convenance, d'unité, d'élégance ; une de ces œuvres qui méritent de tout point d'être signalées.

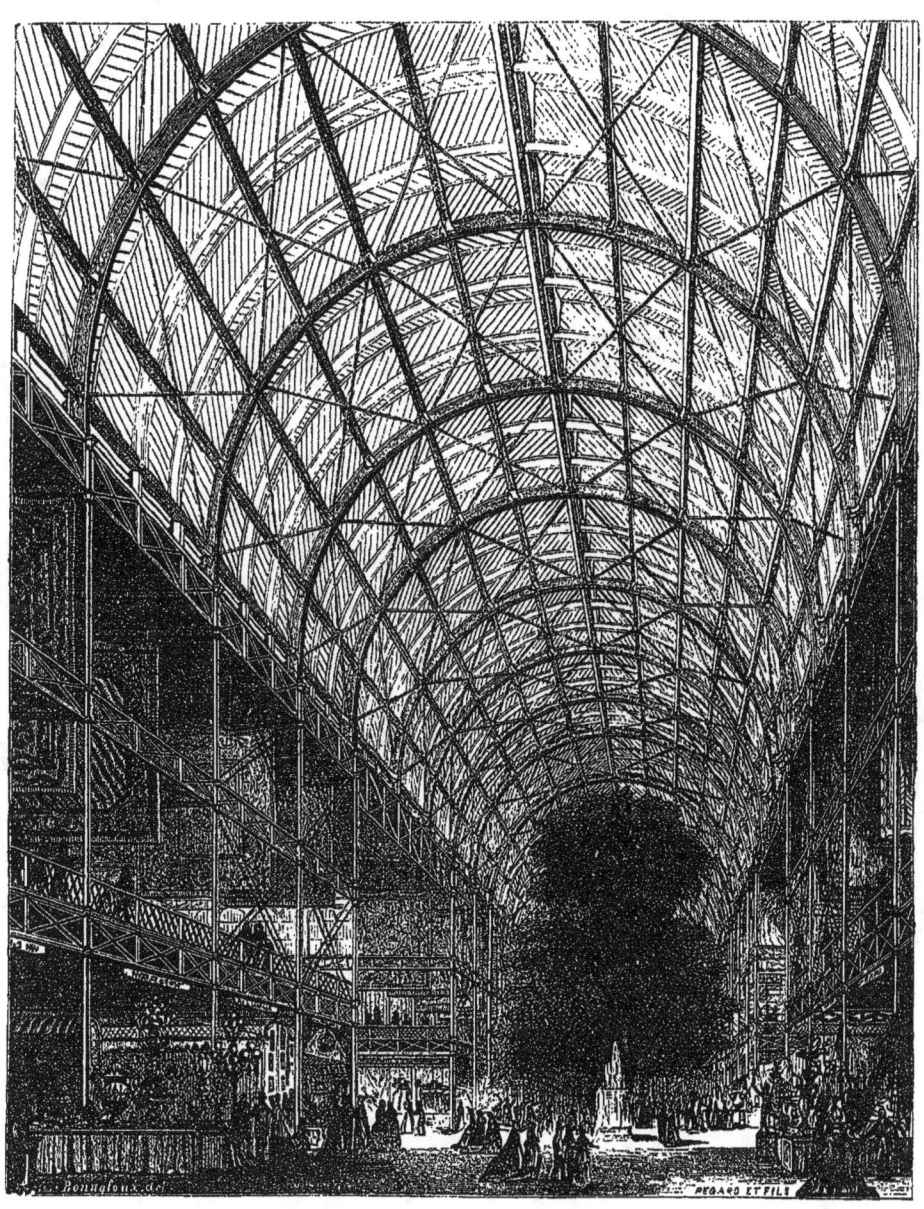

36. Transept du Palais de Cristal.

Les Halles de Paris, entièrement en fer, sont justement appréciées comme un type parfait de constructions en fer ; elles sont bien supérieures aux marchés qu'on avait construits jusque-là en pierre et en bois.

Le Palais de Cristal, construit à Londres pour l'Exposition Universelle de 1851.

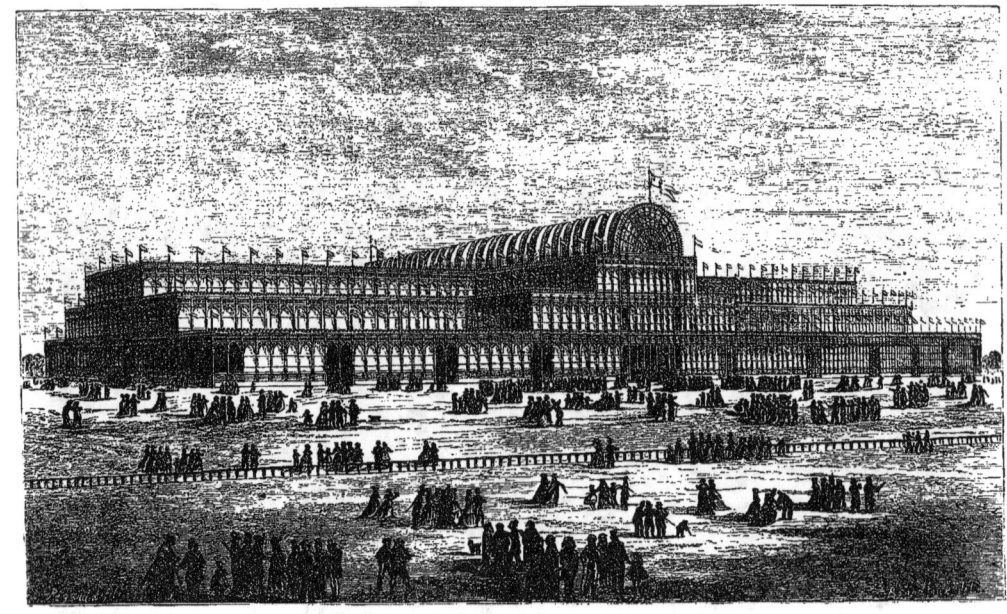

37. Exposition universelle de Londres, en 1851. — Perspective du Cristal-Palace.

était certainement une des plus belles choses que l'on ait vues : abondance de lumière si convenable pour faire briller les œuvres exposées, ampleur du vaisseau recouvrant un arbre superbe de Hyde-Park, tout saisissait vivement le spectateur qui venait visiter le grand spectacle de l'Exposition universelle de 1851. C'était la première et la plus grandiose application du fer à la construction, l'œuvre la plus remarquable et la plus nouvelle qui eût été exécutée jusqu'alors. Elle a donné le type le plus convenable incontestablement pour les constructions de serres, de bâtiments d'expositions, etc. C'est à juste titre qu'elle a illustré Sir J. Paxton, qui l'a conçue. Sauvé de la destruction par son succès, le Cristal-Palace a été transporté à Sydenham pour y abriter un nouveau genre de Musée qui manque encore à la France. (Voir l'article MUSÉE D'ART INDUSTRIEL.) Nous donnons ici la perspective du vaste édifice (figure 37) et la vue du transept (figure 36) qui est vraiment féerique. L'insuccès du bâtiment à lignes courbes, élevé à Paris pour l'Exposition de 1867, et de tous ceux qui ont été édifiés ultérieurement pour des expositions, a pleinement démontré la supériorité de construction de 1851.

Nous ne parlons pas des autres grandes constructions de Londres, parce que la plupart sont des imitations d'œuvres anciennes. Certes, le nouveau palais du Parlement à Westminster est une belle œuvre qui rappelle bien le caractère traditionnel de la civilisation anglaise ; mais ce n'est pas une œuvre nouvelle, c'est une étude de gothique anglais.

Dans ces dernières années, les Allemands, et surtout la brillante école de Munich ont produit, avec bien des imitations d'édifices des temps antérieurs, qui font ressembler notamment cette dernière ville à un véritable musée de monuments, de belles œuvres d'un caractère particulier. Elles se distinguent par l'emploi de la coloration ; en effet, non-seulement les peintures murales y sont fréquentes, mais encore la brique et la pierre blanche y sont souvent mêlées et donnent à ces monuments un caractère quelque peu oriental.

Nous terminerons cette analyse sommaire des grandes œuvres de l'architecture actuelle par la représentation d'un grand édifice qui, mieux peut être que tout autre, peut donner idée des aspirations de nos architectes les plus distingués, interprètes des aspirations de notre société. Nous voulons parler de l'Opéra de Paris, orné de nombreuses sculptures, de colonnes de marbre de couleur, qui rappelle les œuvres les plus riches de la Renaissance ; dans lequel, au moyen de charpentes en fer, est résolu le problème de recouvrir, sans points d'appui intermédiaires, de très grands espaces. L'emploi du métal dans la façade a été critiqué avec quelque raison, croyons-nous, malgré la liberté que permettait l'usage spécial de l'édifice qui n'exigeait pas trop de gravité et appelait une décoration éclatante. Avec ses imperfections, ce monument restera un des plus riches et des plus caractéristiques de la société française et de son éclat dans les dernières années du second empire, de ses qualités comme de ses défauts.

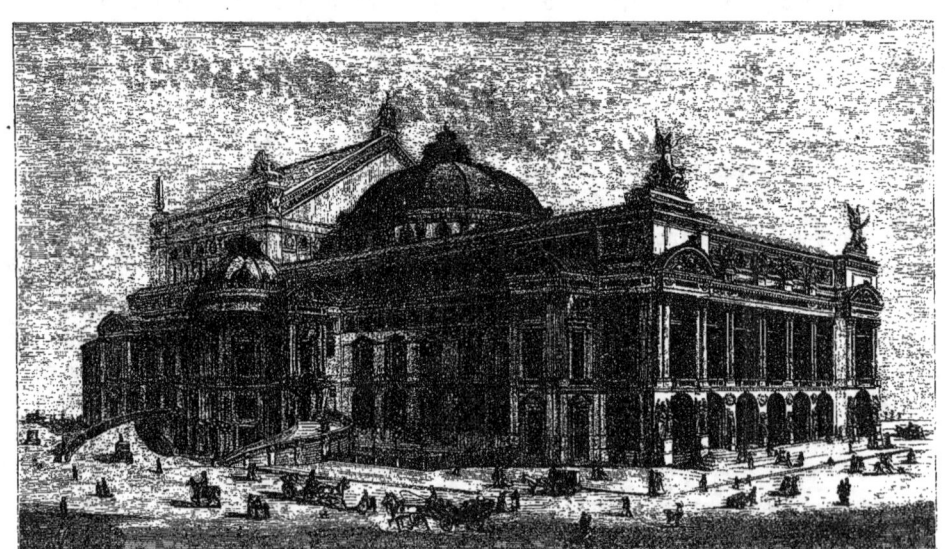

38. Opéra de Paris.

SECTION II

CÉRAMIQUE

L'art céramique, dont le nom provient de κεραμις, nom grec de la poterie, ou, suivant quelques auteurs, d'un quartier d'Athènes où travaillaient les potiers devenus de véritables artistes, est peut-être celui où les styles se sont révélés le plus nettement. Toutes les nations, dès leur origine, ont eu des vases de terre; et la moindre tendance à l'élégance a dû se révéler dans ces ustensiles vulgaires. Les Égyptiens, les Grecs, les Arabes, ont excellé également dans l'architecture et la céramique, deux arts primitifs dont la liaison est intime, et dont les produits tirent leur charme non de l'imitation d'objets naturels, mais de l'harmonie de leurs proportions géométriques [1].

Il importe de remarquer, avant tout, que les moyens de fabrication des poteries ayant une valeur artistique n'ont pas toujours permis facilement, aux diverses époques, de

---

[1]. Un de nos plus spirituels écrivains, Théophile Gautier, qui était excellent juge en matière d'art, fit sur une exposition quelques feuilletons où l'appréciation des caractères propres à chaque création industrielle était parfaite, tout en étant présentée sous une forme légère; où était bien sentie la relation intime entre les mœurs, les idées d'une nation et les produits de son industrie, idée que cet ouvrage a surtout pour but de faire bien comprendre. Nous leur empruntons quelques lignes relatives aux poteries.

« Les potiches chinoises, dit-il, n'ont-elles pas l'air d'honnêtes mandarins bénignement pansus... , le Céleste Empire n'est-il pas tout entier dans une théière? L'Égypte, avec ses Anubis à tête de chien, ses éperviers sacrés, ses scarabées mystiques, ses pylônes, se résume tout entière dans une urne. Ce pot au goulot court, aux épaules embarrassées, aux bras pris dans les flancs, ne vous rappelle-t-il pas un sphinx de Karnac engagé dans son piédestal, une momie emmaillottée dans ses bandelettes? Ces patères étrusques aux contours harmonieux et sveltes, aux peintures sur fond rouge ou fond noir, ne font-elles pas penser, par la beauté et la jeunesse de leurs formes, aux dieux de l'Olympe, aux athlètes frottés d'huile et luttant dans le cirque? L'Espagne ne trahit-elle pas l'invasion moresque par ses tinajas, ses cantaros, ses jarras et ses alcarazzas en terre poreuse où se trouve inscrit le trèfle arabe? N'y a-t-il pas tout le désordre spirituel, tout le papillotage amusant et facile du dix-huitième siècle, dans les lignes tourmentées et pourtant coulantes de ces porcelaines contemporaines de Voltaire et de Mme Pompadour? »

traduire leurs aspirations par des œuvres dignes d'attirer l'attention publique ; qu'on n'a pas toujours disposé comme aujourd'hui de belles glaçures, de riches colorations, de brillantes dorures. Les progrès techniques ont eu, dans la céramique, une grande influence sur l'éclat, la richesse des pièces, comme on le reconnaît facilement par la beauté, en tant que fabrication, des productions modernes.

Fabriqués à l'aide du tour, qui assure leur symétrie par rapport à un axe central, condition de stabilité, les produits de la céramique ont toujours (sauf les cas peu nombreux de fabrication spéciale ou d'empiètements de la céramique sur la statuaire) la forme plaisante à l'œil de solides de révolution, de cylindres, de cônes à génératrice rectiligne ou curviligne. Quant aux proportions les plus agréables, Ziégler, dans ses ÉTUDES SUR LES ARTS CÉRAMIQUES, pose plusieurs principes, que nous rapporterons d'après lui.

Il décrit les formes de la céramique, qui, par la nature de leur fabrication, sont, comme je viens de le dire, des surfaces de révolution, des dérivations de la forme cylindrique ; celle-ci, dans sa pureté, ou dans ses combinaisons avec des parties circulaires, donne les formes de la ligne supérieure de la figure 39. Les formes ayant deux

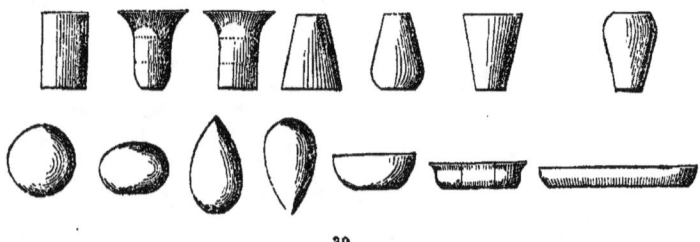

39.

ordres de génératrices circulaires, sont avec la sphère, qui n'appartient pas à la céramique, mais à une industrie bien voisine, à la verrerie, les formes de tore, d'œuf, les formes cratéroïdes, discoïdes, représentées sur la seconde ligne de la figure.

Quant aux proportions de ces diverses formes, il établit : que pour un vase cylindrique, conique, etc., la hauteur doit être au moins trois fois le rayon, et six fois au plus pour ceux dont la hauteur excède la largeur. Si, au contraire, la largeur excède la hauteur, comme dans les cratéroïdes et les discoïdes, cette largeur doit être de deux fois au moins et de cinq fois au plus la hauteur ; enfin, un vase en forme de cône renversé ne doit pas avoir en hauteur plus de deux fois son diamètre moyen.

La forme ovoïde, formée par un cône de révolution à génératrice curviligne, est une des formes purement céramiques les plus gracieuses. Elle a donné l'idée de l'ove, ornement d'architecture souvent employé dans les entablements.

La forme sphéroïde aplatie, la forme cratéroïde et les formes ovoïdes sont, d'après les formes cylindriques, celles que l'on rencontre le plus souvent. Nous allons le voir en étudiant les produits des arts céramiques chez les nations dont les créations ont mérité de prendre place dans l'histoire de l'art, ce qui n'est arrivé qu'à quelques-unes, bien que toutes aient nécessairement, dès leur origine, créé en abondance des vases de terre pour les usages domestiques.

STYLE ÉGYPTIEN

Les poteries des anciens Égyptiens étaient formées d'une pâte grisâtre ou jaunâtre ; elles étaient recouvertes d'une glaçure bleue. ou verte et décorées d'ornements noirs, généralement disposés en zigzag. La forme générale de ces vases est celle dite canopienne, nom provenant de Canope, ville d'Égyte, où les vases de ce genre étaient employés à filtrer l'eau du Nil. Leur forme dérive du conoïde renversé ; des têtes venaient souvent former la partie supérieure du vase, comme dans celui représenté sur la figure ci-contre (figure 40).

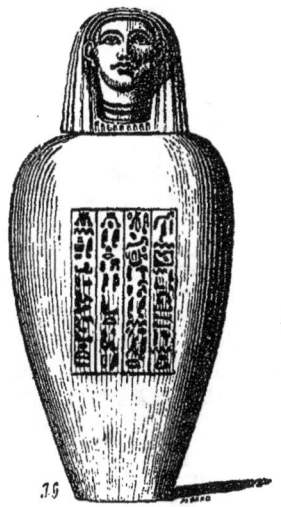

Les vases égyptiens sont généralement d'aspect sévère, et en rapport avec la sculpture de granit de cette nation. Ce n'était pas chez ce peuple que l'élégance des formes céramiques, des décorations variées à l'infini, devait prendre naissance. Il faut remarquer toutefois certaines pièces, comme exécution et comme caractère spécial, résultant de formes qui appartiennent exclusivement au style des contemporains de Sésostris.

40. Vase égyptien.

STYLE GRÈC

Les affinités de la céramique et de l'architecture, au point de vue de l'esthétique, font bien comprendre que les Grecs ont dû y exceller. Ziégler admet comme incontestable que c'est la céramique qui a fait progresser l'architecture en Grèce par ses

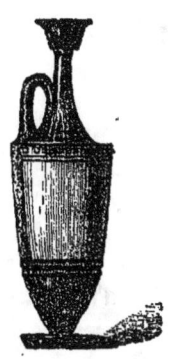

essais de chaque jour ; quoi qu'il en soit, l'influence réciproque de ces deux arts également prospères ne saurait être douteuse, et, par suite, le développement de l'art céramique n'aura sûrement pas été inutile à celui de l'architecture.

La poterie des Grecs est rougeâtre ou d'un brun jaunâtre, les formes en sont simples, les contours purs et les ornements formés de palmettes et de méandres : les figures en général sont roides, mais d'un dessin ayant de la noblesse.

Les petits vases cylindroïdes du genre de celui représenté par la figure ci-contre, dont le nom était LECY-

41. Lecythus athénien

THUS, viennent principalement d'Athènes ; la partie cylindrique du corps du vase est blanche. Cette couleur est caractéristique des vases qui viennent de la Grèce proprement dite,

Nous donnons ici (fig. 42 et 43) un beau modèle de la fabrication grecque, un de ces vases qu'on donnait en prix aux vainqueurs dans les fêtes publiques ; à savoir la coupe d'Arcésilas, que les antiquaires rapportent au temps de Pindare (500 ans avant

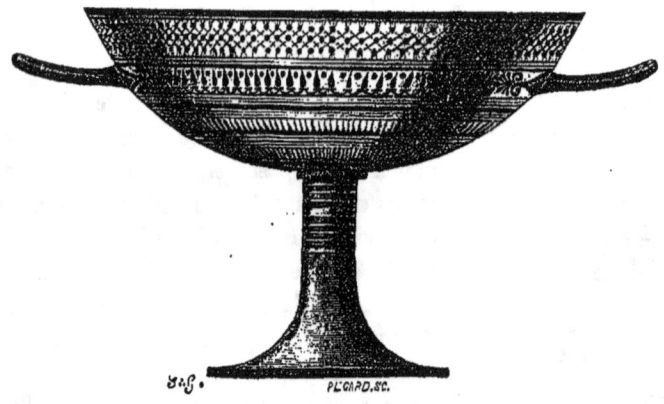

42. Coupe d'Arcésilas.

J.-C.) [1]. Elle est décorée avec du noir et du rouge de brique fait avec du peroxyde de fer étendu d'argile, et du blanc, par application d'une terre blanche. L'élégance de la forme et de la décoration de cette coupe frappe les yeux les moins exercés. Le sujet dessiné à l'intérieur représente un payement des tributs, et, bien que le dessin ait une

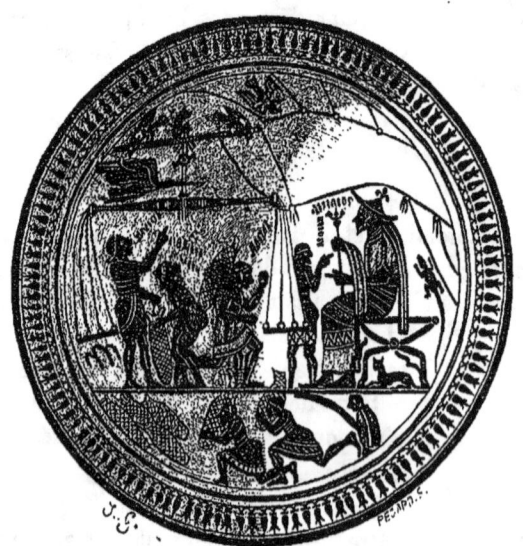

43. Coupe intérieure d'Arcésilas.

certaine roideur conventionnelle, cependant les formes n'ont rien d'irrégulier. Tout révèle chez le peuple qui produisait de semblables vases un beau sentiment de la forme, la popularité du dessin et de la plastique.

1. Cette coupe, trouvée à Vulci, est à la Bibliothèque nationale de Paris. Le dessin dont elle est ornée représente Arcésilas, roi de Cyrène, assis sur le pont d'un vaisseau dont l'équipage est occupé à peser des corbeilles d'assa-fœtida et à les déposer dans la cale.

C'est surtout dans la Campanie, dans la Grande-Grèce, que l'on a trouvé le plus grand nombre de poteries de fabrication grecque. Sur un fond rougeâtre est placée la couleur noire caractéristique des vases campaniens, poterie faite par les peuples de la Grande-Grèce, et dont nous allons parler plus loin sous le nom d'Étrusques, par lequel ils sont vulgairement désignés.

STYLE DE L'ÉPOQUE ROMAINE, VASES ÉTRUSQUES

La description que nous avons donnée plus haut d'une coupe grecque et sa décoration rappellent les poteries étrusques. C'est qu'en effet la similitude des deux fabri-

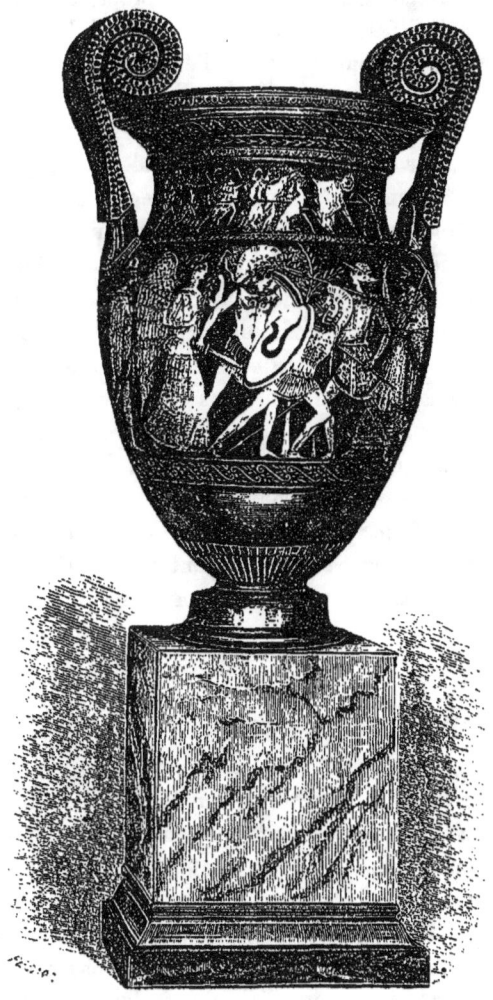

44. Vase étrusque de la collection du Louvre.

cations est assez grande pour qu'il soit incontestable que les Étrusques (presque sûrement issus d'une colonie grecque) ont reçu leurs modèles, leurs traditions de la Grèce.

Cependant certaines poteries étrusques, d'une pâte noire enfumée, paraissent être antérieures à celles qu'on a trouvées dans la Grande-Grèce, et dont les décorations appartiennent à l'art grec, secondé par les ressources que le climat avait mises à la disposition des artistes de cette contrée, c'est-à-dire par des vernis, probablement d'origine
volcanique, que le sol leur présenta tout formés. Nous ne nous étendrons pas sur
cette question, et nous passerons aussi sous silence les véritables poteries romaines
à pâte rouge avec des ornements en relief, très différentes des poteries grecques, et
appartenant à une fabrication bien moins avancée que celle des poteries campaniennes.
Cette poterie à pâte rouge, dont on découvre assez souvent des fragments, était la
poterie commune ; c'était aux potiers grecs et aux étrusques que les Romains demandaient des vases d'art.

Le musée Campana, en nous faisant connaître une collection de vases antiques d'une
incroyable richesse, a permis d'établir le caractère propre des divers centres de fabrication. Les vases noirs de Vulci et de Velletri, destinés à la consommation, sont loin
d'être sans mérite, surtout au point de vue de l'élégance des formes. Les vases à ornements noirs, légers, sur fond rouge, montrent l'habileté des dessinateurs, qui rele-
vaient les silhouettes des personnages en continuant les lignes d'attache des membres
des figures représentées, par des entailles d'une grande fermeté, indiquant un profond
sentiment de la forme, et donnant aux figures une élégance remarquable.

Mais les produits les plus intéressants, qui arrivent vraiment à l'art, sont les grands
vases auxquels on a donné plus spécialement le nom de vases étrusques. Nous donnons
(fig. 44) le dessin du plus beau de la collection du Louvre, justement célèbre : la pureté
du dessin qui le recouvre permet, comme dans toutes les œuvres de cette belle fabrication, de bien apprécier la valeur artistique de ces admirables produits qui peuvent
rivaliser avec ce qu'on a fait de plus beau dans les temps modernes. C'est pour orner
nos collections de ces beaux vases, qu'on fouille encore aujourd'hui avec succès les
tombeaux anciens. On sait que dans ces tombeaux on déposait, à côté des corps, des
lampadaires, des urnes funéraires, des bijoux non moins remarquables que les vases, etc.

Les produits de la céramique, par suite de leur inaltérabilité, qui est leur caractère
essentiel, le plus remarquable peut-être, nous sont parvenus en nombre considérable,
et dans un état de conservation qui permet d'en orner nos musées.

ARTS CÉRAMIQUES PENDANT LE MOYEN AGE

La céramique était peu en honneur au moyen âge, et il ne paraît pas qu'il ait été
fait beaucoup de tentatives pour en élever les produits à la hauteur de l'art, pour sortir
de la fabrication la plus commune. On avait même perdu les procédés employés par les
Grecs, les Étrusques et les Romains pour décorer les poteries. C'était en orfèvrerie
qu'on fabriquait les aiguières, les plats, la vaisselle, en employant ainsi des matériaux
précieux pour rehausser le travail de l'artiste. Nous n'avons pas d'exemple saillant de
la fabrication de cette époque à rapporter ici, ni à en faire valoir de caractères importants au point de vue de l'art. Ce n'est guère qu'à l'état de carreaux décorés, et pour
lutter avec la mosaïque byzantine, qu'il reste des œuvres assez remarquables. On connaît des laves peintes qui remontent au douzième siècle.

Nous donnons ici un carrelage encaustique du treizième siècle (fig. 45) et un modèle du même genre, composé dans le goût des carreaux de l'époque, par Pugin,

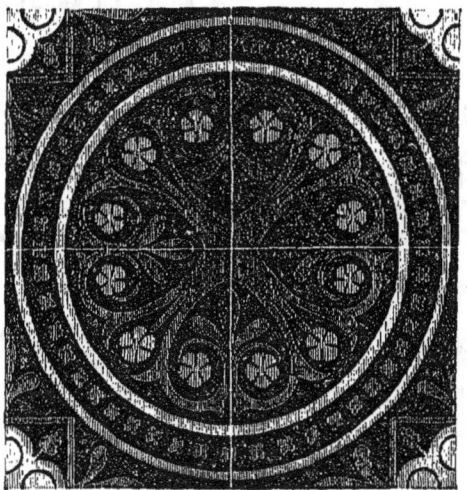

5. Carreaux encaustiques.

architecte anglais, justement célèbre par ses études sur le moyen âge. Cette intéressante application de la céramique a été restaurée dans ces dernières années par l'éminent fabricant anglais, A. Minton, en incrustant, les unes dans les autres, des terres

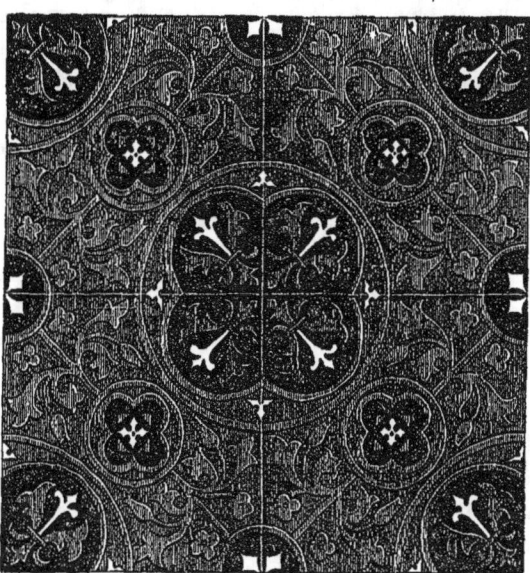

46. Carreaux émaillés.

de diverses couleurs, ce qui permet l'usure du carreau sans que le dessin disparaisse,
et produit des décorations variées sans recourir au poli de l'émail, évidemment peu
convenable pour un carrelage. On a décrit en détail, à l'article POTERIE, cette intéressante fabrication.

C'est vers la fin de cette période que la faïence commença à paraître (nous verrons que sa fabrication existait depuis longtemps chez les Arabes); mais, comme c'est à la Renaissance que cette fabrication jeta tout son éclat, nous allons en traiter sous cette division.

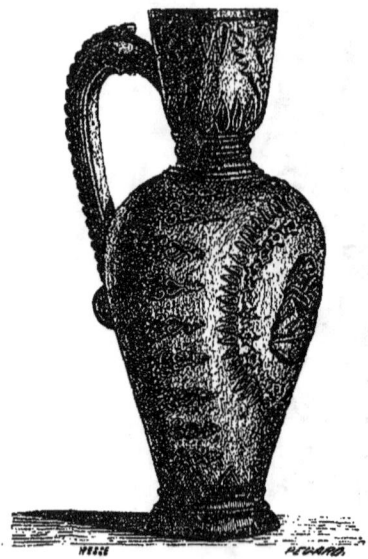

Citons toutefois ici les grès-cérames de Flandre, de Hollande et d'Allemagne, qui eurent de bonne heure un cachet artistique assez remarquable, mais qui n'arrivèrent que plus tard à la perfection qui les rendit célèbres au dix-septième siècle. Nous en donnons pour exemple une étude faite d'après leurs formes traditionnelles par Ziégler, qui avait relevé à Voisinlieu, près de Beauvais, une fabrique qui avait eu quelque célébrité au quinzième siècle.

47. Grès flamand.

STYLE RENAISSANCE

Vers le commencement du quinzième siècle, on vit apparaître une poterie toute différente de celles qui avaient été faites jusque-là, et à laquelle on donna le nom de MAJOLICA, qui dérive, suivant Scaliger, de MAJORICA, Mayorque, transformé par coquetterie de langage. Les procédés de sa fabrication, inconnus aux époques antérieures, ont pu parvenir par cette voie en Italie, de l'Espagne, où les Arabes les avaient apportés, comme nous le dirons bientôt. Cette faïence, dont le nom vient de celui de la ville de Faenza, tirait surtout son éclat d'un émail blanc opaque dont elle était recouverte, et qui cachait la couleur plus ou moins sale de la pâte. Lucca della Robbia, sculpteur de Florence, élève de Ghiberti, s'illustra surtout dans ce genre de production, donna de la solidité à ses figures et à ses bas-reliefs d'argile en les cuisant, puis les recouvrant de colorations brillantes qu'il sut varier, et qui comprenaient surtout le blanc, le jaune, le bleu et le vert.

Cette nouvelle statuaire, révélée par des émaux de diverses couleurs, fut très-admirée, et sembla devoir donner naissance à une nouvelle branche de l'art, à cette époque où les beaux-arts se créaient et se développaient à l'envi les uns des autres.

Les Italiens s'efforcèrent d'imprimer aux productions de leurs ateliers un cachet d'art assez élevé, en confiant à des artistes le soin de décorer leurs poteries, ou tout au moins en empruntant aux maîtres de la peinture les sujets dont ils ornaient la terraille. Ainsi Timoteo della Vite, peintre distingué d'Urbino, Battista Franco, Raphaël dal Colle, Zucchero et beaucoup d'autres peintres célèbres, parmi lesquels on peut citer Raphaël lui-même, fournirent de nombreux cartons aux fabriques de faïence. Les gravures de Marc-Antoine, les œuvres des petits maîtres furent aussi répandues dans les ateliers, et servirent fréquemment de modèle pour la décoration des majoliques. A cette école se formèrent bientôt quelques bons peintres céramistes, dont les noms sont parvenus jusqu'à nous. Giorgio Andreoli, souvent désigné sous le nom de maestro Giorgio, qu'il prenait lui-même en signant ses œuvres ; F. Xanto Rovigiese, Orazzio et Flaminio Fontana d'Urbino, Guido Salvaggio, Girolamo Lanfranco, etc., élevèrent la peinture des majoliques à un haut point de perfection durant tout le cours du seizième siècle.

Nous donnons une idée de ce genre de travail par un dessin qui représente une pièce de l'œuvre de Lucca della Robbia ou plutôt peut-être de Giovanni della Robbia (fig. 48), un sujet de piété composé par cet artiste, et rendu inattaquable et brillant

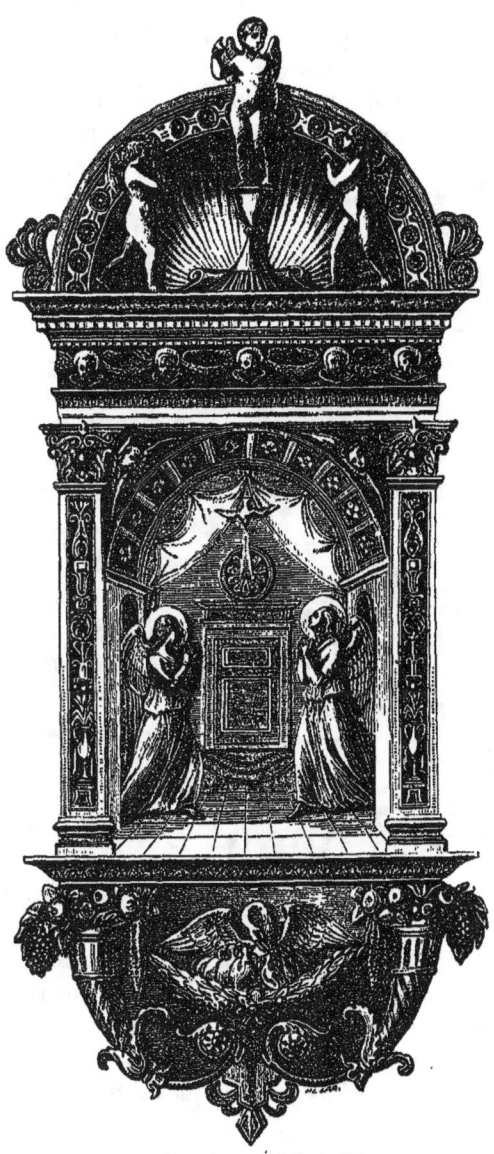

48. Faïence de Lucca della Robbia.

par la cuisson et l'émaillage. Elle fait partie de la collection Sauvageot ; le fond est bleu d'azur, les figures sont blanches, le calice des fruits est jaune d'or, et les guir- andes vertes. L'épaisseur de la faïence est d'un pouce et demi.

L'effet de l'émail blanc, qui caractérise surtout ces productions, est bien rendu par la figure 49, où l'on voit une faïence qui se trouve aujourd'hui à Londres, qui date de 1500, et que l'on attribue aux fils ou aux élèves de Lucca della Robbia. Les figures se détachent en blanc sur fond bleu, les feuilles du lis sont vertes. Le sujet a 0ᵐ 66 de hauteur sur 0ᵐ 46 de largeur.

Si l'avenir n'a pas réalisé les espérances qu'on avait pu concevoir, s'il n'est pas resté de ces tentatives un procédé propre à rivaliser avec la statuaire, à produire un moulage coloré qui soit devenu un genre adopté par l'art, il n'en est pas moins vrai qu'en rendant certaines poteries des objets précieux, ce progrès fit reprendre à la céramique le rang élevé qu'elle avait en Grèce [1].

Ce fut principalement à Casteldurante, sous la direction d'Orazzio Fontana d'Urbin, et à Florence, sous celle de son frère Flaminio, qu'on fit de grandes plaques de faïence, sur lesquelles ils peignirent des sujets historiques; cette industrie fit ainsi des excursions dans le domaine de la peinture aussi bien que dans celui de la plastique, excursions peu heureuses, et secondées par une fabrication assez imparfaite.

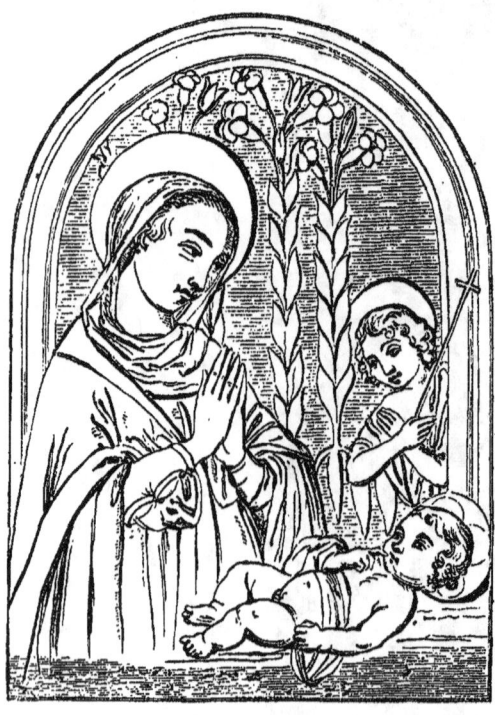

49.

Les progrès accomplis en Italie ne se firent sentir que plus tard en France. Girolamo della Robbia, petit-neveu de Lucca, vint en France décorer par ses procédés, pour François Iᵉʳ, le château de Madrid, près Paris.

Les procédés de Lucca della Robbia et de ses successeurs immédiats dans l'art de fabriquer les majoliques furent peu connus en dehors de l'Italie. Toutefois un mouvement artistique analogue à celui de ce pays se développa en Allemagne et en Hollande. A Nuremberg [2], et surtout à Delft, on produisit, dès le commencement du seizième siècle, des pièces en faïence qui rivalisent aujourd'hui dans les collections des amateurs avec les majoliques d'Italie.

En laissant de côté quelques objets d'une date contestable, sortant de la fabrique de Rouen, qui fit de remarquables produits en faïence surtout à partir du milieu du seizième siècle, rien n'indique que les contrées qui forment la France d'aujourd'hui se

---

1. Lucca della Robbia fut protégé par cette grande famille des Médicis, qui fit tant pour la splendeur des arts à l'époque de la Renaissance. Ses travaux n'eurent pas une influence directe sur l'industrie proprement dite; la production de ce genre de fabri-cation disparut quand cessa l'encouragement des souverains.

2. Quelques antiquaires rapportent à la fabrication de Nuremberg la coupe dont il est parlé ci-après, qui servit de modèle à Bernard de Palissy.

soient associées dès l'origine aux progrès accomplis en Italie. Les essais opiniâtres de Bernard de Palissy, le grand artiste dont nous rencontrons ici les travaux, eurent pour but d'imiter une coupe émaillée, d'origine italienne, qu'il vit en 1530. Tous ses essais, tous ses travaux pour retrouver les émaux blancs et colorés le conduisirent à devenir maître de ses effets; les musées renferment les pièces curieuses de tout genre qu'il exécuta, et surtout des plats destinés aux dressoirs renfermant des poissons, coquilles, etc. Nous en reproduisons (fig. 50) un des plus remarquables que l'on voit au musée de

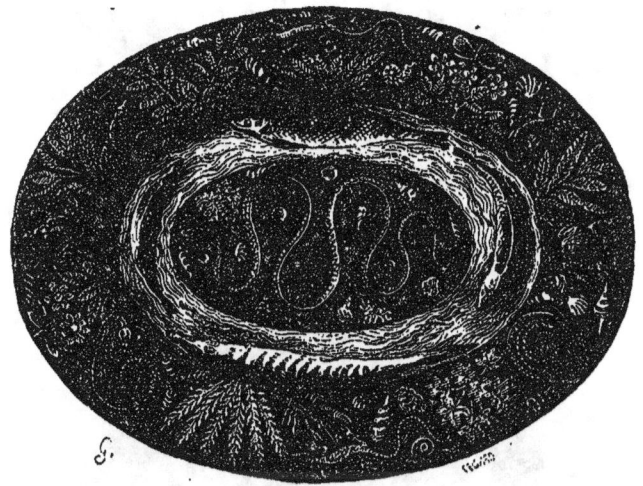

50. Plat de Palissy.

Cluny. Certes, il y a dans ce genre de production un mérite réel; cependant, malgré toute l'admiration due à la science et au talent nécessaire pour surmonter les difficultés d'exécution, nous n'attachons pas une très-grande importance à ces œuvres.

L'art céramique nous paraît faire fausse route quand il entre dans ces voies d'imi-

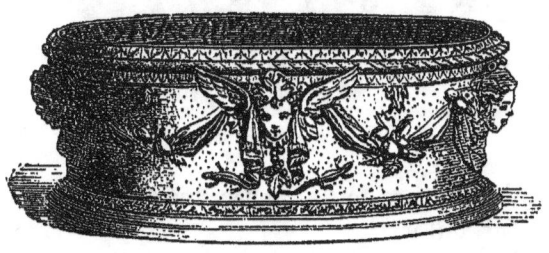

51.

tation et qu'il se propose de reproduire des fleurs, des animaux, etc. La faïence (et à plus forte raison la porcelaine et les poteries modernes faites avec des substances modérément plastiques, donnant en général des contours plus durs) a son véritable emploi dans la confection d'objets de formes géométriques bien proportionnées, rehaussés par des colorations brillantes, des émaux qui réfléchissent la lumière comme des pierres précieuses, et se marient parfaitement avec le blanc glacé du fond. Au moins est-il vrai que l'espèce de sculpture colorée que nous rappelons n'a pas eu un succès durable dans les temps modernes ; l'industrie se borne en général dans ce genre à des imitations des œuvres de Palissy.

Un mérite plus réel, à nos yeux, de Bernard de Palissy, c'est que, par ses productions variées, il peut, à juste titre, être regardé comme l'inventeur des faïences à glaçures plombifères qui se répandirent sous le nom de terre de pipe, et qui, dans notre siècle ont été si brillamment améliorées par Wedgwood, le célèbre potier anglais.

Nous donnons comme échantillon des œuvres de Palissy, dans la voie d'une orne-

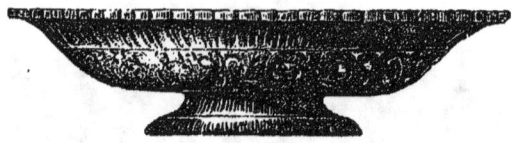

52. Coupe de Palissy.

mentation plus en rapport avec la nature et la destination de la poterie, une belle coupe dont le dessin nous est fourni par Brongniart. La forme des enroulements vermicellés

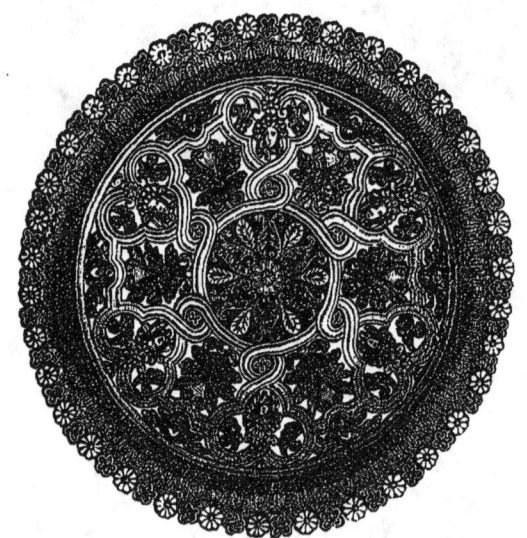

53. Coupe de Palissy. Intérieur.

qui en constituent la décoration est tout à fait heureuse et fait valoir l'éclat de l'émail par la multiplicité des points brillants [1].

La figure 51 représente un très-grand vase de Palissy (78 centimètres sur 43, hauteur 34 centimètres); les figures sont blanches, le fond vert, marron et bleu, les franges jaunes.

A partir de l'époque de Palissy, on peut dire que les procédés techniques, au point

[1]. Bernard de Palissy est resté le héros des potiers et un grand exemple de ce que peuvent produire un travail opiniâtre et une énergique volonté. Sa devise, qui indique bien les efforts qu'il dut faire, était : « l'ovreté empêche les bons esprits de parvenir. » Il créa, comme nous l'avons dit, par ses efforts et son génie, une industrie complète dont les produits sont recherchés pour être l'ornement des collections publiques. Les travaux des habiles émailleurs de Limoges lui furent certainement très-utiles, mais ce furent surtout sa persévérance et son génie qui lui firent atteindre le but qu'il s'était fixé.

de vue des colorations, eurent atteint le degré de perfection qui rend l'art facilement abordable, point important à considérer dans toute fabrication. Nous voulons parler du moment où les ressources sont suffisantes, les résultats assez assurés, pour que l'industrie puisse devenir artistique, pour que la personnalité, l'imagination du producteur puisse se traduire aisément en œuvres d'art, sans être sans cesse trahie par la pauvreté des moyens d'exécution.

A une époque très peu postérieure à celle des travaux de Bernard de Palissy, il a été produit en France des œuvres en faïence fine extrêmement remarquables et peu nombreuses. Nous ne connaissons rien de plus élégant que la coupe en faïence émaillée dite coupe de Henri II, dont nous reproduisons le dessin, et qui peut être considérée comme un des plus charmants produits de la Renaissance. La forme en est d'une rare élégance,

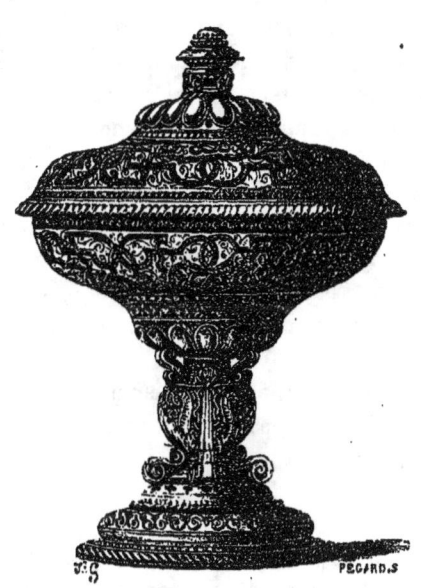

54. Coupe de Henri II.

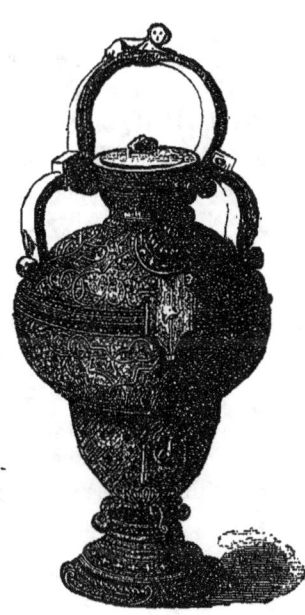

55. Biberon.

aussi bien que les ornements qui la décorent; remarquable au point de vue du goût, elle peut passer encore aujourd'hui comme un chef-d'œuvre en tant que difficulté de fabrication [1].

Le biberon (fig. 55) est encore un échantillon célèbre de cette belle poterie.

[1]. M. Benjamin Fillon est parvenu de nos jours à éclaircir le mystère de cette céramique, le lieu où ces pièces avaient été fabriquées; mis sur la voie par la vue du calendrier d'un livre d'heures exécuté pour Claude Gouffier, grand écuyer de France, ami personnel de Henri II, portant des ornements qui rappelaient ceux des vases dits de Henri II. Nous empruntons l'analyse de sa découverte à M. Burty. (*Chefs-d'œuvre des arts industriels*.)

Guillaume Gouffier reçut en 1450, par la protection d'Agnès Sorel, divers domaines, entre autres celui d'Oiron. Un de ses fils, Artus, fut emmené en Italie par Louis XII, et fut nommé par lui gouverneur de ce jeune duc de Valois qui devait être bientôt François Ier. C'était un homme de goût et de lecture. Sa femme, Hélène de Haugest, était aussi une femme remarquablement intelligente. Elle devint veuve en 1519, et cette année même François Ier lui confia l'éducation du second de ses fils, qui fut Henri II. A partir de 1524, Hélène résida souvent dans son château d'Oiron qu'elle avait réédifié avec le concours de l'aîné de ses enfants, Claude Gouffier. Elle mourut en l'année 1567.

C'est dans ce château qu'Hélène, pour distraire ses

CÉRAMIQUE.

C'est à Nevers que se conserva ensuite la fabrication de la faïence émaillée, introduite par les encouragements des ducs de Nivernais; on y créa quelques produits remarquables qui entrèrent dans les ameublements riches de l'époque, la vaisselle de terre venant y remplacer en partie l'orfévrerie.

STYLE LOUIS XV

La fabrication caractéristique de cette époque, qui eut un grand éclat sous le règne de Louis XV, fut celle de la porcelaine tendre, exclusivement fabriquée à Sèvres de 1753 à 1761, espèce de verre opaque très différent de la porcelaine dure de Chine, bien qu'on l'obtint en cherchant à imiter la porcelaine chinoise. Elle prit une place importante dans le style qui a gardé le nom de cette époque, et qu'on appelle quelquefois rocaille, Pompadour, régence, etc. L'ameublement alors à la mode se maria très-bien avec les vases décorés en bleu tendre, harmonieux, du vieux sèvres, vases ornés en général de peintures. Des figurines, des moulages de formes diverses, des médaillons couverts de peintures représentant toujours des bergers, des Amours, etc., vinrent même se placer merveilleusement dans diverses pièces de l'élégant mobilier de cette époque.

Nous donnons pour exemple une pièce de ce genre (fig. 56), fort bien imitée, qui a été remarquée avec raison à l'Exposition de 1855, et qui, par le goût de la peinture, l'agrément du fond bleu, possède le cachet traditionnel [1].

dix-huit années de veuvage, avait dirigé ou présidé les travaux de céramique « de son potyer François « Cherpentier et de son segrettaire et gardyen de li-« brairie Jehan Bernart. »

On peut aujourd'hui diviser en trois groupes la série des cinquante-quatre pièces connues de la faïencerie d'Oiron, qui eut peut-être pour premier objectif l'imitation d'une coupe de porcelaine orientale. Dans la première période, les ornements incrustés sont d'une seule couleur ou tout au plus incrustés en brun noir, en brun plus clair, en rouge d'œillet. Les pièces sont aux armes des seigneurs de Bressuire, de Gilles de Laval, des la Trémouille. Elles avaient été très-évidemment faites en vue de cadeaux et non d'une fabrication courante, et c'est encore là un argument en faveur de leur rareté. « Bernart y mit son talent « d'ornementiste, Cherpentier son habileté à façonner « la terre; Hélène, son goût très-fin mais un peu mi-« nutieux et chargé de tristesse. »

Puis la mort vient rompre l'association de l'ouvrier, du lettré et de la noble femme, et chaque fois que l'un deux tomba, il y eut amoindrissement dans la valeur des produits. Dans la seconde période, celle qui s'étend de 1537 à 1550, et où Bernart ne figure plus dans les états de la maison, on regrette « l'inter-« vention d'un homme aimant les livres, les minia-« tures, et connaissant bien les pratiques de leur exé-« cution matérielle. »

Une fabrication aussi exceptionnelle, ayant pour but unique de meubler les dressoirs ou les pharmacies des membres d'une famille ou de ses amis, ne pouvait se maintenir dans les conditions ordinaires de l'industrie. Les événements vinrent lui porter le dernier coup. Le grand écuyer fut obligé d'abandonner son château menacé par les protestants, au moment de la prise d'armes de 1562, et dévasté en 1568. C'est dans cet intervalle que M. Fillon place la fabrication des dernières pièces qui n'ont point été jusqu'à présent cataloguées et sont naturellement d'un prix beaucoup moindre que les autres. Elles ont probablement été faites par quelques industriels à qui on aura abandonné le matériel de la fabrique, puisqu'on y voit des estampages tirés des anciens moules...

1. Plusieurs couleurs, mais surtout le bleu, acquièrent sur la porcelaine tendre un glacé, une demi-transparence, qui font, avec raison, rechercher le vieux Sèvres. Les effets sont beaucoup moins agréables sur la porcelaine dure chinoise.

Le vase de Sèvres (fig. 57) bleu de roi est encore une élégante imitation des beaux produits de cette époque.

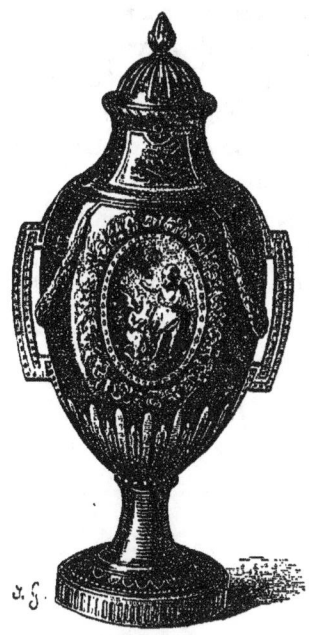

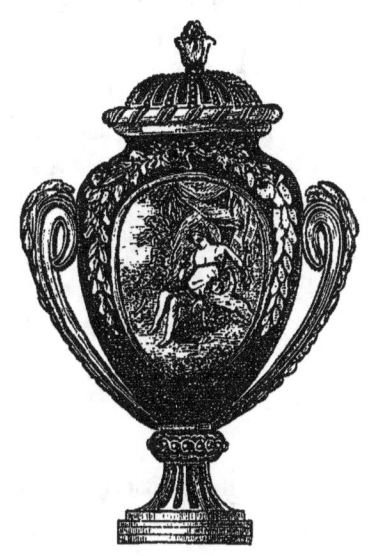

56. Vase Louis XV (vieux Sèvres).   57.

Nous retrouverons les motifs de décoration qui y figurent, lorsque nous étudierons plus loin les lignes des ornements de ce style en elles-mêmes, en dehors des applications.

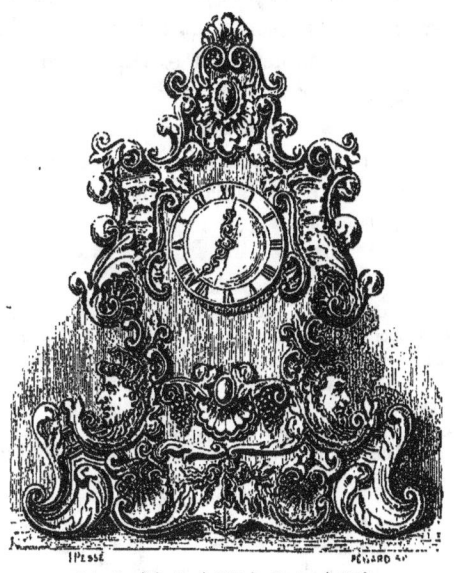

58. Pendule Louis XV de M. Jacob Petit.

Nous représenterons encore ici une pendule rocaille en style Louis XV, qui pourra donner quelque idée de ce style tel qu'on l'interprète de nos jours pour le genre de produits qui nous occupe, mais en général il ne s'applique qu'à la décoration d'autres objets, à celle des meubles, par exemple.

La fabrication de la porcelaine chinoise fut pour la première fois réussie en Allemagne, et notamment en Saxe, à Meissen, dont la fabrication de porcelaine dure jeta un grand éclat, après que Bœttger y eut créé cette industrie et découvert que le kaolin était la matière première de la porcelaine dure[1]; mais cette fabrication ne prit, comme industrie, un très-grand développement que dans la seconde moitié du dix-huitième siècle. Nous revenons plus loin sur les produits de cette fabrique.

Sous Louis XVI, le mélange du bronze doré et de la porcelaine fut à la mode, et se retrouve dans quelques pièces assez caractéristiques du style qu'on nomme Louis XVI, qui s'imite encore quelquefois dans l'ornementation, et qui fut une réaction sur le style Louis XV, dont il était loin d'avoir la richesse.

FABRICATION DES PAYS ORIENTAUX

STYLE MAURESQUE

La pâte des poteries mauresques, qui constituent une véritable faïence recouverte d'un émail stannifère, à lustre chatoyant, est grise ou jaune sale; c'est la même faïence que la majolica et la faïence à vernis plombeux, qui nous est très-probablement venue des Arabes. Cette similitude est complète, par exemple, pour les carreaux dits AZU-LEJOS, obtenus par moulage, dont sont couverts les murs de l'Alhambra, et dans lesquels la netteté des contours, l'éclat des couleurs sont incomparables. Leur fabrication remonte à l'année 1280, et montre combien était avancée à cette époque l'industrie arabe, aussi bien que la civilisation de cette nation, dont le savoir brillait dans les célèbres écoles de Cordoue et de Grenade.

[1]. La découverte du kaolin, matière première de la porcelaine chinoise, est assez curieuse pour que nous devions la raconter ici, et montrer comment Bœttger, qui était passé de ses recherches d'alchimie à la fabrication d'une poterie rouge, dite porcelaine rouge, soi-disant très-utile pour la préparation de la « teinture d'or, » à cause de sa résistance à de hautes températures, fut amené à l'importante fabrication de la porcelaine dure identique avec celle fabriquée en Chine.

« En 1731, dit M. Klemm, Jean Schnow, un des plus riches maîtres de forges de l'Erzgebirge, passant à cheval près d'Aue, remarqua que les pieds de son cheval s'enfonçaient dans une terre blanche et molle dont il avait peine à se tirer. L'usage général de la poudre à poudrer en faisait alors un objet de commerce considérable. Schnow, négociant calculateur, vit dans cette terre un moyen de remplacer la farine de froment pour cet emploi : il en emporta donc un échantillon à Carlsfeld et en fit préparer de la poudre à poudrer qu'il vendit en grande quantité à Dresde, à Leipzig, Zittau, etc. Bœttger, en ayant, comme les autres, fait poudrer sa perruque, remarqua que cette poussière blanche avait un poids inaccoutumé ; il interrogea son valet de chambre sur l'origine de sa poudre; ayant appris qu'elle était terreuse, il l'essaya, et à sa grande joie il s'aperçut qu'il avait enfin trouvé la matière longtemps cherchée qui sert de base à la porcelaine blanche. »

Les formes des vases mauresques, tant des parties principales que des accessoires, sont simples ; elles proviennent du cylindre et du cône ; quelques parties concaves à l'extérieur sont caractéristiques. Les ornements sont toujours des espèces de rubans

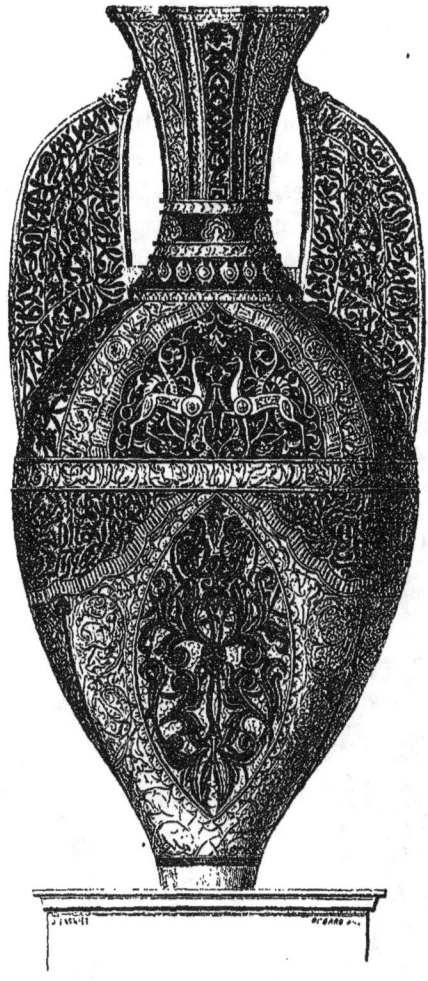

59. Vase de l'Alhambra.

enlacés, le plus souvent en relief, de la nature de ceux dont nous avons déjà parlé, et qui ont le nom caractéristique d'ARABESQUES. La forme des anses plates et larges est d'un genre tout particulier. On en jugera par le dessin du célèbre vase de l'Alhambra, extrêmement remarquable par son originalité, et que nous reproduisons (fig. 59). La glaçure du fond est assez blanche ; les ornements qui la recouvrent sont en bleu de deux tons, l'un plus foncé que l'autre, et d'une sorte d'or ou plutôt de ce lustre d'or souvent employé en Espagne et en Italie, et qui paraît venir des Arabes.

C'est chez les Persans que l'on peut retrouver l'héritage de cette belle fabrication, surtout au point de vue de l'emploi des couleurs franches, en teintes plates, dont les Orientaux comprennent si bien l'harmonie.

STYLE CHINOIS

C'est des Chinois que nous viennent la porcelaine dure et les grès, c'est leur admirable fabrication qui a fourni à l'Europe ses plus précieux modèles. Les formes des vases chinois sont ovoïdes, allongées, étranglées. Les ornements dessinent des méandres, des réseaux, des fleurs et des animaux fantastiques. Les couleurs sont très variées. Jamais on ne trouve de perspective, presque jamais de teintes dégradées dans toutes les

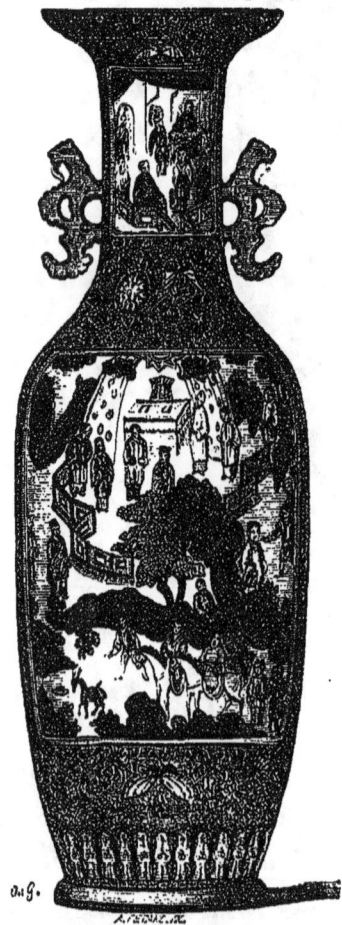

60. Grand vase chinois.

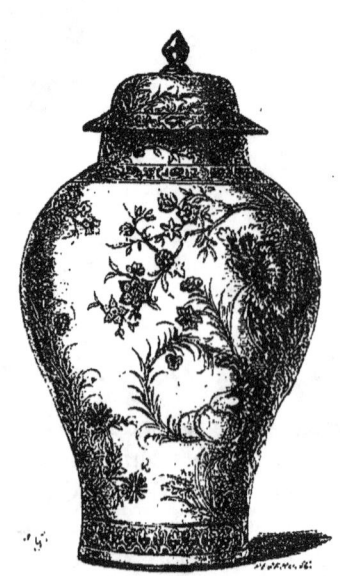

61. Vase japonais.

peintures décoratives des Chinois; ce sont leurs caractères distinctifs; la décoration est toujours produite par des teintes plates et des silhouettes auxquelles se marient avec éclat des couleurs brillantes, épaisses et formant relief, employées de manière à produire le maximum d'éclat.

La fabrication si parfaite de la porcelaine est très-ancienne en Chine; elle y existe depuis plusieurs centaines d'années avant Jésus-Christ. Elle occupe aujourd'hui près d'un million d'ouvriers et de peintres, et cependant sa splendeur est bien déchue; les Chinois eux-mêmes collectionnent avec ardeur le vieux chine. On trouve, surtout en pièces anciennes, des modèles, admirables par la grandeur, de vases tels que celui que nous représentons ici, pour lesquels les difficultés de cuisson, de moulage, etc., sont habilement surmontées [1]. Nous montrons également un vase ayant une de ces formes PANSUES qu'affectionnent les Japonais, qui ont emprunté aux Chinois leurs procédés, et dont la porcelaine, introduite en Europe avec quelque abondance par les Hollandais, a toujours été justement estimée. Il est curieux de remarquer que le plus souvent les formes de cette fabrication, tendant au sphéroïdal, se rapprochent de celles que la fabrication du verre produit avec une grande facilité. C'est même sur cette propriété qu'est fondé un amusement moderne consistant à imiter très passablement

[1]. M. Beulé a fait une lumineuse comparaison entre l'art céramique en Grèce et en Chine, dans laquelle il montre bien comment on peut sûrement remonter d'un produit industriel à l'esprit de la nation chez laquelle il a été créé. Nous reproduisons le début de cet intéressant travail.

Les Grecs ont fabriqué des vases peints avant les Chinois; ils en ont fabriqué pour tous les usages; leur commerce les portait jusque dans les colonies les plus reculées. Déposés dans les tombeaux, ces vases se retrouvent aujourd'hui par milliers; les musées de l'Europe en sont remplis; les particuliers se les disputent au poids de l'or. Cependant ils n'offrent ni la belle pâte, ni les couleurs éclatantes, ni l'émail transparent de la porcelaine chinoise : un peu d'argile rougie par la cuisson, quelques lignes pour tracer les figures et les ornements, un vernis noir sur les fonds, rien de plus simple que les procédés de l'industrie hellénique. Seulement cette industrie se rattachait à l'art par ses compositions et son style; elle était exercée quelquefois par de véritables artistes, qui signaient leurs œuvres. Les figures sont belles, savamment dessinées, d'une proportion noble. Les dieux, les prêtres, les vieillards appuyés sur leur bâton, les guerriers mourants, les jeunes gens dans le gymnase, les vierges à la fontaine, les enfants poussant leur balle ou leur cerceau, les personnages des scènes familières aussi bien que ceux des tableaux héroïques, — tous révèlent, malgré la rapidité du pinceau, je ne sais quel instinct de l'idéal ou quelle science des modèles déjà créés, qui reproduit, sur les vases les plus simples, des types admirables, de sorte que, si les antiques des musées venaient à périr, si Pompéi et ses dépouilles recueillies à Naples étaient ensevelies de nouveau par le Vésuve, si nos petits-fils retournaient à la barbarie, ces vases suffiraient pour assurer à la nation grecque l'honneur immortel de sa beauté..........

Quelles que soient la fécondité et la souplesse de l'esprit chinois, il manque d'élévation; il ne ressemble en rien à l'intelligence supérieure qui anime les sociétés fondées par la race indo-européenne. Un peuple qui ignore les inspirations fières du spiritualisme, le sentiment de l'infini, l'amour de la beauté qui se poursuit toujours, ne saurait atteindre à une grandeur véritable ni dans les lettres, ni dans les arts. Uniquement appliqués à la pratique de la vie, les Chinois ne sortent point du cercle étroit de l'expérience : leur âme n'a pour horizon que l'utile, les jouissances matérielles, les caprices stériles de la fantaisie, de même que le maintien du passé fait toute leur sagesse, et le culte des ancêtres toute leur religion. Aussi l'art n'est-il pour eux qu'un enchaînement d'inventions techniques et de routine : son but est de satisfaire les besoins, d'ajouter le luxe au bien-être, de contribuer aux splendeurs du commerce; mais la recherche désintéressée des principes, l'étude dans le secret de l'atelier, les douceurs généreuses du génie, le feu sacré que le Prométhée des Grecs dérobait au ciel, il n'y a point de cases pour ces instincts sublimes dans le cerveau d'une peau jaune.

Il n'y a en Chine, à proprement parler, que des industries, c'est-à-dire des applications professionnelles de l'art; seulement ces industries brillent d'un éclat très-vif, parce que l'art, qu'elles ont absorbé, leur communique à leur insu la délicatesse, l'élégance, le goût de la richesse, et surtout de la décoration. On a remarqué chez les Grecs l'irrésistible rayonnement des arts, qui s'est étendu jusqu'aux fabrications les plus viles. Tous les meubles de Pompéi dénotent un sentiment exquis de la proportion, de la ligne, de la forme; les détails d'ornementation sont empruntés directement aux plus beaux motifs de l'architecture ou de la sculpture. Les ustensiles de ménage participent à ce noble caractère. Les Chinois peuvent être comparés aux Grecs par ce côté, bien que les deux effets aient eu dans les deux pays des causes opposées. Tout ce qu'ils fabriquent porte un cachet d'art, superficiel, mais incontestable; leurs métiers les illustrent, et les œuvres de leurs artisans ressemblent parfois à des œuvres d'artiste. Aussi la porcelaine, leur titre principal à notre admiration, donne-t-elle la mesure la plus juste de leur talent naturel pour la peinture. Dans les petites choses, il faut un peu d'instinct et beaucoup de routine : leur habileté à décorer la pâte de kaolin durcie au feu n'a jamais été surpassée par les fabriques célèbres que leur exemple a suscitées sur notre continent. C'est pourquoi je ne crois point faire un honneur trop grand aux Chinois, ni un affront aux Grecs en rapprochant les produits céramiques de l'un et de l'autre peuple, produits qui demeurent inimitables.....

ces vases de porcelaine, avec des vases de verre dans l'intérieur desquels on colle du papier convenablement colorié.

STYLE INDOU

Les Indous ont une fabrication en pâte noire, avec des dessins clairs, des ornements et des palmes d'un genre tout particulier, relevés quelquefois par un pastillage blanc,

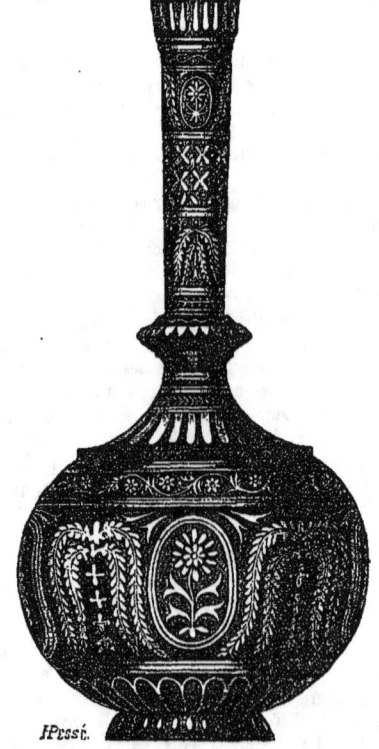

62. Vase Indou.

fort élégant. Leurs poteries ont un lustre qui leur donne l'apparence de pièces métalliques. Nous donnons un spécimen de ce style curieux, qui emploie fréquemment les formes dérivées de la forme sphérique. On y voit un emploi, dans la décoration, de rameaux retombants qui se retrouvent souvent dans les objets d'art de l'Inde.

EPOQUE MODERNE

Depuis un siècle, les progrès des arts céramiques ont été merveilleux, tant par le développement de la fabrication de la porcelaine blanche, la plus parfaite de toutes les poteries, que par suite des travaux des potiers anglais, de Wedgwood[1] notamment, le plus célèbre d'entre eux.

Les Anglais ont su les premiers varier, en raison du but à atteindre, les élément. constitutifs des pâtes céramiques, ce qui leur a permis de faire les grès-cérames, les faïences de dureté diverse, les imitations étrusques, etc., en un mot, d'employer la pâte la plus convenable pour chaque nature de produits. De plus, Wedgwood, en prenant ses modèles dans les vases grecs apportés de Naples en Angleterre, et secondé par le célèbre sculpteur Flaxmann, donna, dès l'origine du grand développement de cette industrie, à la majeure partie des poteries usuelles d'Angleterre, une grande élégance empruntée à l'art antique et surtout à l'art grec. Aussi s'efforça-t-on longtemps sur le continent d'imiter ses modèles, et doit-on reconnaître son influence sur les progrès accomplis dans les arts céramiques depuis le commencement du siècle.

La fabrication de la porcelaine dure, à l'imitation de l'admirable industrie qui existait en Chine depuis si longtemps, et dont la matière première a été si heureusement découverte en France dans divers endroits et surtout à Saint-Yrieix, dans le Limousin, a été un immense progrès. Son éclat, sa résistance aux acides, au frottement, aux rayures, en font la première de toutes les poteries, et le développement de sa production, surtout en France, ne saurait trop être rappelé. Toutefois, si l'éclat de son émail, d'une admirable blancheur, est incomparable, on sent dans les formes obtenues par les procédés habituellement employés, que la pâte n'a pas la plasticité de celle qui sert pour la faïence ; elle se prête mal à la confection de pièces devant avoir quelque moelleux. Dès qu'on s'écarte d'un style un peu sévère, de la correction géométrique, il faut employer tous les artifices de la fabrication, abandonner fréquemment l'outil principal de la céramique, le tour, pour recourir au moulage. Dans son mode de recevoir des couleurs, elle est quelquefois imparfaite, inférieure notamment au composé, improprement appelé porcelaine à pâte tendre de Sèvres, qu'on emploie pour les blancs.

Au reste, l'art des fabricants n'est plus arrêté aujourd'hui par la difficulté des procédés techniques, pas plus dans l'exécution des formes compliquées que dans la composition de pâtes particulières jouissant des propriétés qu'on recherche. Il suffit de modifier, à grands frais, il est vrai, les procédés de fabrication en raison de la matière employée.

On peut le prouver par l'examen de quelques pièces hors ligne, telles que les grands vases ayant les formes les plus élégantes de la statuaire, et

[1]. Wedgwood, né en 1730 à Burslem, a donné une immense impulsion à la fabrication des poteries en Angleterre, et son nom est, à juste titre, associé à celui des grands hommes qui, à la fin du siècle dernier, ont tant contribué à la prospérité de ce grand pays : Watt, Arkwright, etc.

décorés de tout éclat des couleurs par des émaux (qui font la raison pour ces pièces d'être en porcelaine plutôt qu'en marbre) que fabrique la manufacture de Sèvres [1].

Nous reviendrons sur les formes des vases en traitant plus loin de la sculpture. Mais nous dirons tout de suite que nous ne croyons pas en principe qu'une matière qui ne

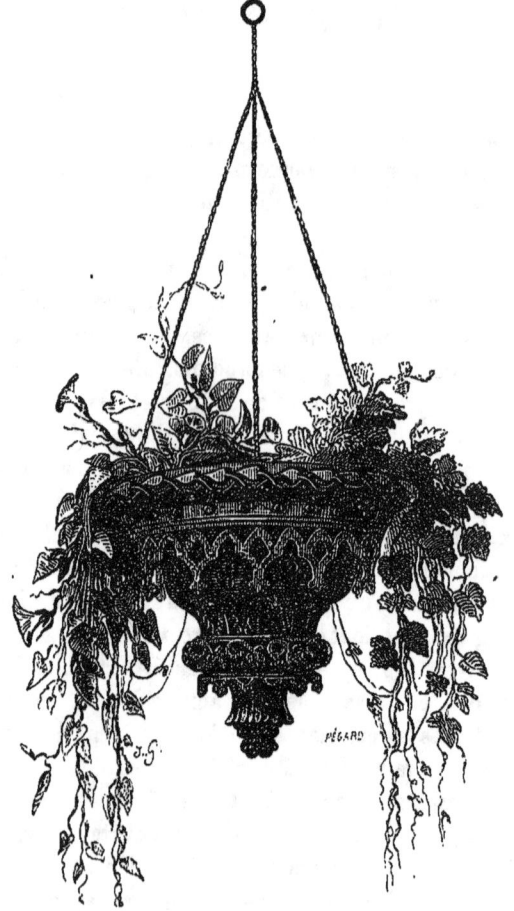

63. Vase en terre cuite de . Follet.

peut pas se ciseler, qui se déforme toujours quelque peu au feu, puisse être considérée comme comparable pour la statuaire au marbre et au bronze ; aussi ne sommes-nous pas partisans des pièces qui, par leurs formes et leur ressemblance avec les produits de la sculpture, n'ont pour mérite principal que la difficulté vaincue. Il en est de même pour les tableaux sur porcelaine qui veulent lutter avec la peinture à l'huile. Faire de l'art

1. Sèvres, dont nous rencontrons le nom, a singulièrement contribué à maintenir, presque au rang des beaux-arts, la céramique, en permettant, sous l'influence de ses savants directeurs, Brongniart, Ebelmen et Regnault, la fabrication de produits qui n'eût pu être tentée au point de vue de l'exploitation commerciale ; les tableaux sur porcelaine notamment, exécutés avec une perfection comparable à celle de la peinture à l'huile, ont fait la réputation de l'établissement et des artistes, MM. Jaccotot et Ducluzeau, MM. Jacobbet, Schitt, J.-T. Robert, Froment. La fabrication de la poterie de luxe est trop complexe, exige des moyens de fabrication trop coûteux pour qu'un artiste isolé puisse se livrer, à l'aide de ses propres ressources, à la production d'un objet d'art. C'est là la véritable utilité de la fabrique de Sèvres, qui doit être considérée surtout comme l'atelier par excellence des artistes en art céramique.

en employant des procédés qui multiplient les difficultés et rendent des effets artistiques nécessairement incomplets, c'est faire des tours de force souvent dignes d'admiration, mais qui ne doivent pas être multipliés.

Revenons maintenant à l'indication des types les plus heureux admirés aux Expositions de Londres et de Paris.

1° LES TERRES CUITES sans émail sont devenues, surtout entre les mains de M. Follet de Paris, de charmantes productions, notamment pour contenir des fleurs, pour servir de suspensions dans les appartements, les serres. La figure 63 offre un échantillon de ces élégants lustres à fleurs.

Un emploi curieux de la terre cuite, depuis longtemps apprécié dans les pays méridionaux, où la gelée ne vient pas l'hiver exercer son action destructive, est celui qu'en ont fait MM. Virebent de Toulouse pour remplacer dans les bâtiments la sculpture décorative par des terres cuites. La cathédrale d'Alby a été réparée par ce procédé avec une économie très-grande et d'une manière très-satisfaisante. Ces messieurs ont exposé en 1855 une façade d'entrée, en terre cuite, d'une chapelle style roman (si propre aux constructions de dimensions restreintes, telles que chapelles funéraires, etc.), ornée d'un grand nombre de statues, d'une excellente exécution.

2° FAÏENCE. — La réhabilitation de la faïence, longtemps considérée comme un produit d'ordre inférieur, en présence de la porcelaine dure, est peut-être le fait le plus notable qui se soit produit de nos jours dans les arts céramiques. La facilité d'obéir au goût de l'artiste, d'une matière éminemment plastique, la beauté toute particulière que prennent certaines couleurs, concourent à donner aux œuvres de quelques artistes un charme, une valeur artistique plus grande que celle de bien des pièces en porcelaine très-soignées, mais souvent dures et roides. Minton en Angleterre, MM. Deck et Collinot en France, ont notamment créé, dans ces dernières années, des ouvrages en faïence tout à fait remarquables, qui ont un emploi tout spécial dans la décoration des édifices et l'ameublement. Nous parlerons plus loin de cet emploi de la coloration.

A l'Exposition de 1862, on comprenait en voyant les belles pièces de MM. Wedgwood, les dignes successeurs du grand potier anglais, combien la faïence se prête mieux que la porcelaine à la reproduction de certains maîtres. Sans doute la pureté de Raphaël ou des maîtres primitifs peut s'accommoder de la netteté de la porcelaine; le style simple, le faire serré de ces artistes pourra y être rendu, peut-être, avec un peu de sécheresse, mais avec la précision nécessaire. Il n'en sera plus de même toutefois pour les peintures plus fougueuses du Titien, pour la richesse de Véronèse, pour l'abondance de Rubens ou la profondeur de Rembrandt; avec les couleurs toujours un peu sèches, un peu dures de la porcelaine, il faut renoncer à les reproduire. La faïence, au contraire, a quelque chose de plus gras dans les contours, de plus puissant dans le ton; elle semble pouvoir être empâtée comme une toile de Rembrandt, la peinture fait corps avec elle; bien traitée, elle est certainement supérieure à la porcelaine. Les succès des compositions de nos artistes sont incontestables. En outre, la faïence est redevenue un objet de décoration inaltérable; l'imitation des décorations persanes surtout a été faite avec un grand succès.

3° GRÈS-CÉRAMES. — Les grès ont formé une des bases de la magnifique fabrication de Wedgwood. Rien de plus élégant que les formes qu'il sut leur donner, et qui leur ont valu une renommée parfaitement méritée. Aussi a-t-on cherché à les imiter dans toute l'Europe.

Nous donnons (fig. 64), comme exemple de cette fabrication, une pièce avec orne-

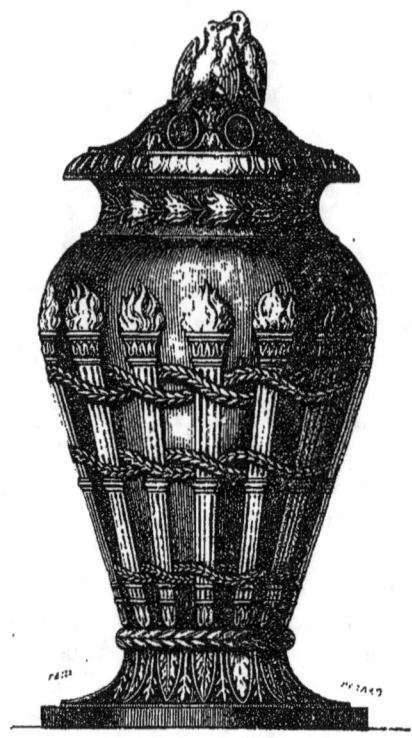

64. Grès de M. Wedgwood.

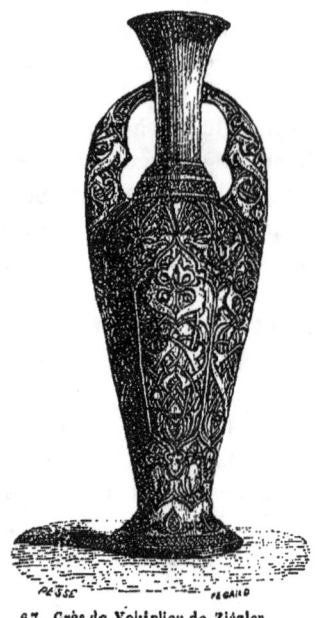

67. Grès de Voisinlieu de Ziégler.

ments en terre blanche sur fond bleu, qui, comme les vases jaspés (fig. 65), est un type des productions remarquables de ce grand potier.

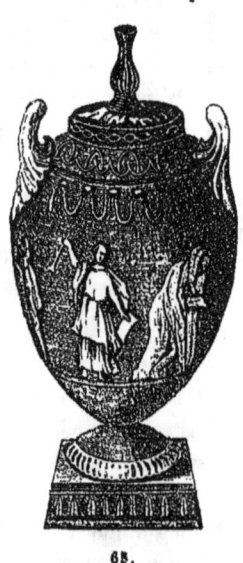

65.

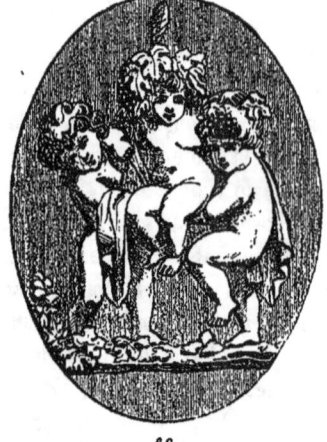

66.

Nous donnerons encore comme échantillon une des œuvres de Wedgwood, un camée (fig. 66), pâte bleue grisâtre, ornements blancs, dessiné par Flaxmann, qui appartient à une série charmante dont on a su tirer un excellent parti en Angleterre pour une foule de décorations du mobilier.

M. Ziégler a essayé en France une fabrication artistique des grès bruns qui a joui un instant d'une certaine célébrité, grâce aux formes élégantes qu'il a su leur donner. Nous représentons (fig. 67) un de ces produits inspiré évidemment par le style mauresque heureusement employé.

4° PARIAN. — Nous avons dit que les applications de la céramique à la statuaire ne nous paraissaient pas, en général, très-désirables. C'est surtout la dureté résultant des matières peu plastiques qui nous cause cette impression, il n'en est pas de même des compositions en terre cuite de quelques artistes, et surtout de Clodion, qui a fait au siècle dernier de charmantes créations en ce genre, très-appréciées des amateurs, et qui, moulées en bronze, ont aujourd'hui un grand succès à cause du sentiment exquis avec lequel cet artiste savait faire valoir des sujets de petite dimension.

Bien que tous les sculpteurs exécutent en argile leurs premiers modèles, bien peu les finissent avec soin, y attachent assez d'importance pour en assurer la durée à l'aide de la cuisson. Ce qui existe surtout de remarquable dans ce genre, ce sont les œuvres en biscuit, c'est-à-dire en porcelaine sans couverte, qui, malgré le mérite de plusieurs de ces productions, et leur popularité sous Louis XV et Louis XVI, nous paraissent avoir les inconvénients que nous avons signalés.

Les fabricants anglais, et surtout MM. Copeland et Minton, ont remédié à l'aspect un peu dur du biscuit blanc de porcelaine en composant une pâte phosphatique dite Parian ou de Paros, qui convient admirablement pour les statuettes. Cette pâte, dans laquelle entre du phosphate de chaux, base principale des os, a quelque chose du reflet jaune, de l'aspect gras de l'ivoire, de l'os. Elle est plus artistique que le biscuit de porcelaine, dont le reflet blanc et dur sent la pierre, et ne convient pas si bien pour représenter le corps humain.

5° FLEURS EN PORCELAINE ET FIGURINES COLORÉES. — Les figurines colorées ont fait longtemps la réputation de la fabrique de Meissen en Saxe, la première qui ait fait de la porcelaine dure, grâce aux travaux de Tchirnaüs et de Bœttger, qui en furent les fondateurs. Nous donnerons à ce sujet le passage que Brongniart a consacré à ces produits dans son TRAITÉ DES ARTS CÉRAMIQUES, note curieuse qui montre la conscience que ce savant apportait dans ses jugements en matière d'art, et est l'expression naïve de la difficulté qui se rencontre à ne pas se tromper sur ces questions.

« Il me paraît difficile, dit-il, pour ne pas dire impossible, d'établir maintenant ce qui est de bon ou de mauvais goût, car j'ai vu appliquer, suivant les temps, chacune de ces épithètes au même objet, par la majorité non-seulement des personnes dont l'opinion sur ces matières mérite une grande considération, mais aussi par des artistes reconnus pour des hommes de talent; je suis donc réduit à ne pouvoir apprécier les productions des arts d'ornement, qu'en émettant ma propre opinion ou l'opinion dominante d'une époque, c'est-à-dire celle de la mode. Or, suivant mon opinion, les figures isolées ou groupées de la manufacture de Saxe sont d'un mauvais goût, d'un mauvais style..., etc. »

Brongniart ne parle ici que de Meissen, mais il est clair que tous les produits du même genre étaient peu goûtés par lui. Le biscuit blanc de Sèvres était le seul qu'il admit pour les figurines. Comme lui, nous estimons peu ces colorations, ces imitations toujours imparfaites, sans nier toutefois l'élégance de quelques pièces de vieux saxe dont le modelage est de la plus grande finesse.

6° Pièces en porcelaine. — Il nous reste à traiter la question la plus importante : quelles formes tend-on à donner à notre époque aux produits de la céramique ? (Nous reviendrons plus tard spécialement sur les questions de coloration.)

Nous laisserons de côté toutes les imitations des styles anciens ou étrangers que les progrès techniques permettent d'obtenir ; les imitations des pièces étrusques, mauresques, chinoises surtout, dont la fabrication forme une industrie importante, à cause du mérite justement apprécié des productions du Céleste Empire ; c'est le cachet propre de la puissance de l'industrie moderne que de reproduire tous les styles antérieurs. Nous ne parlerons pas non plus des produits curieux dus directement aux progrès des procédés de fabrication : telles sont les tasses d'une extrême légèreté obtenues par le procédé de moulage à l'aide du plâtre. Les pièces dites coquilles d'œuf, qu'il est possible d'obtenir ainsi, n'ont qu'une épaisseur tellement minime, qu'il serait complétement impossible de les fabriquer sur le tour.

Les genres les plus appréciés des pièces modernes peuvent se ramener à deux principaux.

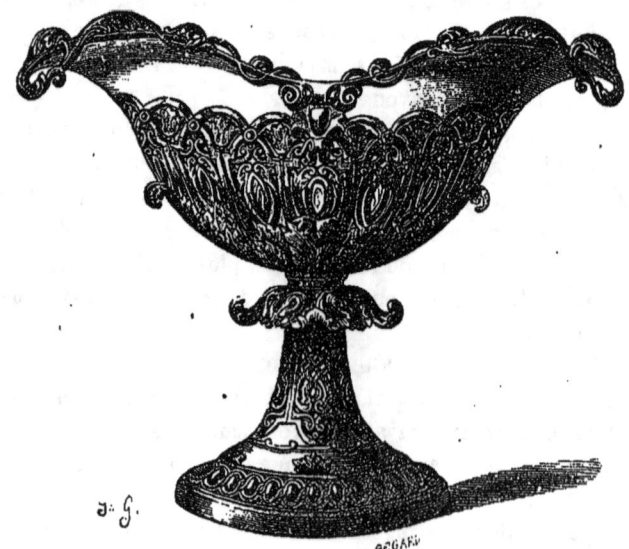

68. Porcelaine de M. Honoré.

Le premier se rattache plutôt au mauresque qu'à tout autre style : ses caractères essentiels consistent dans l'emploi des couleurs à tons francs, des dorures, des enlacements découpés à jour. Les couleurs à grand feu, telles que celles justement célèbres de MM. Discry et Talmours, constituent un progrès important accompli dans cette voie quant à la décoration. Nous donnons ici la pièce du milieu d'un beau service de table mis à l'Exposition de 1849 par M. Honoré, qui nous paraît bien indiquer le genre dont nous parlons.

Les formes employées par les Allemands dans la céramique, et surtout dans la verrerie, procèdent également du style oriental, plus encore que celles adoptées par les Français et les Anglais.

Le second est celui que nous appellerons de Sèvres, parce qu'il rappelle les plus belles pièces sorties de cet établissement. Les formes sont le plus souvent ovoïdes, les couleurs sont quelquefois des couleurs au grand feu rehaussées d'émaux; mais le plus souvent le fond reste blanc éclatant pour être couvert de couleurs dégradées, de peintures fines d'une grande délicatesse représentant des fleurs, des oiseaux, etc., plus voisines de la nature, plus sévères que les décorations du vieux Sèvres. Ces produits sont reconnus par tous comme les plus riches, les plus élégants, et l'exagération de ce système, qui fait de chaque assiette de Sèvres un objet d'art de valeur, en empêche la propagation, mais n'en amoindrit pas le mérite.

Parmi les pièces remarquables que la fabrique de Sèvres a mises aux Expositions de Londres et de Paris, nous citerons :

Un élégant vase de la fabrique de Sèvres (fig. 69), de forme ovoïde allongée, garni d'anses en bronze (mélange qui conduit à des pièces d'un grand éclat) et recouvert de peintures délicates d'un grand charme.

Une potiche forme chinoise (fig. 70), heureusement modifiée, rendue plus légère par l'allongement de la partie supérieure.

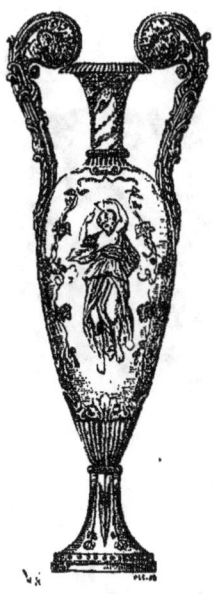

69. Vase de Sèvres.

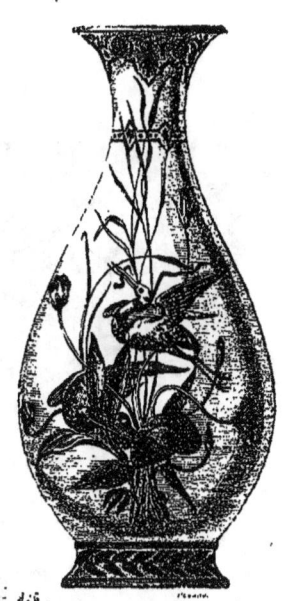

70. Potiche de Sèvres.

La coupe du travail, composition de Diéterle, sculpture de Jean Feuchère (hauteur 0^m,87, diamètre 1^m,14 (fig. 71).

Des fonts baptismaux, style byzantin, pièce remarquable par ses dimensions et la variété de ses décorations (fig. 72).

Un nouveau genre, dont on tire aujourd'hui à Sèvres d'excellents résultats, est celui qui consiste dans l'emploi de pâtes colorées au moyen d'oxydes métalliques, en teintes claires, vertes, grises, etc., décorées à l'aide de pâtes blanches, en relief plus ou moins saillant.

Nous donnerons quelques détails sur l'exécution de ces élégants produits. Sur une pièce colorée, soit au pinceau, soit par le trempage, on pose les pâtes blanches au pinceau par couches successives, en ébauchant une forme que l'on parfait avec des outils tran-

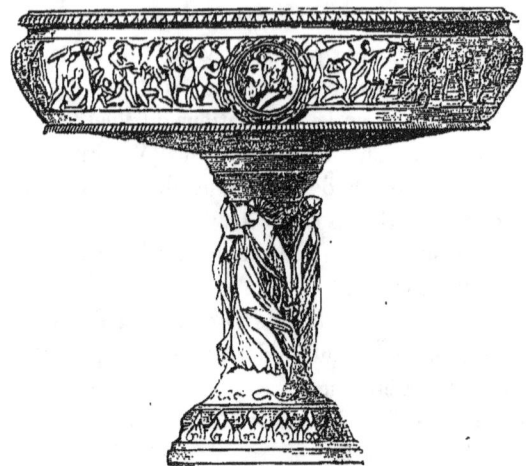

71. Coupe du travail.

chants ou une petite râpe lorsque l'épaisseur voulue est atteinte. Ce bas-relief terminé, il subit une première cuisson appelée le dégourdi, ce qui lui donne assez de consistance

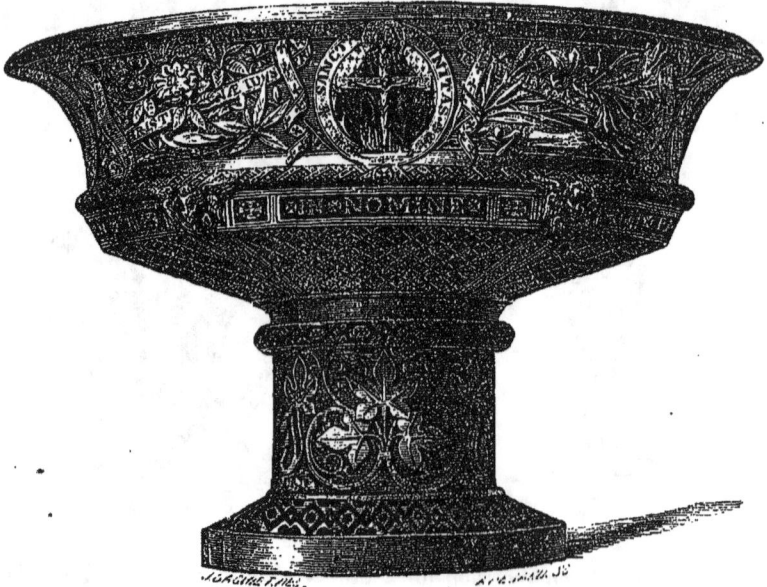

72. Fonts baptismaux, style byzantin.

pour pouvoir être trempé dans une eau tenant de l'émail pulvérisé en suspension. Enfin, vient la dernière cuisson. Les parties épaisses conservent un relief qui modèle la forme; au contraire, les parties les plus minces laissent apparaître le fond, donnent quelque chose d'indécis à la réunion du bas-relief et du fond.

VERRERIE

Dû aux Phéniciens, suivant la tradition rapportée par Pline, l'art de fabriquer le verre fut cultivé avec succès dans l'ancienne Égypte. Les poteries qu'on a retrouvées montrent, autant que les verres, que les Égyptiens avaient porté assez loin la science des émaux, de la vitrification.

On voit dans le Musée de Londres une belle coupe retirée par le capitaine Layard des fouilles faites sur l'emplacement de Ninive. Un nom est gravé sur ce verre ; d'après les caractères employés et la localité où il a été trouvé, on doit penser que sa fabrication ne remonte pas à moins de sept siècles avant l'ère chrétienne.

Les Romains ne connurent guère l'art de la verrerie que lors de leurs conquêtes en Asie, peu avant l'Empire. Le développement du luxe prit alors un tel essor, que la production des verreries égyptiennes fut activée pour satisfaire les goûts raffinés des maîtres du monde. Elles produisirent de véritables chefs-d'œuvre, sans doute, car Pline, en parlant des vases de verre, dit : « On prend maintenant si grand plaisir à boire dans de beaux verres, qu'ils se sont substitués dans les buffets à l'or et à l'argent. » On comprend dès lors que les verriers d'Alexandrie aient été attirés à Rome (sous le règne d'Auguste), ainsi qu'une foule d'ouvriers de tout genre d'industries ; ils affluèrent en Italie, venant les uns de l'Égypte, les autres de la Grèce ; ils apportèrent avec eux les secrets des arts de luxe, peu connus des Romains de la République. Dès ce moment on sut, à Rome, dorer, ciseler, colorer le verre. Néron encouragea beaucoup cet art, et paya très cher de belles coupes de verre.

Pline (l'an 70 de l'ère chrétienne) donne de curieux détails sur les verreries de son temps :

« ... Les fourneaux de verre, dit-il, sont à bois comme ceux où on fond le bronze. La première fonte est tirant sur le noir. On la recuit encore une autre fois en un autre fourneau, et on lui donne telle couleur que l'on veut. Les verriers de Sidon, ville d'où « l'on apportait jadis toute la belle verrerie que nous avons, faisaient leurs verres en « soufflant, ou bien ils les polissaient au tour et y faisaient des ouvrages de plat et de

« relief, comme on ferait sur des vases d'or et d'argent. Même l'invention d'en faire
« des miroirs y fut trouvée. Maintenant, on fait le verre, en Italie, d'un certain sable
« blanc qu'on trouve au fond du fleuve Volturno ; on en use quasi partout ainsi, et
« notamment en Gaule et en Espagne. »

Je reproduirai ici les figures des deux plus curieuses pièces de verre de l'antiquité
que l'on connaisse.

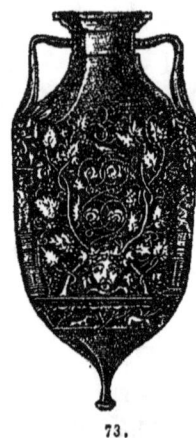

73.

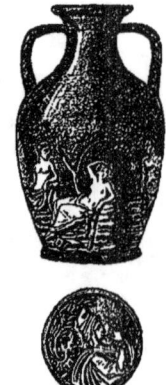

74.

La première a été trouvée, en 1839, dans un sépulcre de Pompéia. Connue sous le
nom de VASE DE NAPLES (fig. 73), elle est exposée dans le Musée de cette ville. Sa
hauteur est de 30 centimètres. Les figures en relief, en émail blanc, d'un dessin et d'un
fini très-remarquables, paraissent avoir été ciselées dans une couche de verre blanc qui
recouvrait la masse, qui est transparente, et d'une couleur bleu foncé. Le pied de ce
vase a été cassé. Quelques auteurs pensent que ce vase a été fait pour être monté sur un
socle en métal. On fait remonter sa fabrication au règne de Trajan.

L'autre vase (fig. 74) a été pendant plus de deux siècles le principal ornement du
palais des princes Barberini à Rome ; il est maintenant connu sous le nom de VASE DE
PORTLAND, ayant été adjugé, dans une vente, à la duchesse de Portland pour le prix
de 1800 guinées (46,800 fr.). Déposé au Musée de Londres, il y a été brisé en mille
morceaux par la canne d'un fou ; mais il a été rétabli avec une incroyable habileté.

Ce vase a été trouvé, vers le milieu du seizième siècle, aux environs de Rome, dans
un sarcophage en marbre. Il est orné, comme le vase de Naples, de figures blanches
opaques, en relief, qui se détachent sur un fond bleu foncé. Le dessous du pied de ce
vase est également gravé.

L'art de la verrerie fleurit de bonne heure dans l'Italie moderne et paraît s'être fixé
à Venise, dont les anciens ouvrages en verre ont beaucoup d'analogie avec ce qui a été
retrouvé des produits des verreries antiques. On connaît la célébrité des glaces de
Venise, ainsi que des verres d'apparence diverse qui y étaient fabriqués. Murano était
le lieu de cette fabrication, qui fournissait à Venise de précieux moyens d'échange pour
son commerce avec l'Asie, source de ses richesses. Aussi, jaloux de conserver le monopole de cette industrie, le gouvernement de la République soumit-il les verriers à des
règles sévères, mais en même temps il leur donna de nombreux priviléges pour encourager leur profession.

Lorsqu'après plusieurs siècles de prospérité, Venise vit décroître son commerce par suite des nouvelles routes ouvertes vers la Chine et l'Inde par le cap de Bonne-Espérance, et que l'esprit de commerce pénétra les nations rivales, les procédés de l'art de la verrerie passèrent de l'Italie dans le reste de l'Europe et surtout en Bohême, où il s'est en quelque sorte nationalisé, et où les progrès se sont succédé sans interruption. Assez longtemps la Bohême sut, grâce à l'habileté de ses ouvriers, reconstituer en quelque sorte à son profit le monopole dont avait joui Venise.

La fabrication des glaces, introduite en France grâce aux efforts de Colbert et à l'aide d'ouvriers vénitiens, a eu pour effet, dans notre pays, de transformer les décorations intérieures des habitations. Nous voulons parler des glaces coulées par le procédé dû à Abraham Thévart; ces glaces, obtenues en très grandes dimensions, ont pu jouer un tout autre rôle dans la décoration des appartements, pour multiplier les lumières, que les petits miroirs de Venise.

Fabriqué à l'aide de l'insufflation, le verre prend naturellement la forme sphérique; c'est par des artifices de fabrication, des déformations par allongements cylindriques de cette forme sphérique, que s'obtiennent les figures variées des verres qui, à cause de la similitude de leur nature, doivent être étudiés en même temps que les produits céramiques.

La découverte du cristal, résultat de la modification qu'éprouve le verre de Bohême quand on fait entrer dans sa composition du minium pour en augmenter la fusibilité, a fourni la base d'une fabrication d'abord prospère en Angleterre, puis introduite avec succès en France, où la verrerie avait toujours été considérée comme un art, où les gentilshommes verriers avaient toujours joui de grands priviléges; les procédés particuliers employés pour travailler le cristal, le moulage et la taille à l'aide des meules de grès, ont permis d'obtenir des produits de la plus grande richesse, des formes élégantes auxquelles les jeux de lumière donnent un éclat admirable. C'est la transparence si brillante du cristal, qui est la cause principale de sa recherche si générale dans la décoration, dans les services de table notamment. Ajoutons qu'un nouveau progrès, à savoir l'emploi de la gravure par l'acide fluorhydrique, est venu augmenter le charme des objets en cristal, en permettant de produire des dessins complexes, à peu de frais, qu'on ne pourrait produire à l'aide du tour.

La coloration des cristaux accroît encore le nombre des effets qu'il est possible d'obtenir. Ainsi, au moyen de verres convenablement colorés par des oxydes métalliques de cobalt, de manganèse, l'or divisé, etc., on a pu obtenir non-seulement des pièces d'un aspect agréable, mais reproduire, en en imitant aussi les formes, des fac-simile de poteries égyptiennes et étrusques, imiter parfaitement la malachite, l'agate et les terres antiques. Si, au lieu de colorer le verre tout entier, on enduit le cristal blanc de verre coloré, on obtiendra par la taille, qui enlèvera par places cet autre verre de peu d'épaisseur, des effets curieux. C'est un procédé fréquemment employé aujourd'hui.

Les cristaux opaques ou opalins jouent un grand rôle dans la fabrication artistique. Ils s'obtiennent, en France, par l'addition de phosphate de chaux; en Bohême, en ajoutant à la masse fondue du verre pulvérisé et travaillant le mélange à basse température. Le verre opalin coloré en vert a été fort à la mode il y a quelques années; on lui avait donné le nom de chrysoprace.

Quant aux produits anciens, qu'on imite si bien de nos jours, on doit citer parmi les plus intéressants :

Les verres de Venise ; nous représenterons ici (fig. 75) les plus beaux de la riche collection du Musée de Cluny.

Les pièces en cristal de roche taillé et incrusté produites surtout par les Indous et qui sont d'une grande élégance. La fabrication européenne les reproduirait aujourd'hui à peu de frais en cristal ordinaire, seul travaillé dans nos ateliers ; le cristal de roche est trop dur, on l'a complètement abandonné.

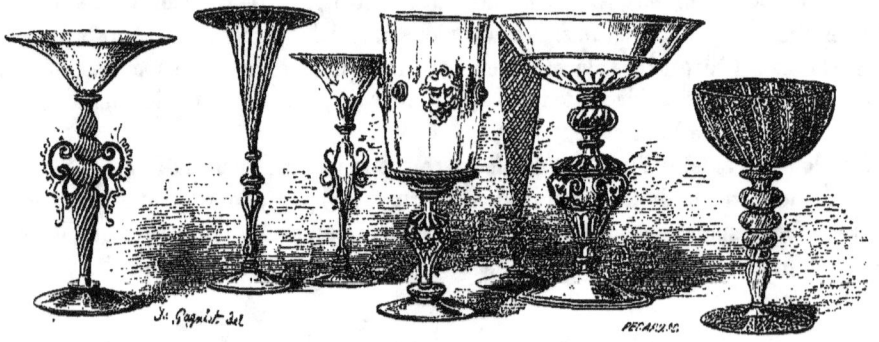

75. Verres de Venise.

Nous traiterons plus loin, en parlant des colorations, de l'emploi des verres colorés pour vitraux, qui ont formé un élément de décoration si important des cathédrales au moyen âge.

Parmi les produits modernes, nous distinguerons :

1° La verrerie, la gobeletterie de luxe, remarquable par sa légèreté, par ses formes capricieuses : l'élégance des formes obtenues par le moulage et la taille résulte en général d'oppositions entre les parties larges qui contiennent les liquides et les supports minces ; ce genre de produits a évidemment sa tradition dans les verres de Venise. Les verres mousseline d'une extrême légèreté, trop délicats pour être taillés à facettes, gravés à l'acide et ornés seulement de dessins mats, sont de charmants produits.

2° Les cristaux colorés en couleurs que la transparence rend éclatantes, souvent rehaussés d'or, ayant par suite une tendance au style oriental, qui affectionne les couleurs franches.

Nous donnerons ici un verre à fleurs, coloré en rouge, de forme orientale, fabrication de Bohême [1] (fig. 76) et un magnifique hanap (fig. 77) en verre jaune, recouvert d'ar-

---

1. Nous devons dire un mot de cette industrie de la Bohême, que nous ne saurions mieux comparer qu'à notre industrie lyonnaise de la soie. Là, comme à Lyon, une nombreuse population est livrée exclusivement à une seule industrie ; tout le monde s'en occupe, coopère à des progrès qui se répandent avec la rapidité de l'éclair. La division du travail y est poussée très loin, et chaque ouvrier y trouve la spécialité qui convient à son intelligence. Aussi, si la valeur artistique des produits ne s'élève peut-être pas très haut, le nombre des pièces curieuses est infini, et certaines fabrications, la lustrerie, par exemple, s'y font à un bon marché incroyable, auquel les grandes fabriques ne peuvent atteindre.

moiries, imitation parfaite d'un chef-d'œuvre de l'ancienne fabrication. Les verreries de Bohême ont encore su créer un genre curieux ; je veux parler des verres craquelés, arrêtés en quelque sorte dans leur cristallisation.

Nous citerons pour mémoire les colorations à la moufle sur verre, analogue à la peinture sur porcelaine, dont l'exécution offre beaucoup de difficultés et qui donnent, avec la transparence particulière au verre, des effets analogues à ceux qu'on obtient sur les poteries. Les déchets de fabrication sont assez considérables et les difficultés trop grandes pour que ce procédé prenne un bien grand développement.

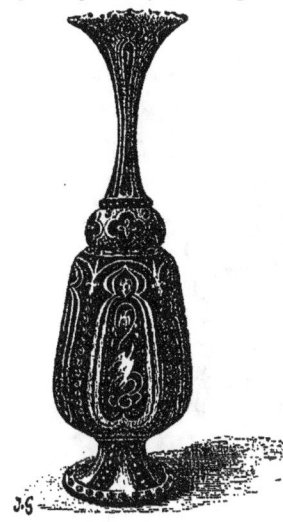

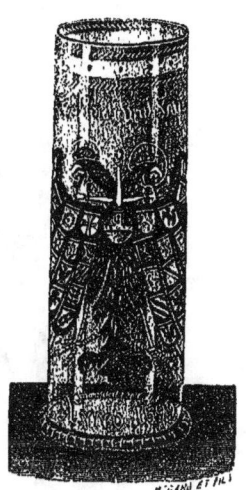

76. Verre de Bohême.   77. Hanap.

3° Enfin, le cristal blanc, dont l'éclat est si grand aux lumières, sert à fabriquer les petites pièces dont nous avons parlé plus haut. Toutefois, ce beau produit de l'industrie moderne se prête mal aux décorations par imitation de formes naturelles (Les figures humaines deviennent inadmissibles en devenant transparentes ; les Amours, à travers lesquels on voit le jour, semblent des glaçons prêts à se fondre). Il doit toute sa valeur à l'harmonie des lignes, à la proportion, à l'élégance des courbes, et surtout aux jeux de la lumière au milieu de mille facettes. C'est surtout par là que le cristal blanc brille ; les POINTES DE DIAMANT multipliées ont créé le genre longtemps à la mode. Une décoration à côtes brillantes, déviation du précédent, est plus appréciée aujourd'hui, et se marie bien avec les formes élancées qui remplacent les formes sphériques plus anciennes.

On produit avec le cristal des effets artistiques d'un ordre élevé et tout particulier ; car, comme les pierres précieuses, il offre la condition spéciale de décomposer et de multiplier la lumière au lieu de la réfléchir simplement. Les lustres en bronze et petits cristaux, dont les facettes multiplient la lumière à l'infini, constituent le mode d'éclairage le plus riche et le plus brillant que l'on ait pu inventer. Nous donnons ici un beau spécimen de ce genre d'application, le candélabre de Baccarat, de 5ᵐ,25 de hauteur, qui, comme goût, nous semble une des œuvres les plus heureuses exécutées en cette belle substance, et qui paraît supérieur aux très grands lustres, fabriqués ultérieurement. Dans ce candélabre, le cristal qui réflète et décompose la lumière s'élève et s'épanouit avec une richesse et une élégance incomparables. Cette pièce restera, croyons-nous, comme une des plus remarquables qui soient sorties de cette célèbre fabrique.

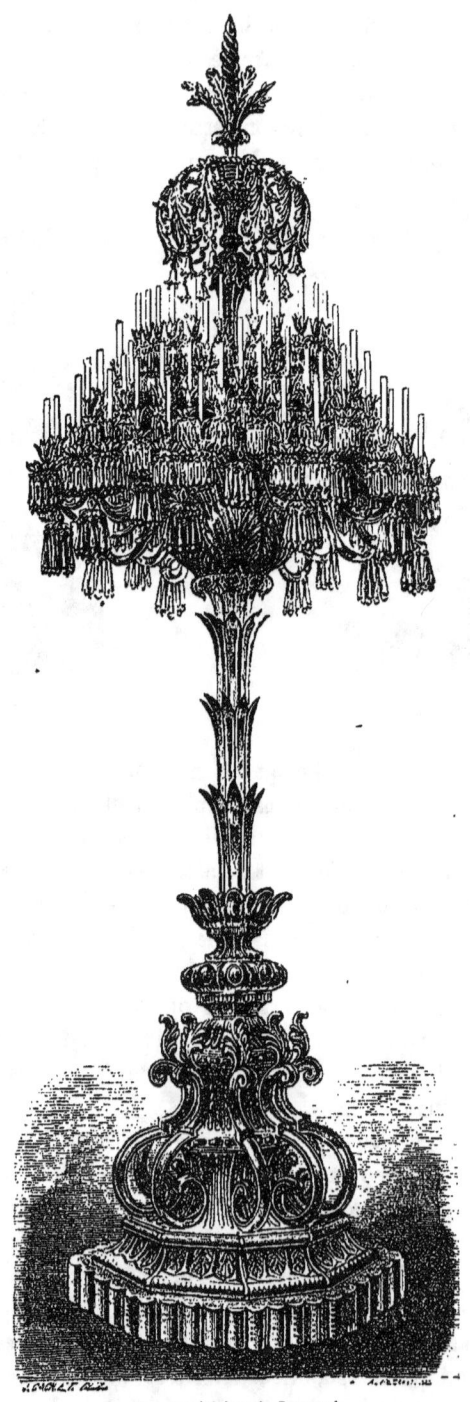

78. Candélabre de Baccarat.

SECTION III

——◦◦◦——

MEUBLES, ÉBÉNISTERIE

L'étude des meubles doit suivre immédiatement celle de l'architecture, non seulement parce que les divers objets qui composent le mobilier sont destinés à prendre
place dans les salles que produit l'architecture, et par suite doivent nécessairement être
en rapport avec la forme, la disposition des édifices et des pièces pour lesquels ils sont
créés ; mais encore parce que les meubles sont de véritables constructions obtenues à
l'aide d'assemblages qui donnent à leur charpente une forme déterminée ; que leur
élégance, le charme de leurs lignes est le résultat d'harmonies de même nature que celles
qui nous charment dans les monuments. Il existe entre ces deux genres de construction une harmonie intime, que l'histoire démontre avec une netteté parfaite. Les
formes des meubles sont inspirées par le même goût qui, à une époque déterminée, a fait
construire les édifices; ils naissent dans chaque style sous l'influence des mêmes mœurs;
la convenance à laquelle ils doivent satisfaire est de même ordre. Servant immédiatement à notre usage, ils sont en contact avec nous et portent l'empreinte de notre
personnalité; l'ornementation y est à l'aise et trouve à s'appliquer largement.

Le bois est, par excellence, la matière convenable pour la fabrication des meubles, et
les métaux, souvent employés pour des meubles de peu de prix, ne peuvent le remplacer; le froid du métal contraste désagréablement avec le toucher agréable du bois
poli.

Indépendamment de la beauté des teintes et des veinures des bois employés par l'ébénisterie, de l'éclat qu'ils acquièrent étant polis, et dont l'industrie vulgarise l'usage en
en abaissant les prix de revient par le placage, le grand mérite du bois pour la fabrication des meubles résulte de la facilité avec laquelle on peut le travailler, de l'élégance
des formes qu'on peut lui donner par un travail modéré.

Les différentes manières de façonner le bois suivant des formes voulues, les moyens
de production ont nécessairement une relation intime avec les formes décoratives qui
sont le plus employées. Nous distinguerons :

Le travail à l'aide de la scie et du rabot, qui permet d'obtenir toutes les surfaces à génératrices rectilignes, toutes les moulures analogues à celles de l'architecture;

Le tour, qui sert à obtenir toutes les formes cylindriques, coniques, ovoïdes;

Enfin le ciseau qui, dans les mains du sculpteur, crée toutes les formes inspirées par la fantaisie de l'artiste, vient ajouter souvent, pour les meubles de luxe, les ressources de la sculpture décorative, de l'imitation des formes de la nature animée, à celles déjà obtenues naturellement en quelque sorte, en satisfaisant aux conditions générales de la construction.

Les ressources de la sculpture sur bois sont trop grandes pour qu'on puisse appliquer à la fabrication des meubles les observations que nous avons faites à propos de la céramique, sur le peu de convenance des imitations de sujets animés; et, sous ce rapport, l'étude que nous poursuivons ici devra trouver son complément dans le chapitre suivant, consacré à la sculpture qui tient une si grande place dans l'ébénisterie.

Nous établirons tout de suite le principe de l'emploi de la sculpture, c'est-à-dire de l'application d'une des branches des beaux-arts à la fabrication des meubles. Nous dirons donc que, quelque convenable que soit la sculpture appliquée à la décoration des meubles, elle ne doit pas être prodiguée mal à propos, c'est-à-dire placée de manière à faire disparaître les lignes gracieuses d'un meuble, le profil harmonieux qui doit former le caractère principal, essentiel, de ces petites constructions. Surtout la sculpture ne doit jamais gêner la convenance, qui exige que le meuble se prête facilement à l'usage auquel il doit servir.

Ce que nous disons de la sculpture est également vrai du mélange du bois avec le bronze, la porcelaine, la mosaïque, etc., et en général de tous les moyens de décoration étrangers à la construction du meuble proprement dit.

Ces principes vont trouver leur application dans l'étude des produits des diverses époques que nous allons esquisser. Malheureusement, les produits de cet art, plus périssables que ceux des sections précédentes, nous sont parvenus des époques reculées en bien petit nombre; ils étaient d'ailleurs peu variés avant le seizième siècle ce qui diminue l'intérêt de l'étude des temps anciens. Ce n'est, en général, pour les siècles passés, que par les bas-reliefs, les sculptures, que nous pouvons reconnaître les formes des meubles employés dans les civilisations antiques.

STYLE ÉGYPTIEN

Les monuments égyptiens portent gravés sur les murailles une foule de scènes, et, par suite, différentes formes de meubles. Des enveloppes de momies, diverses boîtes parvenues jusqu'à nous nous montrent que les œuvres en bois de l'ancienne Égypte méritent un intérêt réel.

La figure 79 montre un tabouret dont la décoration est de bon goût; la figure 81 reproduit le fauteuil de Rhamsès.

Enfin, la figure 80 montre la décoration vraiment très élégante d'une boîte à compar-

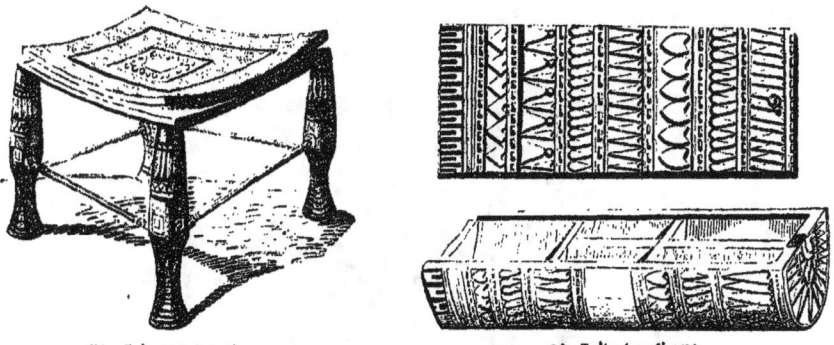

79. Tabouret égyptien.

80. Boîte égyptienne.

timents dont le dessin est, comme les précédents, emprunté à l'ouvrage de Wilknson

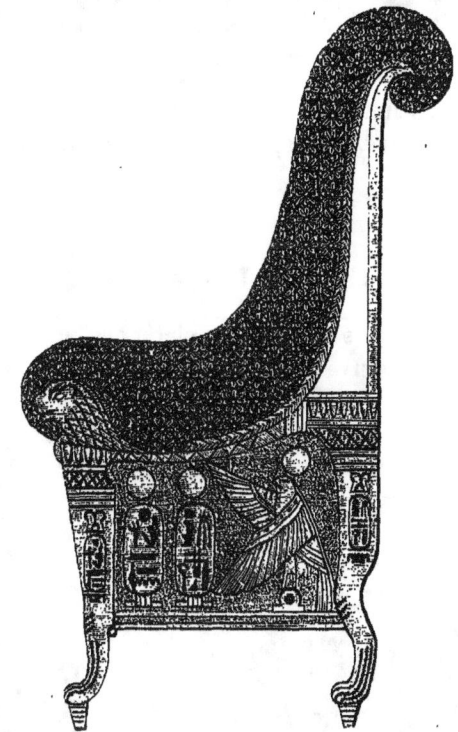

81. Fauteuil de Rhamsès.

sur les antiquités de l'Égypte. Elle rappelle assez le style grec pour qu'on puisse supposer, avec toute apparence de raison, qu'elle provient de l'époque des Ptolémées.

STYLE GREC ROMAIN

Les anciens ne connaissaient qu'un petit nombre de meubles, et les bas-reliefs nous
fournissent seulement des indications de formes d'objets qui se rapportent plus souvent

aux représentations publiques qu'à la vie privée. Les Grecs avaient reçu quelques traditions de l'Asie, et les transmirent aux Romains après leur avoir sûrement imprimé ce cachet d'élégance qui appartenait à toutes leurs productions.

Nous donnons ici un dessin du siège du préteur (en bronze), qui se retrouve dans

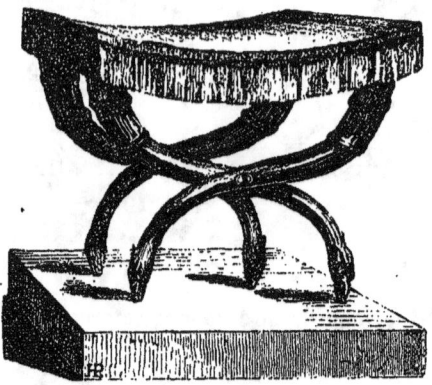

82. Siège de préteur romain.

beaucoup de sculptures romaines. Il appartient bien plus à la Rome ancienne que le lit évidemment d'origine asiatique, qu'adoptèrent les Romains de la décadence dans leurs fêtes et leurs orgies.

STYLE BYZANTIN ET ROMAN

Nous avons quelques pièces de mobilier, ou plutôt quelques dessins de l'époque où se construisaient les églises de stye roman. Les meubles se sentent du goût dominant et du peu de luxe qui régnait à l'intérieur des habitations.

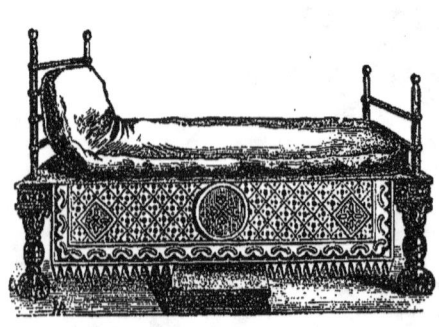

83. Lit roman.

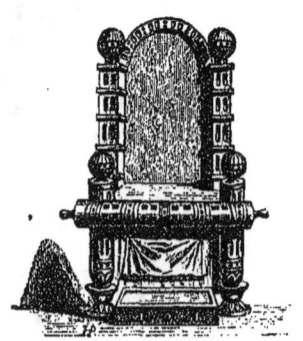

84. Trône byzantin.

Nous donnerons un dessin de lit tiré d'un manuscrit intitulé HORTUS DELICIARUM, de Herrade de Lansberg, abbesse de Sainte-Odile, qui était conservé à Strasbourg, et a été détruit dans l'incendie de sa bibliothèque lors du bombardement de cette ville par les Prussiens, et l'autre imité d'une miniature d'un manuscrit du dixième siècle (dû à un moine de l'abbaye de Saint-Martial à Limoges), le trône byzantin de Théodose le Grand représenté présidant un synode à Constantinople.

Les vignettes des manuscrits des dixième et onzième siècles nous représentent des trônes entourés de draperies formant fond derrière les siéges, ou bien appendues à des sortes de coupoles qui les surmontent en guise de dais; ces accessoires dominent le tout, car l'industrie, à Byzance, avait absorbé l'art. Ce sont tantôt des pliants en métal ou en bois, tantôt de larges chaires à dossier comme le siége de Dagobert qui rappelle le siége romain. Les bois de ces trônes étaient ornés d'incrustations de métal, d'ivoire et de pierres dures; dans la période gothique qui suivit, la sculpture l'emporta sur la marqueterie.

STYLE GOTHIQUE OGIVAL

Lorsque la sculpture sur pierre prit l'essor que nous manifestent les travaux si variés des cathédrales, elle entraîna, dans son mouvement de progrès, la sculpture sur bois chargée de la décoration des intérieurs, de l'exécution des stalles des chœurs, etc. Il est resté, dans nombre d'anciennes églises, des sculptures, des chaires à prêcher qui

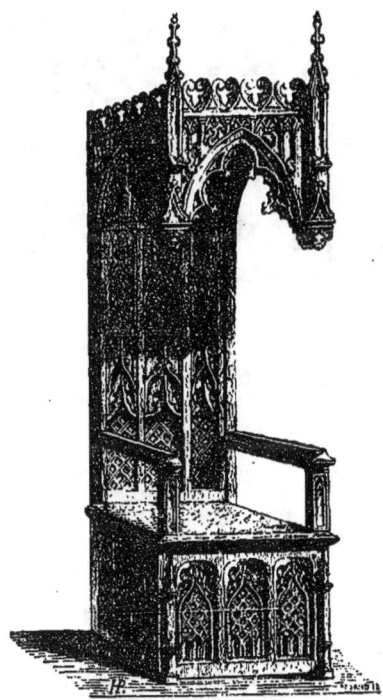

85. Chaire gothique.

sont admirables; comme la sculpture sur pierre, la sculpture sur bois ne servait guère que pour l'ornement des églises, et demeurait liée à l'architecture. Nous aurons à étudier cette question en traitant plus spécialement de la sculpture dans la section suivante. Nous nous contenterons de dire, dès à présent, que les créations de la sculpture sur bois, à cette époque, ne sont en général que des réductions de constructions de l'architecture; elles rappellent presque toujours les clochers, les flèches des églises, et par la profusion, la répétition de ces éléments, se sont traduites en des œuvres d'une grande légèreté et d'une grande richesse.

Le même empressement se fit bientôt sentir dans toutes les directions du travail.

Jusque vers le milieu du douzième siècle, dit M. Viollet Leduc, l'ornementation sculptée ou peinte est toute conventionnelle; on reconnait parfaitement qu'elle subit une influence dont elle ne se rend pas compte. Elle ne consiste même souvent qu'en un travail mécanique dans lequel la main, guidée par les traditions, suit certaines lois importées; tandis qu'à dater de la fin du douzième siècle, dans l'architecture comme dans les meubles, la décoration peinte ou sculptée commence à rechercher l'imitation des végétaux de la contrée. Alors les dernières traces des arts byzantins sont complétement effacées, et si, dans l'ornementation, l'imitation des végétaux et animaux se fait sentir, dans la composition des meubles les traditions font place à l'observation des besoins auxquels il faut satisfaire et des propriétés particulières à la matière employée.

Aux treizième, quatorzième et quinzième siècles, la « hucherie » était tenue en grand honneur. Les corporations des huchiers étaient nombreuses, et d'importants travaux leur étaient confiés. Les imitations de ces anciennes œuvres forment l'objet de travaux assez importants de nos jours, quelquefois pour des mobiliers de particuliers, mais surtout pour garnir les églises gothiques, pour les chaires à prêcher, etc.

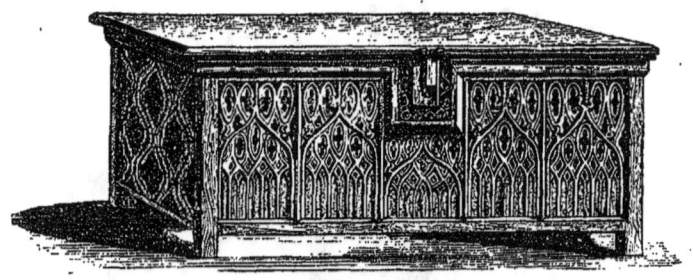

86. Bahut gothique.

Nous donnons ici comme exemples un fauteuil à dais fréquemment usité, dit chaire, et un bahut, empruntés tout deux au musée de Cluny.

STYLE RENAISSANCE

C'est à l'époque de la Renaissance, lorsque l'architecture cessa d'être exclusivement religieuse, lorsque l'art vint s'épanouir dans toutes les directions, que la construction des meubles devint vraiment œuvre de goût. Avant cette époque, il y avait peu de meubles d'appartement proprement dits. Des boiseries, des salles, des bancs, des lits, des armoires et des tabourets, c'était à peu près tout le mobilier. Lors de la Renaissance, au contraire, toute la fantaisie de l'artiste vint se concentrer sur de gracieuses combinaisons dans lesquelles bien des éléments de l'architecture de l'époque trouvèrent souvent à s'appliquer, mais variés à l'infini avec un sentiment parfait de la différence qui existe entre le travail du bois et celui de la pierre. C'est ce qu'on voit dans quelques curieux recueils de modèles de figures décoratives, d'ornements, dus à de véritables artistes de cette époque, Ducerceau, Philibert Delorme, Albert Durer, Holbein, etc., recueils qui sont utilisés souvent par les artistes de nos jours, où, par exemple, les motifs des colonnes employées par l'ébénisterie sont indiqués comme des variations de celles de l'architecture, variations exécutées avec une fécondité d'imagination vraiment admirable.

La sculpture sur bois appliquée aux meubles se tint au niveau de la sculpture sur pierre et, comme l'orfèvrerie, elle fit dès lors partie des beaux-arts ; la division entre ceux-ci et l'industrie n'existait pas pour les artistes qui créaient pour l'usage journalier les chefs-d'œuvre qui ornent nos musées ; aussi trouve-t-on souvent dans les meubles de cette époque des statuettes, véritables œuvres d'art qui démontrent l'intervention d'artistes distingués. C'est dans de semblables conditions que Jean Goujon créa le meuble français pour Diane de Poitiers. La Renaissance montra bien, dans le mobilier comme dans toutes autres productions, comment l'art peut se fondre avec l'industrie aux époques de grands accroissements de richesse, effet sensible surtout lorsqu'une population artiste très nombreuse se livre à un genre de production qu'un travail intelligent pour créer rapidement, tel que la sculpture sur bois. Nous verrons qu'heureusement il tend à en être ainsi en France à notre époque.

Nous dirons, au sujet de la sculpture sur bois, dont l'emploi forme le caractère essentiel des produits de la Renaissance, que, pouvant être prise dans les éléments mêmes du meuble, elle a quelque chose de plus logique que les émaux incrustés, les pièces rapportées, en bronze par exemple, que nous trouverons employées plus fréquemment dans les styles suivants, et qui ne se rattachent pas aussi directement au meuble. Remarquons toutefois que les fonds de la sculpture ne pouvant être polis comme les plates des meubles, étant toujours mats, les pièces trop garnies de sculptures n'ont jamais un très grand éclat.

L'ébène était le bois préféré pour les plus belles pièces de la Renaissance ; le chêne moins coûteux, se rencontre le plus souvent. On donnait avec raison, la préférence au bois uni sur les bois présentant des dessins ou des nœuds, qui distraient du sentiment des lignes.

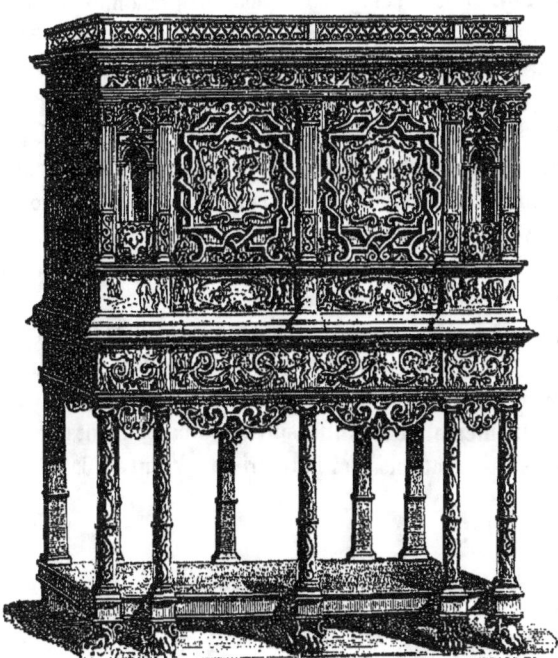

87. Cabinet de Henri III.

Nous prendrons pour exemples, parmi tant d'œuvres du style Renaissance qui pourraient être utilement reproduites ici, le meuble dit cabinet, du temps de Henri II, qui se voit au Louvre, magnifique ouvrage en ébène, et un charmant meuble, dit coffret de mariage, du musée de Cluny.

Si l'on cherche à analyser les principaux caractères des éléments que permet de préciser la vue des beaux meubles de la Renaissance, et d'autres de l'époque actuelle

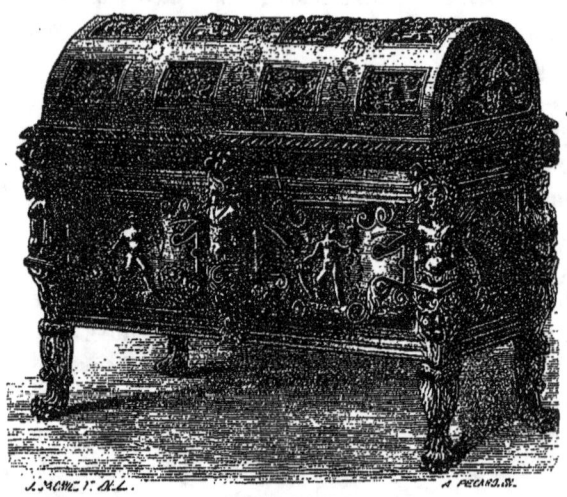

88. Coffret de mariage.

que nous reproduisons plus loin et qui sont évidemment inspirés par les œuvres de cette époque, on remarquera l'emploi fréquent des colonnes torses, cannelées, sculptées ou seulement gravées représentant d'élégants ornements. Dans les lignes générales, souvent chargées de parties tourmentées qui n'en détruisent pas l'harmonie, on sent l'influence de l'architecture de ce siècle, notamment dans les frontons arrondis et coupés, placés fréquemment à la partie supérieure des meubles; enfin celle de la sculpture, si avancée alors, se trouve dans la profusion des statuettes de formes gracieuses dont l'exécution n'effrayait pas les artistes. L'ornementation capricieuse, abondante et tout individuelle, n'appartient plus à un goût qui se transmet, mais on sent qu'elle procède d'une interprétation de la nature et de la tradition antique, transformées librement par le sentiment de l'artiste.

Le mélange d'émaux brillants et de lapis, employés pour la décoration, se rencontre dans les meubles d'un goût un peu particulier, faits à Venise et dits de style vénitien, dont nous donnerons plus loin une reproduction moderne. Dans l'orfèvrerie il s'est produit une division du même genre, due surtout aux éléments orientaux qui se sont infiltrés dans toutes les créations de l'industrie de Venise à la suite de son commerce actif avec l'Orient.

STYLE LOUIS XIV

Sous Louis XIV, le mobilier s'éleva à un haut degré de perfection et de richesse. La pompe et le faste affichés partout durent apparaître dans l'ameublement. Les sièges, vastes et recouverts de riches tapisseries, se placèrent dans des salles dont les murailles étaient garnies de meubles à surfaces enrichies d'incrustations en cuivre jaune ou en ivoire, appartenant tout particulièrement à ce style et d'une richesse de dessin admirable ; on y trouve les arabesques les plus variées, les combinaisons de lignes les plus diverses.

Le créateur de ce genre de meubles, en rapport avec le luxe du grand roi, fut un grand maître, Boule[1], qui était logé au Louvre et avait les titres suivants : directeur des meubles à la manufacture des Gobelins, architecte, peintre et sculpteur en mosaïque, graveur, ciseleur, marqueteur ordinaire du roi et premier ébéniste de sa maison.

Le premier, et nul ne l'a surpassé, il sut réunir, par un mariage grandiose, la richesse du bois orné et la splendeur du métal sculpté, car la ciselure, alors, était une véritable sculpture.

Boule nous a laissé le raffinement imaginé par lui, d'un placage ou d'une marqueterie d'écaille de tortue, en feuilles jointes ensemble au moyen de la soudure ou autrement, dans lequel se promène un dessin ou motif en cuivre incrusté et gravé. Tel est le boule proprement dit. Le placage, au lieu d'être en écaille, peut être en corne, en nacre, en ivoire ou en bois ; le motif, au lieu d'être en cuivre, peut être en étain, en argent ou en or : ce sera toujours le travail de Boule. Des encadrements et des ornements en métal fortifient et enrichissent cette construction brillante, autour de laquelle se groupent de nos jours, pour ce genre de travail, douze corps d'état : l'ébéniste, le dessinateur, le préparateur d'écaille, le lamineur de cuivre, le découpeur, le fondeur en bronze, le monteur, le tourneur, le ciseleur, le doreur, le graveur et le marbrier.

Les pièces de ce maître et celles de son successeur Berain sont des modèles pré-

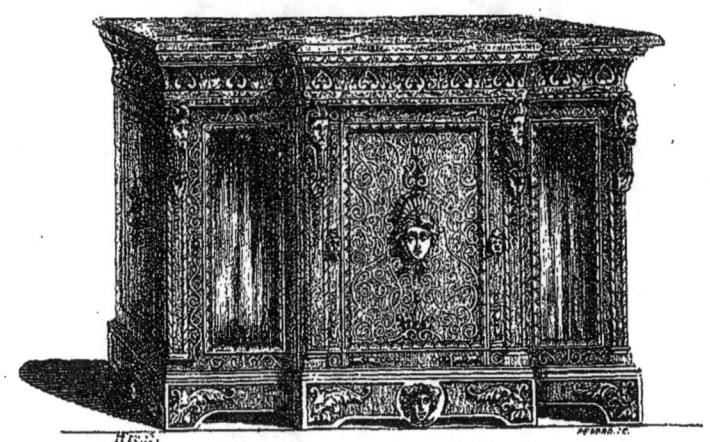

89. Meuble de Boule.

cieux pour le mobilier de grande richesse. Ses œuvres ont fait, pendant un siècle, l'ornement du palais de Versailles et des habitations des premiers personnages de l'Europe.

---

1. Boule fut l'ébéniste par excellence de cette époque. Les Gobelins furent consacrés par Louis XIV à l'exécution complète des mobiliers, tant ébénisterie que tapisserie, et mis sous la haute direction du célèbre peintre Lebrun, dont les tableaux indiquent bien le genre d'impulsion qu'il dut donner à ces produits, ses idées de grandeur fastueuse. Les meubles des palais furent exécutés de toutes pièces dans cette manufacture royale, qui remplissait le rôle que Sèvres remplit aujourd'hui pour la céramique. Les chefs-d'œuvre mis aux expositions par l'ébénisterie française montrent qu'elle n'a plus nul besoin, pour aider à ses progrès, d'une semblable concurrence, si peu conforme aux idées de notre siècle.

Dans ce style toutes les fantaisies, toutes les arabesques les plus capricieuses, furent reproduites avec éclat au moyen des brillantes incrustations dont il vient d'être parlé. On peut trouver que la forme de ces meubles est peut-être un peu lourde quelquefois, mais on ne peut contester qu'ils ont beaucoup d'ampleur et sont d'une grande richesse.

La marqueterie en bois, bois clair sur bois foncé, était surtout usitée avant Louis XIV, et a fourni quelques belles œuvres.

Nous donnons ici un meuble de Boule recouvert d'incrustations et orné de bronzes

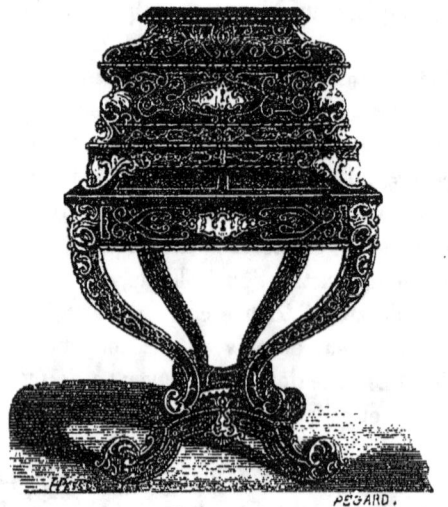

90. Coffret imitation de Boule.

dorés, les deux caractères principaux de ce style, et aussi un coffret qui n'est qu'une imitation de Boule, mis par M. Vervelle de Paris à une exposition, et qui nous paraît avoir été exécuté avec un sentiment parfait du genre.

STYLES LOUIS XV ET LOUIS XVI

Riche, mais un peu froid, sous Louis XIV, le mobilier prit sous Louis XV des formes en harmonie avec l'élégance des toilettes des femmes, et à la recherche de la majesté et de l'apparat succéda celle de la grâce et de la commodité personnelles. Les créations de cette époque ont atteint, dans l'ameublement, un degré d'élégance qu'il importe de noter; les enroulements prodigués à l'infini se prêtant à toutes les combinaisons de la fantaisie, les feuilles, les fleurs sculptées, les coquilles vinrent en accroître les ressources. Elles constituent une des plus heureuses applications de ce style Louis XV, ou Pompadour, genre d'une coquetterie charmante, d'une grâce de formes toute féminine, et qui convient parfaitement pour des meubles destinés à trouver place dans le boudoir de la femme à la mode.

Nous donnons ici un canapé qui nous paraît un excellent modèle de ce genre d'ameublement si riche. Les pieds tourmentés, les moulures sculptées, les formes arrondies, la richesse du damas de soie à ramages, tout concourt à l'éclat de ces meubles, en rapport parfait de goût avec les toilettes, les fêtes de nuit de la cour, etc.

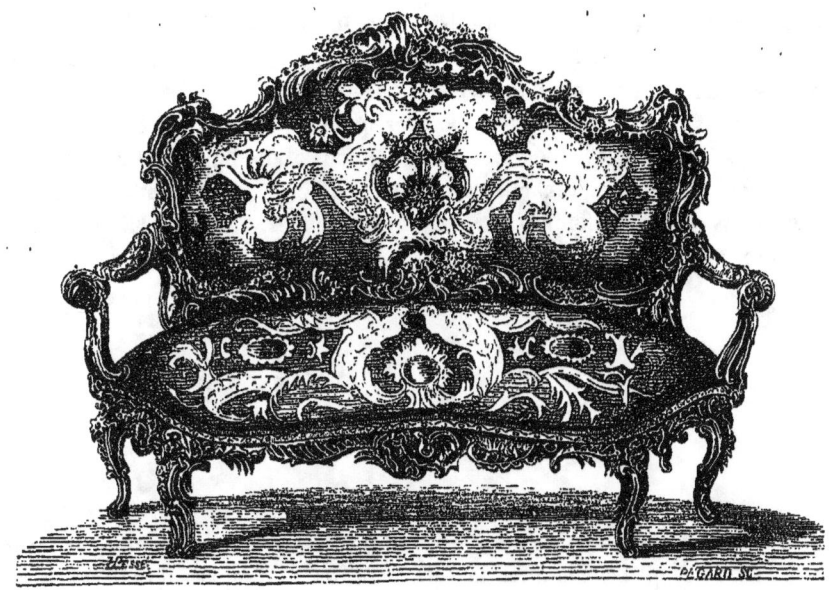

91. Canapé Louis XV.

Les petits meubles, tels que coffrets, secrétaires, etc., devinrent encore plus recherchés; d'un travail plus délicat que les grands meubles, ils étaient faits en bois de couleurs variées avec des incrustations nombreuses; le mélange de la porcelaine peinte avec des couleurs tendres, agréables à l'œil, vint accroître beaucoup l'étendue des combinaisons possibles, et permit, en charmant l'œil, de satisfaire à tous les caprices de la fantaisie [1].

En fait d'ameublement, on admet généralement un style Louis XVI, que nous avons déjà indiqué en parlant de la porcelaine, et qui prend ici un caractère assez déterminé. L'emploi du bois de rose, des plaques de porcelaine, des médaillons, des galeries et

[1]. Ce fut au commencement du siècle dernier que commença la fabrication des meubles d'acajou, devenue depuis si commune, par les ébénistes, dont le nom rappelle l'emploi, autrefois fréquent, de l'ébène dans les meubles de luxe.

« En 1720, dit M. Wolowski dans son intéressant rapport sur l'ébénisterie de l'Exposition de 1851, un médecin célèbre de Londres, nommé Gibsons, reçut de son frère, capitaine de vaisseau, plusieurs billes d'acajou qu'il avait rapportées des Indes orientales. Il voulut les employer dans une construction qu'il faisait élever dans King-Street, Covent-Garden; mais les charpentiers se plaignirent que le bois était trop dur, et il fut laissé de côté. Peu de temps après, Gibsons fit appeler son ébéniste, Wollaston, et lui demanda d'utiliser ces matériaux qui gisaient dans le jardin. La réponse fut la même : la matière était trop dure pour l'employer; mais le docteur ne se tint pas pour battu; il dit qu'on pouvait se servir d'instruments plus puissants, et après quelques essais sur de petits objets, Wollaston réussit à fabriquer un bureau qui émerveilla tellement le docteur Gibsons par la couleur, le poli et l'aspect général, qu'il invita ses amis à venir voir ce meuble, unique en ce moment. Dans le nombre était la duchesse de Buckingham, qui demanda un bureau pareil. Wollaston fut encore chargé de le fabriquer, et sa réputation grandit à mesure que l'usage de l'acajou se multiplia. Bientôt il fut à la mode comme objet de luxe, et plus tard le placage en rendit l'usage à peu près universel. »

trophées en bronze doré, est fréquent dans ces meubles; on y rencontre souvent aussi des colonnes cannelées. Il se distingue du style Louis XV par une plus grande modération dans les enroulements, par l'emploi de formes moins tourmentées. Nous offrons plus loin des œuvres modernes conçues dans ce style qui en donnent une idée assez précise.

Cette époque eut un grand artiste, Riesener, surnommé l'ébéniste de Marie-Antoinette, en qui tous les habiles ouvriers de son temps se sont absorbés. Louis XVI ou Riesener sont devenus synonymes quand on parle de meubles.

Riesener refit droits les pieds des meubles que la rocaille et le pompadour avaient faits tordus. Il leur rendit l'aplomb, la grâce. Il poussa aux limites extrêmes l'art de la marqueterie en bois : lignes, arabesques, oiseaux, emblèmes. Il emprunta au métal ciselé des ornements adorables, fouillés par des burins habiles, comme celui de Gouthières, pour réaliser ses charmantes créations.

STYLES ÉTRANGERS

ORIENTAUX. — Les Orientaux n'ont pas de meubles; toujours étendus sur des tapis, des coussins, ils n'ont pas l'emploi de cette multitude de tables, de chaises, etc., qui forment la majeure partie du travail courant de l'ébénisterie.

Le style mauresque, oriental, est essayé assez fréquemment aujourd'hui pour la décoration du mobilier. On en retrouve des éléments dans le style vénitien, qui possède un cachet oriental dû, comme nous l'avons déjà dit, aux relations de Venise avec l'Orient. Dans ce style, qui mérite d'être cité, l'emploi du lapis, des émaux est fréquent; il donne des œuvres d'une richesse toute particulière, dont on verra plus loin un exemple.

CHINOIS. — Les Chinois et surtout les Japonais nous ont fourni le type d'un genre de meubles qu'ils excellent à fabriquer; nous voulons parler des meubles en laque, dans lesquels des ornements dorés sur fond noir et brillant ont un grand éclat. Ce genre a eu beaucoup de succès à une certaine époque, et fournit des effets encore estimés aujourd'hui dans nombre de cas. Birmingham a monté en *papier mâché* (voir ce mot) une très curieuse et prospère fabrication de meubles en laque avec incrustations de nacre, qui est une imitation imparfaite de la fabrication chinoise et japonaise. En France on est parvenu à fabriquer avec assez de succès ce genre de meubles.

INDOUS. — La fabrication de l'Inde a été représentée aux Expositions par quelques pièces curieuses, remarquables par un mode de sculpture particulier. Nous voulons parler de découpures à jour, d'ornements vermicellés de formes variées, de palmes analogues à celles figurées sur le vase que nous avons donné à l'article CÉRAMIQUE. Ce genre ne manque pas d'élégance, et porte le cachet d'originalité d'une nation que nous imitons souvent, mais qui ne nous imite jamais. Parmi nombre de meubles mis à l'Exposition de 1855 par la Compagnie des Indes, on remarquait d'admirables pièces en ivoire, un échiquier notamment, dont le pied était formé par des palmes d'une grande richesse.

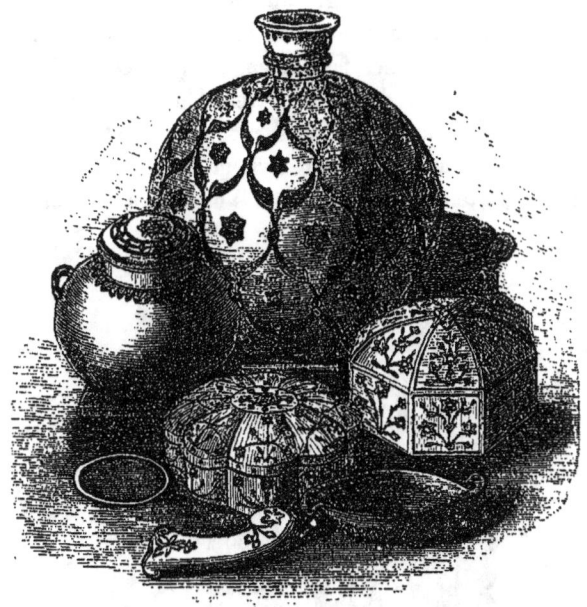

92. Boîtes Indoues.

La figure 92 montre des boîtes incrustées qui, avec des vases en jade émaillé, brillaient parmi les produits mis à l'Exposition de Londres en 1862.

ÉPOQUE MODERNE

Au commencement du siècle, les artistes et à leur tête le peintre David, sous l'influence des idées révolutionnaires, voulaient tout faire rétrograder vers l'antiquité; aussi le style grec fut-il proclamé le type du beau et s'efforça-t-on de faire des meubles dans ce style, que la découverte de Pompéi contribua encore à mettre à la mode. Paris fut tout à coup poussé vers le plus antique de l'antique, le dorique sans base. On l'appliqua partout, à des corps de garde, à des boutiques, à des commodes. Le savant architecte Percier essaya de déterminer les formes de meubles soumises aux lois de l'art grec, et Jacob fut l'habile metteur en œuvre de ces idées. En dépit de tout le talent de Percier et de Fontaine, de leurs vastes connaissances, le succès de leurs créations fut de courte durée. Ils n'obtinrent, en cherchant, en quelque sorte, les meubles qu'eussent voulu construire les Grecs vivant de notre vie, que des formes roides, des espèces de petits monuments ornés de petites colonnes surmontées de petits chapiteaux dorés, qui, tout à fait en désaccord avec nos mœurs, ne sont plus goûtés de nos jours, et n'ont pas laissé de traces sérieuses dans les progrès de l'art.

La Restauration sortit timidement de cette voie, sans créer un type bien défini. Toutefois, sous l'influence des idées qui régnèrent à cette époque, Chenavard, peu après 1830, voulant réagir contre les formes grecques adoptées depuis trente ans, et ramener les belles formes de la Renaissance, en cherchant à reproduire industriellement de beaux modèles, essaya de produire en fabrication courante ce qui était un produit d'art à l'époque de la Renaissance. Il fit des meubles très-élégants en noyer ou autre bois teint en noir, ornés en général de colonnes torses, recouverts de tapisseries, d'étoffes, dont les dessins correspondaient parfaitement au style qu'il voulait imiter. Nous donnons ici un fauteuil (fig. 93) appartenant au mobilier qu'il chercha ainsi à créer

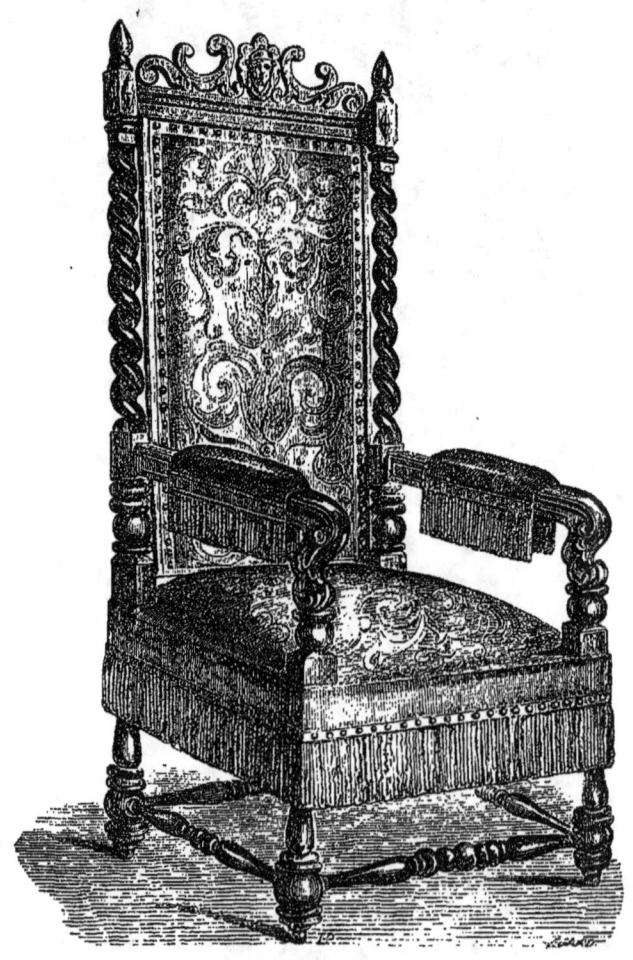

93. Fauteuil de Chenavard.

Cette tentative, sans réussir complètement, eut une très heureuse influence sur les progrès de notre industrie; elle vint exciter les dessinateurs en meubles à chercher leurs modèles dans les productions de la Renaissance, et fit entrer dans la pratique un grand nombre d'éléments de décoration nouveaux. Les bois indigènes vinrent de nouveau faire partie des ressources du constructeur de meubles, et s'ajouter à l'acajou, à l'ébène, et surtout au palissandre qui est venu le dernier occuper une grande place dans l'ébénisterie.

Si l'acheminement du mobilier vers les formes et surtout les décorations de la Renaissance tendait à se manifester pour les meubles usuels, le désir de faire des objets élégants pour nécessaires, corbeilles de mariage, etc., etc., tous ces objets de goût auxquels on donne, dans le commerce, le nom de petits meubles, ramena de son côté au mélange du bronze doré, des porcelaines, des émaux, etc., avec le bois, et par suite aux styles Louis XV et Louis XVI. On peut dire que le style Louis XIV nous est revenu par le désir de couvrir les meubles d'incrustations ; peu à peu se sont formés des ouvriers capables d'attaquer l'exécution des mobiliers les plus complets, des grandes pièces, des marqueteries de bois compliquées. Les incrustations, réduites souvent à quelques filets seulement, ont été fréquemment adoptées pour la décoration de meubles simples. Ces divers styles ont produit des formes, des décorations de mobilier toutes spéciales, qui ne sont plus, comme nous l'avons vu pour les époques reculées, des imitations en bois des créations de l'architecture.

Si nous parlons maintenant de l'ébénisterie d'art, qui comprend indirectement les meubles du commerce, où l'on trouve toujours un reflet des œuvres les plus soignées, et si nous laissons de côté l'étude de tous les styles employés dans des cas particuliers pour les ameublements spéciaux, nous dirons qu'en général, depuis plusieurs années, c'est entre l'imitation du style Louis XIV et celui de la Renaissance que le goût oscille. La perfection avec laquelle nos ouvriers exécutent le travail d'incrustation permet d'établir d'admirables imitations de Boule, de vulgariser ces meubles si riches. Cependant, en ce moment, on peut dire que ce sont les œuvres inspirées par les traditions de la Renaissance qui occupent le premier rang ; le public est entraîné par le talent de nombreux ouvriers et artistes et surtout des sculpteurs, dont les produits sont de véritables œuvres d'art, auxquelles ils donnent un cachet propre à notre temps ; ce cachet semble résulter d'une imitation partielle du passé, toutefois il n'est pas facile de le formuler d'une manière bien nette.

Avant de passer à la description des œuvres les plus remarquables de notre industrie, disons quelques mots de celles des nations rivales de la France.

Tant que l'ébénisterie anglaise se bornait au confortable, source d'un style bien en rapport avec les mœurs anglaises, mais assez éloigné des données artistiques, elle a fort bien rempli les conditions de durée et de solidité, sans manquer d'élégance : aussi il y a vingt ans elle nous fournissait souvent des modèles ; mais dès qu'elle visait au grand luxe et à l'imitation des formes de la nature, elle cessait d'être satisfaisante.

Les progrès accomplis dans ces dernières années par l'Angleterre dans la fabrication de la belle ébénisterie sont tout à fait remarquables, et nous avons aujourd'hui en elle une rivale digne de nous. Nous le montrerons par la description de quelques-unes des œuvres les plus remarquables des Expositions.

MM. Wright et Mansfield avaient exposé en 1862 une bibliothèque basse, à hauteur d'appui, dessinée dans le style qui florissait au dix-huitième siècle en Angleterre ; elle était d'un bon aspect, les cuivres de bon goût, une série de médaillons encastrés dans l'attique donnaient à l'ensemble un nouvel intérêt. Ce meuble, heureusement combiné, surmonté d'œuvres d'art d'une véritable valeur garnirait fort heureusement les murailles du cabinet d'un riche amateur. C'est une œuvre élégante, d'un caractère original et vrai (fig. 94).

MM. Wright et Mansfield exposaient encore une console dorée, ornée de médaillons de Wedgwood, à figures blanches sur fond bleu clair, le tout d'un effet nouveau et harmonieux. Ces fabricants nous paraissent mériter d'autant plus d'être placés au premier rang, que leurs œuvres ont, nous le répétons, un caractère propre, qu'elles ne sont pas l'imitation de ce qui est conventionnellement reçu comme beau aujourd'hui.

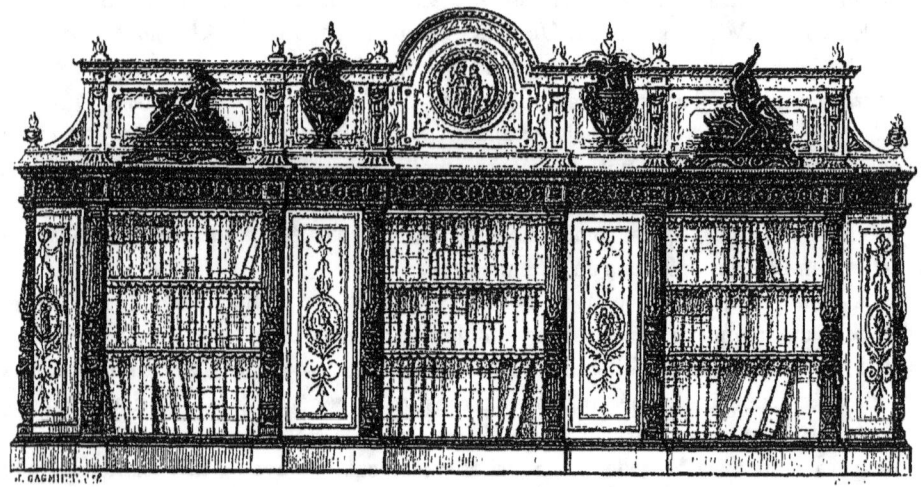

94. Bibliothèque de Wright et Mansfield.

L'œuvre la plus remarquée de l'Exposition anglaise de 1862 était un buffet de chêne destiné à une salle à manger de château, dû à MM. Jackson et Graham. Ce meuble est un de ceux qui devaient plaire davantage à un Français, car la main d'artistes français y était évidente.

Deux cariatides, la chasse et la pêche, sont placées de chaque côté de la glace du milieu; ce sont deux statues en bois de demi-grandeur, qui, fort bien traitées, ont exigé l'intervention d'un véritable artiste sculpteur. La chasse est peut-être d'un mouvement plus heureux, plus indépendant que sa sœur. Les panneaux du bas, très-ornés, portent au centre des ovales renfermant des amours : l'un symbolise la moisson, et l'autre, cueillant des grappes à un cep, rappelle cette fête inconnue à l'Angleterre, mais si chère à la France, la joyeuse vendange. L'ensemble, toutefois, serait un peu triste s'il n'était réveillé par trois grandes glaces dans lesquelles se refléteront les lumières du festin ou les gerbes de fleurs qu'on aime à accumuler dans les riches résidences d'été.

La marqueterie des meubles anglais est en général très-bien réussie; la grande armoire en ébène avec incrustations en ivoire, mise par MM. Jackson et Graham à l'Exposition de 1867, était une œuvre splendide.

En Allemagne, l'ébénisterie de Vienne jouit d'une grande réputation. Plus lourde que celle de Paris, elle a cependant un véritable mérite. On reconnaît dans ses produits, avec une malheureuse propension à la lourdeur, une excellente exécution de formes compliquées, résultat de cette vulgarisation de la science du dessin qui est une base si importante des progrès de l'industrie allemande. Nous en donnons pour exemple un fauteuil de Leisler, de Vienne, dessiné par l'architecte Bernardo de Bernardis, qui possède un caractère incontestable de richesse.

Les Italiens chez lesquels la sculpture est demeurée un art national, extrêmement répandu et apprécié par tous, doivent, par le progrès de leur développement industriel, exceller quelque jour dans l'exécution des meubles d'art.

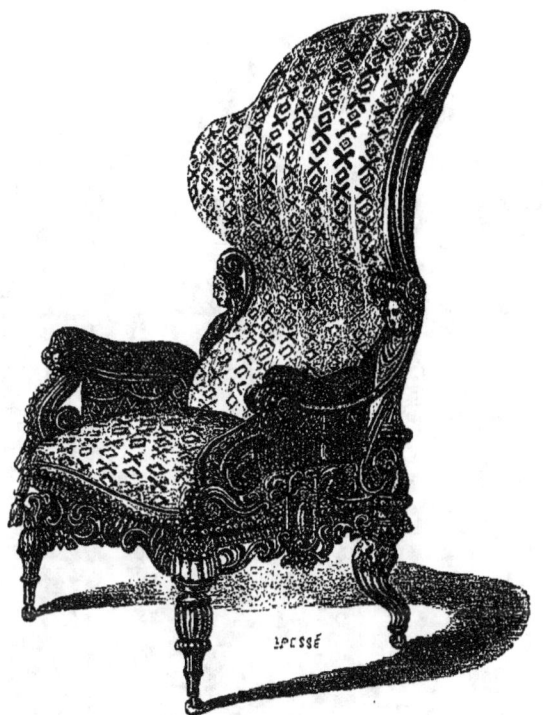

95. Fauteuil de Leisler.

L'imagination incontestable des architectes, des sculpteurs, des peintres, des artistes italiens, en général, se révèle aussi chez les fabricants de meubles ornés souvent de sculptures sur bois excellentes, qui ne sont pas de perpétuelles copies de ce que nous connaissons déjà. L'exagération de l'ornementation est l'écueil qu'ils rencontrent trop souvent.

Arrivons aux œuvres de la fabrication française.

A l'Exposition de Londres de 1851, l'ébénisterie française brilla d'un grand éclat, et nous ne saurions mieux faire pour permettre d'apprécier le style des belles pièces françaises, que de donner le buffet sculpté par Liénard (fig. 96), mis à cette Exposition par M. Fourdinois de Paris, que l'opinion publique a justement sacré comme un chef-d'œuvre. Les chiens qui le supportent, les produits de la chasse, les animaux morts qui le décorent sont sculptés avec une fidélité, une délicatesse d'exécution toute moderne. Les statues qui représentent les quatre parties du monde sont : l'Europe qui a le vin, l'Asie le thé, l'Afrique le café, l'Amérique la canne à sucre. A la partie supérieure, les enfants qui représentent les Vendanges et la Moisson ; au milieu, l'Abondance ; enfin, la Chasse et la Pêche qui ornent les deux côtés mieux encore que le fronton brisé, rappellent avantageusement les plus belles œuvres de la Renaissance.

C'est là une de ces œuvres qui, par leur perfection, le parfait rapport des ornements avec la destination de l'objet, la beauté des sculptures sur bois, doivent être classées comme de véritables œuvres d'art dont un pays se glorifie à juste titre.

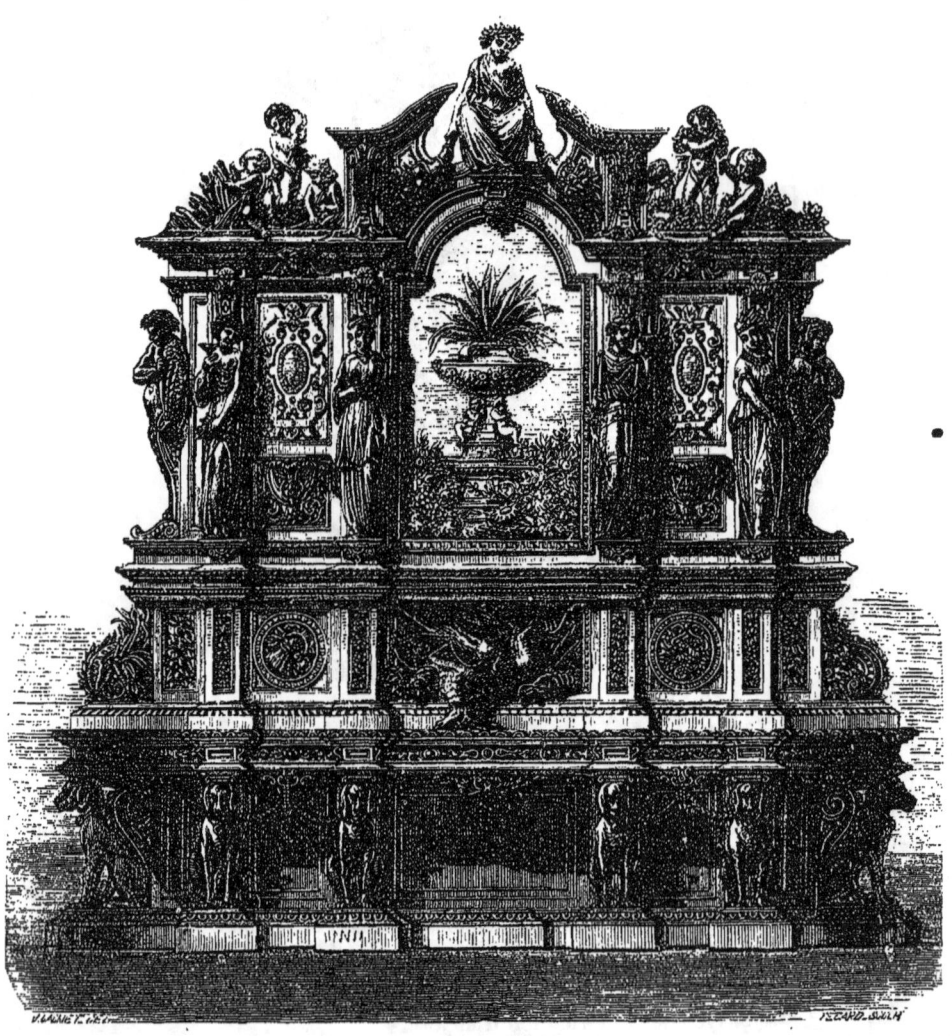

96. Buffet de Fourdinois.

Un des caractères les plus saillants de la fabrication française, incontestablement reconnu aux diverses expositions universelles, c'est la fécondité de ressources, l'habilité de nos fabricants à disposer les pièces et les ornements, à grouper gracieusement les détails en raison de l'usage auquel les meubles sont destinés. Mais si la fertilité d'invention de nos fabricants artistes brille surtout dans cette industrie, empressons-nous d'ajouter que, nulle part, les conceptions ne sont mieux senties par l'ouvrier qui exécute. C'est sur la diffusion des capacités artistiques, sur l'habileté proverbiale de toute notre population du faubourg Saint-Antoine, où le travail de la fabrication du meuble se divise à l'infini, que repose la supériorité de cette belle industrie de la France[1].

Au reste, afin de n'être pas soupçonné de prévention dans l'opinion favorable que nous émettons sur l'exposition des meubles de la France et pour préciser le style qui prévaut aujourd'hui, nous reproduirons l'appréciation générale d'un juge compétent et impartial, M. Œchelæuser, le rapporteur de l'Association douanière, qui s'exprime ainsi dans le travail officiel publié au nom de la commission du ZOLLVEREIN :

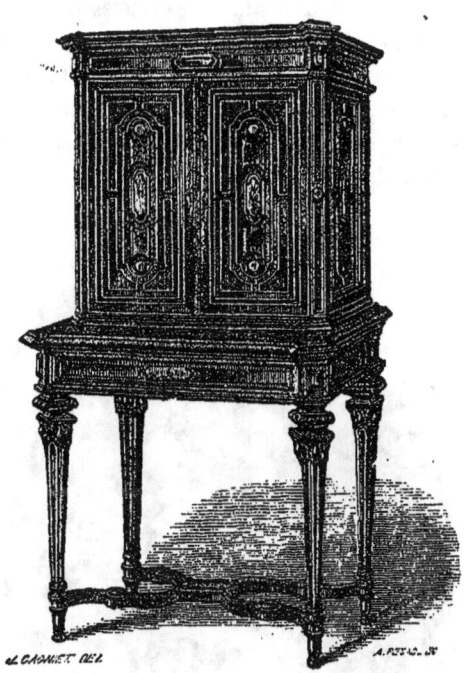

97. Meuble style vénitien de MM. Grohé.

« Si l'on ne saurait soutenir que dans tous les genres de meubles, sans exception,
« la France a fourni ce qu'il y avait de plus remarquable à l'Exposition du Palais de
« Cristal, l'avis de tous les connaisseurs n'en a pas moins été unanime et formel pour
« reconnaître que, dans ce concours, la victoire appartient aux Français. La pureté
« du style, l'harmonie de la construction et de l'ornementation, le choix des maté-
« riaux qui répondaient toujours aux exigences du dessin, de la couleur et des qualités
« particulières du meuble aussi bien qu'aux convenances du style adopté et de la desti-
« nation, une habileté incomparable dans le travail de menuiserie et de sculpture, une

---

1. On ne travaille nulle part le bois sur une aussi grande échelle qu'au faubourg Saint-Antoine, à Paris. Ce quartier constitue un de ces grands centres industriels d'une immense puissance productive, où toute une population rivalise et excelle dans un genre de création. La division du travail y est poussée, avec un grand avantage, jusqu'aux dernières limites. Il existe, au faubourg Saint-Antoine, des usines où l'on se borne à scier le bois de plaçage ; d'autres qui débitent les bois de couleur en petites lanières pour les filets et l'incrustation. Il y a des ouvriers qui travaillent le bois comme la dentelle ; des ouvriers qui posent les basanes, des vernisseurs, des colleurs, des sculpteurs de fauteuils, des mouleurs, etc., etc., qui tous « ne font qu'un article » pour employer le terme consacré, et en vivent très honorablement. Cette division extrême, en concentrant l'habileté des ouvriers sur un seul objet constamment demandé, les a conduits à une finesse d'exécution incomparable.

« heureuse distribution des ornements, qui empêche de surcharger même les disposi-
« tions les plus riches ; toutes ces qualités réunies faisaient de la division des meubles
« français une des plus belles parties de l'Exposition universelle. Il faut leur reconnaître
« le mérite de l'inspiration originale, car on doit envisager les produits français
« comme de véritables modèles dans cette branche de l'industrie ; beaucoup de meubles
« d'autres pays n'étaient qu'une imitation.

« Le style nouveau adopté en France obéit à une direction qui s'éloigne des nom-
« breuses déviations du goût qui déparaient les siècles de Louis XIV, Louis XV et
« Louis XVI, et des prétentieuses recherches du « rococo. » Les produits mis au jour
« à Londres relèvent du style de la Renaissance dans toute sa pureté, et encore a-t-il
« été affranchi des éléments qui ne répondent plus au sentiment du beau dont s'inspire
« l'époque actuelle. Nous signalerons, par exemple, la substitution de la figure vivante
« aux cariatides, et surtout la tendance à emprunter à la nature elle-même les sujets
« de l'ornementation. »

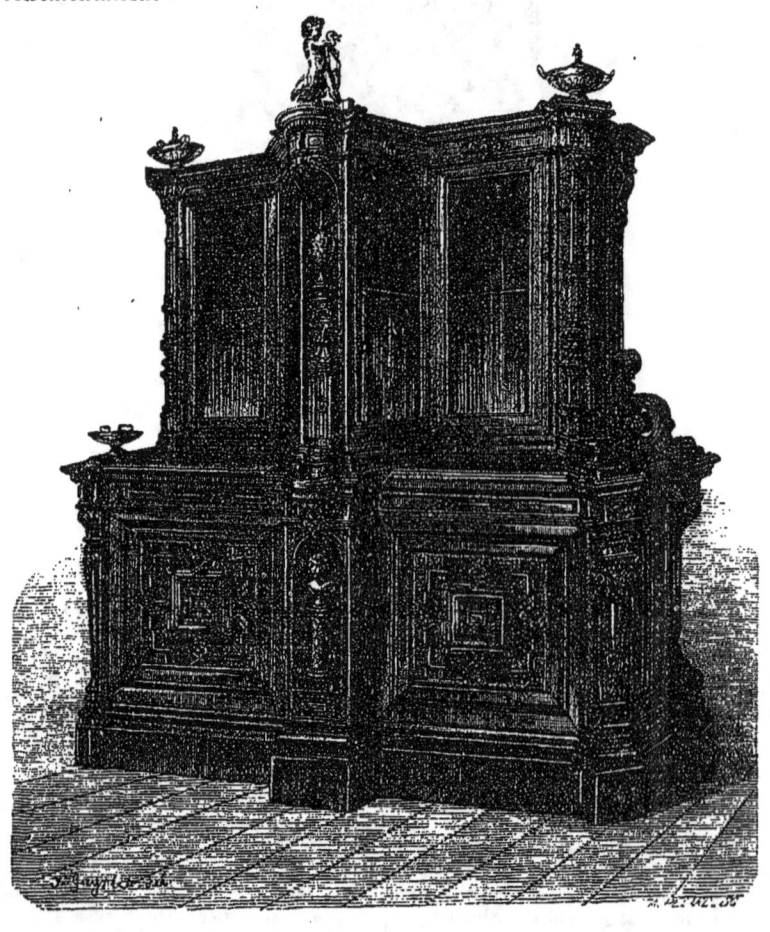

98. Bibliothèque Renaissance de MM. Grohé.

On voit que le succès de la France a été complet, et qu'à cette industrie des meubles
s'applique bien le mot de Necker : « Le goût est, pour la France, le plus adroit de
tous les commerces. »

Les Expositions de Paris nous ont offert un grand nombre de pièces inspirées par le beau meuble de M. Fourdinois; leur multiplicité faisait désirer des meubles dont l'harmonie résultât de lignes gracieuses qui, on l'oublie trop souvent, ont une importance plus grande encore que les sculptures et doivent dominer tous les ornements. MM. Grohé ont eu sous ce rapport d'admirables expositions, justement appréciées par tous les connaisseurs et précieuses au point de vue de notre travail en ce qu'elles nous ont offert des pièces bien étudiées de styles anciens.

Nous avons reproduit ci-dessus : 1° leur meuble vénitien (fig. 97), appartenant à ce style dont nous avons parlé plus haut, charmant petit meuble de dame, qui avec ses pierres en saillie a un éclat très-grand, sans les tons criards que donne l'emploi de poteries, bien souvent tenté sans succès. En second lieu, nous donnons leur armoire Renaissance (fin de cette époque, seizième siècle) (fig. 98), meuble en ébène dont les lignes sont d'une pureté parfaite, où les rencontres de parties circulaires et rectilignes se combinent harmonieusement. Le bronze que, de nos jours, l'on cherche trop, croyons-nous, à mélanger au bois pour en faire partie intégrante du meuble, trouve, comme accessoire, une excellente application dans cette bibliothèque destinée à renfermer des objets d'art.

Enfin nous reproduisons leur armoire Louis XVI (fig. 99), qui est une excellente

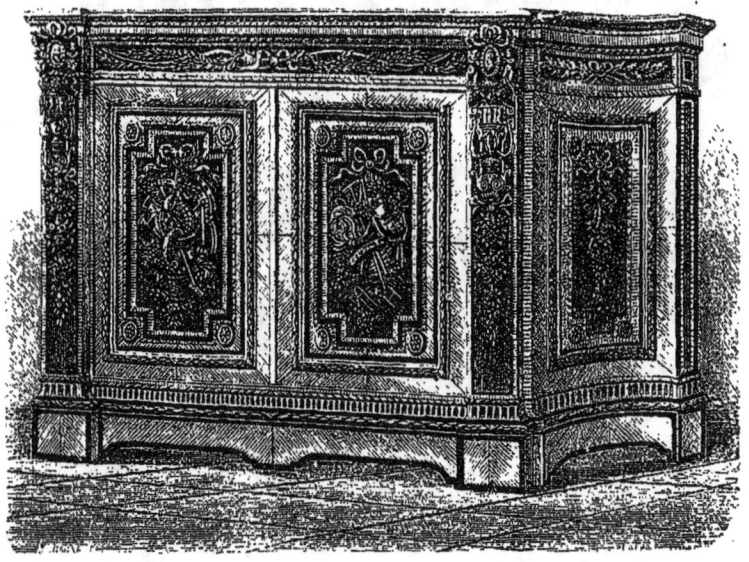

99. Armoire Louis XVI.

étude de ce style et montre tout l'effet que l'on peut retirer de l'emploi du bois de rose rehaussé par des ornements en bronze doré.

M. Tahan a exposé une bibliothèque étagère du même style (fig. 100), qui est un beau et sérieux travail. Il est important de dire qu'elle a été établie dans des conditions un peu spéciales, de manière à s'allier passablement avec les meubles style empire qu'elle devait accompagner. Nous reproduisons aussi la volière du même fabricant (fig. 101), ornée de sculptures, de feuilles et de fleurs en relief, genre d'ornement fort goûté du public pour des meubles de petite dimension. Cette pièce fait honneur à

M. Cornu, l'habile dessinateur qui l'a conçue, et elle a été très remarquée ; néanmoins pour les grands meubles, et en dehors d'une application heureuse telle que celle de cette volière, nous sommes peu partisan des feuilles et des fleurs en bois. Ce genre d'ornements a peu d'éclat et fait penser à la couleur absente.

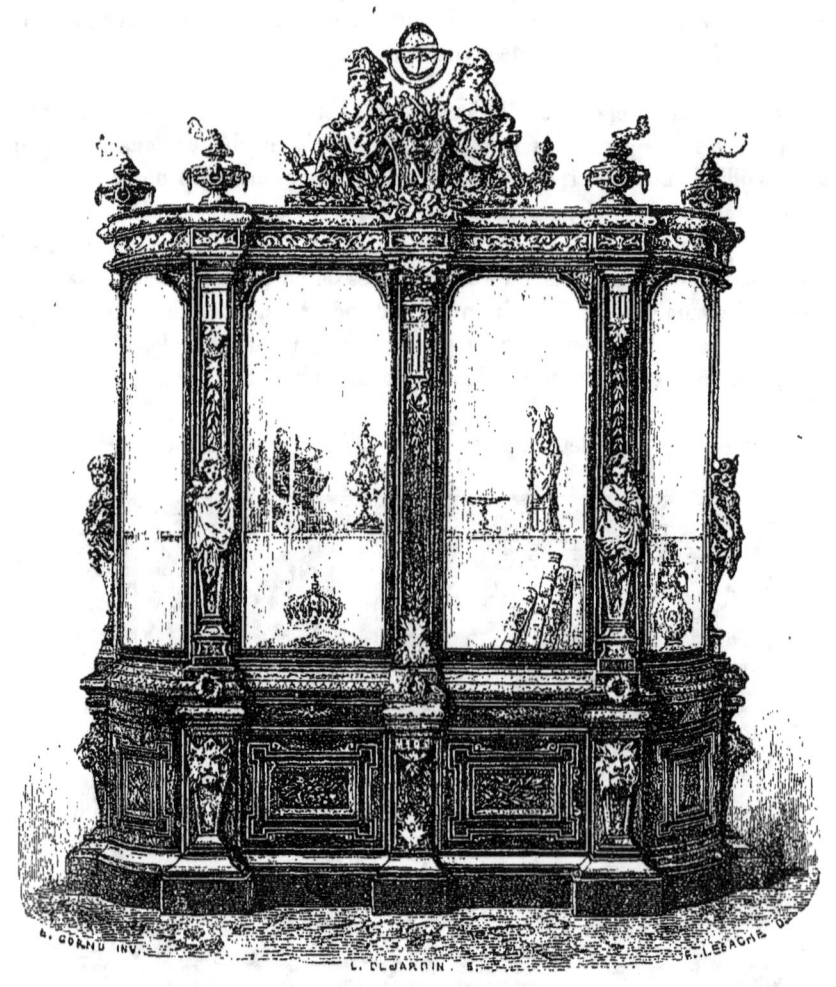

100. Bibliothèque-étagère Louis XVI.

La décoration des meubles en fer, à l'aide de plaques de fonte fournissant des bas-reliefs, tentée sur une grande échelle, ne nous paraît admissible, « artistiquement parlant, » que dans des cas très limités. Le fer donne toujours des formes maigres, ne peut fournir des surfaces agréables à l'œil.

Il en est de même des meubles entièrement couverts d'étoffes, dans lesquels il n'y a pas de bois apparent ; ces meubles ont un mérite réel de confortable, mais, malgré l'emploi du velours, des franges, etc., ils n'ont jamais grand caractère artistique et même en général ils ont peu de charme. Nous devons toutefois faire exception pour quelques cas où l'emploi en est fait avec goût et où ils viennent se combiner avec de

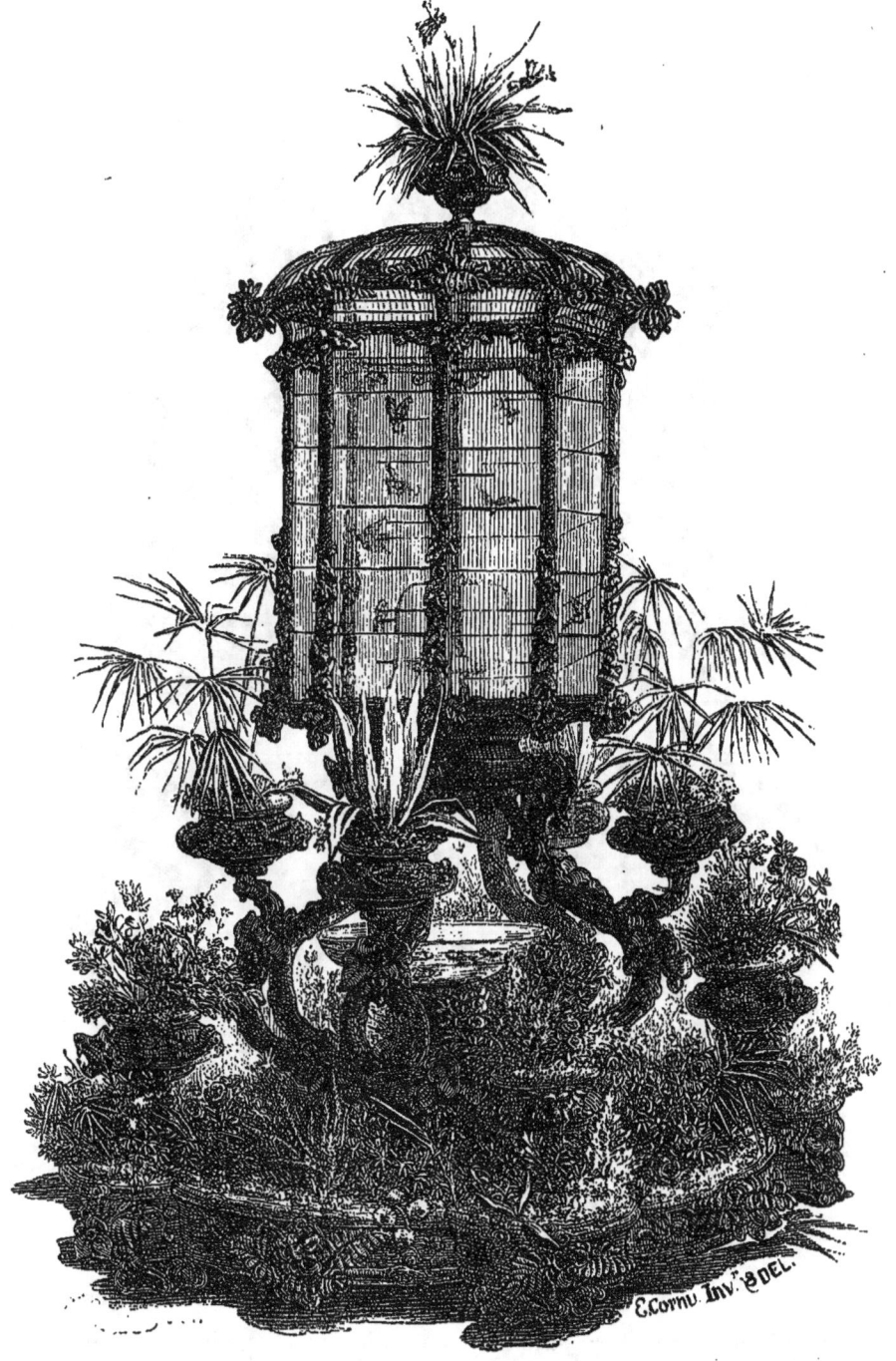

101. Volière de M. Tahan.

riche's tentures. Leur fabrication est tout naturellement dévolue au tapissier et sort du domaine de l'ébéniste.

Nous devons citer aussi le cabinet de M. Fourdinois fils comme l'un des plus beaux meubles modernes.

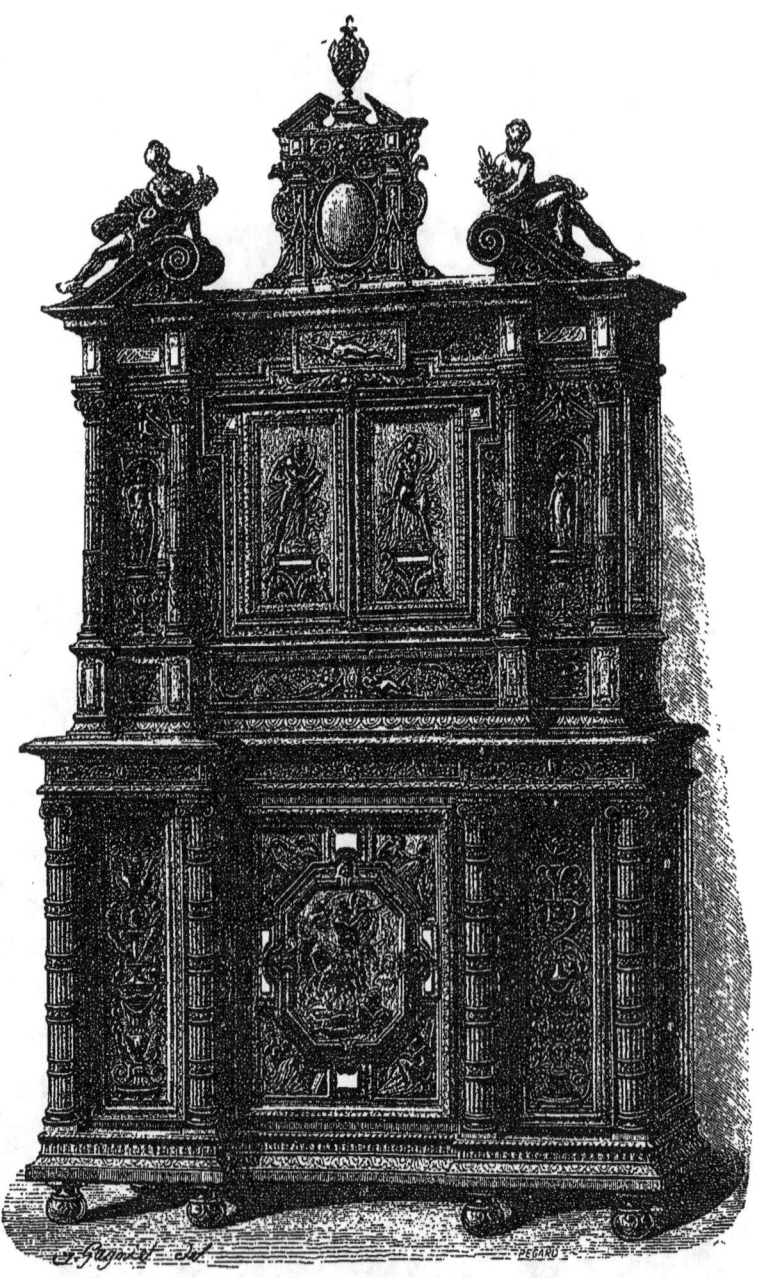

102. Cabinet de M. Fourdinois.

Il est en ébène, à deux corps ; le bas est d'ordre ionique. Les colonnes un peu fluettes, comme on les aimait sous la Renaissance, sont cannelées ; entre elles se trouve un panneau finement sculpté représentant l'enlèvement de Proserpine. Le corps supérieur est d'ordre corinthien et très délicatement incrusté de lapis, lazuli et de jaspe sanguin ; sur les panneaux de la porte du milieu sont figurés Diane et Apollon, d'après Jean Goujon les panneaux latéraux s'ouvrent pour laisser voir des tiroirs fort joliment incrustés d'ivoire.

Tout cela est d'un goût sobre, sévère, d'un sentiment parfait. C'est une imitation faite avec tant de soin, tous les détails sont si parfaitement traités, qu'il est douteux qu'on ait jamais fait mieux. Ce meuble a été vendu à un orfèvre de Londres au prix de 30 000 francs.

Nous donnons ici (fig. 102) le dessin de ce véritable chef-d'œuvre, début d'un artiste qui aurait pu aspirer à la grande sculpture, si la réputation justement acquise par son père dans l'ébénisterie d'art ne l'avait retenu sur un théâtre plus modeste, où les victoires cependant ne sont pas sans gloire.

Le même fabricant a exposé en 1867, un grand meuble qu'on peut appeler à juste titre une œuvre magistrale. Achetée par les Anglais, elle figure comme un modèle, aujourd'hui, au musée de Kensington ; elle parait être une réminiscence italienne. Elle emprunte son éclat au mariage des bois de teintes différentes, de sculptures logées avec une extrême précision dans les montants de couleur plus foncée.

En 1878 le coffret qu'il a exposé a été justement admiré, mais en général son exposition, comme celle de beaucoup de ses confrères, s'éloignait de l'ébénisterie, proprement dite pour rentrer dans la tapisserie. Tous ces meubles en riches étoffes sans bois apparent ou avec des bois dorés, peuvent orner splendidement de luxueux salons, mais au point de vue artistique sont de bien minime valeur, et nous applaudissons bien volontiers les fabricants qui suivent avec persévérance la voie des meubles sculptés, qui continuent à affirmer la nouvelle Renaissance, destinée, croyons-nous, à demeurer sans conteste, le style du riche ameublement de notre époque.

Nous ne saurions mieux terminer cette étude sur notre belle industrie de l'ébénisterie qu'en empruntant à l'intéressant rapport de M. Wolowski, sur l'Exposition de 1851, des considérations élevées sur les causes d'une supériorité dont notre pays peut être fier à juste titre, sur les relations nécessaires entre le développement de la vie morale, intellectuelle des peuples, et leur supériorité dans les œuvres d'art industriel. Ce passage de son rapport mérite à tous égards d'être médité. « Le sceptre du goût, dit-il, appartient incontestablement à la France : nous devons cette prééminence non-seulement à l'intelligente application des leçons puisées dans le spectacle des œuvres d'art, car les chefs-d'œuvre de toute nature abondent ailleurs; non-seulement à d'excellentes écoles de dessin, on en a fondé beaucoup en Angleterre, en Belgique, en Allemagne, etc.; non-seulement à l'habileté du « tour de main, » car nous comptons nombre d'excellents ouvriers qui nous viennent de l'autre côté du Rhin; mais au sentiment du beau et du vrai, de l'unité et de l'harmonie, qui laisse son empreinte sur les productions de l'esprit français. C'est le fruit de ce sens à la fois pratique et exquis que donne une culture supérieure (aux acheteurs comme aux producteurs) et que l'habileté mécanique ne saurait remplacer. Il n'importe pas moins pour l'avancement matériel que pour le progrès moral des peuples d'élever l'âme, d'orner l'intelligence, d'étendre l'horizon de la pensée et de fortifier notre esprit. »

SECTION IV

SCULPTURE

ARTS QUI RELÈVENT DE LA SCULPTURE : STATUAIRE, ARTS VESTIAIRES, ORFÉVRERIE, BIJOUTERIE.

Les modifications de style, que nous avons étudiées dans l'architecture, se distinguent avec une grande netteté dans la sculpture, qui ne cesse d'être autre chose qu'un moyen de décoration de l'architecture et ne se détache de celle-ci qu'aux époques où le goût des arts se développe. Tant qu'elle reste un annexe de l'architecture, elle ne s'élève généralement pas jusqu'à l'imitation complète des modèles fournis par la nature.

Nous avons à l'étudier ici non-seulement en elle-même, par rapport aux styles qui se manifestent dans les œuvres d'art pur, mais aussi dans les produits des arts que nous allons considérer, qui sont de véritables sculptures obtenues par des procédés ou avec des matériaux particuliers. De plus, ce sont les artistes qui indiquent les types et les formes suivis de loin par l'industrie; souvent même ils créent les types que les fabricants se bornent à surmouler et à réduire. Les sculpteurs éminents posent les règles, forment le goût, et bien souvent exécutent les modèles les plus parfaits; ils remplissent tout à fait, par rapport à l'art industriel, le rôle des savants relativement à la technique de l'industrie[1].

---

1. Nous empruntons au rapport de l'Exposition de 1867 la désignation des artistes industriels qui ont figuré dans la classe qui leur était consacrée, ce qui montrera la variété des professions qui ont pour but les applications de l'art à l'industrie. On verra combien se sont spécialisés de nos jours les travaux des personnes que l'on gratifie du nom d'artistes industriels, dont les œuvres relèvent de la sculpture et de la peinture proprement dites. Nous citerons, parmi beaucoup d'autres, Liénard, Klagmann, Diéterle, Carrier-Belleuze, comme des artistes ayant atteint, dans cette voie, une belle réputation.

1° Dessinateurs pour tapis, tapisseries, impressions, étoffes d'ameublement, ornements d'église, châles

Nous diviserons en quatre parties les arts industriels qui entrent dans cette division :

1° La sculpture proprement dite, comprenant, outre la statuaire, les œuvres d'art employées comme moyen d'ornement, la sculpture décorative sur bois et sur pierre, et aussi les moulages et réductions en plâtre, en carton-pierre, etc., les bronzes, la reproduction de la statuaire en métal par la voie de la fonte ou de la galvanoplastie ;

2° Les arts vestiaires, comprenant l'ornementation des vêtements, de la toilette, qui relèvent évidemment de la même conception que la statuaire, ayant comme elle pour point de départ l'intelligence des formes humaines ;

3° L'orfévrerie, employant, outre la fonte et la galvanoplastie, le procédé spécial du repoussé ;

4° La bijouterie, employant surtout pour les ornements servant à la toilette des femmes, bagues, bracelets, chaînes, etc., les métaux précieux ; et la joaillerie, qui réunit à ces métaux les diamants et les pierres précieuses.

Avant de parler des styles, des variations du goût dans ces divers cas, disons quelques mots des procédés des industries qui correspondent à ces diverses divisions.

1ᵉ STATUAIRE

Dans cette étude, nous ne pouvons traiter qu'accidentellement de l'art pur, dont l'étude approfondie exige la vie entière du plus grand artiste ; nous devons faire remarquer toutefois que son développement domine tous les arts de la forme, les modifications du goût dans les œuvres d'art ayant toujours une traduction directe dans les applications industrielles qui relèvent de l'art. Nous ne donnerons, dans ce qui va suivre, que l'énoncé des variations du goût généralement admises ; nous prendrons notre point de départ dans les résultats incontestés de l'étude des œuvres célèbres.

Les statues reproduites industriellement sont en général réduites à de petites dimensions ; elles cessent alors d'appartenir aux beaux-arts proprement dits qui ont pour objet la production originale, elles dépendent de l'industrie qui n'a pour but le plus souvent que leur multiplication, et qui, tout en conservant les poses gracieuses, l'aspect agréable du modèle, presque toujours perd de vue l'idéal et méconnaît le sentiment élevé de la sculpture. Cela résulte presque forcé-

dentelles, papier peint, bijoux, décorations d'appartement.

2° Dessinateurs, graveurs et peintres sur verre, porcelaine (décorateurs), tôle, etc.

3° Graveurs pour armoiries, cachets, médailles, coins de monnaies, poinçons de typographie.

4° Graveurs en taille-douce, à l'eau-forte, damasquin.

5° Dessinateurs et graveurs de machines, voitures.

6° Graveurs sur bois.

7° Graveurs en pierres fines, camées, coquilles.

8° Dessinateurs et graveurs sur métaux, ivoire nacre ; reliefs obtenus par les procédés chimiques, la galvanoplastie, etc.

9° Lithographes, calligraphes, chromo-lithographes.

10° Objets de plastique, bois sculptés, cuirs, reproduction par le moulage, terres cuites, carton-pierre objet en cire.

11° Modèles pour bronze, émaux.

12° Briques émaillées, application de la céramique à la décoration.

ment de l'exiguïté des dimensions qui amoindrit l'effet des statues, suite nécessaire de leur emploi tant comme décorations isolées que comme ornements de produits industriels. Cette reproduction constitue en elle-même une spécialité qui tient une place importante dans les arts d'imitation.

Quant aux procédés multiplicateurs, ils consistent essentiellement dans le moulage appliqué à des matières plastiques, au plâtre, au carton-pierre, au stuc, etc. Comme dans le cas étudié ci-après, c'est par les procédés qui rendent le moule composé du moins grand nombre possible de pièces, et diminuent par suite les chances d'altération des formes, que se trouvent les moyens les plus certains de conserver les qualités artistiques du modèle.

Le moulage en plâtre, moyen le plus facile et le plus exact de reproduction, fut mis à la mode à l'époque de la Renaissance par Verrochio, peintre et sculpteur habile, et ce procédé devint d'un grand secours pour la vulgarisation des œuvres de l'antiquité.

Nous ne devons pas passer sous silence les divers procédés mécaniques, et surtout le procédé Collas, procédé tout moderne, employé avec succès pour la réduction des statues, et qui a contribué puissamment, dans ces dernières années, à vulgariser les réductions des chefs-d'œuvre de la statuaire. Son grand mérite est de conserver parfaitement les grandes lignes artistiques, les lignes de grande courbure du modèle, parce que son mode d'opérer repose sur la reproduction de celles-ci. Nous montrerons plus loin les avantages inhérents à ce mode d'opérer, en parlant de la représentation des objets à l'aide du dessin.

En même temps que la statuaire, nous devons citer la sculpture décorative, qui absorbe tout l'art aux époques où l'architecture seule jette un grand éclat, et n'en est que plus brillante aux époques de splendeur où ces deux arts existent simultanément. De toutes les sculptures, la plus industrielle de toutes, à cause de la rapidité de sa production, est la sculpture sur bois, dont nous avons déjà parlé en étudiant l'ornementation des meubles.

BRONZES

Nous avons laissé de côté, dans ce qui précède, la reproduction en métal et notamment en bronze ; elle constitue une industrie spéciale d'une grande importance. La belle couleur du bronze, la facilité avec laquelle il peut être moulé avec une grande pureté, et toute imperfection être corrigée par la ciselure, en ont toujours fait la matière qui se prête le mieux à la reproduction des œuvres de la sculpture.

L'art du fondeur en bronze s'est élevé, chez les anciens, à la hauteur de la sculpture. La quantité immense de statues et de vases de bronze qu'ils ont produits dépasse toutes les limites qu'on peut imaginer. Ce fut par milliers que les Romains enlevèrent à la Grèce ses œuvres d'art de tout genre, tous ces objets auxquels la perfection du travail donnait tant de prix. La masse de ces richesses semblerait vraiment fabuleuse, si la découverte de Pompéi n'était venue confirmer l'authenticité des récits du passé. L'âge de la barbarie vit disparaître l'art du fondeur en bronze ; mais, à l'époque de la

Renaissance, il se releva en Italie, comme nous le verrons bientôt, pour s'amoindrir encore une fois et enfin renaître en France sous Louis XIV avec un grand éclat.

De nos jours, les objets que comprend cette industrie, comme les besoins du luxe auquel elle doit satisfaire, sont extrêmement nombreux. Indépendamment des bronzes proprement dits, d'objets d'art destinés à la décoration de nos demeures, nous citerons après l'importante fabrication des pendules, les bronzes dorés, les mélanges de ceux-ci avec la porcelaine, le marbre, etc., celle des candélabres, lustres, et toute cette série d'appareils servant à l'éclairage, notamment à l'aide du gaz.

Sous le rapport technique, le grand progrès dans la fabrication des bronzes repose sur les procédés de fonte à bon creux (voir l'article BRONZE), consistant à fabriquer, à l'aide de la cire, un moule et à le vider par l'effet de la chaleur, de manière à obtenir la pièce bien fondue d'un coup, et non couturée par ces jonctions de moules partiels trop souvent employés, qui défigurent le plus souvent la pensée de l'artiste. C'est pour achever l'œuvre qu'intervient le ciseleur, véritable sculpteur sur bronze, dont le travail est lent, cher et exige une extrême habileté. On emploie encore la galvanoplastie, qui permet de faire déposer le cuivre par voie humide dans un creux obtenu à l'aide d'une substance rendue conductrice; elle est adoptée fréquemment aujourd'hui pour diminuer le travail de réparation de ciselure, surtout pour les petites pièces, les bas-reliefs de peu d'épaisseur, dont l'orfévrerie, l'ébénisterie tirent très-bon parti, après qu'on a rendu le métal résistant en en augmentant l'épaisseur à l'aide de soudure forte coulée dans son intérieur.

FONTE DE FER, ZINC

La fonte de fer, si importante pour l'industrie en général, n'a pu remplacer le bronze dans la production artistique. L'extrême dureté de la croûte extérieure des pièces fondues en fonte de fer empêche le travail de la ciselure, qui, avec le bronze, permet de réparer les imperfections du moulage, de faire disparaître les coutures des moules, etc.

Ce n'est que dans la décoration monumentale, comme pour les fontaines qui ornent les places publiques et d'autres monuments analogues, que la fonte de fer a été adoptée à cause de son bon marché, et les grands progrès du moulage ont permis d'obtenir ainsi des produits d'une véritable valeur artistique. Toutefois leur pureté ne saurait être comparée à celle du bronze, et, au point de vue du bas prix, aujourd'hui elle cède souvent le pas au zinc, plus léger que la fonte et qui se moule convenablement entre les mains d'habiles fondeurs. On a exécuté, avec succès, en Allemagne, plusieurs frontons en zinc pour de grands édifices, celui du théâtre de Hambourg par exemple.

Le bas prix du zinc, la possibilité de le couler dans des moules métalliques due au peu d'élévation de son point de fusion et au peu de chaleur communiquée au modèle dans le procédé dit « au renversé » (voyez FONDERIE EN ZINC), ont permis de réduire considérablement les prix, et ont fait adopter ce métal pour une foule d'objets imparfaits, à bas prix, auxquels la galvanoplastie permet de donner l'apparence du bronze par le dépôt d'une couche très mince de cuivre.

2° ARTS VESTIAIRES

Le goût des personnes qui exercent les professions ayant pour objet la confection des vêtements doit se rapprocher, au sommet de la série, de celui du sculpteur. Il s'agit dans les deux cas d'orner le corps humain, soit par la belle disposition des cheveux ou de la coiffure, soit par les formes des vêtements et leurs transfo:ma'ions successives, qui sont la préoccupation constante de tant de personnes et qui offrent peut-être la traduction la plus complète des aspirations du goût dominant à chaque époque. La mode qui se formule dans les grandes capitales, surtout à Paris, est le point de départ le moyen capital de succès des plus grandes industries. Les éléments employés qui sont l'objet du travail des plus importantes manufactures seront étudiés ailleurs; il ne s'agit ici que de leur mise en œuvre, de leur adaptation au corps humain. Les procédés de fabrication par découpage et assemblage sont très-simples, mais la forme des vêtements, leur adaptation, exigent, dans certains cas, beaucoup d'habileté et de goût.

3° ORFÉVRERIE

L'orfévrerie, c'est-à-dire, d'après l'étymologie, le travail de l'or, est un des arts les plus anciens. On le trouve florissant aux époques de splendeur des différents peuples. Les beaux-arts, dit le duc de Luynes, exercent une influence constante sur l'orfévrerie parce que, malgré les usages domestiques auxquels cette industrie est le plus souvent affectée, les matières précieuses sur lesquelles elle s'exerce lui ont toujours imposé une recherche de formes particulière; aussi la voyons-nous toujours s'élever ou déchoir avec la peinture et la sculpture. Cette industrie essentiellement de luxe et toute décorative est, en réalité, dans ses œuvres capitales, un art véritable (elle était considérée ainsi par les anciens), employant le plus souvent un procédé tout particulier de fabrication, la retreinte, le repoussé au marteau, qui permet d'utiliser la grande malléabilité de l'or et de l'argent pour créer une œuvre unique, originale, en un mot une œuvre d'art. Le repoussé exige un talent réel et une grande connaissance du modelé. L'œuvre originale exécutée par ces procédés se distingue, à la simple vue, d'un morceau fondu et ciselé, et porte toujours une empreinte de vie et d'originalité qui lui donne une grande valeur.

Ce n'est que pour des produits dont la consommation est étendue, qu'on cherche à multiplier les pièces par l'estampage, ou par le repoussé obtenu au moyen des creux et des reliefs de la forme même qu'il s'agit d'obtenir. Les ornements estampés, soudés ou vissés sur la pièce principale, servent, comme les ornements fondus ou obtenus par la galvanoplastie, à décorer des pièces de formes géométriques, dont les surfaces sont continues et brillantes. Mais il n'y a pas à tenir compte ici des modes de travail, des procédés différents employés pour obtenir ces produits; on doit, au point de vue de l'art, étudier à la fois les pièces qui tirent leur harmonie de la proportion des lignes, et celles qui, représentant des êtres animés, donnent la vie aux premières tout en leur servant d'accessoires.

Ces circonstances viennent se présenter souvent en même temps dans les pièces d'orfèvrerie.

L'application industrielle de l'estampage a engendré plusieurs fabrications économiques : telle est celle des cuivres estampés, pour laquelle on n'a besoin que de creux fondus, dans lesquels la feuille mince du métal est repoussée par des blocs en plomb.

A propos de l'estampage, nous devons rappeler la plus ancienne et la plus importante fabrication de ce genre, le monnayage qui fixe les dates de l'histoire, par la fabrication des monnaies, médailles, etc.

Plus facilement peut-être que la statuaire, l'orfèvrerie permet, tant par son éclat que par le peu de grandeur des personnages, par les colorations diverses dont elle dispose, etc., d'atteindre des effets que la statuaire se propose rarement d'obtenir. Ces effets sortent d'ailleurs de la sphère qui lui est propre, de la représentation du sentiment individuel. Il convient de reconnaître que la figure humaine convient bien moins à l'orfèvrerie que la production des formes géométriques : les enroulements de fantaisie réjouissent les yeux, sans appeler la critique sur des œuvres que les moyens d'exécution rendent, pour ainsi dire, impossibles à obtenir avec le degré élevé de perfection auquel la statuaire nous a habitués.

On ne doit pas oublier que l'orfèvrerie n'arrive à l'art qu'en cherchant des moyens de décoration, et ce serait une erreur de juger les pièces d'orfèvrerie comme des œuvres d'art pur. Le but à atteindre est de charmer l'œil par un ensemble, de communiquer le sentiment de la richesse par l'éclat, mais jamais les plus parfaites de ces œuvres n'atteindront à la valeur artistique d'une belle statue grecque ; toutefois, comme industrie, l'orfèvrerie, par la valeur de la matière première, la splendeur de ses œuvres et le haut prix qui y a été toujours attaché, a tenu de tout temps la première place, et a fourni de nombreuses et brillantes manifestations des grandes époques de l'art.

4° BIJOUTERIE, JOAILLERIE

La bijouterie procède de l'orfèvrerie, à laquelle elle emprunte la majeure partie de ses procédés ; c'est la division de cette industrie qui s'applique à la fabrication de parures destinées surtout à la toilette des femmes. Elle emprunte à la joaillerie ses ornements les plus riches, les pierres fines, qui n'entrent dans la bijouterie que comme accessoires. S'il est un champ ouvert pour la fantaisie, c'est sûrement celui de la bijouterie, et l'extrême variété des créations modernes le prouve surabondamment ; toutefois, les œuvres les plus remarquables sont celles où l'on parvient à donner une signification à l'œuvre créée, sans toutefois considérer l'imitation, toujours imparfaite des formes de la nature, comme une condition nécessaire.

C'est essentiellement avec l'or que se fait la bijouterie ; toutefois les formes des bijoux d'or s'exploitent souvent en fausse bijouterie, c'est-à-dire en cuivre doré. A certaines époques, le bijou d'argent ou d'acier est adopté par la mode et fabriqué en grande quantité ; mais, à d'autres époques, on réserve l'emploi de l'argent à certains genres particuliers.

Dans la joaillerie, les pierres fines et les perles jouent le rôle principal; dans la bijouterie, les métaux précieux travaillés, gravés, guillochés, incrustés, les émaux, les nielles, les filigranes, les camées, le corail, les pierres dures, les coraux, les mosaïques sont employés sous toutes les formes inspirées pour les caprices de la fantaisie. Il ne faut pas, malgré leurs nombreuses affinités, confondre la bijouterie et la joaillerie, c'est-à-dire l'industrie qui emploie surtout l'or et l'argent pour les décorations et la toilette, avec celle qui a pour objet le sertissage et le montage des pierres précieuses et des diamants.

Revenons maintenant à l'étude de ces diverses industries, de leur histoire et de leurs progrès.

STYLES SUCCESSIFS DANS LES ARTS RELEVANT DE LA SCULPTURE

STYLE ÉGYPTIEN

La statuaire égyptienne représente un point du développement de l'art, auquel une nation s'est volontairement arrêtée; elle est caractérisée par l'emploi de formes conventionnelles préférées à celles qu'eût pu fournir l'imitation fidèle de la nature. En effet, les colonnes des temples égyptiens déjà données, les sphinx, les statues colossales

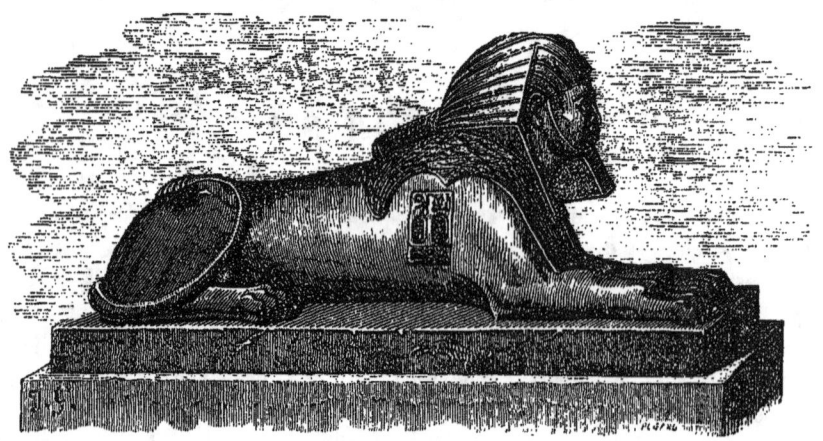

103. Sphinx égyptien.

taillé dans le granit ne sont pas des œuvres barbares, mais des œuvres exécutées à l'aide de puissants moyens d'action, pour obtenir une forme traditionnelle. Le siècle de Sésostris paraît avoir été l'époque la plus brillante de la statuaire égyptienne. On connaît une admirable statue de ce roi taillée dans le granit noir.

Pour ce qui est de l'orfèvrerie, les recueils d'antiquités égyptiennes nous décrivent des vases de métal, dont quelques-uns rappellent les formes et les décorations de la Grèce. Nous en donnons ici un, d'un genre tout particulier, qui nous parait curieux. La splendide exposition des antiquités égyptiennes que l'on a admirée à Paris, en 1867, contenait des pièces bien précieuses, notamment une petite nacelle en or repoussé, qui prouvait que les procédés du travail de l'orfèvrerie étaient connus des Égyptiens plusieurs milliers d'années avant J.-C.

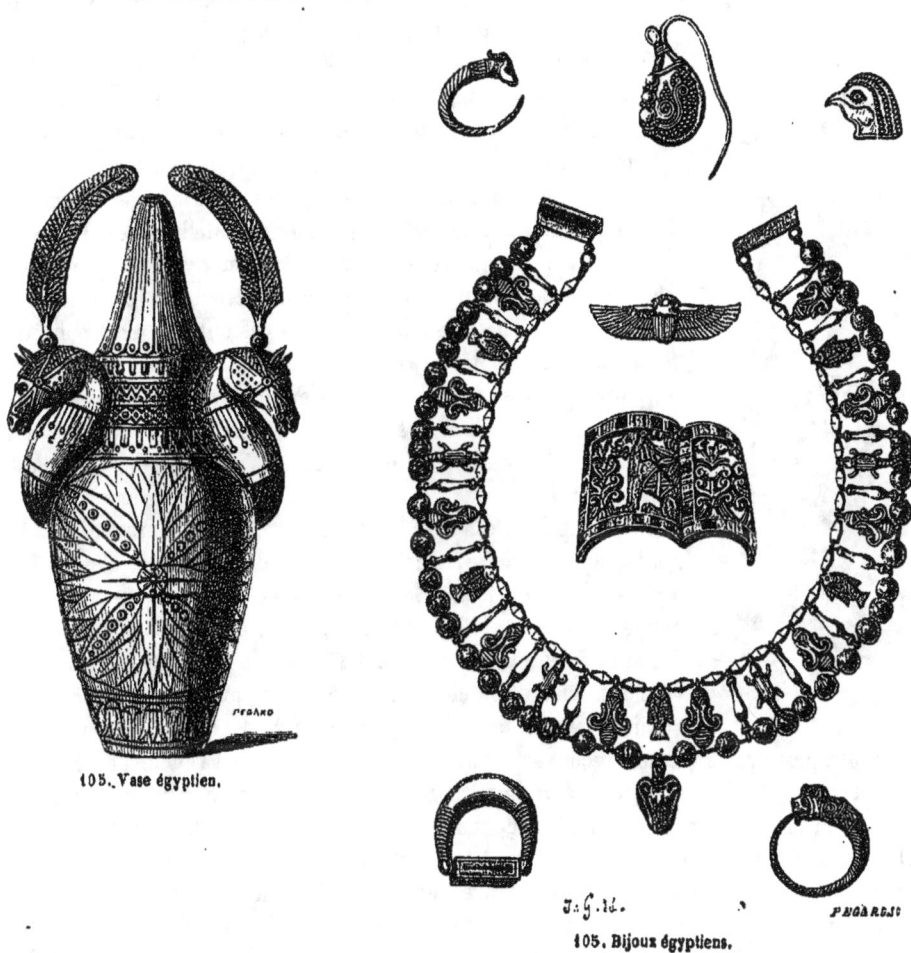

105. Vase égyptien.

105. Bijoux égyptiens.

Enfin, les bijoux trouvés dans les tombeaux sont loin d'être sans charme. Nous donnons pour preuve un collier, un bracelet, des bagues, une boucle d'oreille en or, objets dessinés au Louvre, d'après les belles collections du musée de Charles X.

STYLE GREC, STYLE ROMAIN

Sans vouloir nous étendre sur l'histoire des beaux-arts, nous devons nous arrêter sur la statuaire grecque. Passionnés pour la beauté physique, les Grecs en ont reproduit par la sculpture d'inimitables modèles ; et, tout en employant admirablement la sculpture décorative comme annexe de l'architecture, pour l'ornementation des colonnes, la décoration des façades, ils ont su créer en outre un art complet qui réussit parfaitement à représenter tous les types de la beauté.

Voici avec quel enthousiasme parle de la sculpture grecque un écrivain distingué, M. Taine : « Regardez la statuaire grecque. Toute la science, toute la philosophie de

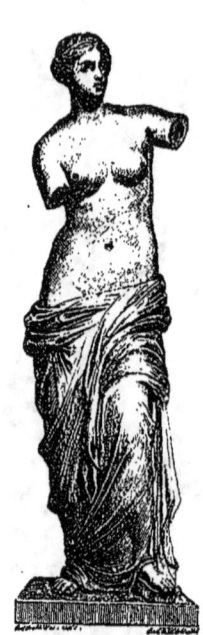

ce petit peuple, un des mieux organisés qui fût jamais, y est décrite en caractères ineffaçables. Vous pouvez y lire, aussi clairement que dans ses poëmes, ses histoires et ses tragédies, la conception qu'il avait du monde et de lui-même. Les idées qu'il glorifiait et par lesquelles il affirmait son autonomie en face des barbares sont là devant vous condensées et exprimées dans une forme qui les rend accessibles à toutes les intelligences. Les orateurs parlent, les gladiateurs luttent, les dieux veillent. On dirait une société de marbre, image qui survit, blanche et immaculée, à une société de chair depuis longtemps dissoute. Il n'est point de force dans la nature ou dans la vie qui n'ait alors trouvé son enveloppe charnelle pour se fixer dans les yeux en même temps qu'elle se fixait dans les esprits. La toute-puissance, c'est Jupiter ; la toute-sagesse, c'est Minerve ; la toute-beauté, c'est Vénus. Et à l'entour de ces généralisations incarnées rendues visibles et palpables, c'est la jeunesse, c'est le courage, c'est le génie, c'est la gloire, c'est le plaisir, c'est l'amour, c'est l'éloquence ; ce sont toutes les énergies et toutes les vertus d'un peuple héroïque et fort qui sont debout et font cortége. »

Il nous faudrait reproduire ici le musée des Antiques, si nous voulions faire apprécier le mérite de la statuaire grecque ; il y aurait à entrer dans une longue suite de considérations pour

106. Vénus de Milo.

faire comprendre la pensée recouverte par chaque forme, l'idéal révélé par chaque chef-d'œuvre. Dans l'impossibilité de le faire, nous nous bornerons à reproduire un des chefs-d'œuvre le plus récemment découverts et des plus admirables, la VÉNUS DE MILO ; une de ces œuvres qui réfléchissent la beauté même, c'est-à-dire bien plus que le gracieux, le joli, sentiments de second ordre qui se transforment avec chaque époque [1].

La sculpture en ivoire, la toreutique, fut très-goûtée des Grecs. Déjà elle avait été en honneur chez les Égyptiens, les Assyriens et les Perses, dès les premiers âges de la civilisation. Cette matière si brillante, unie à l'or, fut surtout employée pour les statues des dieux. Dans son fameux Jupiter d'Olympie, Phidias exécuta tous les nus en ivoire ; il employa également cette belle matière pour l'exécution de la MINERVE du Parthénon, que le duc de Luynes a fait si curieusement reproduire par un sculpteur de talent, M. Simart.

Depuis les grands progrès de la peinture, c'est-à-dire de l'art qui permet d'exprimer

1. Grands sculpteurs grecs. — Première époque. Phidias, auteur des célèbres statues de l'Pallas et du Jupiter Olympien, en or et en ivoire. — Polyclète, Scopas, etc.

Œuvres : Bas-reliefs du Parthénon. — Le canon, statue modèle des plus belles formes de l'homme, — Jupiter, — Vénus, — Cupidon, — Faunes, etc., etc.

Deuxième époque, après Périclès. — Praxitèle, — Lysippe, sculpteur d'Alexandre, etc.

Œuvres : La Niobée, — Laocoon, — Le Gladiateur, — l'Apollon du Belvédère, etc.

les sentiments les plus variés, on a quelquefois reproché à la sculpture grecque d'être souvent trop froide, de reproduire rarement des sentiments. Aujourd'hui, malgré, et nous dirons presque à cause des admirables travaux de tant d'artistes modernes, on admet que la statuaire ne convient pas pour des scènes mouvementées et que son domaine est vraiment celui que les Grecs lui avaient reconnu.

Il n'y a pas de statuaire romaine; c'était le talent des artistes grecs qui, à Rome, décorée des dépouilles de la Grèce, produisait presque toujours les plus belles statues. Toutefois, elles tendaient à exprimer des sentiments plus forts, à posséder peut-être une expression moins idéale que celles de la Grèce. Nous donnerons pour type le GLADIA-

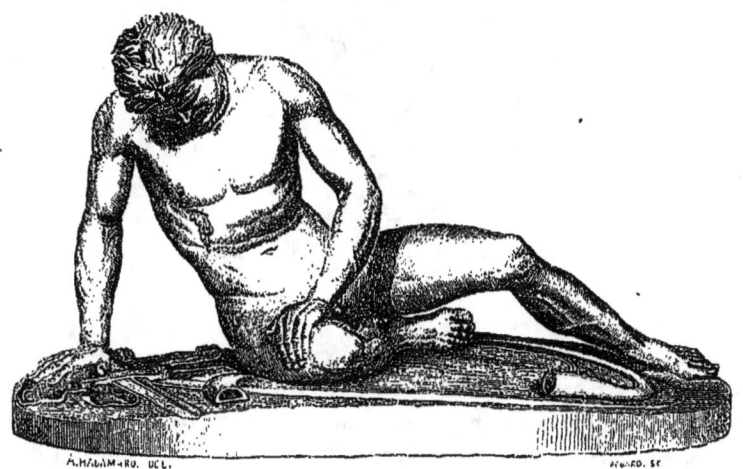

107. Le Gladiateur mourant.

TEUR MOURANT. Byron a décrit dans des vers célèbres tout ce qu'inspire la vue de cette statue, cette mort du Gladiateur, de l'esclave slave mourant loin de sa patrie, pour servir de jouet aux Romains. C'est sous Adrien que le style que l'on peut considérer comme propre aux Romains se montra le plus élevé et le plus pur. Nous citerons l'ANTINOUS comme le plus beau produit de cette espèce de renaissance. Comme exemple de sculpture décorative, nous reproduisons un vase en marbre qui se trouve au musée Capitolin de Rome.

Les Romains firent grand cas des travaux en ivoire; ils les appliquèrent à la sculpture décorative plus qu'à la grande sculpture. Ils exécutèrent en ivoire non seulement des statuettes et des bas-reliefs, mais aussi des sièges, des lits, des meubles de toute espèce. La matière première était devenue moins rare et les richesses des particuliers bien plus grandes qu'en Grèce.

Une des applications les plus fréquentes de la sculpture en ivoire dans l'antiquité romaine et dans les premiers temps du moyen âge fut la décoration des diptyques. On sait que dans l'origine les diptyques étaient formés de deux petites tablettes de bois ou d'ivoire se repliant l'une sur l'autre, comme nos portefeuilles modernes. L'intérieur sur lequel on écrivait était enduit de cire qui conservait la trace du stylet. Ces tablettes, qui d'abord ne servaient qu'à écrire et à envoyer des missives secrètes, reçurent bientôt une autre destination. Sous l'empire, les consuls et les principaux magistrats envoyaient à leurs amis, pour consacrer le souvenir de leur élévation, des diptyques d'ivoires dont les parties extérieures étaient sculptées en bas-reliefs.

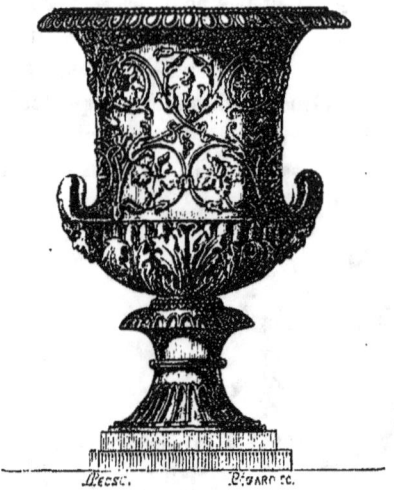

108. Vase romain.

BRONZES GRÉGO-ROMAINS. — La reproduction en bronze des statues fut extrêmement multipliée en Grèce. C'est par milliers que les Romains enlevèrent les statues en bronze aux villes grecques, à Corinthe notamment. Nous donnerons ici, comme échantillons de bronzes romains, la louve qui, avec l'aigle, était portée en tête des armées, et comme objet d'ameublement un trépied trouvé à Herculanum, dans cette ville où, comme à Pompéi, tout respire l'art grec.

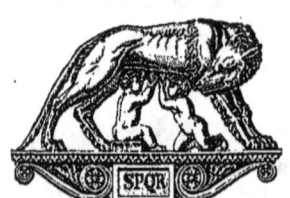

109. Louve romaine.

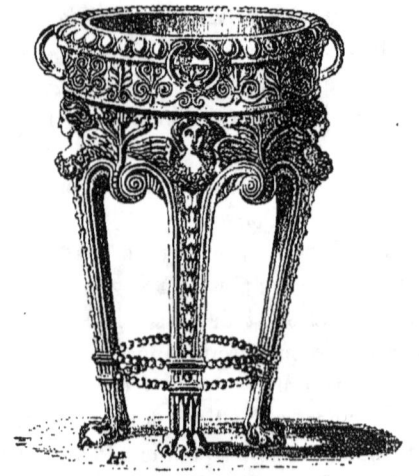

110. Trépied d'Herculanum.

ARTS VESTIAIRES. — Les statues nous montrent les costumes de l'antiquité ; la toge, le manteau, drapé et non collé au corps, était la partie principale du costume d'apparat des Grecs, pour lequel le nu offrait la vraie beauté, et n'éveillait pas les idées d'indécence que le christianisme a fait passer dans nos mœurs en les rendant plus pures. Nous parlons seulement des peuples méridionaux, car les Barbares du Nord étaient couverts de peaux de bêtes.

ORFÈVRERIE. — Il nous est parvenu de l'antiquité un assez grand nombre de vases d'argent et d'or, de formes très belles. Chacun connaît la description du bouclier d'Achille tracée par Homère ; c'est à peine si les œuvres de repoussé des plus habiles artistes de nos jours peuvent donner l'idée de quelque chose d'analogue.

Rome, maîtresse du monde, fut la ville de l'orfèvrerie par excellence. On retrouve dans l'orfèvrerie romaine la simplicité de composition, les lignes pures de la sculpture antique. Cet art industriel resta presque entièrement grec ; nous en montrons un échantillon dans un vase en argent au sixième de sa grandeur naturelle, emprunté au célèbre résor d'orfèvrerie romaine, trouvé près de Hildesheim en Allemagne.

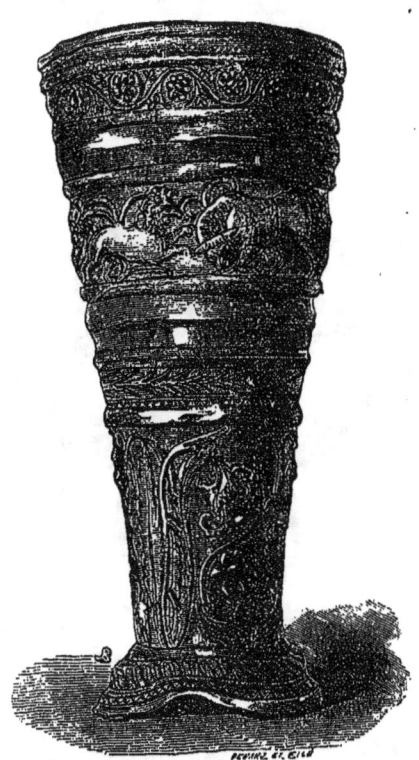

111. Vase en argent, grec romain.

BIJOUTERIE. — Nous donnons ici un collier grec et des ornements de toilette déposés dans nos musées, qui sont fort élégants. Les dames romaines avaient de nombreux bijoux, comme l'ont montré les fouilles de Pompéi ; leur luxe encourageait les travaux des artistes venus de Grèce, et qui savaient, depuis Phidias, graver des pierres dures. Les camées antiques et les anneaux abondent dans les collections publiques.

Les bijoux étrusques de la collection Campana sont venus passionner vivement les véritables amateurs, en leur faisant connaître une admirable série de créations inconnues, que M. Castellani de Rome s'est attaché avec succès à reproduire, en leur conservant cette physionomie artistique qu'ils possèdent à un haut degré. On y remarque

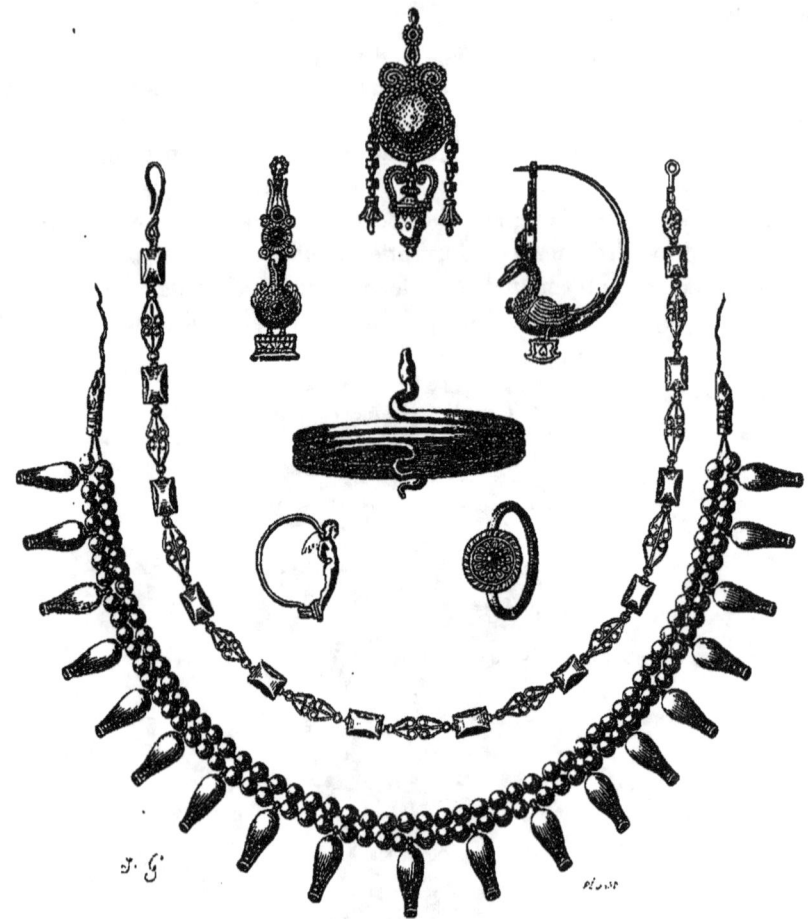

112. Bijoux antiques.

de légères imperfections qui montrent que le travail de la main n'a pas fait place au procédé mécanique, comme dans bien des bijoux modernes.

STYLE BYZANTIN ET ROMAN

Du sixième au treizième siècle, les arts de la forme jetèrent peu d'éclat : la plastique eut quelque chose de barbare, et ne se sépara pas de l'architecture ; dans les œuvres de cette époque, la beauté naturelle ne fut pas mêlée à l'esprit, à l'aspiration de l'artiste dans une proportion suffisante. L'asservissement de l'art et des règles invariables ôtait aux productions tout mouvement et toute variété.

Au onzième siècle, dit M. Bourquelot, la statuaire se présente sous deux formes bien distinctes : l'une courte et ronde, sans noblesse et sans grâce, grossier souvenir de l'art dégénéré; la seconde, plus raffinée, apportée de Constantinople et dont les caractères sont: l'allongement des figures, le parallélisme des plis dans les draperies, l'absence de perspective dans les pieds et les genoux, la courbure des sourcils, la disposition des yeux saillants, fendus et relevés aux extrémités. Ces deux formes se maintinrent presque simultanément jusqu'au treizième siècle qui fut, pour la statuaire comme pour les autres arts, une époque de renaissance.

Émeric David fait observer avec raison que les artistes du temps de Constantin (e à plus forte raison les sculpteurs de l'Occident) crurent pouvoir se dispenser d'étudier l'antique et l'homme nu, par la raison que dans des images, la plupart religieuses, ils n'avaient à représenter que des toges. Aussi bientôt ne surent-ils plus poser une figure d'aplomb sur ses pieds, et ils arrivèrent enfin à ne dessiner que des pygmées presque dénués de toute forme humaine.

Remarquons que la statuaire pouvait difficilement ne pas dégénérer lorsque le christianisme vint faire disparaître le paganisme, et qu'avant d'avoir conçu la pensée de constituer un art propre à leurs croyances, les premiers chrétiens considérèrent les chefs-d'œuvre de l'art païen comme propres essentiellement à une religion méprisée; par haine de l'idolâtrie, ils proscrivirent les arts et les artistes.

Durant les persécutions des empereurs iconoclastes, dit M. J. Labarthe, les artistes grecs produisirent un grand nombre de sculptures portatives; ils multiplièrent dans les diptyques et dans les tableaux à volets de petite proportion toutes les représentations odieuses à Constantinople, qui pouvaient ainsi échapper à la proscription. Lorsque la persécution cessa, l'usage en était universel; il se perpétua dans les siècles suivants. Le croisé, le voyageur, le pèlerin le plus pauvre enferma dans des diptyques et des triptyques de bois ou d'ivoire les saintes images qu'il transportait dévotement avec lui, et devant lesquelles il s'agenouillait plusieurs fois par jour, pour offrir sa prière à Dieu. On en faisait aussi d'une plus grande proportion, qu'on plaçait au-dessus du prie-Dieu dans l'intérieur des appartements, qui étaient ornés de bas-reliefs représentant des scènes tirées de l'Évangile.

Ces grands diptyques amenèrent plus tard l'usage des retables portatifs qui, à partir du quatorzième siècle, furent posés sur l'autel pendant la messe.

Nous ne parlerons pas ici de la sculpture décorative du style roman; nous compléterons plus loin les exemples que nous avons donnés des zigzags, des pointes de diamant et autres ornements propres à ce style.

BRONZES. — On connaît, de cette époque, des bas-reliefs en bronze obtenus presque entièrement à l'aide de la ciselure. C'était une sculpture en métal, évidemment inspirée par la vue des œuvres nombreuses d'orfévrerie dont nous allons parler, et par le désir de produire des œuvres plus durables, plus résistantes que celles en pierre.

ARTS VESTIAIRES. — Le luxe asiatique vint envahir la civilisation occidentale lors du transport du siége de l'Empire à Byzance. Les étoffes d'or et d'argent des robes des empereurs étaient d'une grande richesse, que du reste nous connaissons bien, car les costumes des cérémonies de l'Église catholique sont à peu près la reproduction de ceux des empereurs et des grands dignitaires de cette époque. Le manteau de Charlemagne est la chasuble des évêques.

ORFÉVRERIE. — L'orfévrerie, dit M. Petit dans une analyse du bel ouvrage de M. La-

SCULPTURE.

barthe, est l'art qui a été le plus goûté depuis l'empire romain jusqu'à la Renaissance. Aussi l'histoire de l'orfèvrerie est-elle la mieux connue, malgré toutes les causes de destruction qui semblaient devoir faire disparaître les précieux monuments de cet art.

Très-cultivé dans l'antiquité, l'art de travailler les métaux précieux dut au triomphe de la religion chrétienne de recevoir un nouvel essor. Constantin, avant de transporter en Orient le siége de l'empire romain, fit aux églises de Rome des présents magnifiques. Croix, couronnes, patènes, calices, burettes, lampes, lustres, fonts baptismaux, autels, encensoirs, pièces de toute espèce exécutées en or et en argent, souvent rehaussées de pierres fines, s'entassèrent dans les églises, où s'accumulèrent ainsi de magnifiques monuments de l'art des orfèvres au quatrième siècle. Pour n'en citer qu'un exemple, il suffit de rappeler les libéralités dont fut l'objet, de la part de Constantin, la basilique constantinienne (qui, reconstruite, porte aujourd'hui le nom de Saint-Jean de Latran). « L'abside en forme de demi-coupole, dit M. Labarthe, était entièrement recouverte de minces lames d'or. Comme dans toutes les basiliques primitives, un CIBORIUM, sorte de dôme porté par des colonnes, s'élevait au-dessus de l'autel; il était d'argent, et ne pesait pas moins de 2,025 livres. Dans le fronton principal, tourné du côté de la porte du temple, on avait placé la figure du Christ assis sur un trône, et celles des douze apôtres. Ces figures étaient exécutées en feuilles d'argent repoussées au marteau, et pesaient, celle du Christ 120 livres, et celle de chacun des apôtres 90 livres. Dans le fronton opposé, qui regardait le fond de l'abside, on voyait le Sauveur accompagné de quatre anges portant des lampes surmontées de croix. Ces figures, également de 5 pieds de hauteur, pesaient; celle du Christ 160 livres, et celles des anges chacune 105 livres. Les yeux des anges étaient en pierres fines. Un lampadaire de l'or le plus pur et quatre couronnes, également d'or, pendaient sous le dôme du CIBORIUM, attachés à des chaînes de même métal. Devant l'autel était placée une lampe d'or qui supportait une coupe dans laquelle brûlait de l'huile parfumée; elle était enrichie de 80 figures de dauphins. » Qu'il y a loin de ces magnificences aux mesquins ornements de nos cathédrales! Il y avait bien dans ces temples de quoi tenter la cupidité des barbares, qui lancèrent bientôt sur l'Italie leurs hordes innombrables. Chose étrange! ils épargnèrent en partie les églises. D'après le récit d'Orose, les vases sacrés de la basilique de Saint-Pierre, trouvés par les soldats d'Alaric dans la maison d'une femme à qui on les avait confiés, furent remis en place par les barbares eux-mêmes.

Tandis que les barbares exploitaient Rome et bouleversaient l'Occident, les empereurs d'Orient continuaient à Constantinople les traditions de luxe de l'empereur Constantin. La peinture, la sculpture et surtout l'orfèvrerie y étaient en grand honneur, et les reproductions de l'art ornèrent bientôt les palais des grands autant que les églises. « Toute notre admiration est maintenant réservée pour les tisserands et les orfèvres, » s'écriait alors, du haut de la chaire de Constantinople, saint Jean Chrysostome, auquel ces censures intempestives coûtèrent la vie. Malgré le blâme du saint, les arts de luxe prospérèrent durant de longues années dans l'empire d'Orient. Depuis Constantin jusqu'à la chute de l'empire grec, au quinzième siècle, l'art byzantin traversa successivement toutes les phases du progrès, puis de la décadence, jusqu'au jour où les derniers artistes de Constantinople s'enfuirent en Occident devant l'invasion des Turcs.

L'histoire de l'art byzantin, durant cette période qui s'étend depuis le milieu du quatrième siècle jusqu'au milieu du quinzième, offre un grand intérêt, car c'est de l'Orient que les arts du moyen âge, en Occident, reçurent quelque impulsion. L'obscurité qui si longtemps a enveloppé ces curieuses relations commence à se dissiper.

Pendant les cinquième, sixième et septième siècles, l'Italie fut si fortement agitée par les guerres des Théodoric, de Bélisaire et de Narsès, et par les invasions des Francs, des Alamans et des Lombards, que les arts ne furent guère cultivés. Au milieu de ces désordres, la décadence artistique suivit bientôt la décadence politique. Cependant, lorsque les Lombards, las de piller et de bouleverser l'Italie, eurent pris le parti d'établir sur tout le pays une domination plus pacifique, l'art vit luire encore quelques beaux jours. C'est durant cette période de calme relatif au sixième et au septième siècle, que Théodelinde, reine des Lombards, après avoir fait élever une cathédrale à Monza, près de Milan, enrichit le trésor de cette église d'une foule de dons, précieux monuments d'orfévrerie, dont une partie est parvenue jusqu'à nous.

Au court intervalle de paix qui signala en Italie le règne de Théodelinde, et durant lequel les arts se relevèrent un peu, succéda une anarchie complète. Ce fut la cause d'une nouvelle décadence.

Un siècle plus tard, un événement qui se passa dans l'empire d'Orient vint changer les destinées de l'art en Occident. Un grand nombre d'artistes grecs, chassés de l'Orient par les édits de l'empereur Léon III l'Iconoclaste, qui interdisaient la fabrication des images saintes, émigrèrent en Italie. Lorsque, cinquante ans après, la grande figure historique de Chârlemagne apparaît en Italie, les Lombards disparaissent de Rome, l'ordre se rétablit un peu dans la capitale du monde chrétien. C'est, au huitième siècle, le signal d'une véritable renaissance de l'art, renaissance préparée déjà depuis quelques années par la présence des artistes grecs qui avaient apporté d'Orient leurs traditions, leur style et leurs procédés.

Ce réveil du goût des arts, qui se manifesta au huitième siècle en Italie, fut sensible aussi de l'autre côté des Alpes. A l'époque romaine, la sculpture et l'orfévrerie avaient été fort goûtées dans les Gaules. Les invasions du cinquième siècle portèrent là comme en Italie un coup funeste aux arts de luxe; mais les mœurs des barbares s'adoucirent peu à peu sous l'influence chaque jour plus puissante du christianisme.

A l'orfévrerie franque du septième siècle se rattache le nom du grand saint Éloi, le patron des orfévres, qui fut tout à la fois l'ami, le ministre et l'orfévre du bon roi Dagobert. Non-seulement saint Éloi s'adonna lui-même aux arts, mais il encouragea l'orfévrerie à Paris, à Limoges, à Metz, etc., et il fonda dans le Limousin, son pays, un monastère où les moines formèrent une école d'orfévrerie. A Paris, il édifia, sur l'emplacement où s'élève aujourd'hui le Palais de Justice, un couvent de femmes où, dit-on, les religieuses brodaient avec du fil d'or les étoffes destinées au service du culte. Il ne nous est rien resté des œuvres du saint orfévre. Les pièces d'orfévrerie travaillées par saint Éloi étaient cependant regardées comme des chefs-d'œuvre par les artistes des époques postérieures, si l'on en croit certain chroniqueur du neuvième siècle. « Et même les artistes de notre temps ont coutume d'assurer que c'est à peine si maintenant on pourrait trouver quelque ouvrier, si adroit qu'il fût dans toute sorte d'ouvrage, qu'on pût égaler ou même comparer à Éloi pour cette délicatesse du travail de lapidaire et d'enchâsseur de pierres précieuses. C'est en vain que l'on cherchera

pendant un grand nombre d'années, un tel artiste, et l'expérience le démontre clairement, car on ne connaît plus cet art et l'on ne s'en sert plus parce qu'il est perdu. »
(GESTA DAGOBERTI, chronique anonyme du milieu du neuvième siècle.) Saint Éloi
est resté longtemps populaire parmi les orfèvres, qui célébraient sa fête avec grande
pompe, le 1ᵉʳ octobre. A cette cérémonie, on chantait, dans de belles hymnes en vers
latins rimés, la louange du saint artisan. Ce sont ces hymnes qui, travesties une première fois au seizième siècle par le poète burlesque Sébastien Rouillard, ont inspiré la
chanson populaire que tout le monde connaît.

De la Gaule, le goût des arts s'étendit promptement au delà des Pyrénées, dans la
Péninsule où les Visigoths avaient fondé un empire. L'orfèvrerie y était en honneur
au septième siècle, et la découverte récente du trésor de la Fuente de Guarrazar atteste
bien que les artistes de ce pays s'inspiraient des productions de l'art byzantin. Nous
représentons ici l'une des pièces les plus curieuses de ce trésor (fig. 113) : c'est une

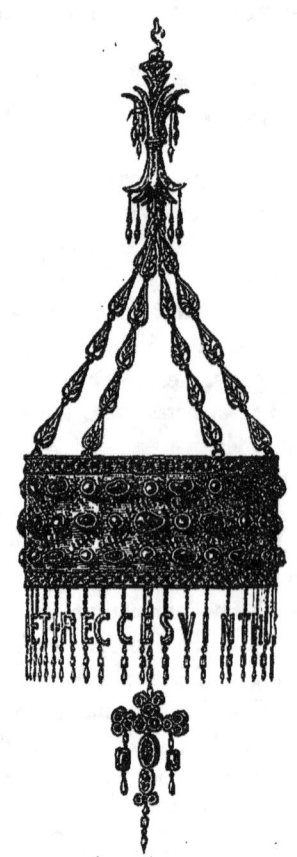

113. Couronne des rois Wisigoths.

couronne d'or rehaussée de perles et de saphirs. Au cercle de la couronne sont fixées
vingt-quatre chaînettes d'or qui garnissent tout le tour; à chaque chaînette est suspendue une lettre également en or. L'ensemble de ces lettres donne l'inscription suivante: RECCESVINTHUS REX OFFERET.

Mais il est temps maintenant de quitter les Gaules pour jeter un regard sur l'Italie, que nous avons laissée au huitième siècle, au moment où, l'ordre une fois rétabli par Charlemagne, les artistes grecs s'efforçaient de relever l'art tombé si bas pendant la période des guerres et des invasions.

Lorsque, débarrassée des Lombards, grâce à l'intervention de Charlemagne, Rome put jouir enfin d'un peu de repos et de paix, le premier soin des papes fut d'élever de nouveaux édifices religieux, et ils consacrèrent des sommes immenses tant à leur construction qu'à leur ornementation intérieure. Léon III (796-816), entre autres, sous lequel la basilique de Saint-Pierre fut achevée, se montra d'une grande munificence dans les dons d'orfèvrerie qu'il fit aux églises. D'après le relevé du LIBER PONTIFICALIS, la valeur pondérable de ces dons ne s'éleva pas à moins de 1,470 livres d'or et 24,843 livres d'argent. La basilique de Saint-Pierre, construite et décorée avec un luxe inouï, absorba à elle seule une grande partie de ces richesses. Portes, ciborium. colonnes, autels, instruments du culte, etc., tout y était en métaux précieux, merveilleusement travaillés par les meilleurs artistes du temps.

Les successeurs de Léon III ne se montrèrent pas moins généreux pour les églises. D'autre part, les évêques et les abbés suivirent l'exemple de Rome. Dans les temples et dans les monastères, les arts étaient donc en grand honneur. Ce fut vers cette époque (835) que fut exécuté à Milan, par ordre de l'archevêque Angibert, le magnifique autel d'or ou paliotto de la basilique de Saint-Ambroise. Ce précieux monument a pu traverser les siècles malgré sa valeur ; on l'admire encore à Milan.

L'invasion des Sarrasins, en 847, interrompit à peine cette brillante période. « Au neuvième siècle, dit M. Labarthe, l'orfèvrerie domina tous les autres arts. » Ce fut en effet à cette époque que l'art des orfèvres atteignit son apogée. « Les meilleurs artistes se faisaient orfèvres, afin d'assimiler leur talent au goût de l'époque ; » aucun procédé de fabrication et d'ornementation ne leur était étranger ; l'émaillerie, la ciselure, la fonte, la niellure, étaient employées avec une égale habileté et concouraient à la décoration des pièces dont malheureusement un trop petit nombre est parvenu jusqu'à nous.

Charlemagne et ses successeurs donnèrent aux arts, en France, une vigoureuse impulsion. Sous Louis le Débonnaire, les artistes, et surtout les orfèvres français, faisaient concurrence aux artistes de l'Orient. L'abbaye de Saint-Denis possédait alors une école d'orfèvrerie dont la réputation devint bientôt universelle, et d'où il sortit plusieurs artistes d'un grand mérite.

L'Allemagne suivit le mouvement général, et l'orfèvrerie y devint bientôt florissante. Les moines des abbayes de Saint-Gall, de Fulde, de Richenaw, se faisaient euxmêmes ouvriers et artistes pour décorer leurs monastères et leurs églises.

C'est, comme nous l'avons dit, dans les Trésors des cathédrales que vinrent se réunir les plus beaux travaux. Les châsses, les tabernacles, les reliquaires reproduisent le plus souvent les formes des églises, et suivent, par conséquent, les évolutions de l'art type, l'architecture. Jusqu'au milieu du douzième siècle, et quelquefois plus tard encore, les arcatures et les baies sont en plein cintre, les figures sont très allongées, avec peu de hanches ; les plis des draperies sont verticaux, roides, parallèles et serrés : les poils et les cheveux finement indiqués ; les costumes ornés d'une étonnante profusion de bijoux.

Nous donnerons pour type de cette orfèvrerie (fig. 114) le morceau bien curieux dont s'est, il y a quelques années, enrichi le musée de Cluny. Nous voulons parler du retable en or donné par Henri II, empereur d'Allemagne, à la cathédrale de Bâle, et qui est un spécimen bien complet de l'art roman au onzième siècle. L'inscription du « QUIS SICUT HET MEDICUS SOTER » (qui pourrait être médecin sauveur comme le

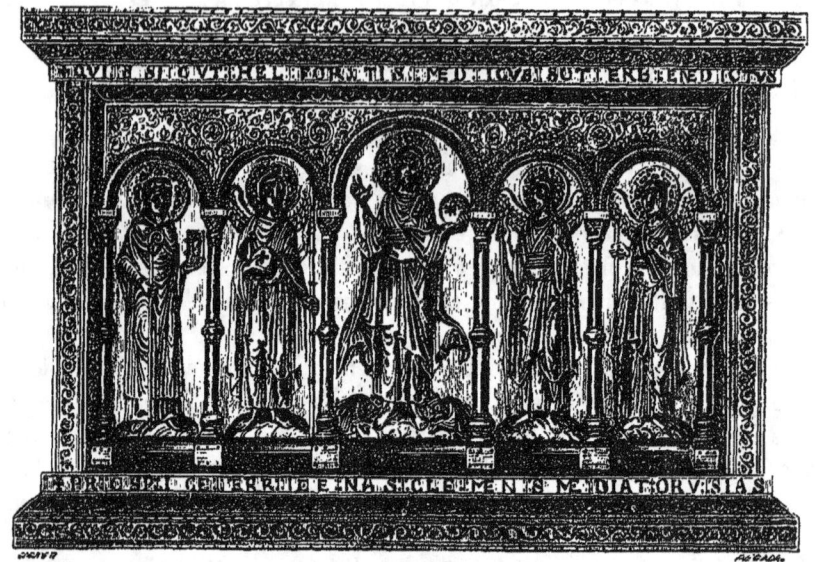

114. Retable de la cathédrale de Bâle.

Très-Haut [Het]), dit par saint Benoît, indique que cette pièce était donnée par l'empereur après sa guérison d'une maladie. On le voit prosterné avec sa femme aux pieds du Seigneur. On retrouve dans cette œuvre le plein cintre du style roman, et tout y respire le sentiment religieux de l'artiste. C'est un exemple curieux de bas-relief exécuté en métal au marteau, par le procédé du repoussé. Comme dans les œuvres importantes de cette époque, le symbolisme respire dans chacun des éléments de cette composition : Raphaël représente la force, un autre ange la grâce. La croix grecque et la croix latine se trouvent réunies dans ce morceau contemporain de la séparation des églises grecque et latine.

BIJOUTERIE-JOAILLERIE. — L'orfévrerie ne se sépare pas à cette époque de la joaillerie, ou plutôt toutes deux sont consacrées à la décoration des églises, au luxe du culte catholique[1].

Saint Éloi[2] fit grand nombre de châsses ; celle de saint Grégoire de Tours fut la plus célèbre.

---

1. Un ouvrage bien curieux (*Diversarum artium scedula*), écrit au onzième siècle par le moine Théophile, qui était à la fois enlumineur de manuscrits, peintre-verrier et orfévre-émailleur, renferme la description de tous les procédés employés dans les différents arts qu'il pratiquait. On y trouve l'état des connaissances techniques alors mises à la disposition des artistes, et surtout les instructions les plus détaillées pour la confection des pièces d'orfévrerie religieuse qui s'exécutaient le plus fréquemment, étant né-

cessaires au service divin dans chaque église, à savoir : le grand et le petit calice, la burette, l'encensoir.

2. Saint Éloi, né vers 588 à Catalac en Limousin, fit son apprentissage à Limoges, où existait une tradition de travaux d'orfévrerie qui remontait au temps de la domination romaine. Devenu le favori de Dagobert, il fonda plusieurs couvents, notamment celui de Solignac en Limousin, dont les moines durent se consacrer à des travaux d'orfévrerie religieuse.

Nous donnons encore la couronne de Charlemagne (fig. 115), qui a des ornements émaillés, comme curieux échantillon de joaillerie. Les émaux jouaient un si grand rôle

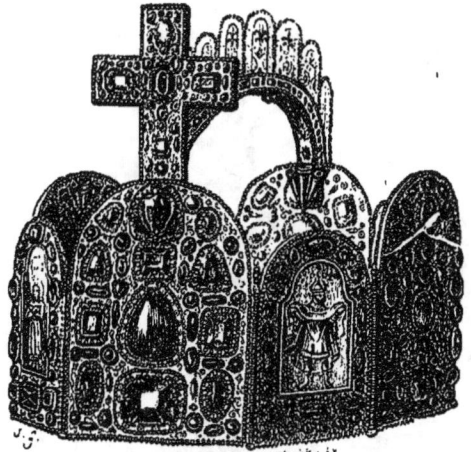

115. Couronne de Charlemagne.

dans la bijouterie de cette époque, qu'on en couvre aujourd'hui les pièces que l'on fait en imitation de ce style, pris souvent comme rappelant le mieux la tradition catholique, tels que les vases d'église, les autels, etc., etc.

STYLE GOTHIQUE

La sculpture joua un grand rôle au treizième siècle comme annexe de l'architecture qui jetait tant d'éclat par la construction des cathédrales; ses progrès procédèrent de la même foi religieuse qui élevait ces monuments. Elle prit une plus grande importance qu'à l'époque précédente : elle eut à couvrir de statues ces admirables cathédrales, et par une suite naturelle du développement de l'art, l'œuvre du sculpteur se détacha quelque peu du monument et devint souvent une œuvre remarquable par le sentiment qui y respire. Les figures du « style gothique, » au treizième siècle, ont des draperies très-amples, des plis peu nombreux, mais affectant toujours le mouvement vertical. Toutefois elles sont bien plus voisines des proportions humaines que celles du style byzantin, et l'exécution en est bien plus large.

C'est de cette statuaire qu'un savant archéologue a pu dire avec raison : « La statuaire grecque produit en nous un sentiment très-pur : le sentiment du beau, mais du beau physique; la statuaire chrétienne développe le sentiment du beau physique et du beau moral, et plutôt le dernier que le premier. » Dans quelques cas, en effet, le sculpteur s'éleva à une grande puissance d'expression, en créant ces sveltes figures d'une tournure si chaste et si ample, telles que celles de la cathédrale de Strasbourg, dues au ciseau des Steinbach.

Évidemment, pour produire de telles œuvres, il fallut que l'étude de la nature reprît su place dans l'art, que l'initiative de l'artiste devint plus grande. Nous reproduisons ici une vierge du quatorzième siècle (fig. 116), qui a bien le cachet religieux et chaste de l'art de cette époque.

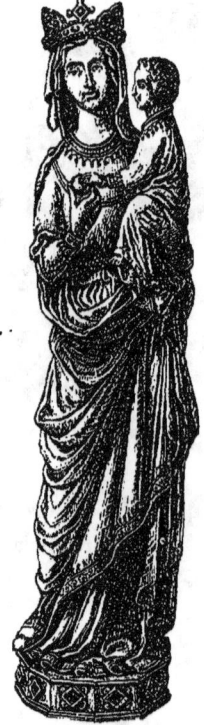

116. Vierge, xive siècle.

Vers le quatorzième siècle, par suite des progrès de l'art, la sculpture tendit à se matérialiser. A mesure que s'effaçait le goût des compositions symboliques, héritage du style roman, le grotesque commença à s'introduire dans la décoration.

La sculpture sur bois prit aussi une grande place dans l'art et produisit des œuvres admirables destinées surtout à orner les chœurs des églises ; les parties principales de ces œuvres rappellent en général les décorations et surtout les flèches des façades des édifices.

ORFÈVRERIE. — Avant le treizième siècle, l'orfèvrerie était rarement sortie des monastères ; cependant la corporation des orfèvres existait déjà sous saint Louis.

A l'époque du style ogival, l'orfèvrerie suivit les transformations de l'architecture, et, abandonnant le plein cintre, elle adopta l'ogive, les flèches, les colonnettes, toutes les merveilles d'ornementation empruntées à l'art sarrasin. Ainsi, dans les châsses, dans les petites constructions dont nous parlions ci-dessus, l'ogive remplace le plein cintre comme dans l'architecture ; elles sont presque toujours des imitations sur une petite échelle, de la Sainte-Chapelle de saint Louis.

Dans les derniers temps de la période dont nous parlons, les aiguières, les vases à boire se répandirent dans tous les châteaux ; la diffusion de l'art commençait.

La gravure en taille-douce, dont l'invention découla de la niellure, et qui est due à Maso Finiguerra, orfévre de Florence, qui la fit en 1440, permit de multiplier les dessins, et l'œuvre des graveurs vint offrir une foule de motifs à l'étude. Elle reproduisait naturellement les œuvres de l'époque précédente, qui étaient encore sous les yeux de tous les artistes.

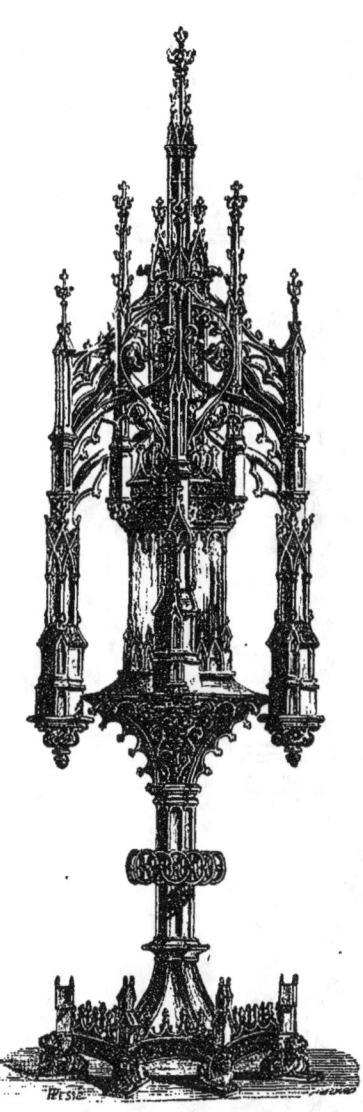
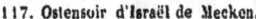

117. Ostensoir d'Israël de Mecken.

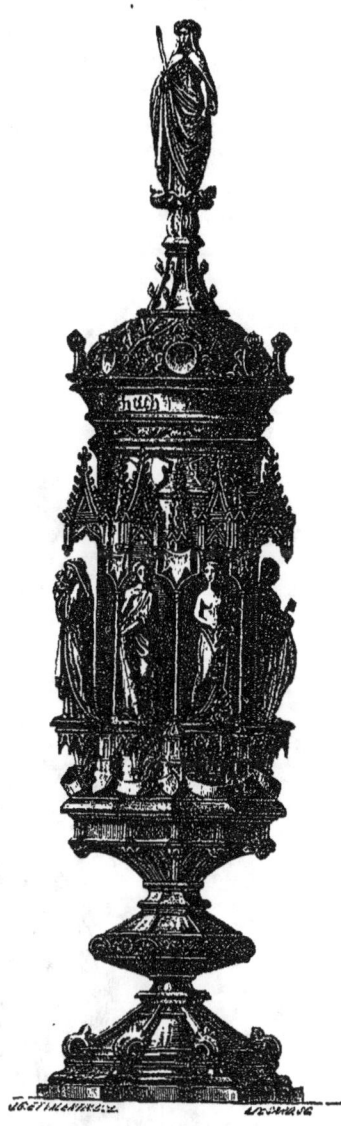

118. Coupe style gothique allemand.

On doit citer, parmi ceux qui ont laissé de ces riches études d'orfévrerie, Israël de Mecken. Nous donnons ici la reproduction, d'après un de ses dessins, d'un ostensoir de style flamboyant bien caractérisé (fig. 117). Nous y joignons une coupe de style gothique allemand, qui est une excellente étude faite par un artiste allemand, M. Halbig de Munich (Exposition de Londres, 1851) (fig. 118).

STYLE RENAISSANCE

La Renaissance fut une brillante époque pour la sculpture. Son éclat fut incomparable en Italie; en France, une élégance toute particulière s'attacha aux œuvres de Jean Goujon, de Germain Pilon, des artistes qui obéissaient à l'impulsion donnée par les grands artistes de l'Italie, et notamment par le plus éminent des sculpteurs, Michel-Ange.

A l'imitation de l'antiquité, à la réhabilitation de la beauté physique, à la recherche des formes plastiques, à l'étude des forces musculaires, pour laquelle il rivalisait avec

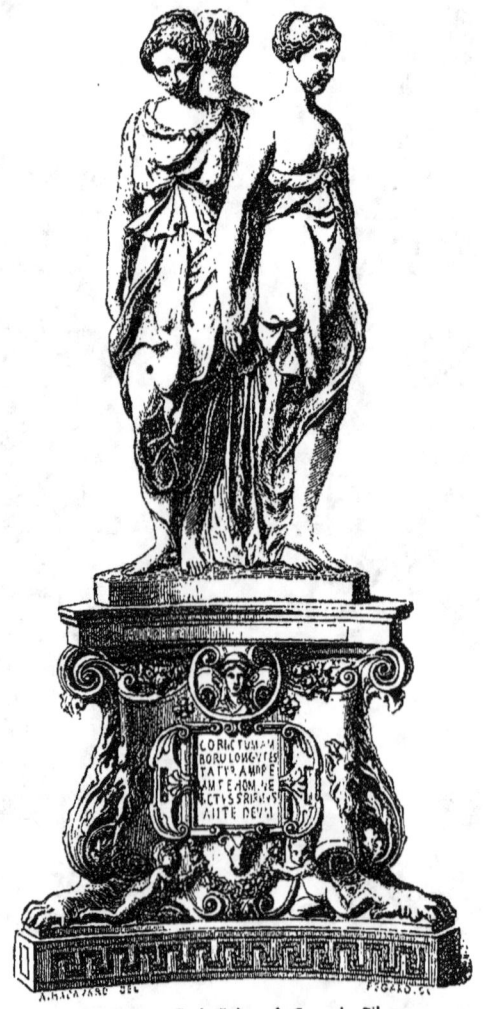

119. Les Trois Grâces de Germain Pilon.

l'antiquité, l'art nouveau joignit des tendances méditatives propres à la civilisation chrétienne, et souvent aussi, il faut le dire, la satisfaction d'idées sensuelles. La beauté, qui était un culte pour l'antiquité, prit trop souvent à la Renaissance l'apparence de la volupté.

Nous donnons ici les Trois Grâces de Germain Pilon (fig. 119), une des plus charmantes œuvres de la statuaire moderne, qui, bien que rappelant l'antique, s'en sépare néanmoins par une recherche quelque peu sensuelle particulière à la Renaissance.

Les vues de quelques monuments de cette époque nous ont déjà montré la profusion de sculptures décoratives, et notamment de bas-reliefs qu'employait l'architecture. Exécutés par les grands artistes, le plus souvent, ces travaux ont toute la grâce, toute l'élégance de leur statuaire.

La sculpture sur bois fut utilisée de la même manière pour les décorations intérieures. Les lambris de la salle Henri II, au Louvre, sont justement célèbres et souvent cités, avec raison, comme des modèles de sculpture décorative.

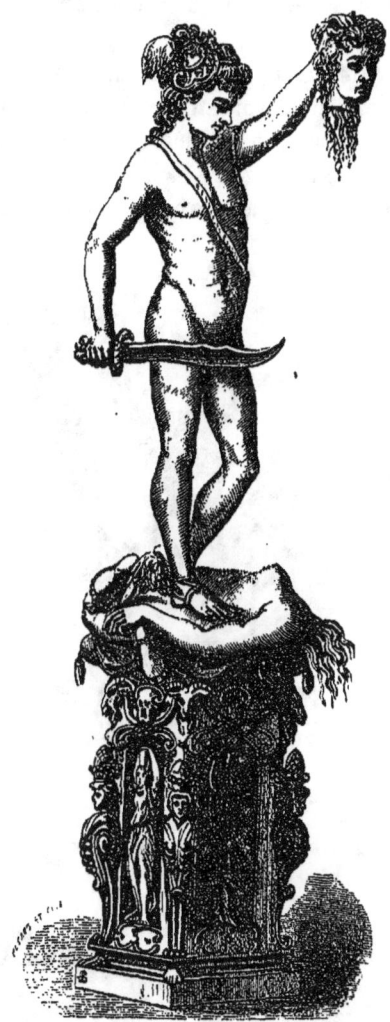

120. Persée de Benvenuto Cellini.

Le caractère spécial de ce style réside dans la surabondance de compositions ayant une véritable valeur artistique, mais appliquées en général à des objets ouvrés que nous traiterions aujourd'hui comme des produits purement industriels.

Les artistes de la Renaissance reproduisirent à l'infini, et avec une profusion caractéristique de ce style, non seulement les rameaux, les feuillages, mais encore les formes du corps humain, les enroulements de création fantastique, de sirènes, et cela avec autant de facilité que de pureté, car ils étaient excellents statuaires.

Bronze. — L'art du fondeur en bronze, à la Renaissance, se releva en Italie avec le plus grand éclat, surtout à Florence. Il suffirait, pour le prouver, de rappeler les noms de quelques-uns de ses plus grands artistes en ce genre, notamment de Benvenuto Cellini, dont les belles coupes ciselées sont si recherchées, et celui de Lorenzo Ghiberti, l'auteur de ces admirables portes du baptistère de Florence, que Michel-Ange déclarait dignes de former les portes du paradis, et qui, figurant des scènes encadrées dans des contours géométriques, sont restées le modèle de l'emploi du bronze dans ce genre de décoration.

Doué d'une grande facilité, mais possédé par une vanité telle que le moindre objet sorti de ses mains lui paraissait devoir attirer l'attention de tous, Benvenuto Cellini fond enfin, en 1548, une statue, son Persée (fig. 120). C'est l'œuvre à laquelle il applique tous ses soins, toute son énergie.

Ce Persée, dit un critique, n'est pas une œuvre de force ; il tomberait en avant si le

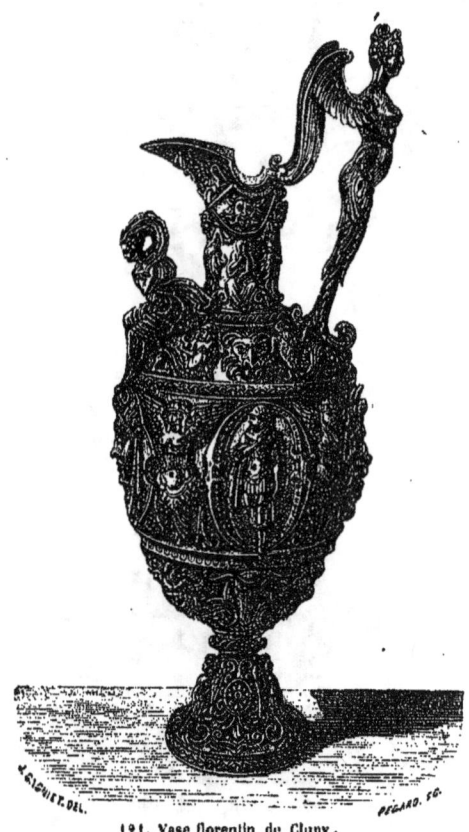

121. Vase florentin du Cluny.

bronze se changeait en chair et en os ; ses jambes sont communes et ses mains mal dessinées ; les membres de la Méduse sont pliées en quatre d'une manière disgracieuse. Mais l'ensemble est svelte, la silhouette imprévue, le mouvement fier et modeste; c'est le geste d'un jeune garçon, nerveux et courageux, qui vient d'accomplir un exploit extraordinaire; son front plissé, ses narines frémissantes, sa main qui serre la poignée du glaive en le maintenant menaçant, tout cela est bien trouvé, bien exprimé. Quant aux détails, au casque surtout et aux statuettes qui forment les angles du piédestal, c'est là que l'orfèvre habile se révèle tout entier.

Nous donnons encore ici un vase florentin en bronze, du musée de Cluny (fig. 121), qui nous paraît excellent de forme et de proportions, où l'on reconnaît la richesse de composition, la facilité de production de petites statues, qui caractérise les artistes de cette brillante période de l'art.

L'Allemagne a possédé, à la même époque, de grands artistes dans les œuvres desquels on sent le sérieux de l'art allemand. La châsse de saint Sébald de Pierre Fischer, de Nuremberg, que nous reproduisons (fig. 122), est un chef-d'œuvre de goût d'une

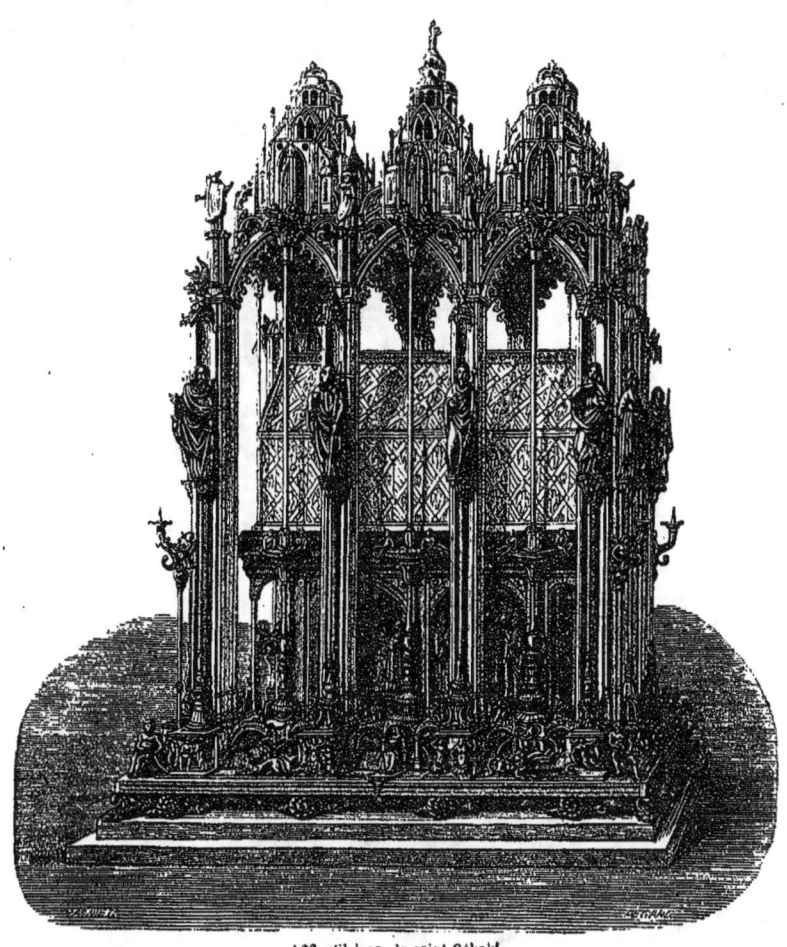

122. Châsse de saint Sébald.

rare perfection. On y sent le mélange de la foi du moyen âge et de l'ardeur artistique de la Renaissance. Les Apôtres qui entourent la châsse ont toute la perfection des meilleures statuettes de nos jours; les animaux qui la supportent, les feuillages sont étudiés sur la nature, moulés, ciselés avec un soin incroyable.

ARTS VESTIAIRES. — Le vêtement prit, à la Renaissance, une élégance qui reflète bien l'état florissant des arts à cette époque. Les fraises et dentelles, les pourpoints à parties bouffantes, les chapeaux à plumes, constituaient peut-être le plus élégant costume que jamais l'on eût porté. Celui des femmes prit une ampleur inconnue auparavant, pendant que, par l'emploi des plumes, des bijoux, les coiffures devenaient d'une grande élégance.

ORFÉVRERIE. — Les artistes de l'Italie et de la Flandre avaient déjà créé, avant cette époque, des œuvres bien remarquables: les premiers pour les riches seigneurs d'Italie; les seconds, tant pour les puissants ducs de Bourgogne que pour garnir les dressoirs des riches marchands des Flandres. Les grands artistes de la Renaissance, en Italie, furent aussi bien orfévres que sculpteurs. Ghiberti était orfévre. Ghirlandajo, le maître de Michel-Ange, un des plus féconds et des plus grands maîtres de l'Italie, dut son surnom à une parure en forme de guirlande dont il était l'inventeur. La France, ruinée par les guerres, resta longtemps en retard; ce n'est que bien plus tard qu'elle entra dans une voie où ses artistes devaient exceller.

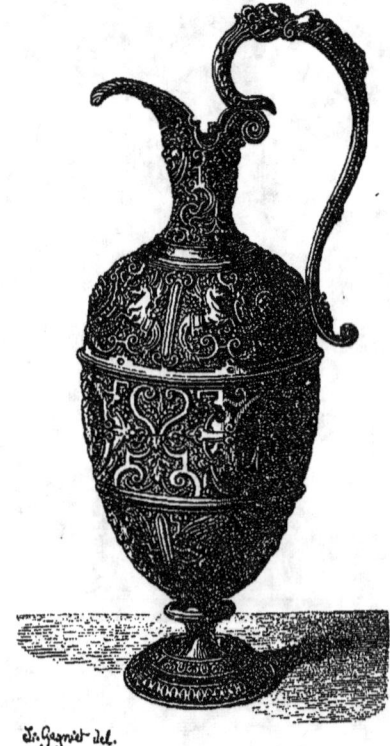

123. Aiguière de Briot.

Le caractère spécial du style de la Renaissance, dans l'orfévrerie comme dans les bronzes d'art, consiste en une surabondance de compositions, de créations qui donnent une singulière valeur à des objets qui, comme nous l'avons dit, étaient alors du domaine de l'art plutôt que de celui de l'industrie.

Nous emprunterons encore au musée de Cluny une œuvre excellente de cette époque : c'est l'aiguière de Briot, orfévre français, qui peut être citée comme un modèle de

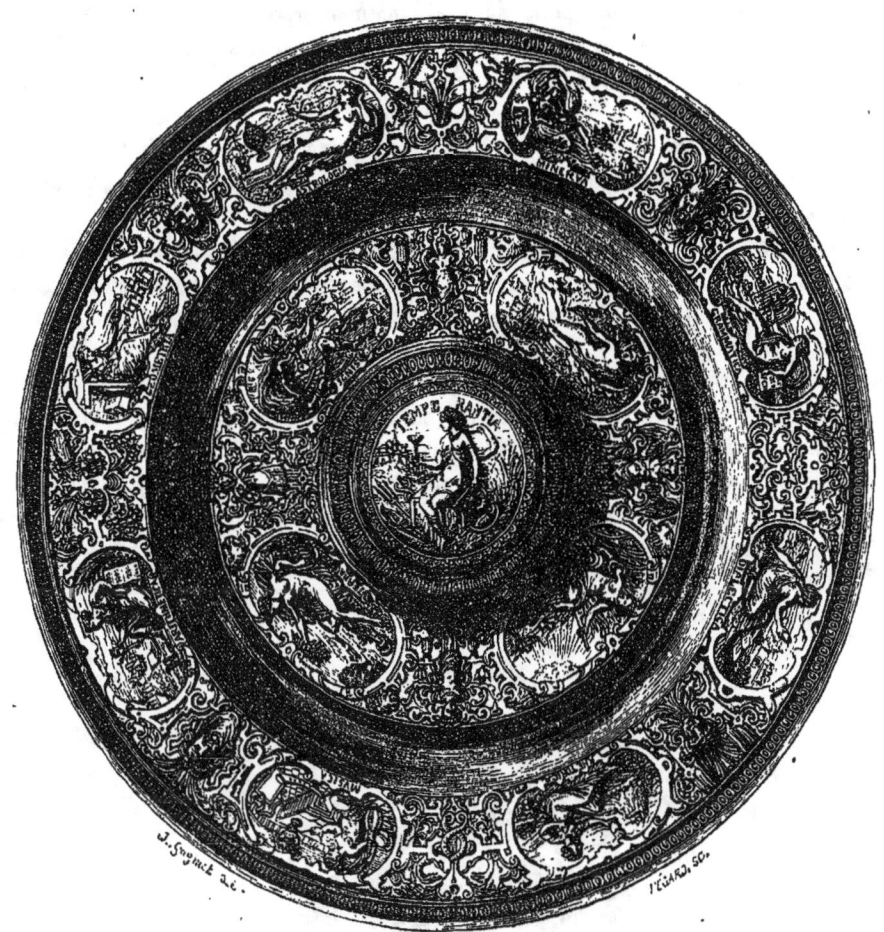

124. Aiguière de Briot (plateau).

décoration, par le grand nombre de personnages, le bel agencement des détails, et une certaine retenue que ne possède pas l'école florentine.

Après Benvenuto Cellini, la décadence de l'art, déjà sensible en Italie, envahit l'orfèvrerie. Après le goût si élevé de l'école de Raphaël, l'amour des fioritures, du flamboyant, se répandit partout, depuis le Rosso jusqu'au chevalier de Bernin, qui peut être considéré comme le précurseur du style Louis XV [1].

L'art qui s'en allait de Florence et de Rome, dit M. Dufresne, s'était réfugié à Venise, où les rapports fréquents avec l'Orient firent naître un goût particulier très reconnaissable dans la vieille orfèvrerie ; ce sont des entrelacements, des ornements

1. Sculpteurs et orfévres célèbres en Italie : — Michel-Ange. — Benvenuto Cellini. — Ghiberti. En France : — Jean Goujon. — Germain Pilon. — Pierre Bontemps. — Jean Cousin. — Jean de Bologne. — Ducereau. — Léonard, dit le Limousin, l'émailleur le plus célèbre du règne de François Ier.

solides qui courent sur les fonds vermiculés ; les formes d'aiguières, de bracelets, de bagues, de chaines, les damasquinages, les filigranes de toutes sortes, les formes des coffrets même sont empruntées aux infidèles. C'est par Venise que sont venus les éléments arabes qui se sont mêlés à ceux de la Renaissance dans l'art industriel. Les relations de Venise avec l'Allemagne, au temps d'Hammeling, d'Albert Durer, d'Aldegrave et de tous les graveurs germaniques qui multipliaient les modèles d'œuvres excellentes, firent aussi faire de grands progrès à ses artistes.

BIJOUTERIE-JOAILLERIE. — Le seizième siècle nous a laissé une multitude de travaux de bijouterie, vases en cristal, coupes en sardoine, en lapis, en jaspe, accompagnés de figures admirablement ciselées et émaillées ; de camées richement montés sur des vases, etc., etc., œuvres d'une telle beauté, d'un travail si difficile, qu'on ne peut comprendre comment l'habileté humaine a suffi pour les créer. Il faut lire les mémoires de Benvenuto Cellini [1], si l'on veut juger des passions qui étaient souvent en jeu à l'occasion d'un bijou qui devait sortir des mains d'un artiste célèbre. Les têtes couronnées se préoccupaient des formes ; les rapières et le poignard étaient en jeu pour vider les querelles engendrées par les rivalités d'artistes. On connaît l'histoire caractéristique de la duchesse d'Étampes, qui allait tous les jours à l'hôtel de Nesle, chez Cellini, pour voir travailler à loisir le bel Ascanio, à un lis en diamant resté célèbre dans les fastes de la bijouterie. On comprend facilement tous les efforts qui furent faits pour créer des œuvres remarquables dans une société où les œuvres d'art étaient si appréciées, où les artistes occupaient une si grande place.

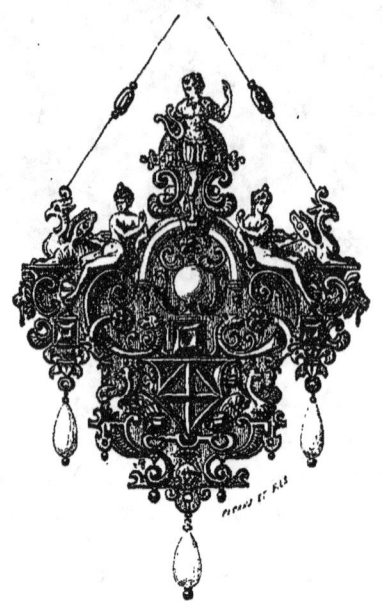

125. Pendeloque d'après Benvenuto.

Nous reproduisons ici une pendeloque d'après Cellini, du Musée des Antiques.

1. « Cellini, citoyen florentin, aujourd'hui sculpteur, dit Vasari, son contemporain, n'eut point d'égal dans l'orfévrerie, quand il s'y appliqua dans sa jeunesse, et fut peut-être maintes années sans en avoir, de même

STYLE LOUIS XIV

L'œuvre de la sculpture sous Louis XIV fut considérable: Puget[1], Coysevoix, Coustou, furent, entre autres artistes, des hommes d'un talent supérieur. La fertilité des sculpteurs est bien prouvée par le grand nombre d'œuvres produites à cette époque; on sait l'immense quantité de statues, de groupes et de vases qu'exigea, par exemple, la décoration de Versailles.

Le style de ces artistes n'a pas un cachet différent de celui de l'architecture de cette époque; plus de recherches du grandiose que de souplesse, si ce n'est chez quelques artistes qui paraissent pressentir la recherche du gracieux qui caractérise l'époque suivante.

La statuaire décorative employa à profusion les trophées, comme on peut le voir aux Invalides. La sculpture sur bois les prodigua dans les intérieurs, au milieu de moulures variées; on peut en voir un bel exemple dans la célèbre galerie d'Apollon au Louvre.

La sculpture sur ivoire fut en honneur, surtout en Italie, dans les Flandres et en Allemagne, pendant le cours du dix-septième et du dix-huitième siècle. L'ivoirier le plus habile du dix-septième siècle fut François Flamand. L'étude de l'antiquité, la fréquentation et les conseils de Nicolas Poussin, ont donné au talent de ce sculpteur un rare cachet de pureté et d'élévation. Il s'adonna presque exclusivement à l'étude des enfants. On a de lui quelques œuvres de grandes proportions qui montrent à quel point de perfection il arriva dans ce genre. A Rome, par exemple, dans l'église Santa-Maria dell' Anima, et à Naples dans l'église des Saints-Apôtres, il existe de lui des sculptures à sujets d'enfants, qui sont traitées avec une légèreté de ciseau incroyable et une merveilleuse élégance de formes et d'expression.

BRONZE. — La reproduction en bronze de l'œuvre des statuaires ne fut à aucune époque plus remarquable qu'à celle dont nous parlons. Cet art fut restauré et amené à un point d'éclat incomparable par les frères Keller, qui surent suffire à la production la plus considérable sans que leurs œuvres eussent jamais rien de défectueux; aussi sont-elles restées des modèles de l'art du fondeur.

que pour exécuter les petites figures en ronde-bosse et en bas-relief et tous les ouvrages de cette profession. Il monta si bien les pierres fines, et les orna de chatons si merveilleux, de figurines si parfaites, et quelquefois si originales et d'un goût si capricieux, que l'on ne saurait imaginer rien de mieux; on ne peut assez louer les médailles d'or et d'argent qu'il grava, étant jeune, avec un soin incroyable. Il fit à Rome, pour le pape Clément VII, un bouton de chape, dans lequel il représenta un Père Éternel, d'un travail admirable. Il y monta un diamant taillé en pointe, entouré de plusieurs petits enfants ciselés en or, avec un rare talent. Clément VII lui ayant commandé un calice d'or dont la coupe devait être supportée par les Vertus théologales, Benvenuto exécuta cet ouvrage, qui est vraiment surprenant...

« Après la mort de Clément VII, Benvenuto retourna à Florence, où il grava la tête du duc Alexandre sur les coins de la monnaie, qui sont d'une telle beauté que l'on en conserve aujourd'hui plusieurs empreintes comme de précieuses médailles antiques, et c'est à bon droit, car Benvenuto s'y surpassa lui-même.

« Enfin il s'adonna à la sculpture et à l'art de fondre les statues. Il exécuta, en France, où il fut au service du roi François Ier, quantité d'ouvrages en bronze, en argent et en or. De retour dans sa patrie, il travailla pour le duc Cosme, qui lui commanda d'abord plusieurs pièces d'orfèvrerie et ensuite quelques sculptures. »

1. Puget, l'un des plus grands sculpteurs des temps modernes, doit être placé immédiatement après Michel-Ange, pour l'ampleur de ses figures et l'énergique entente de ses beaux groupes.

Le bronze doré fut employé par Boule pour rehausser l'éclat de ses beaux meubles.

ARTS VESTIAIRES. — Le costume prit, sous Louis XIV, un degré d'ampleur, de richesse théâtrale, qui est resté célèbre. La perruque adoptée pour donner de la noblesse à la tête, le frac à boutons brillants, les jabots et manchettes de dentelles, étaient les principaux éléments du costume d'une nation de grands seigneurs.

Les femmes, grâce aux paniers, à l'emploi de magnifiques étoffes de soie, de riches dentelles, arrivaient à mettre leur toilette en rapport avec celle des hommes.

ORFÈVRERIE. — L'orfèvrerie suivit le mouvement général ; les mêmes influences amenèrent les mêmes résultats que dans les autres arts, tout fut sacrifié à la poursuite du faste et de la grandeur ; ce fut le but constant des efforts des principaux artistes. Ainsi un chef-d'œuvre d'orfèvrerie qui se voit au Louvre, le coffret d'Anne d'Autriche, fut dû aux talents de Lebrun et de Puget, alliés à celui d'habiles ciseleurs.

Le style Louis XIV ne se trouve nulle part mieux caractérisé que dans les nombreux dessins que nous possédons des artistes chargés de fournir des modèles aux orfèvres. Nous donnons ici le dessin d'un vase d'après J. Lepautre (fig. 126), qui respire au plus haut degré cet air de splendeur opulente qui semble appartenir spécialement aux *créations artistiques* de cette célèbre époque. Lepautre avait vu l'Italie lorsque l'école de Raphaël avait cessé de régner dans la décoration, lorsque le Bernin régnait à Rome, et surtout que venait de briller avec grand éclat l'école que les Carrache avaient fondée à Bologne. C'est d'elle surtout qu'il reçut ses inspirations.

Nous avons le témoignage des contemporains sur la beauté des œuvres de Claude Ballin [1] exécutées en métaux précieux, et qui les fit malheureusement porter à la Monnaie dans les jours de détresse de la fin du règne de Louis XIV. « Il y avait, dit Perrault, des tables d'une sculpture et d'une ciselure si admirables, que la matière toute d'argent et toute pesante qu'elle estoit, faisait à peine la dixième partie de leur valeur. C'estoient des torchères ou de grands guéridons de 8 à 9 pieds de hauteur pour porter des flambeaux et des girandoles ; de grands vases pour mettre des orangers ; des cuvettes, des chandeliers, des miroirs, tous ouvrages dont la magnificence, l'élégance et le bon goust étaient peut-être une des choses du royaume qui donnaient une plus juste idée de la grandeur du prince qui les avait fait faire. »

C'était Le Brun qui donnait aux orfèvres les dessins de toutes ces grandes pièces.

JOAILLERIE. — Ce ne fut guère que sous Louis XIV que la joaillerie acquit une grande perfection dans l'exécution d'œuvres analogues à celles qu'elle crée de nos jours. Il n'y avait pas très longtemps que les pierres et notamment les diamants (dont la taille fut perfectionnée vers 1745) entraient dans la toilette des femmes, qu'on faisait d'autres

---

1. Claude Ballin fut le grand orfèvre du règne de Louis XIV ; orfèvre et sculpteur, il s'inspira de l'étude de Poussin, et les vases de bronze de la terrasse de Versailles montrent quelle heureuse application il sut en faire. Pierre Germain, également célèbre, reçut directement l'impulsion de Lebrun. J. Lepautre, dont nous donnons un vase, fut le plus habile dessinateur d'ornements de l'époque.

œuvres que des bagues d'évêques, ou des objets servant au culte. Le célèbre et déjà

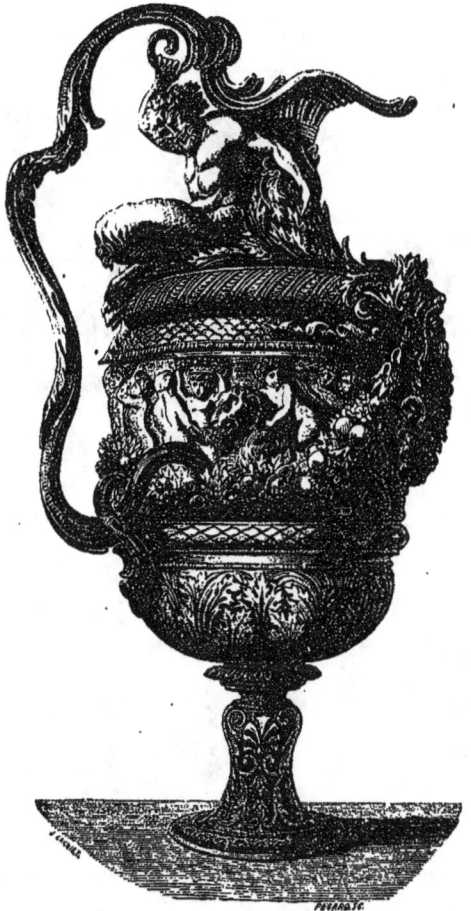

126. Vase de J. Lepautre.

légendaire Cardillac, notamment, produisit de très beaux ouvrages, dont les portraits et les peintures de l'époque peuvent nous donner une idée.

STYLE LOUIS XV

La sculpture sous Louis XV, recherchant avant tout l'élégance, tomba dans la mignardise et l'affęterie ; ce furent surtout les œuvres les plus propres à orner les boudoirs qui furent recherchées et préférées de beaucoup à des œuvres d'un caractère plus élevé, mais moins séduisantes. On ne peut toutefois contester aux artistes de ce temps une souplesse extraordinaire de main, une grande habileté d'exécution, une grâce singulière dans l'entente du sujet.

La sculpture décorative employa surtout les enroulements, les rocailles spéciales à ce style. Nous en donnons ici quelques exemples (fig. 127 à 131), à titre de types choisis parmi des variétés nombreuses.

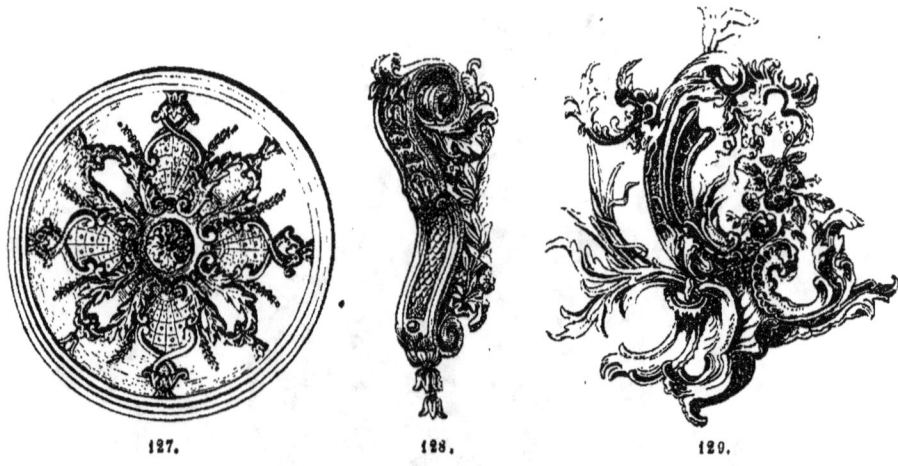

127. 128. 129.

En parlant des décorations peintes, nous rappellerons l'emploi fréquent des tableaux,

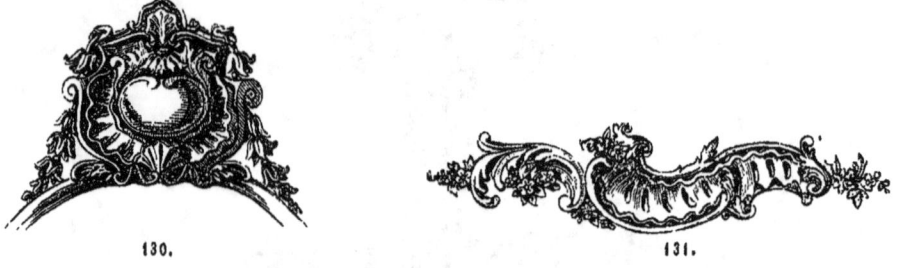

130. 131.

de Bouché notamment, qui étaient encadrés dans les moulures des panneaux de la boiserie des appartements.

BRONZE. — Le bronze doré vint sous Louis XV occuper une bien plus grande place dans l'ameublement que le bronze statuaire, dont l'aspect paraissait trop sévère. Aux pendules en marqueterie succédèrent les groupes en figures dorées, accompagnant le cadran, et les foyers se décorèrent de chenets, de garnitures très riches.

Nous donnons ici un lustre d'après Oppenord (fig. 132), le grand décorateur de l'époque.

Les architectes Oppenord et Meissonnier furent les principaux initiateurs du style Louis XV, enchérissant encore sur les surcharges d'ornements dont on était déjà épris sous Louis XIV ; ils étaient influencés par les conceptions de Francesco Borromini, architecte et sculpteur, qui travailla à Saint-Pierre sous la direction du Bernin, et mourut en 1667 après avoir excité une vive admiration par les lignes rompues de ses œuvres, exécutées avec une puissance d'invention des plus remarquable.

ARTS VESTIAIRES. — La toilette des femmes acquit à cette époque un degré d'éclat qui n'a jamais été dépassé, et c'est toujours le genre **Pompadour**, **Watteau**, etc., qui inspire le mieux les merveilleuses de notre époque. Les progrès modernes du luxe, l'éclat des fêtes de nuit splendidement éclairées, ont trouvé, on peut dire, leur véri-

132. Lustre d'Oppenord.

table complément dans les toilettes que nous reproduisent les tableaux de Watteau, Chardin, etc. Les accessoires, les éventails, par exemple, sont toujours très-recherchés et sont des modèles de goût et d'élégance féminine.

ORFÉVRERIE. — L'orfévrerie a montré durant cette époque les ressources multipliées que pouvaient offrir ses moyens d'exécution, en se prêtant à tous les caprices de la fantaisie; le style riche, grandiose, mais peut-être un peu froid, en honneur sous Louis XIV, disparut, et la tradition des travaux de Ballin fut oubliée. Le genre adopté puisait ses inspirations dans les constructions en rocailles qui avaient commencé à figurer dans quelques jardins du seizième siècle. L'Allemagne comme la France, Augsbourg et Nuremberg comme Paris, voulurent du rocaille, recherchèrent en tout la capricieuse ornementation de ce style. Rien de régulier; des lignes ou des surfaces ondulées, contournées, insaisissables, indescriptibles.

Ce fut surtout l'influence exercée par l'école de Borromini qui imprima aux arts cette fâcheuse impulsion, qui fit rechercher avec exagération les courbes prétentieuses qui caractérisent le genre ROCAILLE, le BORROMINESCO, comme disent les Italiens. Les formes perdirent leur pureté, sinon leur harmonie. On recherche les effets heurtés, les complications de toute sorte dans le contour, les enchevêtrements capricieux, les enroulements bizarres. Bientôt, par excès d'élégance, le genre Louis XV devint mignard et tomba dans une afféterie de mauvais aloi, en rapport du reste avec les mœurs efféminées et corrompues de l'époque. Toutefois ce style de boudoirs eut cela de bon qu'il laissa le champ libre à l'imagination des artistes. Cette liberté, ce mépris des traditions amena sans doute de fâcheux écarts de goût et des excentricités choquantes, mais il engendra aussi de brillantes fantaisies, d'ingénieuses créations et une véritable originalité dans les idées et les compositions. Certaines pièces du temps de Louis XV sont ravissantes de fantaisie et de caprice. En outre, ce que l'orfévrerie perdit en style, elle le gagna en exécution. Les productions de Germain, de Meissonnier, de Jacques Rœttiers, etc., furent travaillées avec un soin et un fini inconnus jusqu'alors.

Nous donnons ici un vase de ce style (fig. 133).

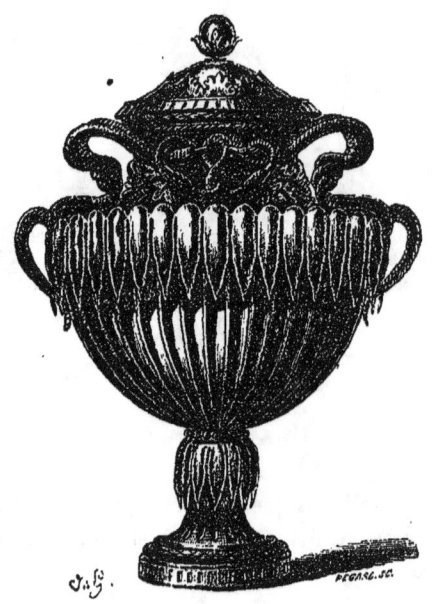

133. Vase Louis XV.

BIJOUTERIE, JOAILLERIE. — Ce fut surtout la bijouterie qui créa des merveilles à l'époque dont nous parlons; elle fit d'admirables progrès pour seconder le luxe des toilettes des femmes. Originalité, délicatesse, variété, tels sont les mérites de ces produits. A la fin du règne de Louis XV les orfévres étaient avant tout des bijoutiers et, sous le nom de « metteurs en œuvre », jouirent de certains priviléges accordés spécialement aux artistes.

Thomas Germain, dit le duc de Luynes, fut le chef d'une école dont les ouvrages délicats, étudiés et d'un grand mérite d'ajustement, ressuscitèrent la bijouterie, en flattant avec grâce le goût frivole d'un temps de plaisir et de luxe. On vit alors des bijoux d'une extrême richesse, composés dans le seul style qui fût admis alors, avec toutes ses bizarreries, il est vrai, mais avec toute sa nouveauté et sa hardiesse: les montres, les châtelaines, les tabatières étaient couvertes de sculptures repoussées, émaillées, brillantes de pierreries; ce n'étaient que guirlandes, amours, coquilles et rocailles contournées, ciselées en relief ou gravées, ouvrages peu classiques assurément, mais d'une composition aussi animée qu'elle fut diverse, et parfaitement combinée pour déployer toutes les ressources du talent d'artistes maintenant inimitables. Le piqué sur écaille, formé de petits clous d'or réunis en dessins, fut emprunté à la Chine, dont l'art européen ne dépassa jamais les prodiges d'adresse et de patience.

Jamais société ne rencontra une semblable réunion d'artistes de goût, de praticiens habiles, capables de donner satisfaction aux désirs d'une noblesse élégante.

STYLE LOUIS XVI

Sous Louis XVI, on revint à des formes moins contournées, plus simples, tout en conservant une certaine richesse d'ornementation. La découverte d'Herculanum, faite en 1706, tendait à ramener au classique, et occupait les esprits ; cependant la réaction ne se manifesta guère que vers 1750, sous l'influence de l'architecte Servandoni et de son élève de Vailly. Les arts industriels, et particulièrement la ciselure des bronzes, l'orfèvrerie, la joaillerie, adoptèrent un système nouveau. On peut s'en faire une idée par les bronzes dont il nous est parvenu des spécimens si fort recherchés aujourd'hui.

Comme indication du style Louis XVI, nous représentons un brûle-parfums (fig. 134)

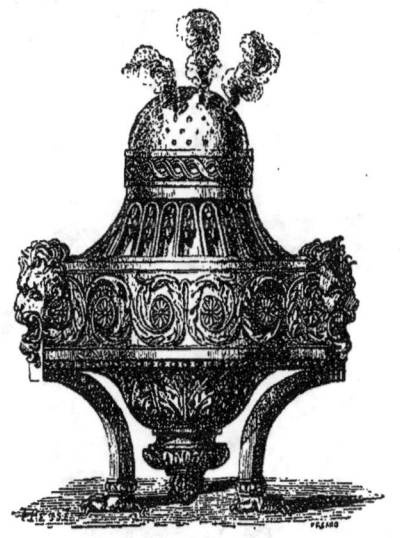

134. Brûle-parfums Louis XVI.

qui indique assez bien les formes préférées de ce style. Le célèbre fondeur Gouttières produisit alors des œuvres justement célèbres ; ce fut l'inspirateur et le guide de la sculpture d'ornement sous Louis XVI, avant l'époque révolutionnaire, quand on revint, par une transition brusque, dans les mœurs comme dans les arts, à une simplicité qui dut paraître étrange en face des principes de l'école précédente.

En ce qui touche l'orfèvrerie, le creuset travailla si bien durant la Révolution, qu'il nous reste peu de chose des belles pièces exécutées pendant les dernières années de la monarchie. Prieur, Delarche, Hauré, et enfin Gouttières avaient élevé très haut l'art de la ciselure.

La bijouterie elle-même, moins productive, devint alors froide et avare d'ornements. Comme dans les autres arts, on abandonna l'exagération pour suivre une voie tout opposée. Les plus beaux bijoux étaient ornés d'émaux unis et transparents bleus, gris de fer, opalins ; les boîtes en écaille noire, doublées d'or, étaient ornées de portraits ou de miniatures sur vélin. La bijouterie courante se composait de médaillons en losange avec des gouaches sous verre, entourés de perles, ou bien de coliers à plaques réunies par des chaînons polis.

STYLES ÉTRANGERS

Les Orientaux ne représentent jamais en relief le corps humain ni les animaux, cela leur est interdit par la religion de Mahomet ; ils n'ont donc pas de statuaire ; mais ils recherchent avec passion le luxe de l'orfèvrerie et des pierres précieuses, qui semble tout à fait convenir à l'éclat des décorations de l'Orient.

C'est sous la forme de bijoux, d'aigrettes, etc., que s'affirme surtout le luxe personnel du souverain de l'Orient ; c'est là que la pierre précieuse excite surtout l'admiration, représente la forme incontestée de la richesse.

Parmi les produits remarquables de ce genre, nous citerons l'ornementation des armes, luxe principal de ces nations belliqueuses au temps de leur splendeur. Nous en

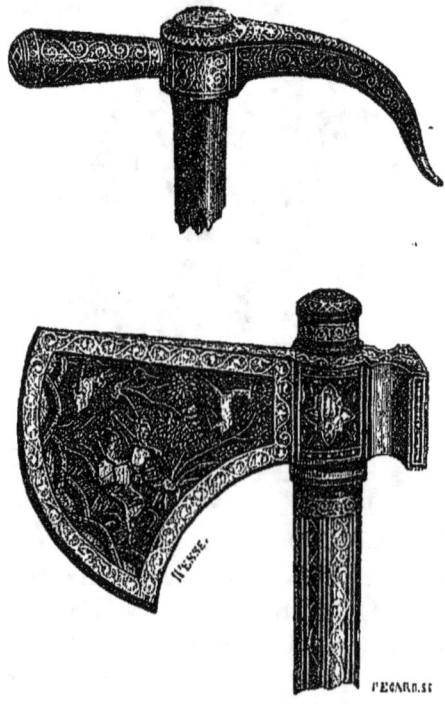

135. Armes de Mamelucks.

donnons un exemple curieux dans la représentation d'armes des Mamelucks, ces souverains de l'Égypte. Nous reviendrons plus loin sur cette question en parlant des procédés employés pour damasquiner les armes qui nous viennent de l'Orient et de l'Inde.

La statuaire parait peu développée chez les Chinois et les Indous ; nous ne connaissons leur art que par d'affreuses pagodes, ou des figures de faible valeur ; les Japonais ont toutefois poussé assez loin l'exécution en bronze d'animaux vrais ou symboliques. On doit citer l'orfèvrerie des Indous ; l'Exposition de 1855 nous en présenta des échantillons remarquables ; ils prouvaient que s'ils ne possèdent que des moyens d'exécution assez imparfaits, leur goût d'ornementation est extrêmement remarquable.

On doit surtout remarquer les filigranes, genre de bijouterie exécuté avec des fils d'or ou d'argent, qui est né dans l'Inde et s'est propagé dans l'Orient. Ainsi on a vu aux expositions des boîtes, des paniers, des bijoux en filigrane, couverts d'étoiles, de rosaces, d'ornements de tout genre. C'est le bijou fabriqué à profusion par les industrieux ouvriers chinois, qui savent le fabriquer depuis bien des siècles avec une rare perfection. Le travail matériel ne laisse rien à désirer ; les soudures sont parfaites, et ce n'est pas un petit mérite, car le bijou en filigrane présente beaucoup de difficultés sous ce rapport ; la légèreté de ces produits est si extraordinaire que c'est à peine si de nos jours on peut en approcher. Malheureusement tous les bijoux chinois pèchent essentiellement par la forme, par l'ornementation, par le goût. Les Génois exécutent aussi depuis longtemps d'une manière remarquable, sous le rapport du travail matériel, les bijoux en filigrane, mais on doit leur adresser le même reproche qu'aux Chinois : ils manquent de goût et de variété.

Le filigrane proprement dit est un bijou dont l'ornementation est exécutée au moyen de deux fils d'argent ou d'or, très fins, tordus ensemble de manière à imiter une corde d'une grande ténuité. A quelque distance, cette corde semble être un fil gravé. On contourne le fil à l'aide de tenailles de diverses formes, et de différents autres outils que l'ouvrier invente à chaque instant, et l'on parvient à former ce travail merveilleux par sa délicatesse, dont nous plaçons un dessin sous les yeux de nos lecteurs.

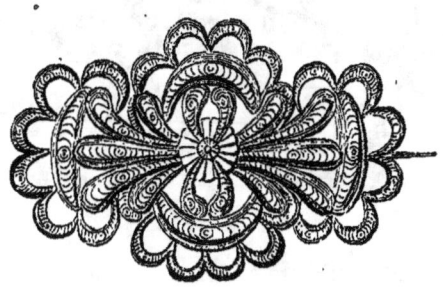

136. Bijou en filigrane.

En France, au lieu de laisser le « filigrane » proprement dit faire tous les frais de l'ornementation, aussi bien que de la charpente du bijou, les artistes français ont appelé à leur aide les ornements brunis, les émaux, les ors de couleur, le guilloché, la gravure, les dessins de toute nature : aussi ils sont arrivés à embellir, à varier de tant de manières ce bijou, que partout on le préfère maintenant à tous autres, quoiqu'il soit encore un peu moins léger que celui des Génois et des Chinois.

ÉPOQUE ACTUELLE

SCULPTURE

L'époque actuelle s'est reprise pour la sculpture d'une passion justifiée par les œuvres remarquables qu'elle a vues naître. Thorswaldsen en Danemark, Schwantaler, Rauch en Allemagne, Canova, Pradier en France, ont, entre autres artistes, produit depuis le commencement du siècle des œuvres d'un grand mérite, et ont, à bon droit, passionné leurs concitoyens[1].

Nous ne pouvons nous arrêter à une étude de l'art de la sculpture, qui offrirait un bien grand intérêt, mais qui sort du cadre de ce travail et qui, relevant de l'esthétique, serait dans les limites où elle est possible, une œuvre immense. Ce serait déjà un travail considérable que d'énumérer seulement les œuvres les plus remarquables des

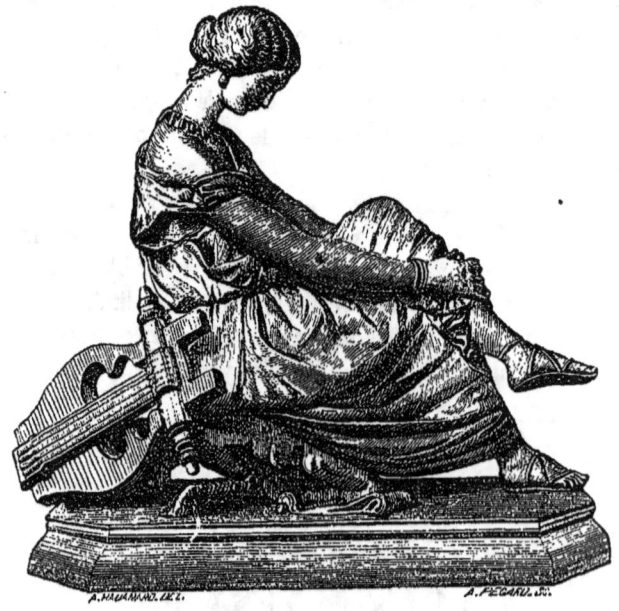

137. Sapho de Pradier.

sculpteurs modernes, soit celles qui se distinguent par un beau sentiment de calme et de grandeur, comme la MADELEINE de Canova, ou le LION DE LUCERNE de Thorswaldsen, cette image de la dignité dans la mort ; soit celles qui représentent la joie ou

---

1. Pour ce qui va suivre, nous ferons de nombreux emprunts au beau rapport du duc de Luynes sur l'Exposition de 1851. Aussi bon juge qu'amateur éclairé et savant, le duc de Luynes a renfermé dans ce travail toute l'histoire de l'orfèvrerie, de la bijouterie, des bronzes dorés depuis le commencement de ce siècle. Il a paru d'une manière brillante à l'Exposition de 1855, comme promoteur et collaborateur de plusieurs des plus belles œuvres que ces industries aient produites : l'épée ciselée par les frères Fannière, la *Minerve* en ivoire et or de M. Simart ; à celle de 1867, on a admiré le bouclier en fer repoussé inspiré par lui à M. Fannière.

Une industrie serait heureuse et fière d'avoir toujours des juges de cette distinction : et l'orfèvrerie se rappellera longtemps ce juge éminent, si ardent promoteur du progrès.

la force, telles que le DANSEUR NAPOLITAIN de Duret, ou le TUEUR D'AIGLES de Bell. Il nous est impossible d'aborder cette grande œuvre, qui appartient à l'étude des Beaux-Arts ; nous donnerons ici seulement un bel échantillon de sculpture moderne, la SAPHO, la dernière œuvre justement célèbre de Pradier (fig. 137).

Si nous passons maintenant à la sculpture décorative, nous dirons qu'à l'époque actuelle on en est revenu à l'emploi presque exclusif des moulures et des bandeaux. Ce n'est que dans des cas rares que la sculpture est appelée à orner les murailles, et encore est-ce le plus souvent à l'aide de dressoirs ou meubles plaqués sur celles-ci. Toutefois le carton-pierre vient quelquefois favoriser l'emploi de hauts reliefs pour l'ornementation du grand luxe et réussit merveilleusement à reproduire les riches décorations des divers styles.

En général aujourd'hui, c'est le luxe des glaces, des tentures, des tapis qui brille dans les intérieurs, genre de décoration qui répond aux grand nombre de fortunes de second ordre, et au petit nombre de fortunes princières de notre société ; au reste, cette question de décoration rentre en grande partie dans l'emploi des couleurs dont nous parlerons plus loin.

Enfin nous devons parler ici des imitations d'objets naturels, des fruits, par exemple, à l'aide de la cire et du carton pierre, mais surtout des fleurs à l'aide des étoffes et du papier. La fabrication des fleurs artificielles, qui fournit un élément si gracieux de la toilette des dames, est une importante industrie parisienne [1].

BRONZES [2]

L'industrie du bronze a pris en France une très grande extension, qui s'explique par le développement de l'art statuaire, le goût de nos ouvriers pour ajuster les diverses parties fondues séparément, pour ciseler et réparer les imperfections de la fonte. Tous les chefs-d'œuvre de la statuaire ont été réduits pour fournir des ornements d'un goût pur ; une foule de sujets de petite dimension ont été modelés par nos artistes. Dans ce genre de créations le gracieux, le motif agréable est surtout recherché, avec juste raison ; la statuaire de si petite dimension ne peut guère, comme nous l'avons dit, se proposer un but plus élevé.

C'est dans ce siècle, et surtout à partir de 1840, grâce aux travaux antérieurs qui ont valu une juste réputation à Ravrio, Thomire, Denière, que s'améliora surtout la fabrication des petits bronzes. Les artistes, devenus beaucoup plus nombreux, trou-

---

1. C'est de l'Italie que vinrent les premières fleurs artificielles employées à la toilette des dames et à la décoration des appartements. Il y a environ un siècle, s'établit à Paris, Seguin, natif de Mende en Gevaudan, véritable artiste qui avait étudié la botanique et qui s'appliqua le premier à copier scrupuleusement la nature dans l'imitation des fleurs. Ce fut vraiment lui qui dota Paris d'une industrie qui a pris tant de développement.

2. Destinée à satisfaire les velléités de luxe de bien des modestes fortunes (la division des fortunes est le caractère principal de notre société, celui qui réagit le plus puissamment sur l'art industriel à notre époque), l'industrie des bronzes, se ramifiant dans une infinité de petits ateliers, produit souvent des pièces d'un goût douteux. Le véritable progrès, celui qui, au reste, se réalise chaque jour, grâce à l'épuration incessante du goût, consiste à faire entrer de plus en plus l'art dans la fabrication, sans trop renchérir les produits.

vèrent dans leur imagination et leur talent les ressources nécessaires pour tenir en éveil la curiosité et l'intérêt des acheteurs. Une foule de petites pièces de décoration et d'ameublement furent mises par leur bon marché à la portée des fortunes moyennes.

L'invention du procédé Collas a fait faire un grand pas à la fabrication des bronzes, en faisant intervenir les antiques, avec tout leur charme, dans les décorations de petite dimension, et en faisant l'éducation du public et des fabricants. Quand on fut devenu capable de comprendre l'art antique, qu'on eut abandonné l'odalisque et le troubadour de l'empire, types curieux de mauvais goût, les vaillants promoteurs de l'art industriel élargirent la donnée du beau en s'appropriant par le même procédé les œuvres de Michel-Ange, Jean Goujon, Germain Pilon et aussi de Puget, Coustou, Clodion, Canova, etc. Bientôt d'autres artistes se sont élevés, dont les productions ont pu aller de pair avec ces types admirables. MM. Constant Sévin, Piat, Carrier-Beleuze doivent être cités. M. Barbedienne a été le promoteur, l'organisateur au point de vue commercial de ce beau mouvement qui a été un magnifique progrès.

Une autre influence, très grande aussi, dans un genre spécial, a été celle de Barye, qui, par une étude exquise de la nature, a fait faire un pas immense à la reproduction des animaux. Personne n'a compris comme cet artiste la sauvage beauté, l'élégance des animaux. Quelques-uns de ses combats sont terribles; le lion qui déchire un crocodile

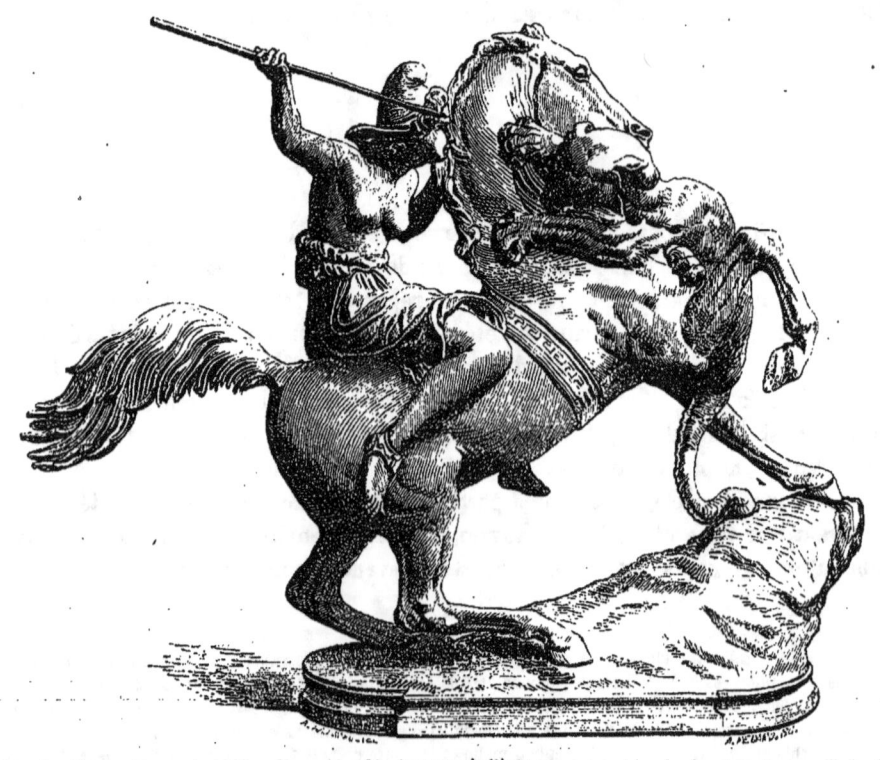

138 Amazone de Kiss.

est admirable : c'est le calme de la force impassible devant les tortures du vaincu ; personne n'a su comme lui aplatir le crâne d'un tigre, allonger son torse maigre pendant qu'il se glisse, les membres rassemblés et prêt à bondir. M. Barye n'est pas seulement un sculpteur d'animaux, il est digne à tous égards de traiter des sujets antiques: quelle puissance dans le Combat du Centaure et du Lapithe ! Celui-ci serre de ses jambes nerveuses la croupe de son adversaire : sa main, crispée sur l'épaule du Centaure, amène la tête effarée sous sa massue brandie, prête à frapper. Si audacieux que soit le mouvement, il n'en reste pas moins un modèle de style.

Dans ce qui précède nous parlons surtout du bronze d'art qui conserve la couleur du métal ; disons quelques mots du bronze doré, dont la fabrication moins artistique est, et surtout était plus spécialement il y a encore peu de temps l'objet de l'industrie des bronzes.

Parmi les fabricants qui ont créé de belles œuvres dans ce genre, on doit citer M. V. Paillard qui a exposé avec éclat une grande pendule avec candélabres dorés, style de la fin du règne de Louis XIV, et des flambeaux Louis XV à fût tordu et pied orné d'écussons.

On peut dire qu'aujourd'hui le bronze doré cède la place au bronze d'art placé sur un socle qui semble dissimuler le cadran de la pendule. C'est un résultat que les dernières Expositions ont démontré clairement. Tandis qu'elles offraient quantité de magnifiques bronzes, il y avait peu d'œuvres vraiment remarquables en bronze doré pour les garnitures de cheminées ; il y avait au contraire ee beaux produits de ce genre pour

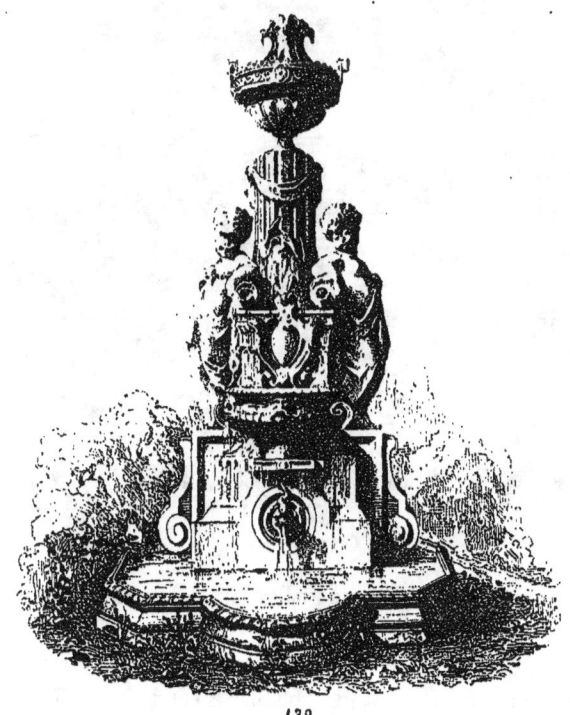

139.

décorer les meubles style Louis XVI, pour orner des cheminées du même style, pour décorer de riches coupes ou de beaux vases de porcelaine ; enfin le bronze doré sert encore à établir de magnifiques lustres de grandes dimensions.

L'industrie des bronzes est toute française et toute parisienne : rien de comparable ne se fait à l'étranger comme importance industrielle et comme goût ; aussi la fonderie de bronze est devenue une des plus belles industries de la France ; elle n'a pris dans aucun autre pays un développement comparable, et aux Expositions universelles on a pu compter vingt fabricants français pour un fabricant étranger.

FONTE ET ZINC. — La fonte de fer, le zinc sont venus récemment prendre place dans la décoration. De magnifiques fontaines en fonte de fer ornent aujourd'hui nos places publiques ; mais ces produits ont toujours quelque chose de la lourdeur de la fonte, ce que rend assez bien le dessin ci-contre (fig. 139) d'une fontaine en fonte de M. Durenne gravé par le procédé Dulos. A titre de spécimen d'un travail digne d'être considéré comme un des beaux produits de la statuaire allemande, nous représentons l'AMAZONE de Kiss, fondue en zinc par Geis, de Berlin (fig. 138).

Nous citerons encore un genre de produit très estimé chez les Anglais : ce sont leurs belles cheminées de Sheffield, en fonte et acier poli (fig. 140), destinées à recevoir de

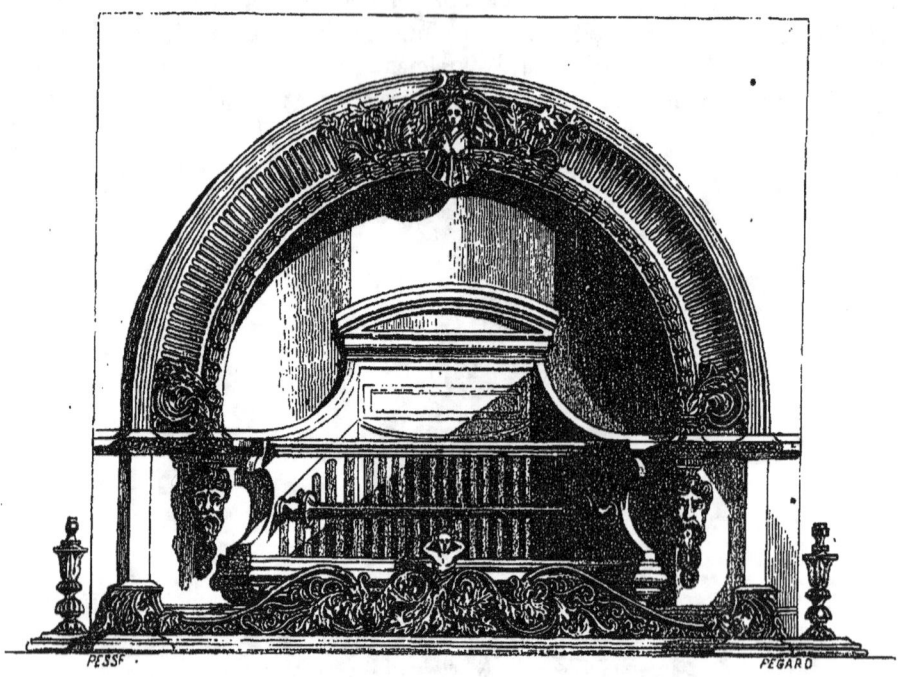

140, Cheminée anglaise.

grands feux de charbon de terre, et auxquelles ils donnent des formes souvent très heureuses.

La restauration de l'industrie des repousseurs en fer, qui était oubliée, a permis d'orner, par des procédés de retreinte semblables à ceux de l'orfèvrerie, des grilles d'une grande richesse, analogues à celles faites sous Louis XV, que les produits plus lourds en fer fondu n'avaient pu faire oublier.

ARTS VESTIAIRES. — Le costume des hommes depuis la Révolution, qui avait anéanti les industries de luxe, et resté sévère ; l'habit noir a toujours été le vêtement de cérémonie. Sans doute, une certaine élégance, une adaptation parfaite d'un vêtement est l'objet des efforts de la grande industrie de la confection des vêtements, la plus importante après celle de l'alimentation ; mais elle s'interdit les caprices de formes très variées, l'emploi des étoffes éclatantes.

C'est sur la toilette des femmes que se concentrent tous les efforts de l'art. La mode transforme d'année en année presque tous les éléments des costumes, et, dans ses caprices variés, qui en apparence ne sont soumis à aucune règle, traduit toutes les fantaisies, tous les désirs d'une société qui va en se transformant elle-même chaque jour. Rien peut-être ne donne mieux un aperçu de la différence des idées à deux époques que la comparaison des modes qui étaient adoptées dans chacune d'elles , mais la mobilité même de ces transformations rend peu utile la définition des éléments du goût dominant à un moment donné. C'est toujours à faire valoir l'élégance de la taille, la beauté de la chevelure, etc., que s'appliquent les artistes spéciaux ; mais les moyens d'atteindre le but varient singulièrement dans les détails. On peut dire, seulement, que ce sont les traditions de l'époque de Louis XV qui occupent la plus grande place dans les combinaisons modernes.

ORFÈVRERIE

La Révolution fit disparaître les belles œuvres d'orfèvrerie ; elles retournèrent à la Monnaie dans un temps où personne ne pouvait ni n'osait afficher de luxe, lorsque toutes les grandes familles étaient proscrites. Aussi, lorsque sous l'Empire on voulut de grandes pièces d'orfèvrerie, la France avait oublié ses propres traditions, et si elle parut en retrouver quelque débris, c'est parce qu'elle avait inspiré autrefois les modèles des produits demeurés à la mode en Angleterre. Nos orfèvres eurent aussi à imiter les procédés perfectionnés d'estampage que leur entente de la mécanique et la prospérité de leur fabrication avait fait adopter à nos voisins. A leur exemple, la fabrication française consista surtout dans l'application d'ornements estampés sur des pièces à contours gracieux.

Au commencement de l'Empire, Auguste, l'ancien orfèvre de Louis XVI, Odiot, Biennais, furent des orfèvres de réputation. Odiot surtout, nommé orfèvre de l'empereur, fut chargé de travaux considérables. Nous citerons comme exemple de ses compositions le berceau du roi de Rome, pour lequel il fut aidé par Thomire, et dont les dessins furent fournis par Prudhon. Une élégante Victoire à demi-agenouillée sur un globe, dominait l'arcade du berceau et soutenait sur la tête de l'enfant impérial une couronne d'étoiles, d'où partait la draperie de dentelles qui servait de rideaux. Les génies de la Force et de la Justice étaient debout devant les pieds antérieurs et postérieurs du berceau, formés par des cornes d'abondance croisées.

Cette description permet d'apprécier le style de l'Empire dans les œuvres d'art ; on cherchait l'imitation de l'antique avec quelque chose de l'inexpérience d'une génération qui avait conservé peu de traditions de procédés techniques ; dans laquelle les artistes spéciaux, les ouvriers très habiles, étaient peu nombreux.

Sous la Restauration, la transformation qui tendait à se produire dans tous les arts se fit sentir immédiatement dans l'orfèvrerie. On ne faisait plus des imitations de l'antique, mais on conservait toujours les souvenirs classiques en cherchant plus de liberté et d'originalité. Fauconnier se distingua surtout à cette époque ; non seulement il produisit quelques belles œuvres dans le style classique, mais encore ce fut lui qui tenta les premières pièces d'orfèvrerie dans le style de la Renaissance. Ce fut dans son atelier que M. Barye fit ses premières études d'animaux, genre auquel il a su faire une si grande place ; il forma ses neveux, MM. Fannière, dont nous allons rencontrer les beaux travaux de ciselure.

Plus récemment, les orfèvres français les plus célèbres furent d'abord : M. Odiot fils, fidèle en général au goût anglais, à la riche orfèvrerie ; M. Lebrun, qui se distingua par un grand talent de ciseleur ; M. Durand ; enfin Wagner qui vint remettre en honneur le repoussé, le procédé par excellence de l'orfèvrerie d'art, celui qui lui est tout spécial, et qui avait cédé la place aux procédés plus industriels de la fonte et de l'estampage. Au lieu de se borner à l'exécution de pièces utiles, Wagner accusa franchement la tendance des orfèvres de premier ordre à constituer un art complet, à créer des pièces ayant surtout une valeur artistique. Disons tout de suite que cette voie est périlleuse et que les orfèvres ne doivent jamais oublier les conditions toutes spéciales qui font de l'orfèvrerie un art industriel, ce qui ne veut pas dire qu'ils ne puissent produire des chefs-d'œuvre, mais seulement que ceux-ci sont d'une nature particulière, d'un autre ordre que ceux de la statuaire.

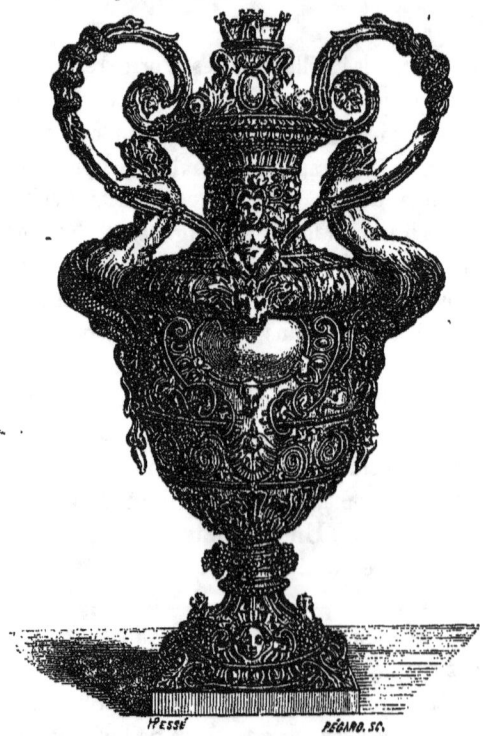

141. Vase de Froment-Meurice.

En 1839, parut pour la première fois à l'Exposition un artiste distingué, Froment-Meurice. A une grande valeur personnelle, à un goût sûr qui le portait à chercher autre chose que l'imitation des siècles passés, c'est-à-dire à l'originalité et à un caractère propre à notre temps, il joignait les qualités organisatrices qui permettent la production rapide et excellente exigée aujourd'hui, et qui ne peut s'obtenir que par la réunion des efforts des collaborateurs les plus distingués. En effet, aujourd'hui, pour les œuvres de premier ordre, le concours des premiers artistes ciseleurs, émailleurs, est réclamé par les divers fabricants. Nous donnons ici un vase mis par lui à l'Exposition de 1844, offert par la ville de Paris à un célèbre ingénieur (fig. 141), et son chef-d'œuvre, l'admirable toilette de la duchesse de Parme qui recueillit tous les suffrages à l'Exposition de 1851 (fig. 142), et lui valut la grande médaille.

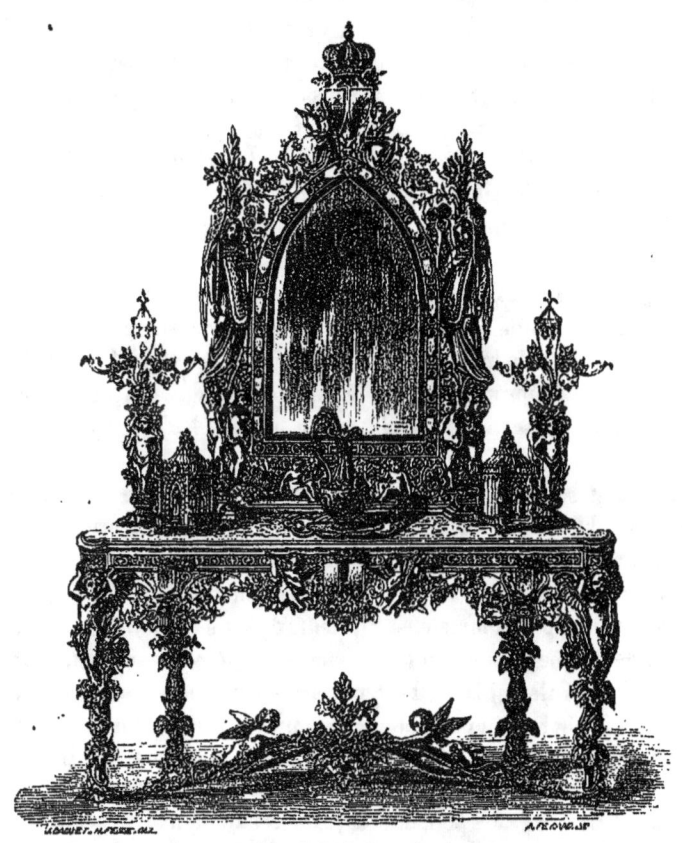

142. Toilette de la duchesse de Parme.

Ce morceau capital consiste en une table à pieds d'argent richement décorés ; la surface de la table est en argent niellé de fleurs de lis, encadrée d'une bordure en acier gravé. Le miroir richement garni d'argent est flanqué de deux candélabres en forme de lis, soutenus par des anges portant les armoiries de la princesse. Des coffrets de forme gothique ornés de figures émaillées et polies, une aiguière et un plateau complètent ce bel ensemble, où les lis, les formes gothiques rappellent avec la plus esquise délicatesse à la fille de nos rois les vieilles traditions françaises, et où la brillante décoration des émaux, des décorations de tout genre brille d'un éclat moderne.

Nous compléterons nos emprunts au duc de Luynes, en citant parmi les artistes les plus éminents de notre époque, comme un maître complètement digne d'être mis en parallèle avec les maîtres de la Renaissance, Vechte qui exposa en 1847 au Louvre un admirable vase, exécuté au repoussé (procédé qu'il a amélioré par l'emploi de creux en bronze, obtenus par la fonte, au moyen du moulage du modèle à exécuter, pour préparer et avancer le travail), dont l'ornement représentait le combat des Dieux contre les Géants. Au sommet de cette amphore, et sur le couvercle, Jupiter, assis sur son aigle et tenant les foudres, va frapper ses adversaires; les Géants, armés de troncs d'arbres et de rochers, escaladent l'Olympe, se groupent en bas-reliefs sur la panse du vase, en ronde-bosse sous les anses; au pied, les passions, la Haine et la Discorde se débattent, déjà renversées et frappées par les traits de Jupiter. Ce vase admirable a figuré à Londres en 1851, dans la vitrine de MM. Hunt et Roskell.

Ce qui précède montre assez clairement, ce nous semble, que l'orfévrerie française tend, dans ses œuvres d'art, à se rapprocher de la Renaissance par la richesse des compositions, tout en leur donnant un cachet propre à notre époque. Dans la décoration pure de l'orfévrerie de table, le style Louis XV tient cependant encore une assez grande place. Nous allons compléter cette revue en disant quelques mots des œuvres de nos orfévres que nous offrent les dernières Expositions, après un rapide examen des œuvres principales de l'orfévrerie étrangère.

ANGLETERRE.—L'Exposition de Londres, en 1851, a bien montré ce que nous avons déjà nommé le « goût anglais. » Son ornementation parut en général mal conçue, confuse et peu raisonnée, mais la forme même des pièces de vaisselle de table était commode pour l'usage, bien appropriée aux différents besoins du service; elle possédait cette perfection de forme des articles usuels, pour laquelle les Anglais, qui ont presque inventé la chose, ont inventé le mot « confortable. »

Les grandes compositions, dues à MM. Hunt et Roskell, les successeurs de Mortimer, qui possèdent la plus importante fabrique d'orfévrerie et bijouterie du monde entier, offraient à Londres, au dire de l'excellent juge que nous continuons à suivre, avec de nombreux défauts de compositions trop chargées, l'indication d'efforts évidents pour sortir d'une mauvaise voie; comme chez plusieurs de leurs rivaux, l'épuration du style se faisait sentir et devait mener à une régénération assez prochaine du goût qui était l'aspiration de toute l'industrie anglaise. Ils tendaient à transformer, en les améliorant, ces grandes pièces d'orfévrerie avec force personnages en argent mat, antipathiques aux ressources et à l'esprit de la bonne orfévrerie, et cependant très goûtées des Anglais pour leurs « testimonials. » Il faut dire que ces figures, ces arbres, ces végétaux et animaux distribués sans pondération, sans beauté dans leur symétrie, sans grâce dans leur irrégularité, avaient souvent plutôt l'aspect de jouets d'enfants que d'objets d'art.

Si on remarque avec le duc de Luynes que, dans tous les pays et dans tous les temps, l'orfévrerie et la fabrication des vases en terre cuite et en porcelaine suivent une marche à peu près identique et adoptent les mêmes formes avec une décoration du même genre, les beaux produits de céramique du Straffordshire, notamment ceux de Minton, si remarqués en 1855, étaient d'un heureux présage pour l'industrie anglaise.

En effet, l'Exposition à Paris des produits de l'orfévrerie anglaise en 1855 confirmait ces prévisions, et elle montrait, en dehors de malheureuses représentations de chasses, paysages, etc., plusieurs créations de bon goût.

En 1862, les critiques anglais ont donné eux-mêmes la palme de l'orfévrerie à notre compatriote A. Vechte, qui avait exposé chez MM. Hunt et Roskell deux forts beaux vases; un troisième, extrêmement remarquable également, était placé dans le compartiment français de l'Exposition des beaux-arts.

Les œuvres de Vechte ont de très-grandes qualités; elles sont bien composées, leur silhouette est très-agréable. De loin on est saisi par l'heureuse disposition, de près on jouit mieux de l'imagination, de la verve de l'auteur. Peut-être pourra-t-on lui reprocher les défauts de ses qualités, quelques contours un peu heurtés, un modelé un peu exagéré, mais il faut songer que les pièces d'orfévrerie sont souvent vues à quelque distance et qu'elles doivent être dès lors traitées un peu à l'effet, en accentuant au besoin les contours.

La vitrine de M. Phillips renfermait un fort joli vase, dont l'anse était très ingénieusement travaillée. Une bacchante toute pâmée se cambre, se renverse; ses cheveux, ses bras rejetés en arrière vont rejoindre la partie supérieure du vase. Ici encore se trouve une réduction de la statue de la touchante Godiva, qui parcourt à cheval, voilée seulement de ses longs cheveux, la ville qu'elle exempte, par sa charitable effronterie, d'un impôt écrasant.

L'Exposition de M. Elkington, distribuée avec un goût tout parisien, renfermait plusieurs pièces dignes d'attention, un joli vase en argent oxydé d'une forme un peu écrasée et un excellent pot à bière, en ivoire et en argent. Quatre Muses délicatement ciselées occupent le centre de quatre médaillons d'ivoire distribués sur le corps du vase; ces figures antiques rappellent un peu le faire séduisant de Prudhon. On trouvait encore, chez M. Elkington, une table en argent damasquiné, bien composée; les figures en haut-relief qui s'accoudent au pied sont très-bien modelées.

Ces exemples suffisent pour faire comprendre quelle importante révolution s'est faite dans le goût anglais, sans qu'il nous soit nécessaire de passer en revue d'autres pièces moins importantes que celles rassemblées dans le compartiment anglais à Kensington. Les jolies fontaines à thé, cafetières, théières, tasses, couverts, etc., en argent ou en imitation, montraient que le désir d'améliorer les modèles était descendu des objets de luxe à ceux qui sont d'un usage journalier; ceux-ci ont, au reste, souvent ce caractère de solidité qui distingue les objets anglais et qui dans certains cas les font rechercher à l'étranger.

ALLEMAGNE. — En Allemagne, après Dinglinger, mort en 1731, l'orfévrerie d'art cessa d'exister; le goût public s'attacha seulement à des ouvrages brillants, lustrés, très-finis dans leurs détails. Toutefois, la fabrication devint beaucoup plus considérable vers la fin du dix-huitième siècle, lorsque l'introduction de l'estampage rendit accessibles et à bon marché les produits de l'orfévrerie.

L'imitation des procédés anglais fit adopter les formes anglaises, et encore aujourd'hui la mode s'attache en Allemagne à ce qu'on appelle le « genre baroque anglais. » Toutefois, de grands artistes dominent maintenant le goût public en produisant des œuvres qui ont un cachet artistique qui leur est propre et qui sont dignes du rang si élevé que la statuaire et la peinture allemandes occupent dans le monde des arts. On a beaucoup admiré à Londres, en 1851, une grande création de cet ordre due à M. Albert Wagner, qui formait la pièce principale d'un surtout de table.

Nous ne suivrons pas plus loin notre étude par pays. Nous dirons seulement que la

Russie, où l'industrie des tissus d'or a été introduite par les Byzantins en même temps que le christianisme, l'Italie, l'Espagne avaient exposé quelques pièces remarquables aux Expositions universelles. Ces grands spectacles, ces éclatantes manifestations du mouvement qui tend à la fusion des nations, ont montré chez la plupart d'entre elles d'assez belles œuvres, pour prouver que les grands artistes ne sont le privilége d'aucun pays.

ORFÉVRERIE FRANÇAISE. — Nous parlerons d'abord de l'orfévrerie d'église, exécutée ordinairement à bas prix, mais avec une perfection médiocre. L'Exposition de 1855, entre plusieurs pièces remarquables de cette fabrication, en offrait une tout à fait hors ligne : à savoir, l'autel de style gothique exécuté par M. Bachelet sur les dessins de M. Viollet-le-Duc, le savant architecte de Notre-Dame. Il était impossible de voir une étude plus satisfaisante du style de cette époque, de mieux faire valoir la richesse des fonds métalliques de grande étendue, parsemés d'émaux de couleur, d'où se détachent si bien des personnages exécutés en bas-relief. Il n'est pas d'ornement plus satisfaisant pour une cathédrale gothique, rappelant mieux la splendeur du catholicisme au moyen âge.

Comme chef-d'œuvre de ciselure, tout le monde admira la tasse de M. Lebrun. Cette tasse en argent épais, fondu et ciselé, avait la forme d'un tronc de cône dont la petite section formait la base : sur la panse étaient les armoiries du propriétaire, M. le baron de Mecklembourg, accompagnées de deux figures d'une charmante exécution et d'un travail exquis.

Comme œuvre d'orfévrerie remarquable et bien étudiée, nous représenterons un thé

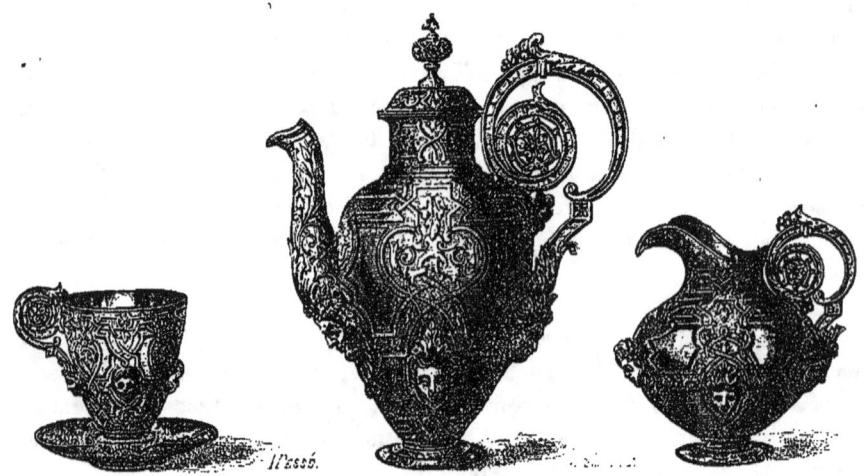

143. Thé de M. Lecointe.

dit tête-à-tête) en argent poli incrusté d'or, dessiné et exécuté par M. Lecointe. Nous profiterons de ce qu'il nous a été donné de le dessiner en détail pour le reproduire intégralement et faire apprécier tout le travail, tout le goût nécessaire pour mener à bien un travail sérieux d'orfévrerie.

Parmi les plus grandes œuvres d'orfévrerie moderne, on doit citer le grand travail de M. Christofle, le beau surtout de la ville de Paris, qui est, sans contredit, une des plus

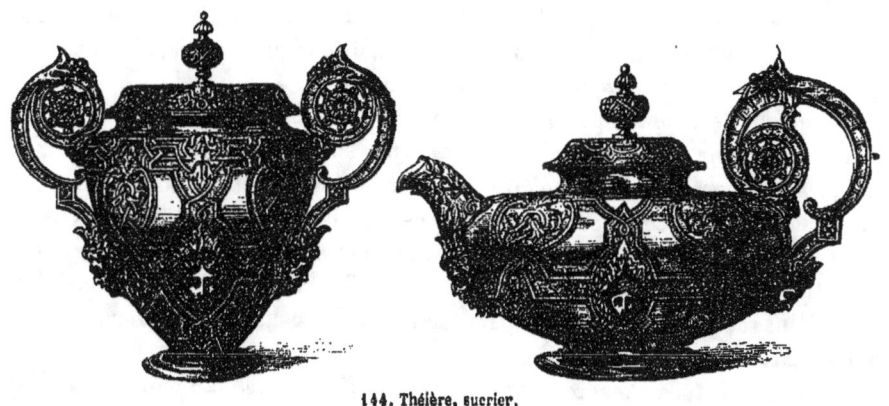

144. Théière, sucrier.

grandes pièces d'orfèvrerie qu'on ait jusqu'à ce jour exécutées; la composition en est
due à M. Baltard.

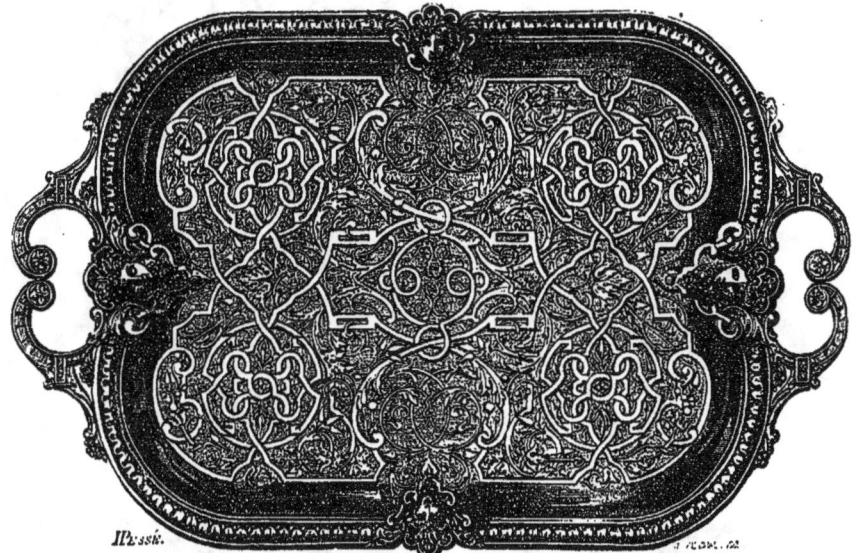

145. Plateau du thé de M. Lecointe.

Sur un esquif qui rappelle les armoiries de Paris, quatre figures délicatement ciselées : la Science, l'Art, l'Industrie et le Commerce, soutiennent sur le pavois la ville de
Paris, symbolisée par une belle jeune femme, le front couronné d'un diadème de tours.
A la proue de la nacelle, le Génie du Progrès éclaire la marche en agitant son flam-
beau ; la Prudence siège sur l'arrière, et tient le gouvernail. Les deux extrémités de la
glace, qui simule l'eau sur laquelle vogue le bâtiment, sont occupées par des chars que
traînent quatre chevaux piaffant au milieu de l'écume qu'ils soulèvent autour d'eux ;
enfin, sur la galerie extérieure s'espacent de riches flambeaux dont les chaudes lumières,

éclairant le groupe central, donneront la nuit, à cette pièce importante, un éclat encore plus vif qu'à la blanche lumière du jour.

Une aussi grosse masse de métal brillant eût sans doute présenté un peu de monotonie si les artistes n'en eussent nuancé le métal de quelques tons jaunâtre, très clairs mais suffisants pour rompre un blanc trop uniforme.

Les détails de cette composition sont bien traités, et on les examine les uns après les autres avec plaisir, et cependant l'ensemble est peu émouvant. Ces grands sujets mythologiques ont peut-être besoin d'être traités avec plus d'entrain que n'en a dépensé M. Baltard ; on y voudrait sans doute plus de fantaisie, plus d'ardeur, un peu de cette verve intarissable avec laquelle Rubens sait grouper ses Naïades, ses Tritons, les êtres fantastiques empruntés au ciel ou à la terre, qu'il répand avec une prodigalité toute royale dans ses œuvres allégoriques. Le surtout de M. Baltard est une œuvre agréable, ce n'est pas une œuvre puissante.

Parmi la multitude d'œuvres intéressantes que M. Christofle a produites aux Expositions universelles, nous citerons les objets style Pompéi, dessinés par M. Rossigneux, dont nous reproduisons un surtout très élégant (fig. 146).

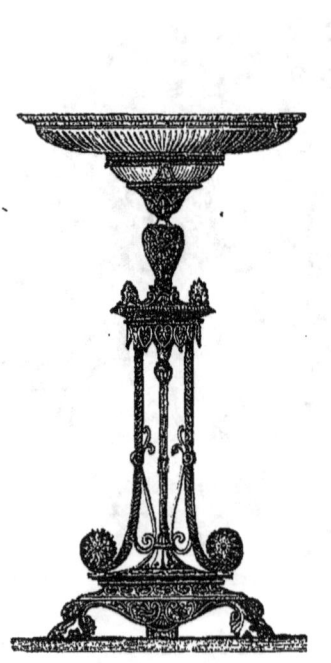

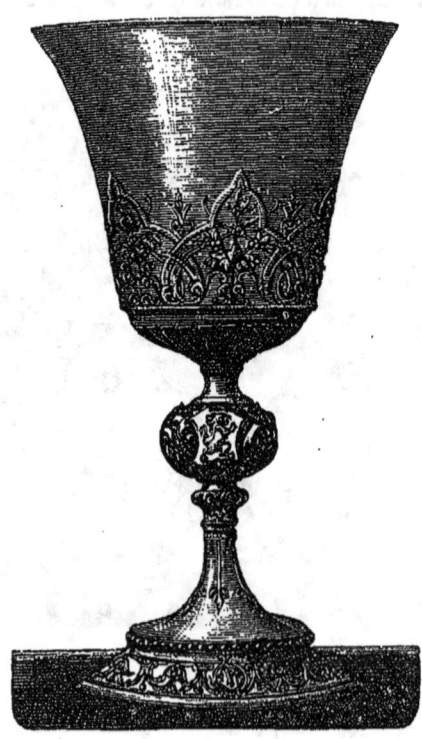

146. Surtout Pompéien.   147.

Le bouclier de Fannière aîné, la CHUTE DES ANGES, est une pièce capitale. Il est en acier repoussé ; c'est une œuvre de ciselure bien audacieuse, qui, à cause de ses hauts reliefs, renferme bien des difficultés vaincues, et est peut-être le plus beau morceau qui soit jamais sorti de la main d'un ciseleur. Nous donnons encore ici (fig. 147) un charmant ouvrage dû à cet artiste, un verre en argent d'une grande élégance.

Nous offrirons enfin le dessin d'une œuvre remarquable due à la collaboration d'artistes d'un grand talent, le sabre du duc de Luynes (fig. 148), dont la composition est

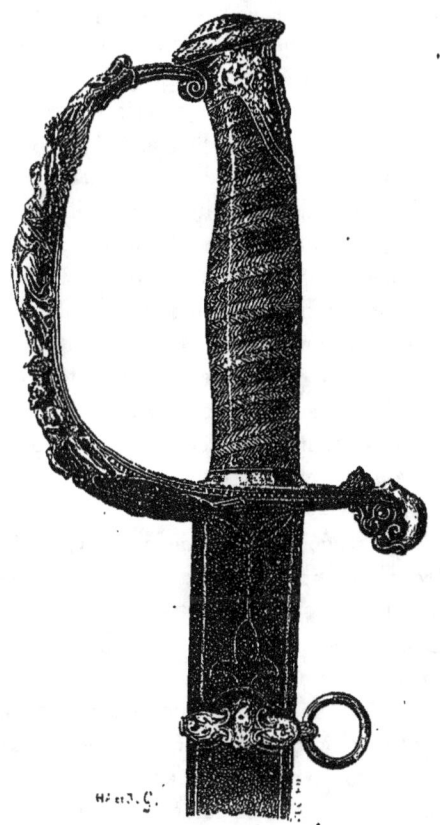

148. Sabre du duc de Luynes.

due à cet appréciateur si éminent de l'art ; les figures, notamment la Victoire élancée placée sur la garde, ont été modelées par Klagmann, un des artistes qui ont le plus contribué à donner aux produits de notre industrie un caractère particulier d'élégance ; enfin, le travail d'orfèvrerie est de MM. Fannière, artistes distingués, qui ont travaillé à un grand nombre des pièces principales d'orfèvrerie d'art, admirées dans ces dernières années.

BIJOUTERIE

La bijouterie, disparue à l'époque de la Révolution, se ranima lentement sous l'Empire : on voulut d'abord imiter l'antique qu'on connaissait mal, on visait à une simplicité qu'on croyait classique. Des anneaux, des colliers de corail, des serpents, des scarabées, des camées constituaient les principaux bijoux.

A la fin de l'Empire, vers 1815, on commença à orner les bijoux en or mat de petits grains d'or soudés les uns à côté des autres, qu'on appelait le GRAINTI. Sous la Restauration, les gros cachets, les chaînes à grosses mailles, les breloques, les chaines de montre pour les hommes; pour les femmes des bandeaux, des coiffures, des colliers, etc., en or estampé, furent l'objet du travail des bijoutiers.

Ch. Wagner vint, en 1830, faire sortir la bijouterie française de la voie uniquement commerciale, pour lui donner une direction plus artistique. Il importa en France les nielles qui, accompagnées de ciselures, de dorures et d'émaux, donnèrent des effets extrêmement heureux. Il fit aussi des sculptures et gravures sur pierres dures très-remarquables, et ramena le goût public vers ces beaux et difficiles travaux.

Froment-Meurice vint, après Wagner, prendre dans la bijouterie une aussi belle place que celle qu'il occupa dans l'orfèvrerie. Parmi nombre d'œuvres remarquables nous citerons le calice d'or du pape, qui figurait à l'Exposition de 1851. La coupe était soutenue par des lis, des épis émaillés et des grappes de raisin en perles noires; sur le fût, l'ECCE HOMO; saint Joseph et la sainte Vierge Marie en relief, séparés par des émaux représentant la Naissance de Jésus-Christ, la Présentation au temple et le Crucifiement; au pied, les trois Vertus théologales, ciselées en argent et en ronde bosse, Abraham et Isaac, la manne et la Pâque.

MM. Marel, M. Morel, M. Rudolphi, élève de Wagner, ont fait admirer des œuvres remarquables aux dernières Expositions. Nous parlerons de quelques-unes de ces œuvres, qui montreront combien peut obtenir de beaux résultats l'artiste de goût capable d'aborder ces riches créations, lorsqu'il suit l'exemple de prédécesseurs qui ont obtenu des succès et qu'il profite de leur expérience.

M. Morel, qui s'est distingué dans la bijouterie d'art, avait mis à l'Exposition de 1851 une riche série de coupes et de calices en matières précieuses ornées d'émaux. On remarqua notamment une coupe en agate orientale, dont la garniture en or se composait d'ornements émaillés et d'oiseaux de paradis ; le balustre était orné de Chimères émaillées en relief, entourant l'écusson. Le même artiste a mis à l'Exposition de Paris une magnifique coupe en jaspe, portant des figures émaillées, PERSÉE délivrant ANDROMÈDE.

On comprend aisément toutes les difficultés d'une œuvre semblable et surtout de l'exécution des personnages en émail, qui rappellent Benvenuto Cellini. Mais, malgré le mérite de bien grandes difficultés vaincues, nous croyons qu'un semblable travail dépasse bien souvent le but lorsqu'il se propose l'exécution des personnages, tandis qu'il donne des effets ravissants quand il vient mélanger l'éclat des émaux colorés à celui de l'or, et que ceux-ci viennent se ramifier suivant tous les caprices de la fantaisie. Nous en prendrons pour exemple deux pièces émaillées que nous emprunterons à l'exposition de M. Lecointe, l'un de nos plus habiles bijoutiers de Paris, savoir : une broche renaissance et une pendeloque qui rappelle le moyen âge, qui a quelque chose du style roman.

Nous donnerons encore un bracelet émail et pierres (fig. 149) mis également à l'Exposition de 1855, par M. Lecointe, et qui représente l'heureux mélange, très-goûté de nos jours, des ressources de la bijouterie et de celles de la joaillerie.

La tendance remarquée aux dernières expositions universelles, est une disposition générale à l'étude des bonnes époques de l'art, sans éclectisme. La société, en effet, à force de voir, ne se laisse plus autant tyranniser par la mode ; le goût s'individualise.

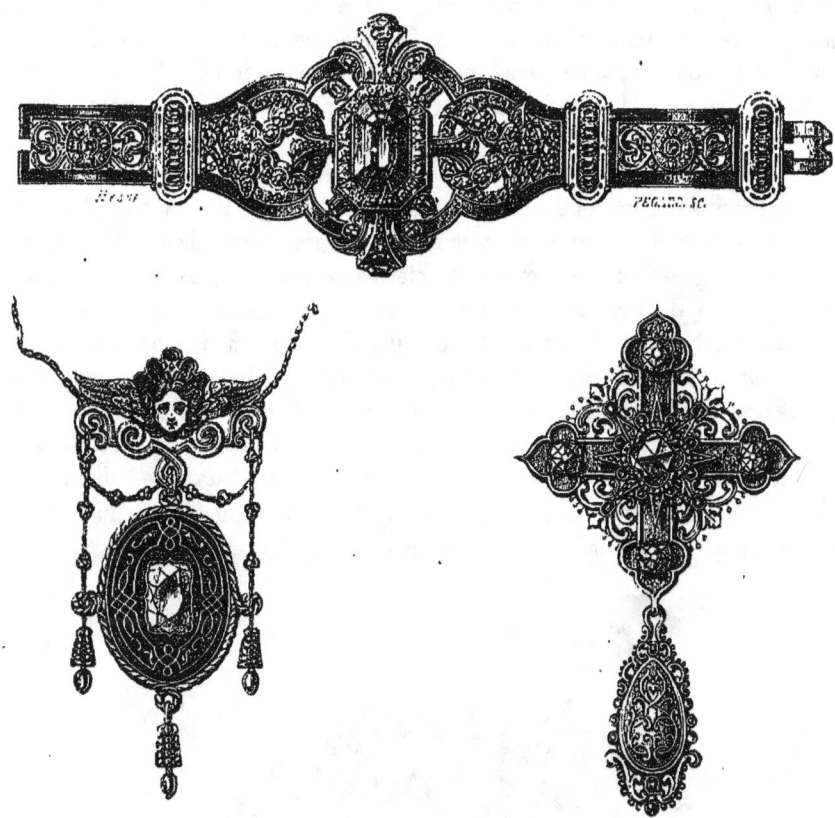

149. Bijoux Lecointe.

Les uns osent aimer le style grec, romain, l'antique en un mot ; d'autres le byzantin ; d'autres le roman et le gothique ; un grand nombre admirent la Renaissance ; le dix-huitième siècle a ses fanatiques ; en somme, partout on étudie, les idées s'étendent, s'élargissent, l'éducation se fait et le niveau du goût ne peut manquer de s'élever, bien que, dans la période de transition où nous nous trouvons, cette diversité semble produire un peu de confusion.

On peut prouver combien cette observation est fondée, en rappelant combien la reproduction, par Castellani de Rome, des plus beaux bijoux étrusques de la collection Campana, a eu de succès.

JOAILLERIE

L'industrie qui a pour objet le montage et le sertissage des pierres précieuses a aujourd'hui un grand nombre d'éléments à sa disposition, parmi lesquels on doit distinguer, après les diamants : les corindons jaunes, verts ou blancs, les rubis, saphirs, émeraudes, bérils ou aigues-marines et topazes, enfin, les améthystes, les opales et les perles fines.

Depuis la moitié du quinzième siècle, les pierres précieuses ont été employées avec beaucoup de profusion. Les parures de diamants se transmettaient jadis dans les familles riches, et furent comme un apanage de la noblesse sous Louis XI et Louis XVI.

Après la Révolution, la joaillerie reprit un rôle important dans l'industrie ; toutefois le goût des ornements laissait à désirer ; toutes les montures étaient plates, c'est-à-dire sans pièces rapportées ou superposées. Sous l'Empire, ce n'étaient que losanges, zigzags peu gracieux, grecques, etc. Ce n'est qu'à partir du temps de la Restauration, que les formes privées commençant à se reconstituer, on profita de nouvelles relations commerciales pour se procurer des cargaisons de topazes naturelles ou brûlées, d'améthystes et d'aigues-marines ; toutes ces pierres de peu de prix furent montées en grandes parures, dont le travail surpassait beaucoup la valeur.

Ce fut après 1830 que l'on adopta l'imitation des fleurs en diamants, et que les sertisseurs, employant beaucoup plus d'argent autour des diamants, en augmentèrent ainsi l'effet et la grosseur. La joaillerie gagna, sous le rapport de l'art et de la composition, une légèreté et une grâce qu'elle ne semblait pas devoir atteindre. La légèreté des montures dépassa toutes les limites et exigea chez les artistes une habileté de main incroyable. Les pierres étant souvent montées à l'extrémité de tiges métalliques, de parties mobiles toujours agitées, ces parures acquirent une extrême légèreté.

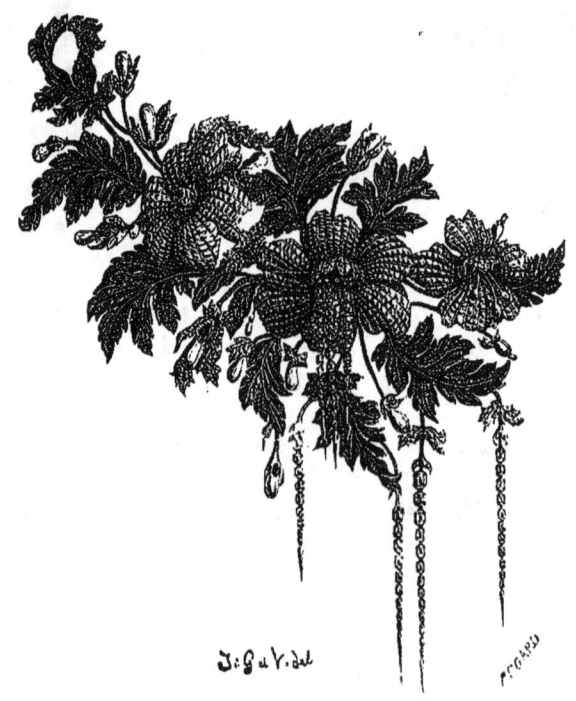

150. Parure Lemonnier.

A l'Exposition de 1851, M. Morel a fait admirer un bouquet composé de rubis et de diamants, et représentant une rose, une tulipe et un volubilis, dont les fleurs avaient ane forme naturelle et élégante. Mais ce qui excita surtout l'admiration, ce fut l'exposition de M. Lemonnier, formée des parures de la reine d'Espagne. Le mélange de diamants, d'émeraudes et de perles pour représenter des fleurs et des feuilles étaient parfaitement entendu, et l'éclat de ces parures excitait l'admiration de la foule. Nous donnons ici la gravure d'une des pièces, composée de brillants à cœur de saphir, ornée de pendeloques, qui permettra de se représenter la légèreté et l'élégance de ce beau travail.

L'Exposition de Paris, en 1855, a montré que c'était dans la même voie que s'exécutaient les plus beaux travaux. Ainsi une rose exécutée en diamants par M. Froment-Meurice a été jugée une des plus belles œuvres que l'on pût admirer.

Si les joailliers français savent parfaitement atteindre le but que l'on doit se proposer dans l'exécution d'une parure, plaire ou frapper les yeux et l'imagination, on ne doit pas passer sous silence les œuvres, également très-brillantes, des fabricants étrangers.

Au premier rang, il faut citer les joailliers allemands et anglais, et parmi ces derniers, MM. Hunt et Roskell, qui avaient mis à l'Exposition de Londres des pièces d'un éclat et d'une richesse extraordinaires. Un bouquet de diamants représentant une rose, une anémone et un œillet, était d'un éclat admirable. A Paris, ils ont exposé une parure en diamants et corail rose qui a enlevé tous les suffrages.

En 1862, l'Angleterre avait une fort riche exposition; la reine n'avait pas cependant montré toutes ses richesses, comme nous avions fait en 1855, où les bijoux de la couronne étaient réunis dans le Panorama. Cependant Sa Majesté Britannique avait autorisé MM. Garrard et Cie à placer dans leur brillante vitrine plusieurs de ses joyaux les plus précieux, notamment le fameux diamant appelé KOH-I-NOOR, qui, plus lourd que notre RÉGENT, n'a pas cependant sa pureté de forme; et trois admirables rubis provenant du trésor de Lahore, montés sur or émaillé et formant avec les pendeloques de diamant qui y sont ajustées, un merveilleux ensemble.

Le collier de perles de M. Marret et Beaugrand était fort admiré par les appréciateurs de belles perles, dont le doux éclat se mariant si bien à celui d'une peau blanche, ont plus de charme que le diamant dont l'éclat éblouissant n'est pas exempt de dureté.

L'Exposition de 1867 a fait admirer un grand nombre de pièces, valant surtout par la légèreté de la monture, la simplicité apparente de celle-ci faisant bien valoir la richesse des pierreries.

Les grands prix de l'Exposition de 1878 ont répondu à des produits remarquables : ceux de M. Massin, ne comprenant que de la joaillerie, étaient des guipures de dentelles de diamants, tissées sur un fond de tulle d'or argenté, d'une grande souplesse; enfin, mille gracieuses fantaisies.

La bijouterie de M. Falise montrait un emploi de l'émail et toutes les ressources qu'offre cette matière pour orner les bijoux ; il a utilisé à la fois les émaux translucides de la Renaissance et les paillons limousins, en y ajoutant un heureux contraste de creux et de reliefs obtenus par l'emploi d'émaux cloisonnés.

Enfin, l'exposition de M. Boucheron était, dit le rapporteur du jury, un véritable éblouissement de diamants étincelants, de saphirs énormes, de perles et de pierres de couleurs enchâssés dans les montures les plus variées.

RELIURE.

ANNEXES DES INDUSTRIES PRÉCÉDENTES

Reliefs peu saillants. — Nous mentionnerons ici, comme étant du même ordre que les industries qui précèdent, et comme soumises aux mêmes lois, les sculptures peu saillantes, les gravures employées comme moyen de décoration; par exemple, le travail des camées, sculptures de petites dimensions faites sur coquilles; les cachets, médailles, pierres gravées, etc., les gaufrages et les estampages des cuirs pour reliure.

Nous dirons d'abord quelques mots de cette dernière application, objet d'un véritable culte chez de nombreux amateurs.

Reliure. — Aussitôt, dit le bibliophile Jacob, que les anciens eurent fait des livres carrés, plus commodes à lire que les rouleaux, la reliure, c'est-à-dire l'art de réunir les feuillets entre deux planches de bois, d'ivoire, de métal ou de cuir, fut inventée. On ne tarda pas à couvrir les enveloppes de précieux manuscrits, d'ornements en rapport avec le luxe de la civilisation grecque et romaine.

Dès le cinquième siècle, les orfévres et les lapidaires ornaient richement les reliures; on peut en juger par celle que porte encore l'Évangéliaire grec, donné à la basilique de Monza par Théodolinde, reine des Lombards, vers l'an 600.

La plupart des riches évangéliaires dont l'histoire fait mention remontent à l'époque de Charlemagne, et, parmi ceux-ci, il faut citer surtout l'Évangéliaire donné par le grand empereur à l'abbaye de Saint-Riquier, « couvert de plaques d'argent, et orné d'or et de gemmes. » On doit aussi signaler, au nombre des plus belles reliures des onzième et douzième siècles, des couvertures de livres en cuivre émaillé.

Mais ce n'étaient là que des travaux d'émailleurs, d'orfévres, d'imagiers et de fermailleurs. Les relieurs proprement dits (LIEURS DE LIVRES) liaient ensemble les feuillets des livres et les endossaient entre deux planches, qu'ils revêtaient ensuite de cuir, de peau, d'étoffe ou de parchemin. On y ajoutait tantôt des courroies, tantôt des FERMAUX de métal, tantôt des agrafes pour tenir le volume hermétiquement clos, et presque toujours des clous dont la tête saillante et arrondie préservait du frottement le plat de la reliure.

Ce système de lourde reliure ne pouvait persister après l'invention de l'imprimerie, qui, tout en multipliant les livres, réduisit leur format et diminua tant leur valeur vénale. On remplaça les ais de bois par du carton battu; on supprima peu à peu les clous et les fermoirs; on abandonna les étoffes, et l'on n'employa plus que la peau, le cuir et le parchemin.

Dès la fin du quinzième siècle, certains amateurs exigeaient pour leurs livres des dehors riches. L'Italie nous donna l'exemple de belles reliures en maroquin gaufré et doré, imitées, d'ailleurs, de celles du KORAN et autres manuscrits arabes, que les navigateurs vénitiens rapportaient fréquemment d'Orient. L'expédition de Charles VIII et les guerres de Louis XII firent venir en France non-seulement des reliures italiennes, mais encore des relieurs italiens avec lesquels nos relieurs rivalisèrent bientôt.

Jean Grollier, de Lyon, trésorier des guerres et intendant du Milanais avant la bataille de Pavie, avait, pendant son séjour à Milan, commencé la création d'une bibliothèque qu'il transporta en France, et ne cessa d'accroître et d'enrichir jusqu'à sa mort, en 1565. Ses livres étaient reliés en maroquin du Levant, avec un soin et un goût tels que, sous l'inspiration de cet amateur délicat, la reliure semble avoir atteint déjà toute sa perfection. Une incroyable variété de dessins dans les gaufrures, une entente supérieure de l'agencement des mosaïques en cuir de couleur, un fini d'ensemble admirable, font de chacune de ces reliures autant de petites merveilles.

Les princes, les dames de la cour, firent profession d'aimer, de rechercher les livres, créèrent des bibliothèques et encouragèrent les travaux et INVENTIONS des bons relieurs, qui accomplirent des chefs-d'œuvre de patience et d'habileté en décorant les couvertures des livres, soit en émaux peints, soit en mosaïques faites de pièces rapportées, soit en dorures pleines à petits fers. Il serait impossible d'énumérer les reliures d'apparat en tout genre que nous a laissées le seizième siècle français, et qui n'ont pas été dépassées depuis.

Les plus beaux effets de la reliure sont obtenus par deux procédés qui ne sont que des moyens mécaniques d'obtenir des gravures : les gaufrages par grandes plaques gravées formant de grands cadres, et les dorures par petits fers, résultat de la composition de petites vignettes, analogues à celles dont nous parlerons en traitant de l'imprimerie typographique. C'est rarement par estampage produisant un relief que les relieurs procèdent, c'est en général par une simple impression en or qu'ils agissent; cette question rentre donc dans l'étude des procédés de cette nature dont il sera traité plus loin.

CAMÉES. — « Les anciens, dit Héricart de Thury, dont les chefs-d'œuvre en tous genres prouvent avec quelle perfection ils exerçaient et cultivaient la statuaire et la sculpture, nous ont laissé en agates, sardoines, onyx, jaspes, et autres pierres précieuses, des témoignages irrécusables de la haute supériorité à laquelle, dès les temps les plus reculés, était parvenue la lithoglyptique, l'art de graver les pierres dures en creux ou en relief, pour en faire ces précieux camées dans lesquels l'habileté des artistes savait profiter des accidents et des couleurs des pierres, pour produire les délicieux et charmants effets qui donnent une si haute valeur aux sujets, têtes, figures ou groupes représentés sur ces pierres, dont on voit de riches collections dans les musées de Rome, de Naples, de Paris, de Vienne, etc.

« Le prix élevé des camées, la rareté des agates onyx ou rubannées, leur dureté, la difficulté de répondre aux demandes des amateurs et des joailliers-bijoutiers, ont fait chercher, il y a déjà longtemps, les moyens d'imiter artificiellement les camées, et, après bien des tentatives, on a reconnu que la coquille marine, « le grand casque des Indes orientales, » dont le test présente des couleurs blanches, roses, jaunes, brunes, etc., était la matière la plus favorable pour la confection des camées artificiels, cette belle substance étant par sa nature assez dure pour résister au frottement.

· « Cette industrie a longtemps été exploitée avec succès à Rome, qui en fournissait les collections d'amateurs et tous les bijoutiers de France, d'Angleterre et d'Allemagne.

« D'après le succès des camées de Rome, quelques essais ont été tentés en France. Les plus remarquables furent ceux présentés aux concours ouverts par l'Académie des beaux-arts de l'Institut, sous l'Empire; mais bientôt les essais de nos artistes furent abandonnés, et les ateliers de Rome, de Florence, de Venise et de Naples continuèrent seuls à prospérer et à répandre partout les camées. Dans ces dernières années cependant, à la demande de quelques-uns de nos premiers bijoutiers, plusieurs jeunes graveurs ont tenté de nouveaux essais, en prenant pour modèles les plus beaux camées antiques, et les succès de quelques-uns d'entre eux ayant outre-passé leurs espérances, ils ont formé des ateliers de lithoglyptique. Ainsi, grâce aux efforts de MM. Michellini, Weiss-Muller, Lalondre, Salmsonn, Morel, etc., nous voyons l'art de la gravure en pierres fines et en pierres dures se relever parmi nous.

« Quant à la gravure des camées de coquilles, elle est aujourd'hui exercée en France avec le plus grand succès, et nous dirons même avec autant de talent et de perfection qu'en Italie. Ainsi les camées de MM. Albite-Titus, Reynaud, Lamant, Blanchet, de Grégory, Bertoux de Marseille, etc., soutiennent la comparaison avec ceux des plus habiles caméistes de Rome. »

Les camées français ont un avantage marqué sur les camées romains ; ils sont sensiblement moins chers. Cette modicité de prix tient à l'introduction du tour à portrait dans leur fabrication ; il permet de pousser rapidement, et à peu de frais, les ébauches jusqu'à un point extrêmement avancé ; l'artiste n'a plus qu'à donner *le fini*.

MONNAIES ET MÉDAILLES. — La gravure des monnaies et médailles, comme celle des coins et poinçons qui servent à obtenir par estampage des ornements en métal destinés à la décoration des pièces d'orfévrerie, consiste en une véritable sculpture sur métal, qui ne diffère de la sculpture ordinaire que par les procédés techniques, dont nous n'avons pas à parler ici. Il faut tout le talent d'artistes fort distingués pour donner du charme à de petites compositions (modelées de grandes dimensions, puis mises sur acier à l'aide du tour à portrait) qui n'ont qu'un faible relief, elles ont une extrême importance, étant destinées à rappeler à la postérité de grands événements sous forme de médailles, ou à assurer, sous forme de monnaies, la loyauté dans les transactions. Le modelage sur grandes dimensions et l'emploi d'un moulage en bronze ciselé avec soin permettent aujourd'hui, grâce au tour à portrait, d'opérer avec plus de facilité qu'autrefois et d'obtenir des résultats bien plus complets.

GRAVURES EN CREUX ET EN RELIEF. — Nous devons dire ici quelques mots des moyens de décoration qui se rapportent à l'orfévrerie et à la bijouterie, et se rapprochent des procédés sur lesquels nous aurons à revenir plus loin.

La gravure est le moyen de décoration le plus général pour les métaux et les matières qui se travaillent avec les outils tranchants. Le guillochage et la gravure pour les métaux précieux, les incrustations pour les métaux ordinaires et le bois, c'est-à-dire l'insertion dans des entailles convenables d'une substance différente de celle qui forme le fond, sont des moyens de décoration qui consistent essentiellement en des gravures creusées dans la surface à décorer. La question d'art, celle des lignes formées par ces gravures diverses, rentre dans la question du dessin que nous allons bientôt traiter en détail ; nous ne nous y arrêterons donc pas ici. Il en est de même de la plupart des moyens de décoration dont il nous reste à parler.

Les nielles, formées par une incrustation de matière noire qui remplit une gravure en creux, donnant par suite des dessins noirs bien apparents, produisent des effets très-heureux sur l'argent. Comme elles ont autant de charme comme moyen de coloration que comme gravure, nous en traiterons en parlant des colorations et des émaux, qui jouent un si grand rôle dans la bijouterie.

DÉCORATION DES ARMES. — Les hommes de tous les pays et de tous les temps, dit le duc de Luynes, ont aimé les armes richement ornées; ce goût a été poussé plus loin en Orient que partout ailleurs. Les garnitures d'or et d'argent, les émaux, les pierres précieuses et de second ordre, les nielles et les filigranes, le repoussé, la ciselure, la dorure et l'argenture en feuilles, ont été prodigués sur les armes de luxe, et dans cette belle industrie, les Indiens, les Birmans, les Malais, les Persans, les Japonais, les Chinois, même les Géorgiens et les habitants de la Boukharie, héritiers du faste de l'antiquité asiatique, ont été et sont restés nos maîtres.

Plusieurs de ces moyens de décoration qui emploient d'une manière particulière la gravure et la ciselure comme procédés, sont restés spéciaux à la décoration des armes; ce sont: la damasquine, l'incrustation rasée et l'incrustation en relief. Nous parlerons ici des effets obtenus par ces mélanges de l'or et de l'acier.

DAMASQUINE. — Le métal à damasquiner est haché finement dans les parties à décorer, et l'or refoulé sur ces parties chauffées y adhère très-fortement. C'est de Damas et surtout de l'Inde que nous viennent les pièces les plus remarquables. Cet art a été importé en Europe vers le XVIᵉ siècle

INCRUSTATION RASÉE. — L'incrustation rasée est analogue à celle pratiquée dans l'ébénisterie. Le dessin profondément gravé en creux est rempli d'un fil d'or, qu'on y comprime fortement, puis la surface est polie. L'incrustation des métaux précieux était, dans l'antiquité, une industrie appliquée non-seulement aux armes, mais encore à la statuaire et à l'ameublement. On peut voir au musée du Louvre de petites statues égyptiennes en bronze incrustées d'or; au musée de Naples, des statues et un candélabre en bronze incrustés d'argent; au musée d'Artillerie de Paris, un glaive de bronze avec des filets incrustés de même métal. Ce genre de travail est fort bien exécuté par les Indous, et, à leur exemple, par les meilleurs armuriers français. Il donne en général aux armes un caractère oriental.

La fonderie royale de Berlin a tenté un curieux essai de rénovation de cet art antique; elle a montré des candélabres de fer à filets d'argent, puis une statue ainsi décorée, qui possédaient un cachet tout particulier qui rappelait les productions de l'antiquité.

INCRUSTATION EN RELIEF. — L'incrustation en relief est une variété de celle qui précède. Au lieu d'araser l'or avec la surface, on le laisse en relief pour le modeler et le ciseler ensuite. Cet art est admirablement appliqué aux armes et à la bijouterie par les Japonais; il fleurit en Europe vers le temps de Henri IV. Après avoir été abandonné, il est porté aujourd'hui aussi loin que possible, et les dernières Expositions ont montré de curieux produits de ce genre dus à nos artistes armuriers.

PEINTURE

ARTS INDUSTRIELS QUI RELÈVENT DE LA PEINTURE

DE LA PEINTURE

Après avoir parlé de l'Architecture et de la Sculpture, il nous reste à traiter de l'application à l'industrie de la partie des beaux-arts qui utilise le dessin et la couleur; de celle qui, dans sa plus complète expression, éveille en nous des sentiments variés, et nous conduit jusqu'à l'idéal à l'aide de l'imitation; en un mot de la peinture.

Nous avons déjà dit qu'il y avait, comparativement à l'autre art d'imitation, à la sculpture, une observation importante à faire. Tandis que l'industrie emploie, dans le cas des applications de la sculpture, toutes les ressources de l'art, que la liaison de l'industrie avec celle-ci est intime, puisque le moulage, en multipliant toutes ses productions, en fait des objets de commerce; que les besoins des arts industriels, de l'orfèvrerie par exemple, exigent fréquemment des créations nouvelles et tout à fait artistiques; dans la peinture, au contraire, il existe une profonde séparation entre l'art et l'industrie. Sans doute, la peinture elle-même est employée avec toutes ses ressources pour la décoration, lorsqu'un appartement est orné des tableaux des grands maîtres, lorsque sur un vase de porcelaine un peintre habile peint une scène; mais il y a là emploi direct de la peinture, encadrement d'un produit artistique par un objet utile; il n'y a pas là d'industrie proprement dite. Au contraire, lorsqu'on imprime du papier, des étoffes, suivant certains dessins et en certaines couleurs, avec un nombre de teintes limité, c'est alors une industrie employant directement les ressources élémentaires de la peinture, pouvant atteindre l'agréable, mais sans s'élever jusqu'au sublime. Sans doute, il n'y aurait nul inconvénient à étudier en même temps les beaux-arts et les arts industriels; il serait même très intéressant d'enseigner d'abord la science complète du peintre pour en prendre ce qui serait applicable à l'art industriel; mais ce serait sortir de notre cadre. Nous croyons inutile de partir de l'étude complète des procédés de l'art pour apprécier ceux de l'industrie.

Insistons un peu sur une considération que nous croyons importante, et demandons-nous sur quoi repose la séparation dont nous venons de parler.

La peinture se fait, comme chacun sait, à l'aide de couleurs que le peintre mélange sur sa palette et qu'il dépose sur la toile avec son pinceau. Le résultat de toutes ces teintes combinées, de leurs superpositions et juxtapositions qui en changent l'effet, constitue le coloris qui donne des résultats, si justement admirés, sous la main des grands maîtres. Il résulte de la multitude d'éléments qui concourent à une œuvre si complexe, si difficile à analyser, qu'elle n'est évidemment imitable (même imparfaitement) que par un très-habile artiste, qui appréciera tout le travail du maître, sentira tous les contrastes des couleurs, et pourra, par un travail opiniâtre et seulement en employant les mêmes procédés, tenter de repasser par le même chemin. Mais un semblable résultat peut-il être obtenu industriellement? Peut-il exister pour la peinture un procédé qui, comme le moulage, l'estampage pour la sculpture, permette de reproduire et de multiplier l'œuvre de l'artiste? On peut répondre non, à coup sûr. Il est évident qu'il y a, dans chaque coup de pinceau, dans l'effet résultant de la superposition des couleurs, quelque chose d'inimitable, que les procédés industriels ne peuvent donner, si parfaits, si ingénieux, si compliqués qu'on les suppose, et qu'il est impossible d'admettre qu'ils atteignent à la combinaison indéfinie de teintes que le peintre emploie. Bien des essais tentés dans cette voie ont fait apprécier combien la solution complète du problème est impossible, comment on ne peut dépasser une imitation assez grossière, dès qu'on cherche à atteindre des résultats pour lesquels un certain nombre de teintes plates est insuffisant. En effet, c'est essentiellement par superpositions de teintes uniformes, successives, qu'opère l'industrie, même pour obtenir des dégradations; ce n'est qu'en opérant ainsi que le travail d'application de la couleur peut cesser d'être artistique pour devenir mécanique; mais alors ce n'est qu'avec bien des efforts et par la répétition à l'infini des opérations, que l'on parvient à des résultats quelque peu comparables avec ceux de la peinture proprement dite. Ce n'est pas pour décourager les inventeurs que nous faisons ces observations; nous voudrions plutôt qu'on vît le mérite qu'il y a à créer des décorations variées et splendides et à surmonter, même incomplétement, les grandes difficultés qui s'opposent à la reproduction industrielle des œuvres d'art.

Cette condition, qui fait du produit de la peinture dans ses sphères élevées une œuvre unique, non susceptible de reproduction par un procédé du domaine de l'industrie, ne permet pas de considérer l'œuvre du peintre comme rentrant dans l'art industriel; c'est un produit des beaux-arts, et il n'y a pas à en traiter ici autrement que comme d'un objet d'étude, comme d'un modèle placé dans une sphère plus haute que le produit d'art industriel d'un genre analogue; il fournit toutefois les lois fondamentales des harmonies des lignes et des couleurs qui doivent guider la main du plus obscur ouvrier, comme celle du grand artiste ou du maître éminent qui se livre à des travaux d'un ordre élevé.

La direction des maîtres est donc très désirable dans l'art industriel, parce qu'ils peuvent enseigner à exécuter des œuvres remarquables à l'aide de procédés techniques déterminés.

L'association des grands artistes à un travail industriel n'a jamais été mieux comprise qu'au seizième siècle, dit Mérimée (Rapport de l'Exposition de 1862), et les admirables cartons de Hampton-Court en offrent aujourd'hui l'exemple le plus intéressant à étudier. Lorsque Raphaël dessina pour les tapissiers des Flandres, il se borna à arrêter sa composition par des lignes fermes et magistrales, à indiquer par quelques tons l'harmonie générale du coloris. Il ne croyait pas que des étoffes destinées à couvrir les parois d'un appartement dussent recevoir un travail aussi fin que des tableaux à l'huile ou même que des fresques. Ses dessins, qui devaient être reproduits sur des faïences, n'étaient que des croquis que le peintre fabricant devait interpréter avec les ressources de son industrie. De même, les peintres grecs qui dessinaient sur des vases de terre ces compositions simples et savantes, si admirées aujourd'hui, ne prétendaient pas obtenir avec deux tons des effets qui auraient exigé toutes les ressources de la plus riche palette. A ces grandes époques de l'art, le discernement le plus fin variait le travail selon l'importance et la destination des objets. A un objet usuel, vulgaire, on n'eût pas consacré le temps et les soins dus à une œuvre d'art. Aujourd'hui cette distinction n'est que trop fréquemment méconnue; on apporte plus de soins à l'exécution qu'à la composition, et souvent on prodigue un talent réel pour le seul mérite de la difficulté vaincue.

C'est surtout pour l'ornementation, pour la décoration que le peintre intervient dans l'industrie. « L'ornement, d'après M. Guillaume, ne doit pas déformer les surfaces qu'il décore : il est sur ces surfaces, il fait corps avec elles ou s'y trouve appliqué ; il ne doit pas paraître soit y pénétrer, soit pouvoir en être aisément détaché... Bien plus encore que le peintre et le sculpteur de figures, l'ornemaniste conçoit l'art du dessin comme devant servir à la représentation non d'être réels, mais d'un organisme à la fois supérieur et dépendant. »

On doit distinguer, dans les ressources utilisées par l'art industriel, d'abord l'emploi de toute la première partie de l'art du peintre, du tracé, du dessin en tout genre ; en second lieu, l'emploi des couleurs multiples, et, pour cet emploi, on utilise les connaissances acquises par l'étude, les recherches faites par les maîtres de l'art dans les conditions les plus complexes, relativement à l'harmonie des couleurs et à leurs proportions.

Nous distinguerons deux catégories, en raison de la différence essentielle des moyens de fabrication, dans les produits dont nous aurons à traiter au point de vue de l'emploi des colorations, produits dont l'importance industrielle est considérable :

1° Ceux qu'on obtient par l'application de matières colorantes, au moyen de procédés de même nature que ceux qu'emploie la peinture, c'est-à-dire en déposant des couleurs sur des surfaces convenablement préparées ;

2° Ceux qui sont dus à l'assemblage d'éléments de couleurs et de formes diverses, dont l'ensemble constitue un tableau composé d'un plus ou moins grand nombre d'éléments différemment colorés. Ce procédé est tout spécial à l'art industriel et fournit un moyen de décoration des étoffes, tissus brochés, tapis, etc. Il fournit dans quelques cas des produits d'une valeur artistique incontestable, qu'à priori on ne croirait pas possible d'atteindre par de semblables moyens.

SECTION V

DESSIN

Les procédés du dessin, de la représentation des objets à l'aide d'une seule couleur, se divisent en deux genres bien distincts, que nous retrouverons dans les divers procédés de gravure, qui ne sont que des manières spéciales de dessiner, offrant l'avantage de fournir des moyens de reproduction à l'aide de l'impression.

Le premier consiste à représenter les corps par la seule imitation des effets de la lumière qui éclaire ces corps et nous les rend perceptibles à la vue. Le dessin à l'estompe, le lavis sont les types de ce genre de dessin qui s'attache à produire des teintes dégradées, à rendre les oppositions de parties brillantes et de parties obscures ; en un mot, à reproduire l'apparence du corps éclairé par la lumière qui permet de le voir.

Le second procédé doit être considéré comme supérieur au précédent. Au lieu de représenter simplement, par une quantité convenable de noir déposé d'une manière continue, le ton de la lumière qui éclaire la surface d'un corps, on cherche à figurer par un tracé les lignes les plus propres à donner, en même temps que l'effet de la lumière sur le corps, l'idée la plus exacte de la forme, le sentiment des lignes de courbure auxquels les artistes attachent avec raison tant de valeur. C'est ainsi que s'emploient les hachures dans les gravures au burin.

Monge, dans son TRAITÉ DE GÉOMÉTRIE DESCRIPTIVE, explique l'intérêt de ses belles recherches sur les lignes de courbure des surfaces, par l'utilité de leur emploi pour le dessin. Il a prouvé que les lignes de plus grande courbure, passant par un point d'une surface, étaient toujours au nombre de deux et à angle droit entre elles. Par conséquent, pour chaque objet, et pour chaque partie de la surface d'un objet, il y a des contours de lignes, de hachures (formées sur la surface du dessin par la projection d'un système de lignes de grande courbure) plus propres que toutes les autres à donner une idée de la courbure de la surface, et ces lignes tracées plus ou moins larges, plus ou moins rapprochées, produisent en même temps les teintes voulues pour représenter les effets de lumière. Les dessinateurs emploient ces deux systèmes de lignes, préférables à toutes les autres, lorsque, pour forcer plus facilement leurs teintes, ils croisent les hachures.

Après avoir établi les principes et les règles de représentation des objets par le dessin et avant d'arriver à leurs applications dans les industries qui ont pour but la multiplication de ces représentations, nous allons étudier les lignes, les contours destinés à l'ornementation et qui offrent un grand intérêt au point de vue de cet ouvrage.

L'histoire du dessin en général, des enlacements des lignes, est impossible à présenter sous une forme systématique satisfaisante. Rien n'est plus capricieux, plus facile à varier que le tracé de quelques lignes; toutefois il ne peut être douteux qu'aux diverses époques de l'art, les dessins qui plaisaient le plus aux yeux étaient d'un genre déterminé. C'est surtout pour l'ornementation qu'il en est ainsi; les éléments en varient moins, en effet, que la manière de représenter les objets et le mode de leur groupement; c'est là ce que nous allons chercher à indiquer en étudiant les contours de quelques motifs d'ornementation en eux-mêmes, c'est-à-dire tels que les reproduit l'industrie par l'impression en noir.

Nous passerons successivement en revue:

1° Les tracés et combinaisons de lignes droites, essentiellement immuables dans leurs éléments constitutifs, dont l'emploi ou l'exclusion peut seulement varier dans les divers styles.

2° Les dessins qui, sans être formés géométriquement et sans rappeler directement les formes des objets naturels, sont créés par les artistes et par suite varient suivant les styles. On les rencontre employés pour la décoration des produits industriels, notamment des édifices, aux diverses époques de l'art. On en a vu un grand nombre dans les exemples donnés à propos de l'architecture, et quelques-uns d'entre eux sont reproduits à une échelle suffisante pour qu'on puisse apprécier les détails de l'ornementation. Ces tracés sont soumis entièrement aux principes que nous avons indiqués en parlant du cas plus complexe des formes: c'est l'harmonie de leurs proportions qui en fait le charme. Bien que souvent créés par le caprice, plus souvent encore ils proviennent d'imitations altérées de formes naturelles dont on n'a gardé que l'esprit du contour, les harmonies linéaires. Ils ne représentent plus les objets, mais ils en ont conservé les proportions et le caractère: souvent, d'ailleurs, ils viennent se mélanger avec ces imitations dont il nous reste à parler.

3° Les dessins d'imitation d'objets pris dans la nature, de feuilles, de fleurs, etc., différemment groupés par la fantaisie, rentrent dans l'art de la peinture; tout au plus peut-on les en séparer dans quelques cas où ils sont décoratifs plutôt que destinés à éveiller des sentiments. Cette partie est presque inséparable des couleurs; nous en traiterons brièvement ici pour y revenir en parlant des applications des couleurs.

Ce qui distingue essentiellement les deux premières divisions de la troisième, c'est que les éléments qui y sont compris sont nécessairement soumis à la répétition; de simples entrelacements de lignes qui ne tendent pas à l'imitation ne peuvent être remarqués qu'en se répétant; ne peuvent conduire à l'harmonie ou permettre d'éviter la confusion qu'en satisfaisant à cette condition.

1° LIGNES GÉOMÉTRIQUES

Nous avons à traiter ici des figures obtenues par des lignes droites et des combinaisons diverses de lignes droites. On doit y joindre les lignes circulaires, le cercle, courbe régulière par excellence, qui doit, comme nous l'avons dit en parlant de l'architecture, être considéré comme ayant là même régularité absolue que la ligne droite.

Les lignes droites de largeur plus ou moins grande constituent un élément souvent employé isolément. Des réunions de lignes droites parallèles, d'écart régulier ou variable, de même largeur ou de largeur différente, se rencontrent fréquemment dans l'application. Des coins circulaires viennent souvent compléter ce genre de décoration simple, mais presque toujours les lignes se reploient en équerre; quelquefois de petits entrelacements rectangulaires viennent en faire partie, comme on en voit de nombreux exemples dans les produits de la typographie.

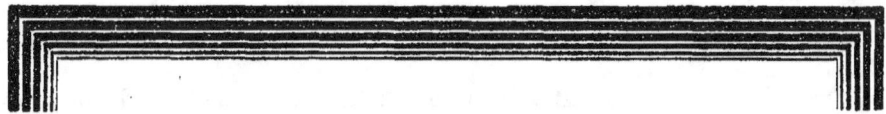

Une des dispositions le plus fréquemment employées est celle de lignes de largeur progressive allant successivement en se dégradant, comme dans la figure ci-contre.

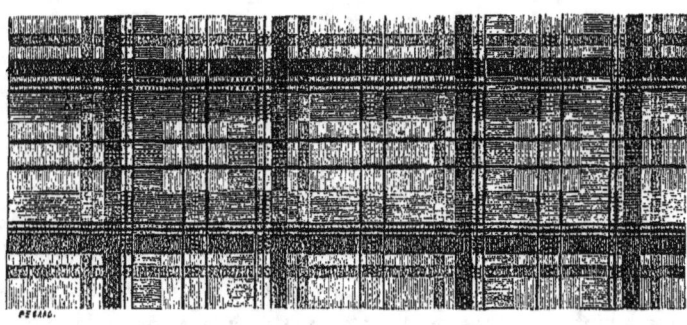

Lorsque les lignes forment deux systèmes de lignes parallèles entre elles, elles forment deux ou plusieurs systèmes de losanges, de rectangles d'étendue variable. La figure représente une des dispositions les plus employées, un genre d'ornementation qui est formée par des lignes de largeur et d'écartement variables se coupant à angle droit et qui, en couleurs brillantes sur étoffe, porte le nom d'écossais.

Lorsque les lignes ne sont pas réductibles à des systèmes de lignes droites parallèles, elles n'engendrent plus qu'un assemblage confus, si on les prodigue indéfiniment. Si on les suppose limitées à des polygones, la répétition d'éléments semblables, de petits carrés ou de polygones divers, de cercles, etc., forme un genre de décoration fréquemment employé en architecture et qui entre pour une part importante dans le genre de dessins que nous allons étudier ci-après ; nous reviendrons plus loin sur cette question, en étudiant, à propos du parquet et de la mosaïque, les moyens de couvrir une surface donnée avec les éléments répétés.

Lorsque les éléments ne sont pas nécessairement semblables, les formes irrégulières peuvent être variées à l'infini ; mais les zigzags ont peu de charme et ce n'est guère qu'en lignes courbes qu'on les applique à l'ornementation. Toutefois, les décorations

par parties de lignes droites réussissent parfaitement dans la grecque, dont le nom indique assez l'origine, et qui est formée par des parties se joignant à angle droit. Ce système de décoration se marie très heureusemant avec les lignes rectangulaires de l'architecture grecque.

2° DESSINS VARIANT PAR STYLES

La seconde série de lignes est celle qui, tantôt issue de la famille des lignes droites et circulaires, le plus souvent comprenant l'infinie variété des lignes courbes, en modifie l'emploi, les proportions en raison de tous les caprices de la fantaisie, ne reproduit pas les objets naturels qui les inspirent presque toujours, et se borne à emprunter seulement quelquefois à ceux-ci des contours généraux pour y puiser, en la faisant valoir, l'harmonie qui leur est propre.

C'est surtout dans l'architecture que nous trouverons un grand nombre de modèles de ce genre, qu'une foule de rosaces, de palmettes, d'ovales, fournissent des décorations nombreuses. Ces diverses combinaisons, ces éléments variés dont nous avons déjà produit bien des exemples dans les figures qui précèdent, se transforment et s'associent de différentes façons, suivant les époques et les styles. Au reste, ayant à les étudier en eux-mêmes, nous n'avons rien de mieux à faire que de les suivre dans un cas où elles sont reproduites à l'infini comme ornements ; nous voulons parler de l'imprimerie, et surtout de l'imprimerie typographique, qui, par la nature des procédés employés, produit avec facilité la multiplication identique des mêmes éléments et leur combinaison indéfinie.

VIGNETTES

La typographie, en fixant d'une manière en quelque sorte indestructible chaque vignette une fois gravée, en en rendant la reproduction indéfinie, la vulgarisation certaine, grâce aux procédés de la fonderie, permet de les comparer, de les classer. Comme on a prouvé que les fables d'Ésope, et par suite celles de Phèdre et de La Fontaine, découlaient de fables indiennes, de telle sorte que ce qui paraissait inventé nouvellement n'était bien souvent qu'un écho d'inventions qui dataient pour ainsi dire des premiers jours du monde; de même on peut prouver que mille sujets de décoration qui semblent naître chaque jour sous les doigts de nos artistes et se répètent dans une multitude d'industries différentes, ne sont que des variations de types très-anciens, et que bien souvent les mêmes motifs diversement interprétés se retrouvent dans les diverses décorations. C'est pour cela que l'enseignement du dessin donne de si grands résultats, au point de vue de son application à l'ornementation; il grave dans la tête de l'élève des éléments qui lui permettent, même avec des dispositions médiocres, de produire, par une sage interprétation, des compositions assez convenables dans un style déterminé.

Il y aurait là une série de recherches fort intéressantes à faire sur les éléments primitifs de l'ornementation; on éviterait ainsi bien des mélanges hétérogènes qui déplaisent à l'œil exercé sans qu'on puisse s'en rendre compte. C'est que souvent deux vignettes qui viennent se placer à côté l'une de l'autre ont leurs types dans des styles tout différents, par exemple l'une dans l'art grec, l'autre dans l'art arabe.

Dans l'impossibilité de suivre tous les motifs d'ornements, d'entrelacements dans les diverses applications où ils se répètent : dans les colonnes, les moulures de l'architecture, de l'ébénisterie, sur les vases de la céramique, dans les ciselures de l'orfévrerie et de la bijouterie, nous les étudierons mieux dans quelques échantillons empruntés à l'application spéciale, où le dessin seul est en jeu, qui en est faite dans la typographie. Nous en formerons une collection où l'on pourrait venir puiser, si elle était suffisamment complète, des motifs pour tous les cas et toutes les applications particulières.

Nous n'avons pas besoin d'insister pour faire apprécier toute l'importance, pour l'ornementation de tout genre de produits de l'industrie, de l'œuvre consistant à créer une importante collection de vignettes par styles et par époques, à l'aide des procédés définitifs en quelque sorte de la gravure en relief sur acier, de la fonderie en caractères et de l'imprimerie, dans laquelle on pourrait toujours trouver les éléments de décoration les plus convenables pour un style déterminé. Il faut d'ailleurs remarquer que c'est surtout à la typographie que peut s'appliquer le plus complétement l'observation que nous avons faite en commençant, sur l'utilité, fréquente dans l'industrie, de l'imitation des modèles fournis par les anciens styles, pour des œuvres relatives à des idées qui ont passionné les siècles passés. La typographie, reproduisant souvent les chefs-d'œuvre des anciens, ne peut employer pour les décorer convenablement que des ornements appartenant à l'époque de leur production, afin que les ornements soient toujours en rapport avec le texte de l'ouvrage.

Il est douteux que l'opération consistant à graver sur acier ce vaste ensemble ait des résultats avantageux au point de vue du profit, et que ce soit une œuvre qui puisse se faire rapidement avec les ressources de la seule exploitation commerciale; mais son intérêt n'en est pas moins considérable, tant parce qu'elle fournit la seule base logique de la belle ornementation de la typographie, que parce qu'elle permet surtout de vulgariser à l'infini les éléments essentiels de tout genre d'ornementation propres à être utilisés également dans toutes les branches du travail industriel. Ce serait là une entreprise digne de tenter un véritable artiste.

Nous rencontrons dans ces dessins, caractérisant d'une manière toute spéciale les principaux styles, les éléments principaux de la décoration, qui, soit par la sculpture soit à l'aide du dessin et de la coloration, vient s'appliquer sur les surfaces de tous les objets dont les formes donnent déjà satisfaction aux aspirations d'élégance et de beauté. Ils sont en nombre infini puisqu'ils varient avec chaque artiste, mais ils se rapprochent à chaque époque d'un nombre limité de types, dont la connaissance est infiniment précieuse, tant pour reproduire des pièces d'anciens styles que pour formuler les principes qui permettent de réaliser des combinaisons nouvelles, en utilisant les résultats acquis pour obtenir à coup sûr des effets plaisants à la vue.

Un habile architecte anglais, Owen Jones, après avoir présidé à la curieuse création de Sydenham et notamment à la belle reproduction de l'Alhambra, a publié, depuis la première édition du présent ouvrage, un magnifique livre imprimé splendidement en chromo-lithographie, dans lequel il a développé les idées indiquées ci-dessus. Dans sa GRAMMAR OF ORNAMENT, il a cherché à contribuer puissamment, par l'étude de ce genre de décoration, à la vulgarisation de l'art industriel; nous lui avons fait quelques emprunts intéressants pour le style indou, dont les plus beaux produits sont naturellement bien connus en Angleterre.

Il s'agit surtout ici, comme nous l'avons déjà dit, de vignettes qui ne rappellent pas, en général, d'objet déterminé, mais dont l'élégance est facilement sentie grâce à la répétition, condition presque constante de l'ornementation industrielle; il s'agit également des motifs fournis par des imitations de formes naturelles très simples, qui, dans certains styles, constituent toute l'ornementation. Ainsi, dans la décoration du style ogival, la sculpture reproduit les végétaux de nos pays, et surtout le lierre, la vigne vierge; de nos jours, l'emploi des rameaux, des fougères, des fleurs et des fruits a été souvent multiplié comme se prêtant à de gracieux motifs. Au point de vue spécial de la typographie, pour les encadrements aussi bien que pour l'architecture, ces motifs conviennent en général moins bien que ceux formés par des lignes combinées avec des éléments moins concrets sans doute, mais tirant leur charme de l'harmonie de leurs proportions. Dans toutes les grandes périodes de l'art, les représentations sont conventionnelles; l'artiste rend l'harmonie des formes des objets naturels, s'en empare sans les copier servilement. C'est le contraire qui a lieu aux époques de naissance de l'art.

* Pour ce qui est des sources où l'on peut trouver des types suffisamment authentiques, c'est surtout dans les œuvres des graveurs que l'on doit les chercher, lorsqu'il s'agit d'époques qui ne sont pas très-éloignées de nous. Pour les époques antérieures, c'est dans les décorations de l'architecture, dans les produits d'art du temps qu'il faut les chercher, comme dans les vases étrusques pour le style grec, dans les ornements peints des enveloppes des momies égyptiennes, pour le style égyptien.

STYLE ÉGYPTIÉN

Nous avons donné déjà les ornements des colonnes les plus riches que ce style ait

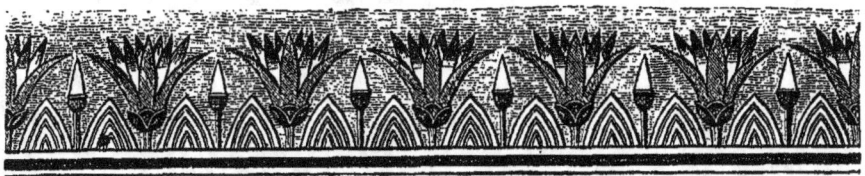

152.

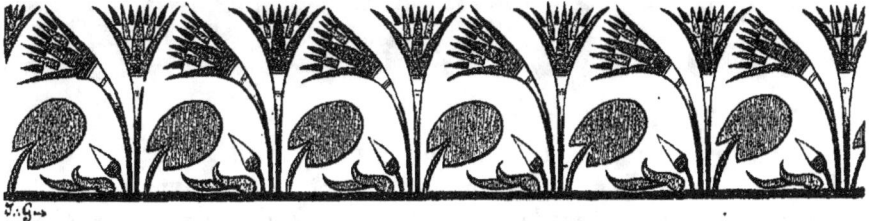

153.

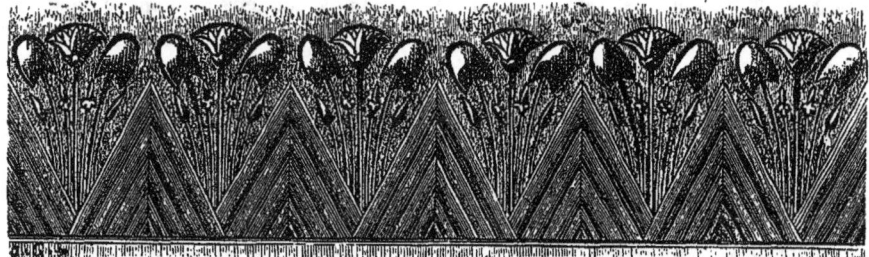

154.

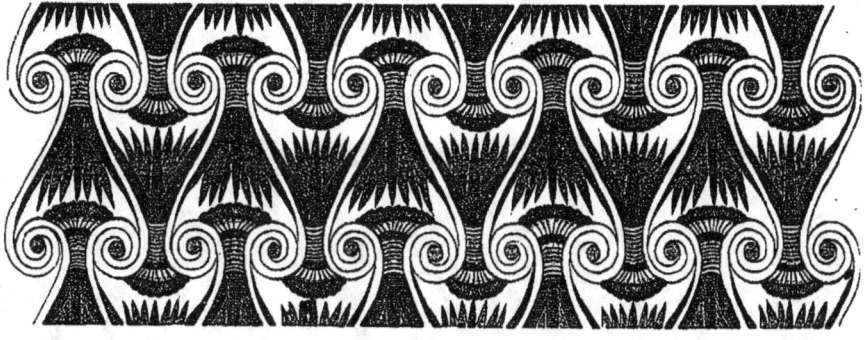

155.

produits. Nous ajoutons ici des exemples de répétitions de palmes, de feuilles et de fleurs. de lotus, de triangles, qui étaient les principaux ornements artistiques de ce style.

Nous rappelerons que toutes les façades des temples égyptiens étaient couvertes d'hiéroglyphes qui parlaient à l'esprit plutôt qu'aux yeux.

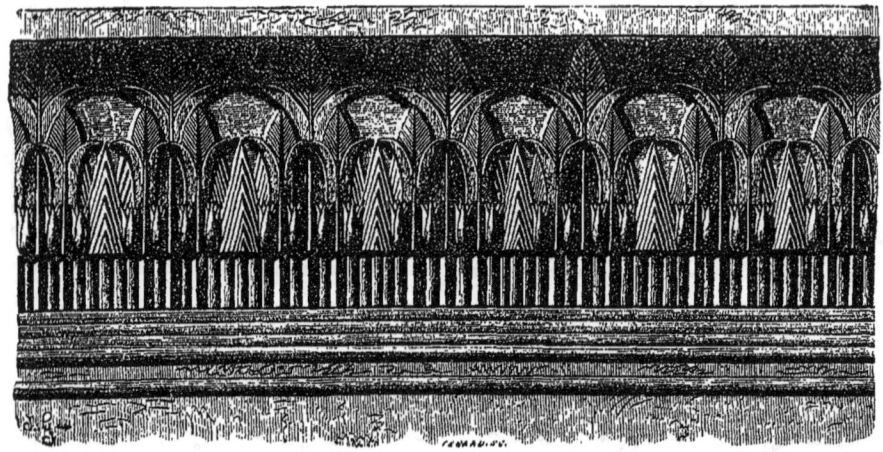

156.

Avec le lotus et le papyrus qui croissent au bord du Nil, c'étaient le rameau du palmier et la colonne imitant sa tige, qui constituaient encore les types peu nombreux qui forment la base de la décoration des Egyptiens, des monuments et des objets de tout genre servant aux usages journaliers.

Jamais l'imitation n'est servile, la représentation est toujours conventionnelle.

STYLE GREC, ROMAIN, ÉTRUSQUE

Les ornements de l'architecture grecque sont surtout les oves, les palmes, les

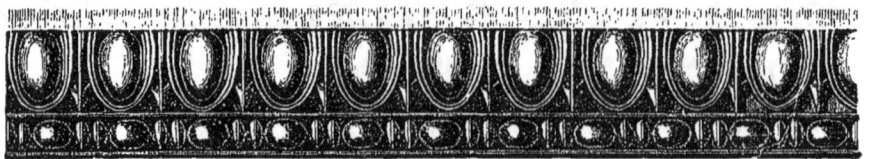

157.

158.

feuilles d'acanthe qui, depuis Callimaque, ont été reproduites dans le monde entier.

La palme du troisième ornement est empruntée à Herculanum comme la quatrième vignette ; cette dernière se rapproche de l'arabesque.

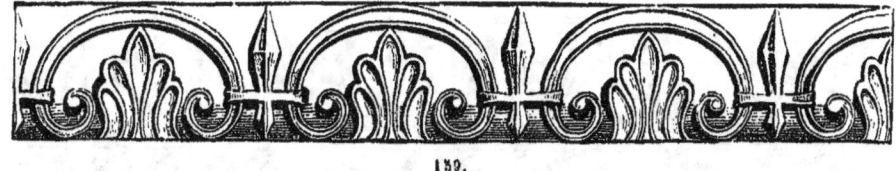

159.

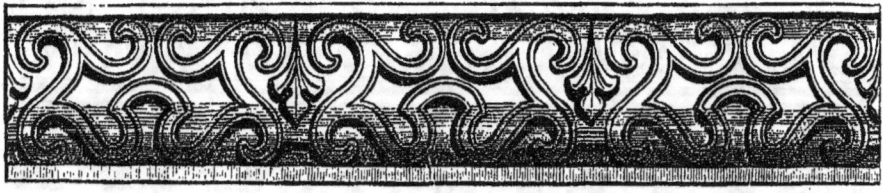

160.

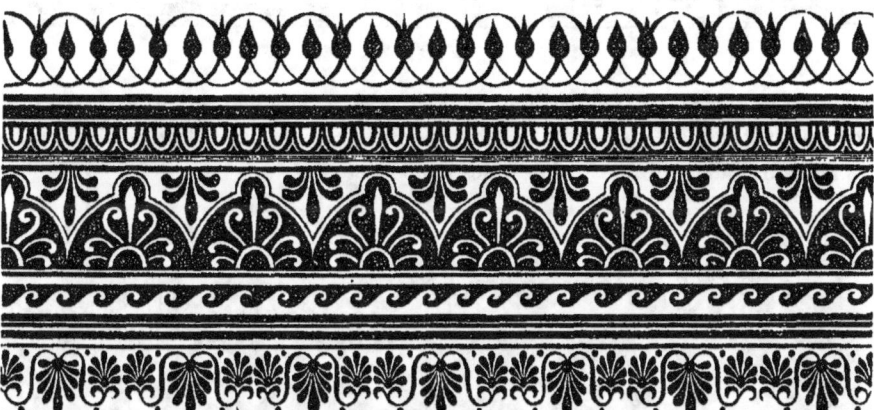

161.

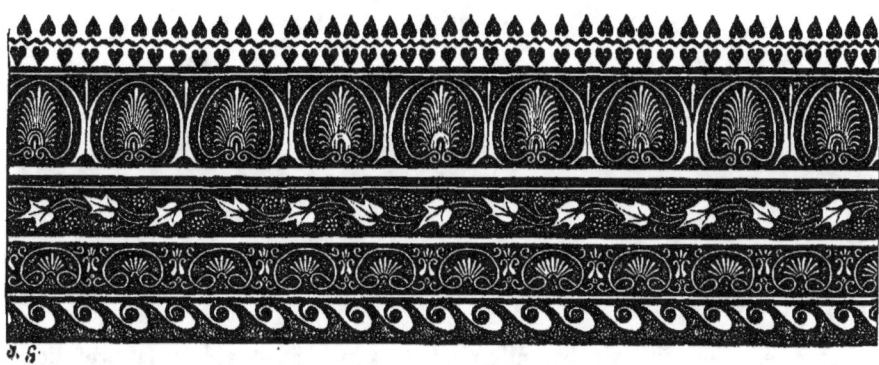

162.

Il est une source plus féconde encore que l'architecture pour fournir à profusion des ornements grecs : ce sont des vases étrusques, campaniens, qu'appréciaient tant se

Romains. Il y trouvaient le genre d'ornements se détachant sur fond coloré, qu'ils préféraient à tout autre et qu'ils employaient fréquemment, notamment dans les mo-

163.

saïques. Les quelques exemples que nous rapportons ici montrent avec quelle profusion les artistes décorateurs employaient (aidés sans doute par des procédés de poncif) des méandres, des oves, des palmes, des feuilles, etc., etc.

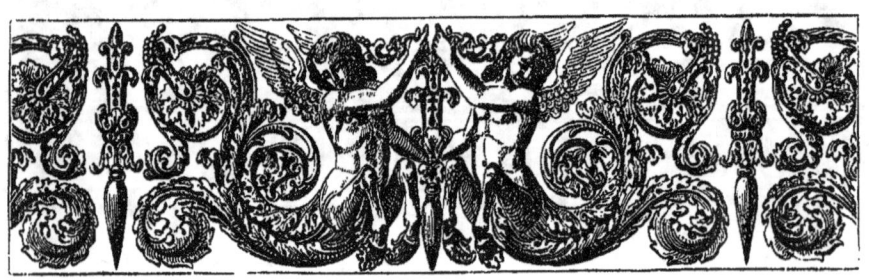

164.

La dernière vignette est un exemple du genre de décoration que l'on rencontre dans les édifices de l'époque la plus brillante de l'empire romain.

STYLE ROMAN ET BYZANTIN

L'ornementation du style bysantin-roman a pour cachet spécial la profusion de menus ornements tels que petits carrés, pointes de diamant, besans, étoiles, zigzags entrelacés. Cette décoration prend un éclat très grand dans la mosaïque et dans les vitraux, dont nous parlerons plus loin, lorsque tous ces éléments multiples prennent des couleurs éclatantes. La première vignette appartient à Sainte-Sophie, et

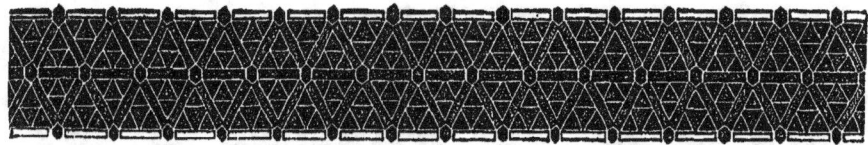

165.

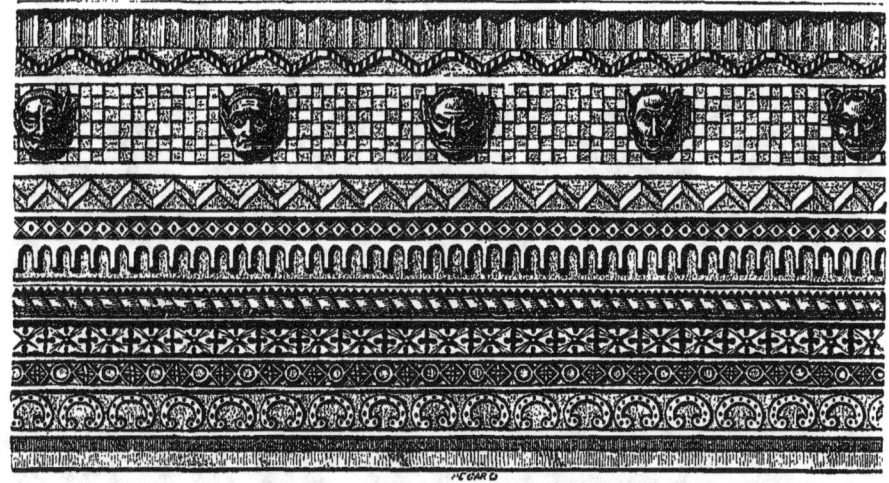

166.

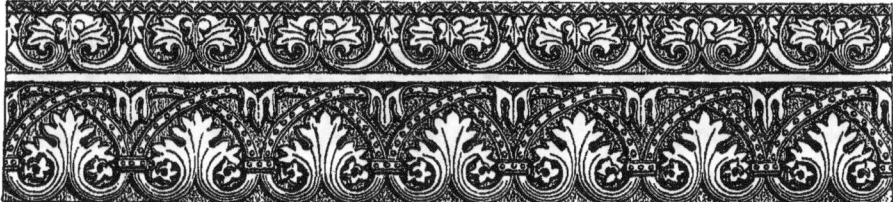

167.

. 168. .

169.

comme la troisième est purement byzantine; la seconde comprend la plupart des éléments du style roman. Toutefois, ce serait une erreur de considérer le style roman

comme borné à ce genre presque entièrement géométrique. Bien souvent les orne-

170.

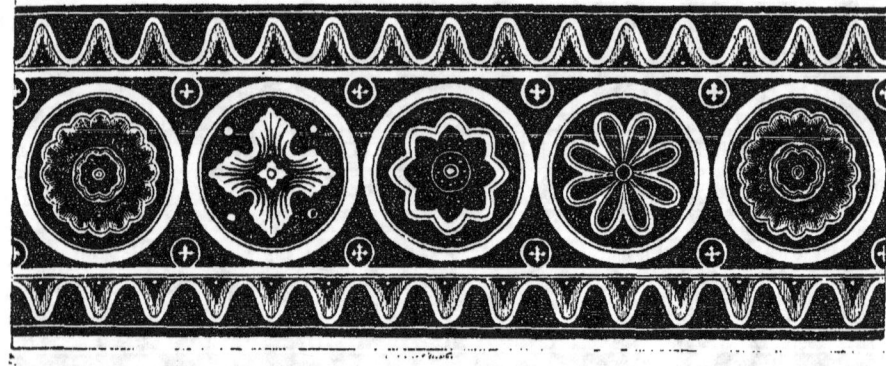

171.

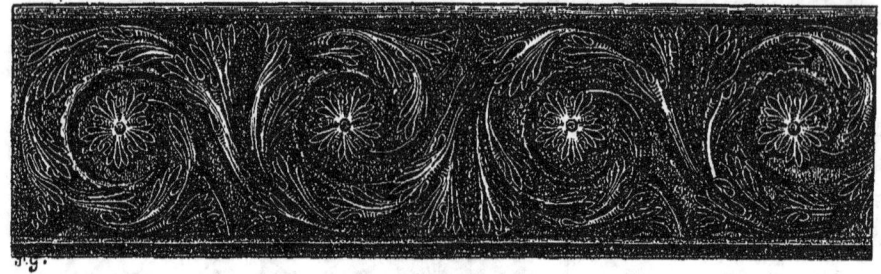

172.

ments tendant à représenter des feuillages, des rubans, etc., prennent un autre caractère ; les dernières vignettes en donnent une idée.

STYLE GOTHIQUE

Nous avons déjà dit quelques mots, à propos de l'architecture gothique, des orne-

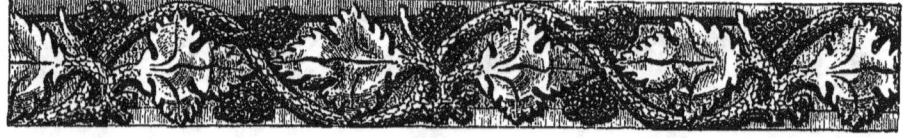

173.

ments propres à ce style. La vigne vierge, le trèfle, le chardon, sont souvent employés comme décoration, par une simple imitation de la nature, sans que l'art décoratif inter-

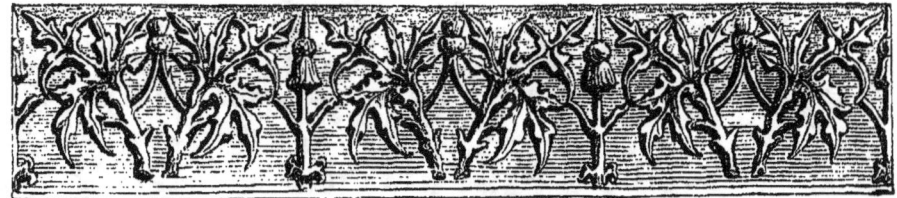

174

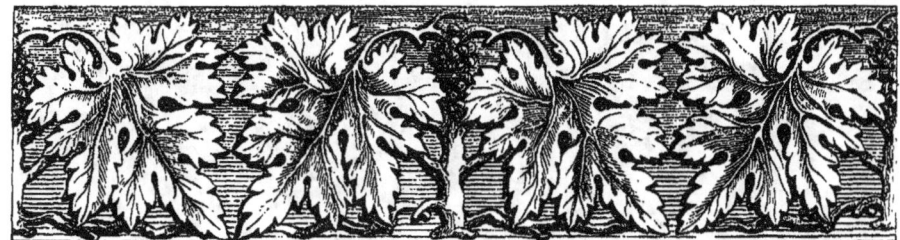

175.

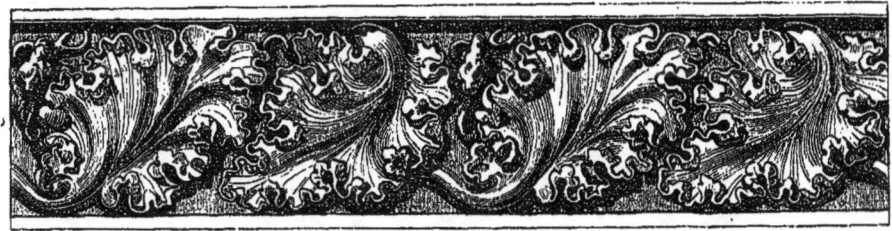

176.

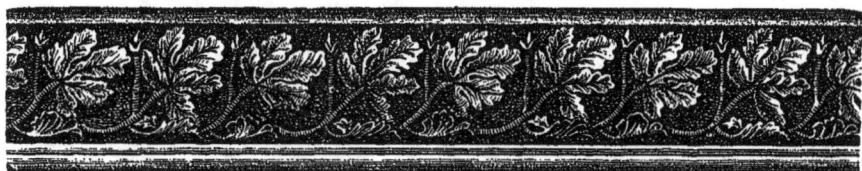

177.

178.

vienne ; ils se mélangent aux roses, aux flèches élancées, aux découpures semblables à de la dentelle, qui se répètent dans les moindres produits comme dans les grandes constructions de ce style.

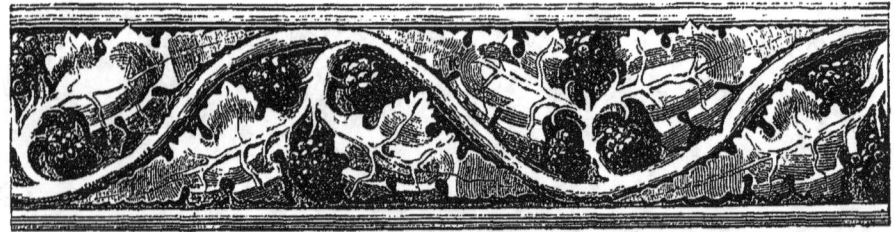

179.

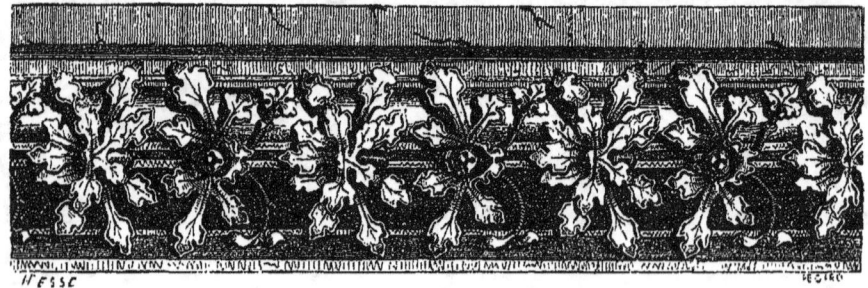

180.

STYLE RENAISSANCE

Les ornements de cette époque sont extrêmement variés, comme tous les produits de l'art dans cette brillante période de création artistique d'une admirable fécondité. On

181.

182.

en trouve à profusion dans les œuvres des graveurs du temps. On doit remarquer spécialement des enroulements de tout genre, des ornements gris, ou blancs sur fond noir, qui ont surtout été fréquemment répétés dans l'École allemande ; des formes rappelant les enroulements des branches, du serpent ; d'autres rappelant les panneaux, les fron-

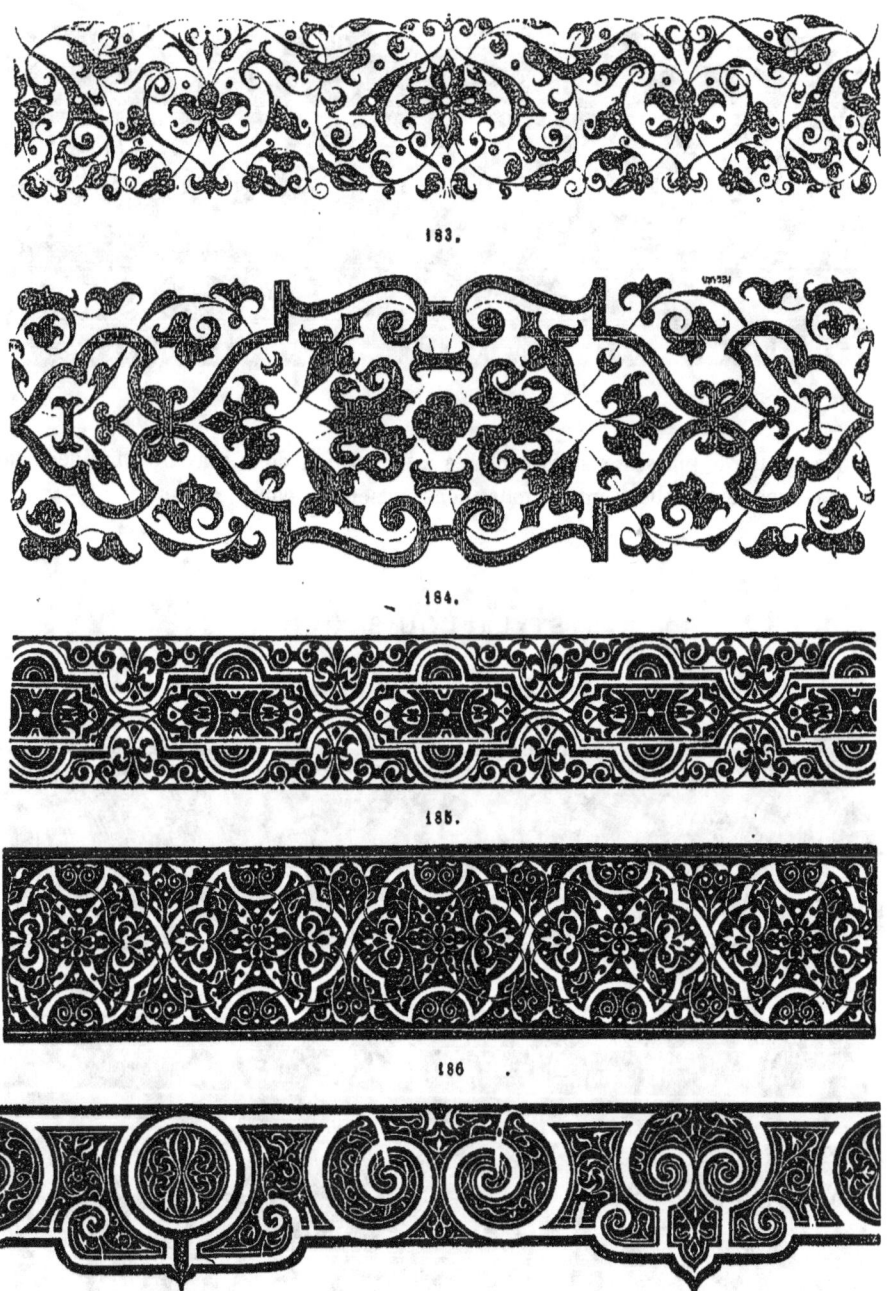

183.

184.

185.

186

187.

tons coupés des constructions de l'époque. Les types sont variés à tel point qu'ils défient l'analyse, même en laissant de côté l'imitation des objets animés, qui ont été admirablement employés à cette époque comme moyen de décoration. Aussi les collections des graveurs de la Renaissance sont-elles aujourd'hui les plus précieuses que

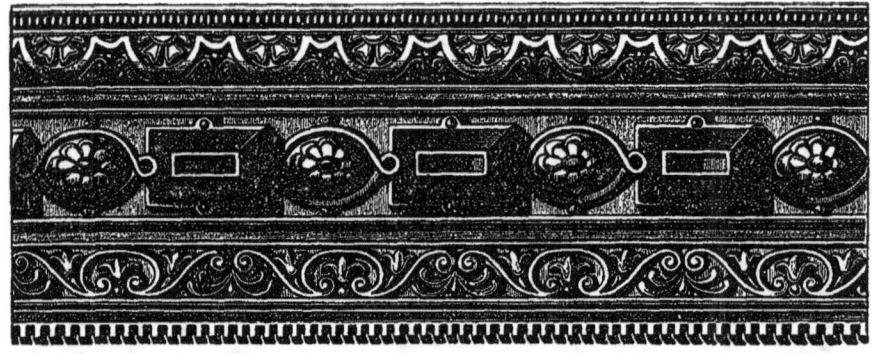

188.

l'artiste industriel puisse consulter. Grâce à l'invention de la gravure en taille-douce, au quinzième siècle, elles sont heureusement en nombre considérable.

STYLE LOUIS XIV

Les ornements du style Louis XIV consistent surtout en grands enroulements, en

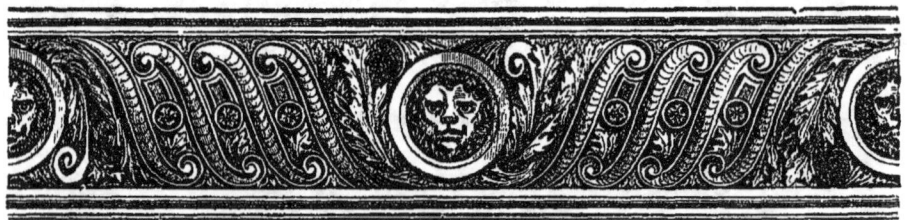

189.

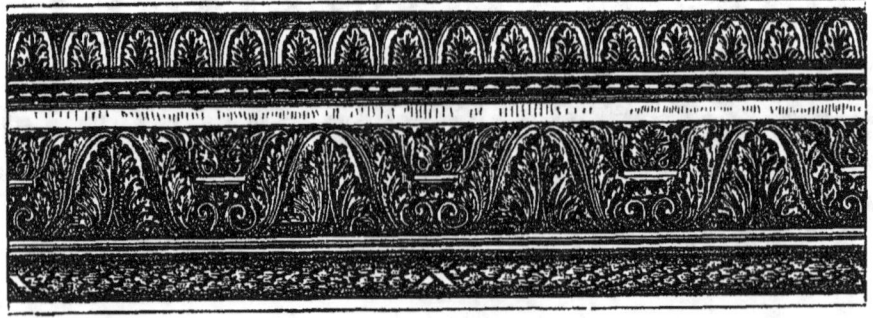

190.

palmes d'un grand développement, seules ou mélangées avec des éléments d'ordre architectural, des médaillons, des trophées, etc. Nulle part plus que dans la décoration

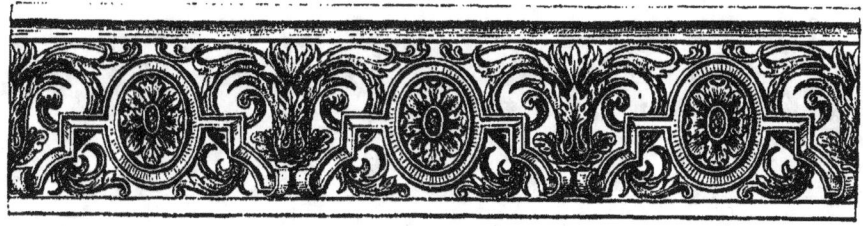

191.

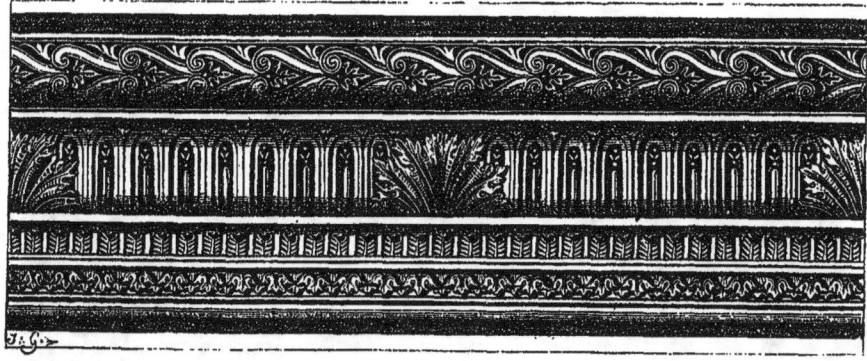

192.

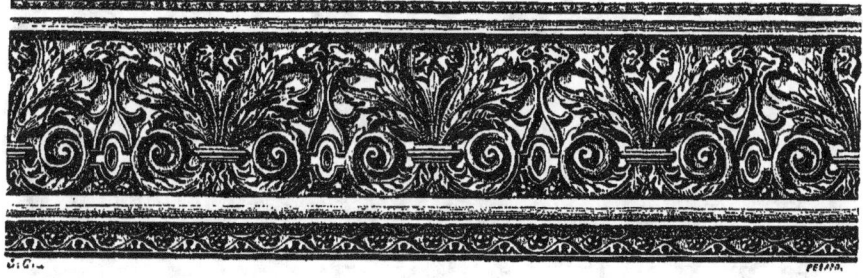

193.

variée de ce style, on ne retrouve la pompe, le grandiose de cette époque. Nous en rencontrerons plus loin encore plusieurs exemples.

STYLE LOUIS XV

Nous avons déjà donné nombre d'exemples de la décoration de ce style. On peut établir comme son cachet caractéristique l'emploi tout nouveau des coquilles. Ainsi, fréquemment, dans les rinceaux, les extrémités des feuillages contournés à l'extrême vers la fin de Louis **XIV** y furent réunies par des coquilles ou des rocailles, et autres lignes inspirées par des contours de même genre.

194.

STYLES ORIENTAUX — MAURESQUE — ARABE

Les Orientaux, qui repoussent par religion la représentation de la figure humaine, ont multiplié les entrelacements de lignes dites arabesques, dont nous avons déjà donné

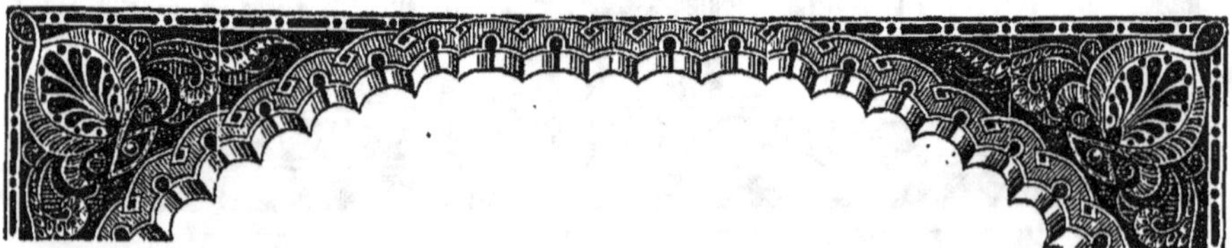

195.

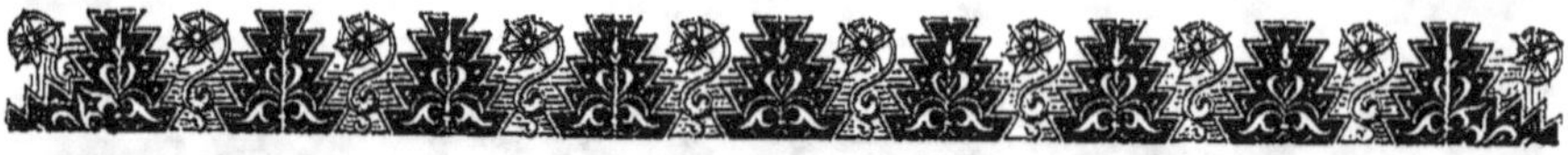

196.

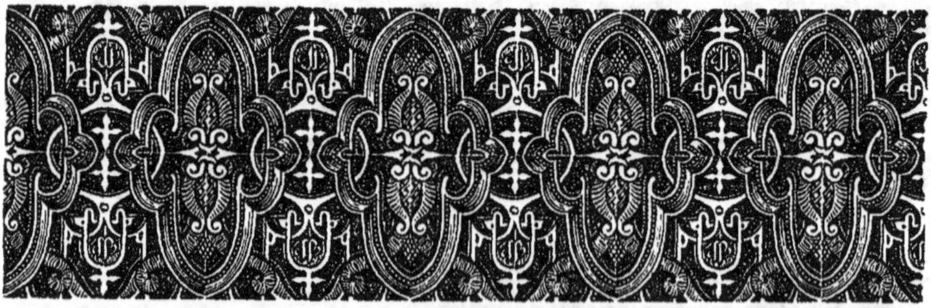

197.

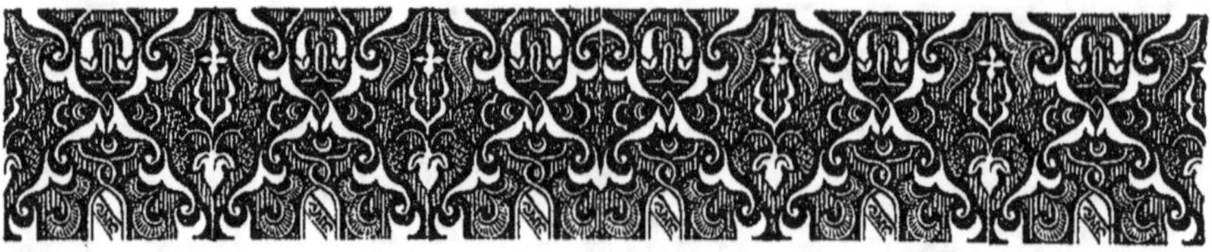

198.

des exemples très brillants. Ces arabesques sont formées de lignes irrégulières qui s'enlacent sans autre loi que la fantaisie, en produisant des harmonies toutes spéciales d'une variété infinie. A ces lignes, produit direct du caprice et du goût de l'artiste, se mêlent des fleurs de l'Orient, imitées plutôt des tissus que de la nature même, et enfin des inscriptions arabes en caractères qui, ayant des formes de même nature, s'y marient parfaitement.

Les arabesques furent apportées d'Égypte et introduites à Rome dès le temps d'Auguste et de Mécène, comme nous l'apprennent Vitruve, Apulée et Claudien. Vitruve s'éleva vivement, mais infructueusement, contre ce genre nouveau qui lui paraissait contraire aux principes de l'art, autant qu'au but moral qu'il doit se proposer, les arabesques offrant des dessins de fantaisie, et non des imitations de créations de la nature.

PERSAN

Les Persans occupent une très grande place dans l'ornementation orientale, soit à cause de leurs traditions propres, soit à cause de leurs relations avec l'Inde. Les

199.

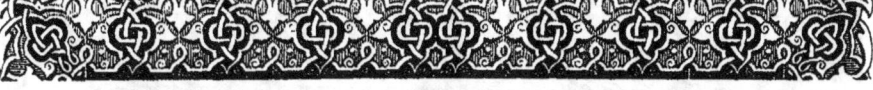

200.

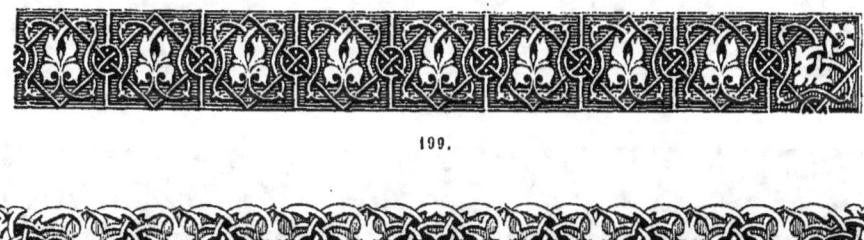

201.

vignettes que nous donnons ici sont empruntées à des modèles originaires de la Perse et nous paraissent bien montrer la richesse de ce style.

INDOU

Les Indous ont plusieurs genres d'ornement qui leur sont propres et sont tout à fait remarquables. Le premier, qui se voit surtout sur leurs cachemires, se rapporte à une excellente interprétation de la fleur, dont toutes les nervures tangentes à un axe cen-

202.

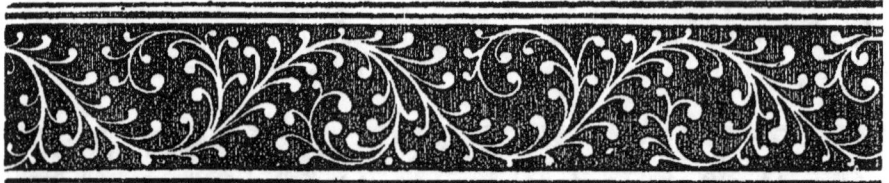

203.

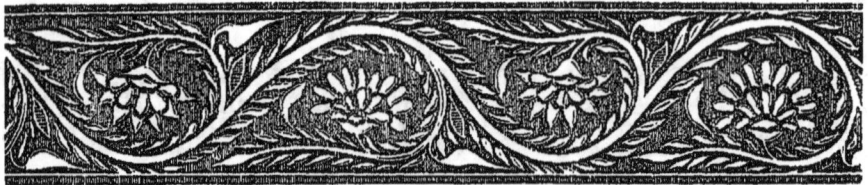

204.

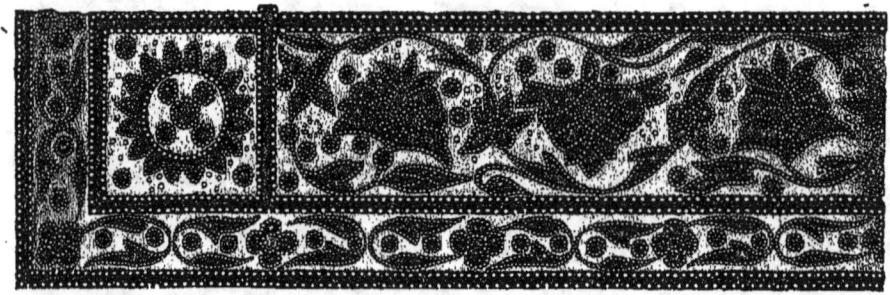

205.

tral s'élancent en gerbes harmonieuses. Le second se rapporte à des mouvements serpentants particuliers. Enfin, sans parler ici des couleurs, nous dirons qu'ils emploient admirablement les points brillants, comme on le voit par la figure 205, empruntée à une selle brodée en rouge et or, admirée, à juste titre, à l'Exposition de 1851.

CHINOIS

Sauf quelques combinaisons auxquelles les conduit l'emploi du bambou dans l'ornementation des accessoires extérieurs des habitations, les Chinois ne possèdent guère de

206.

207.

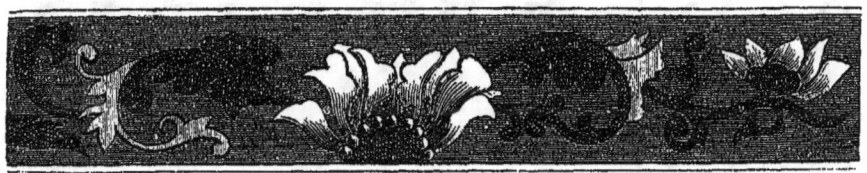

208.

formes purement ornementales ou conventionnelles. Ils emploient presque constamment les représentations littérales des fleurs.

ÉPOQUE MODERNE

La décoration de l'époque moderne puise ses éléments dans tous les styles antérieurs, comme l'industrie y cherche ses modèles pour les diverses fabrications. Il serait

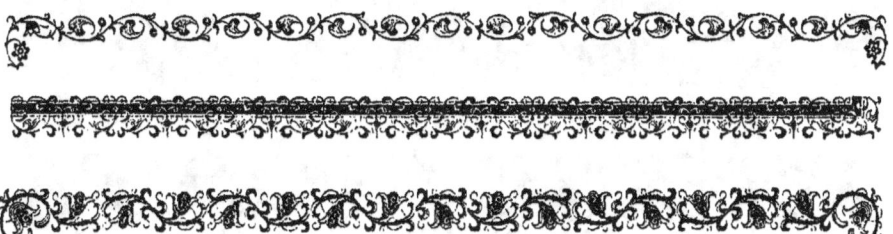

209.

difficile de préciser les voies que suit la fantaisie par quelques échantillons peu nombreux ; toutefois, on peut dire que le souvenir de bien des décorations de la Renaissance se retrouve fréquemment dans l'ornementation moderne, mais avec une interprétation différente. On peut faire rentrer dans cette division assez bon nombre des exemples qui suivent.

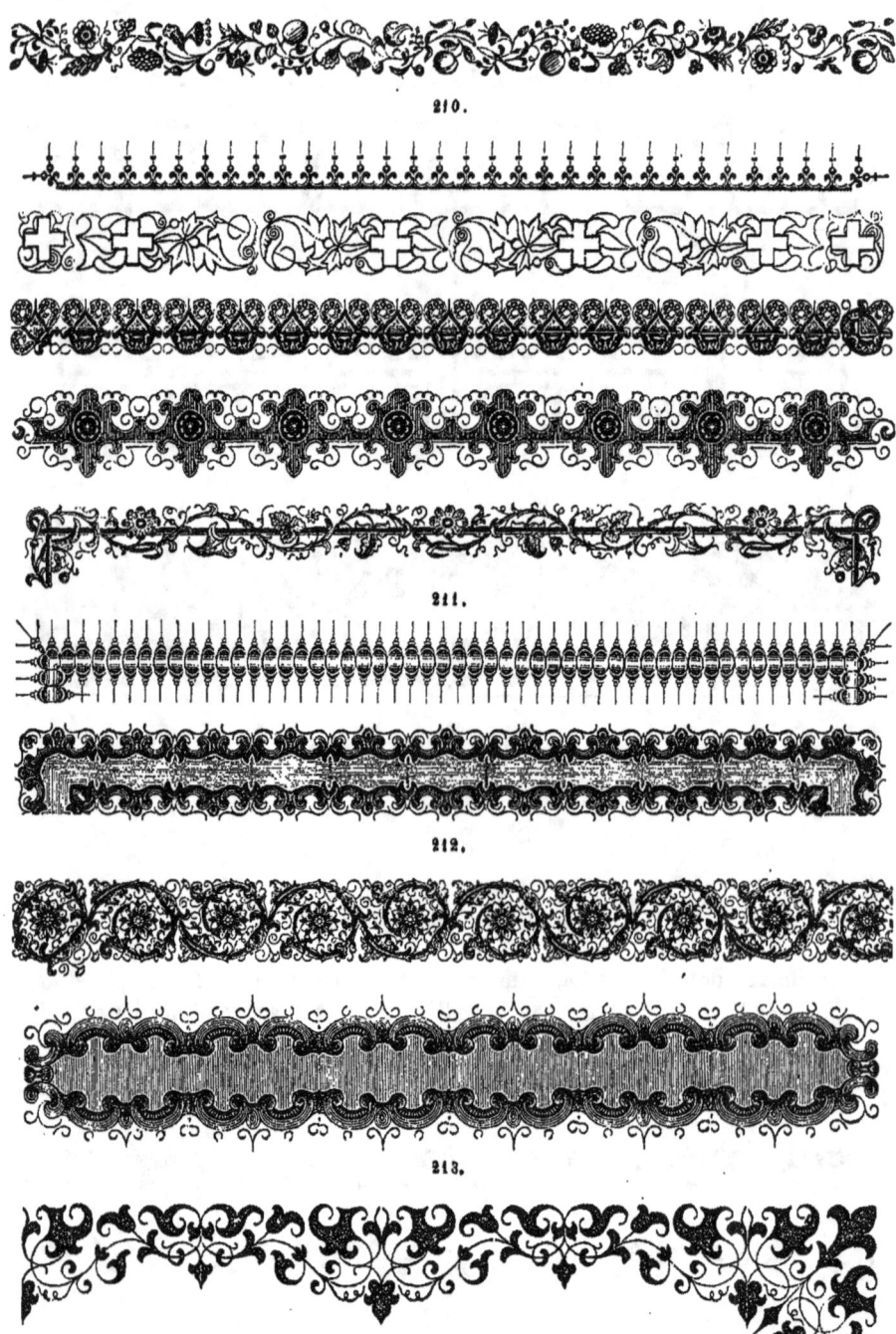

210.

211.

212.

213.

214.

Nous empruntons à l'habile artiste qui a conquis à la France une véritable supériorité pour la vignette typographique, à M. Derriey, le plus grand nombre des

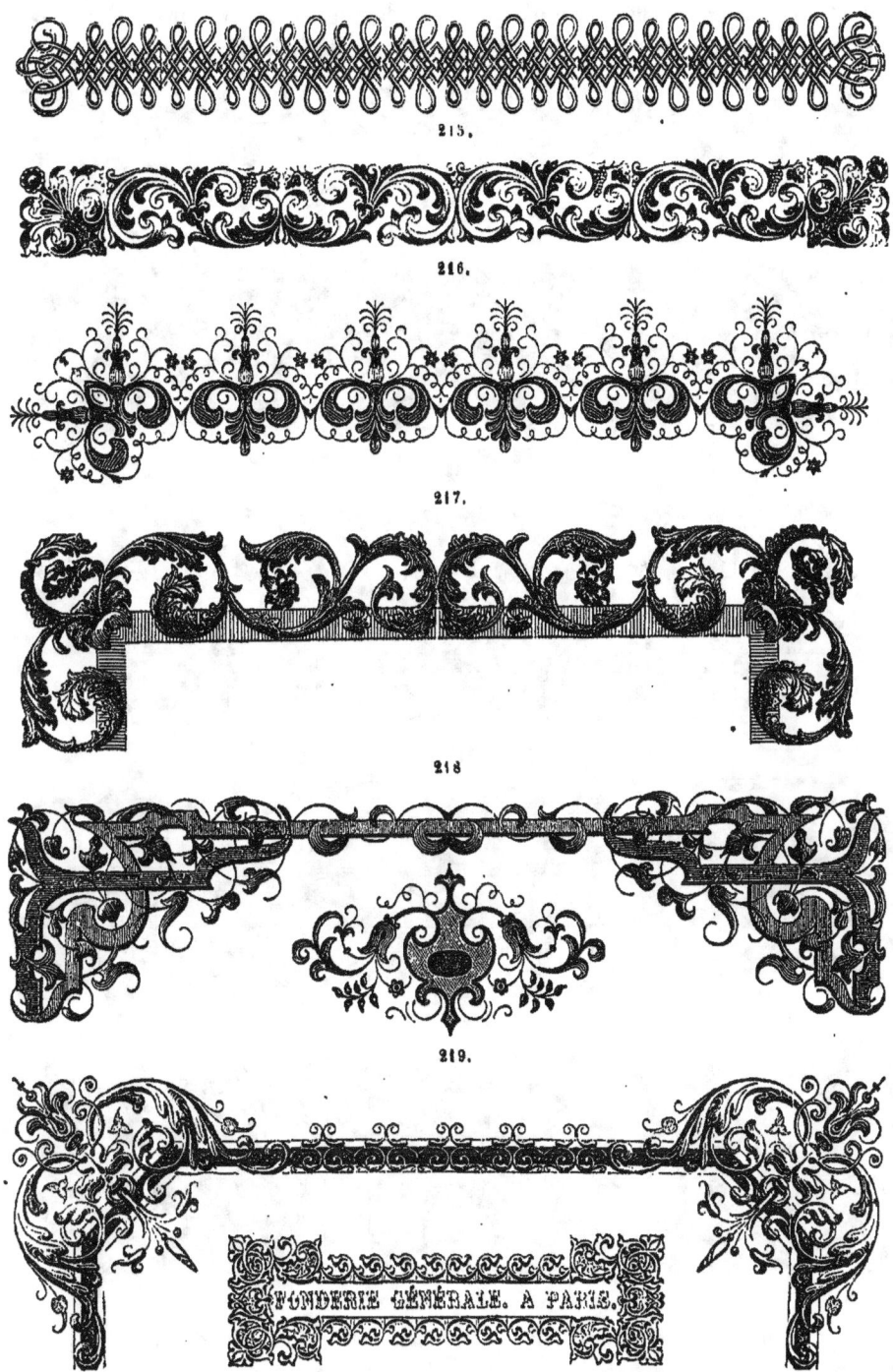

exemples ci-joints propres à faire apprécier l'état actuel de l'art dans cette direction.

On comprendra en les voyant combien étaient complètes les victoires qu'il a remportées aux dernières Expositions. Rien d'approchant de son œuvre ne pouvait être mis en regard d'elle par aucun artiste d'aucun pays, dans cette spécialité.

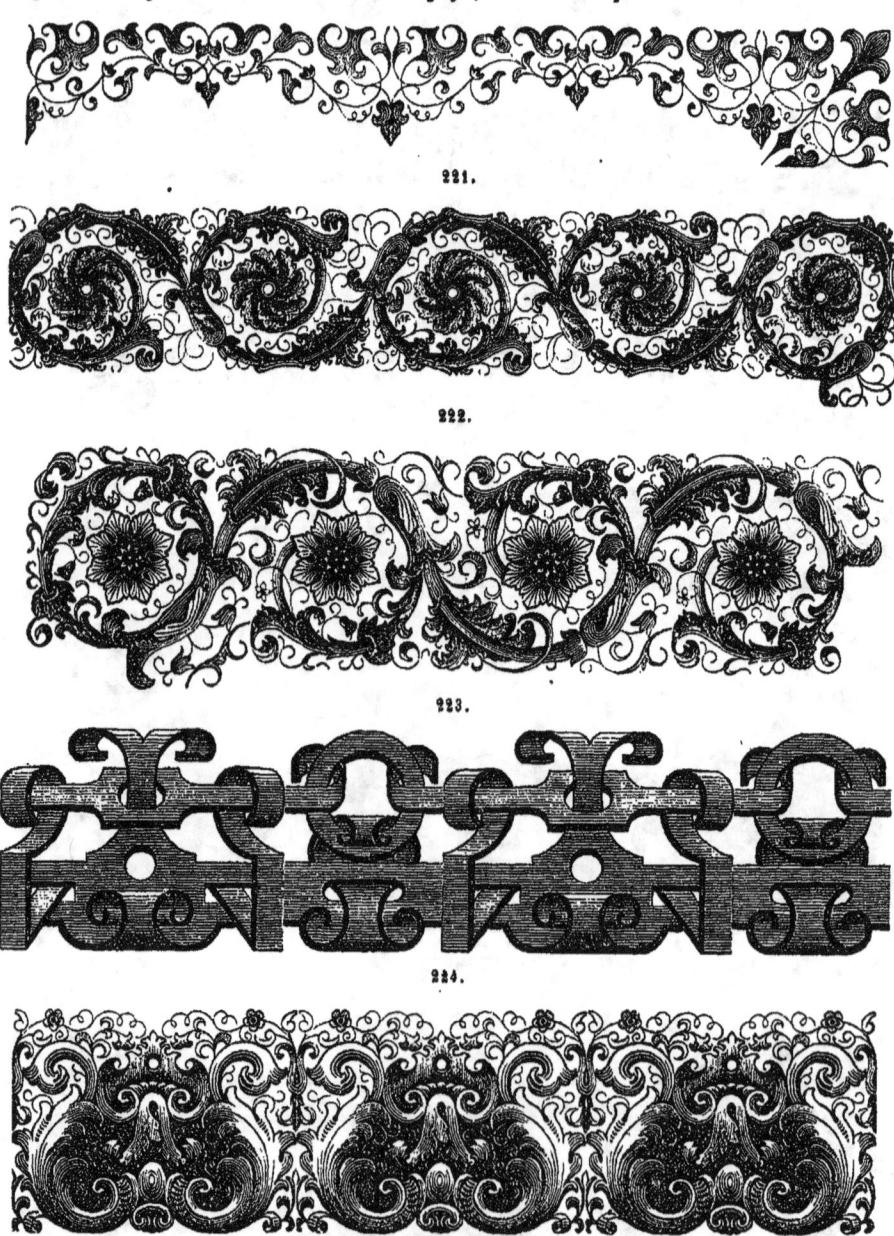

221.

222.

223.

224.

225.

On doit aussi noter l'imitation des fleurs, rameaux, etc., dont nous donnons ci-dessus plusieurs exemples, genre qui, comme nous l'avons déjà dit, convient moins au cas plus particulièrement considéré ici, à la typographie, que de riches combinaisons de lignes, imaginées par la seule fantaisie de l'artiste.

217

3° CARTOUCHES, FLEURONS.

Les dessins formant un tout plus complet, ayant une signification plus précise que les vignettes précédentes, qui ne se multiplient pas par des justaxpositions, au moins le plus souvent, portent bien le cachet d'un style et d'une époque, en ce sens que la manière d'employer les éléments de décoration obéit à une loi déterminée ; mais ces travaux varient complètement en raison du goût de l'artiste et des objets à représenter. Nous n'avons pas à nous arrêter longuement, car nous arrivons aux limites que nous avons dû nous poser, et la question, dans toute sa généralité, rentre dans l'histoire de la peinture, dont toutes les ressources sont souvent employées pour produire l'ornementation.

Cependant, à plusieurs époques, de petites compositions souvent répétées méritent une mention spéciale, car elles occupent une part importante dans la décoration. Ainsi

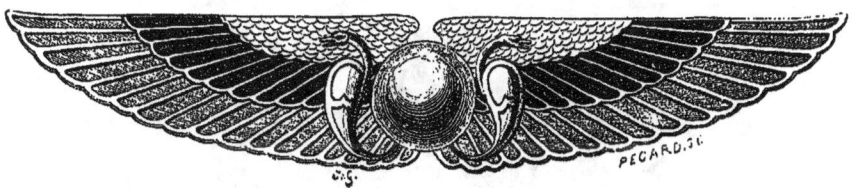

226. Scarabée égyptien.

le Scarabée sacré, figure emblématique des Égyptiens, se retrouve constamment sur les enveloppes des momies, comme il fait partie de la décoration des temples.

Les Grecs et les Romains nous offrent une foule de sujets analogues à l'espèce de trophée de vendanges que nous donnons ici.

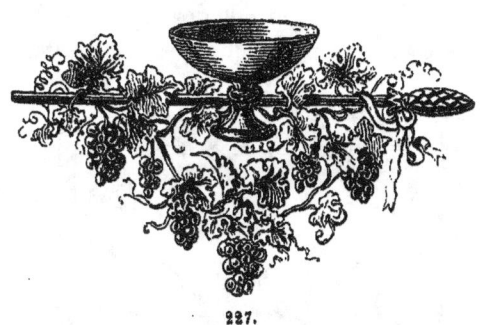

227.

A l'époque byzantine, des saints, les têtes de saints, garnies d'auréoles, se rencontrent fréquemment.

A la Renaissance, les sirènes, les animaux fantastiques de tout genre, les nymphes, les naïades forment la base des décorations élégantes dont nous donnons un exemple.

C'est principalement dans l'œuvre de décoration si magnifique et si célèbre à juste titre des accessoires dits arabesques du Vatican (nous en donnerons plus loin un échantillon), que le génie de Raphaël, inspiré avec tant de bonheur par les riche

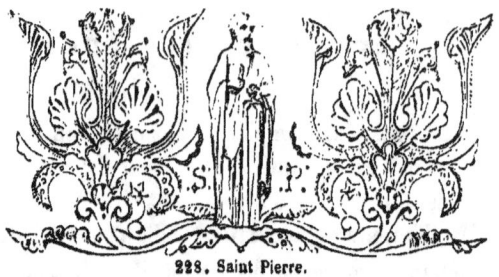

228. Saint Pierre.

matériaux, les débris de fresques antiques trouvés dans les fouilles de Rome, réussit à réaliser, tout un système de combinaisons aussi audacieuses qu'élégantes.

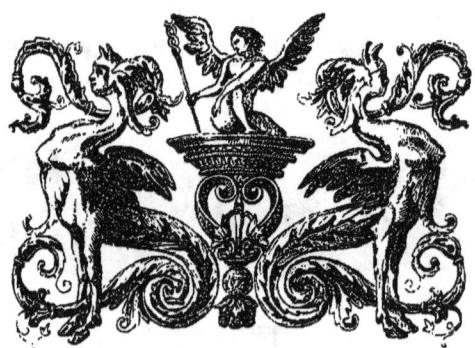

229. Chimère.

Ce curieux assemblage de figures, d'animaux chimériques, d'enroulements ; ce dévergondage raisonné de l'imagination produit, grâce à un harmonieux enchaînement, des effets tellement bien cadencés, que l'œil ne peut se lasser de les étudier, l'artiste d'y puiser d'excellents modèles. C'est l'exemple du développement le plus complet de la fantaisie. Nous donnerons, comme rappelant quelques ornementations de cette époque,

230. Cadre Renaissance.

deux dessins : l'un qui représente un cartouche, l'autre une frise rappelant les décorations du Primatice.

Les premiers cartouches du seizième siècle ont l'apparence de copeaux de bois enroulés. Dans la seconde manière, les combinaisons sont plus étendues ; l'enroulement et l'enchevêtrement de deux plans superposés en sont le caractère dominant.

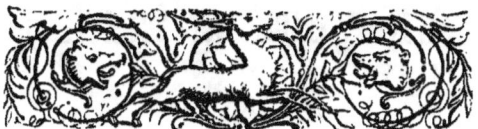

231. Frise Renaissance.

Dans le style de Louis XIV, les trophées de tout genre se répètent à l'infini, trophées d'armes en général, qui, sous Louis XV, deviennent trophées de houlettes, de tambourins, etc.

Quant à l'époque actuelle, il est impossible, au milieu de la multitude indéfinie de décorations qui sont engendrées par nos artistes, de tous les croquis auxquels leurs crayons donnent naissance, d'indiquer le genre des petites créations que le goût moderne sait multiplier. La profusion de fleurs est un des caractères les plus communs, et nous donnons ici un brûle-parfums sur fond de fleurs qui représente bien ce genre élégant d'ornementation moderne.

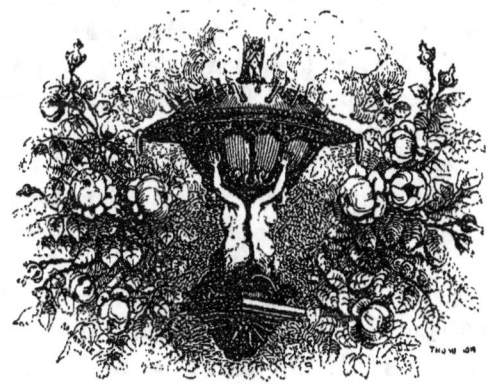

232. Brûle-parfums.

En dehors de ces petits sujets, les représentations de scènes animées, les ensembles plus complets, l'éveil des sentiments à l'aide de l'imitation, objet du travail de nombreux décorateurs, appartiennent au domaine de la peinture, de l'art ; ce n'est plus de l'industrie.

C'est surtout combinées avec des couleurs, que l'industrie emploie fréquemment les ressources de l'art, les créations pour la décoration ; nous y reviendrons en traitant des colorations. Toutefois il est une application fort intéressante pour laquelle l'industrie atteint à une reproduction parfaite ; c'est quand on se propose seulement la reproduction du dessin par plusieurs procédés que nous allons passer en revue, en commençant par nous placer au point de vue de ce qu'on est convenu d'appeler l'illustration. Cette question doit intéresser le lecteur, à qui ce livre offre un exemple de toutes les ressources que fournit la gravure en relief pour multiplier à l'infini le nombre des épreuves d'un dessin.

GRAVURE EN RELIEF

Dans la gravure en relief, on creuse, par un moyen quelconque, toutes les parties qui ne sont pas recouvertes par un dessin tracé sur une substance convenable. Cette substance est l'acier pour la typographie, le bois pour les illustrations, le cuivre dans quelques cas où une finesse et une résistance intermédiaire entre celle du bois et celle de l'acier est convenable, enfin le zinc, la pierre, etc., pour quelques procédés dans lesquels on a cherché à remplacer, plus ou moins imparfaitement, le travail du graveur par l'action des acides pour produire des reliefs.

Le rôle de chacune des gravures en relief est bien distinct : la gravure sur acier, plus lente et permettant des retouches multipliées, convient bien pour la gravure des lettres, des vignettes, des traits d'écriture ayant des parties d'une très grande finesse ; d'ailleurs l'obligation de frapper des matrices en cuivre fait dans ce cas une nécessité de la gravure sur acier. La résistance de la matière sur laquelle on grave fixe en effet la limite de la ténuité des fins ; et il est bien évident qu'on pourra amener les traits d'une partie saillante d'acier à un degré de finesse auquel on ne pouvait amener un bois sans risquer de l'égrener. De son côté, la gravure sur bois, bien plus hardie, bien plus rapide, a permis de faire entrer dans l'impression des ouvrages de luxe des figures qui, tirées en même temps que le texte, en facilitent singulièrement l'intelligence, sans en augmenter démesurément la valeur. Le présent ouvrage en est un exemple.

La gravure sur bois fut inventée ou introduite en Europe vers le commencement du quinzième siècle (1390-1430) : il y eut à son apparition un grand cri de douleur et de scandale parmi les amis exclusifs de l'art. On était arrivé à cette époque, au plus haut degré de perfection dans la miniature et dans l'écriture. Les Bibles étaient ornées de petites peintures fines, où resplendissaient les plus riches couleurs; les lettres, les mots les lignes, élégamment dessinées sur la chair délicate du parchemin, semblaient vraiment vivre et parler aux yeux. Les cartes inventées près d'un siècle avant, sous le règne de Charles VI, n'étaient pas moins admirables : mais les livres de dévotion et les cartes étaient rares, hors de prix, et seulement à l'usage des communautés religieuses, des châteaux, et de quelques riches habitants des villes. Tout à coup on vit se répandre avec profusion, dans la bourgeoisie et parmi le peuple, de grossières images de saints rudement esquissées, aux figures contournées et barbares ; des rois, des reines de cartes grotesquement croqués et dépouillés de leur éclatantes robes ; c'était la gravure sur bois qui faisait descendre l'art à la portée du plus grand nombre.

La plus ancienne épreuve connue d'une planche gravée sur bois, avec date paraît être un SAINT CHRISTOPHE, sans marque et sans nom d'auteur, portant une inscription latine et le millésime de 1423. Cette pièce est si grossièrement gravée, elle est d'un dessin si défectueux, qu'il est naturel de penser qu'elle est un des premiers essais de la gravure sur bois. Une feuille de cartes à jouer qui figurent à la Bibliothèque, à Paris, semble, remonter à la même époque.

Bientôt des légendes imprimées à l'aide de lettres taillées en relief, comme les figures, sur les blocs de bois, accompagnèrent les gravures pour les expliquer, et de là le besoin de la lecture, se propageant peu à peu, mena insensiblement à l'invention des caractères mobiles, et, enfin, à l'imprimerie perfectionnée, qui commença, pour la popularité de la science, la révolution que la gravure sur bois avait commencée pour la popularité de l'art.

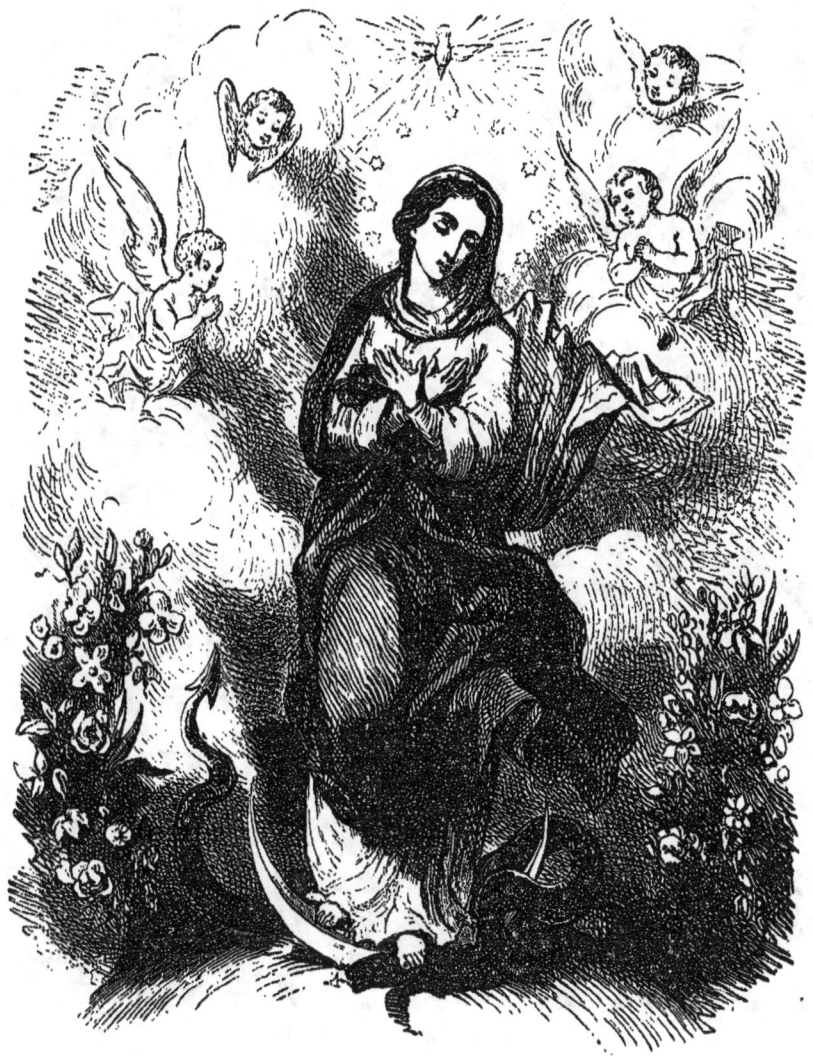

233. Vierge (gravure en fac-simile).

La gravure sur bois, consacrée jusqu'alors à des représentations grossières, devint cependant un art sous l'influence d'Albert Durer, né en 1471 à Nuremberg. Ce grand artiste, ami de Raphaël, dessina des planches d'une admirable beauté : son estampe de la « Mélancolie, » ses « Vierges » font toujours l'admiration des artistes.

La France a possédé quelques artistes distingués qui se sont livrés avec succès à ce genre de gravure : tels furent Joliet le Suisse, l'Allemand Businck, Boutemont, les Lesueur, et en dernier lieu les deux Papillon. Depuis 1760, époque à laquelle vivait le dernier de ces artistes, la gravure sur bois pratiquée par les artistes de peu de mérite fut peu estimée. Elle se faisait sur bois de fil, à l'aide de pointes tranchantes, procédé

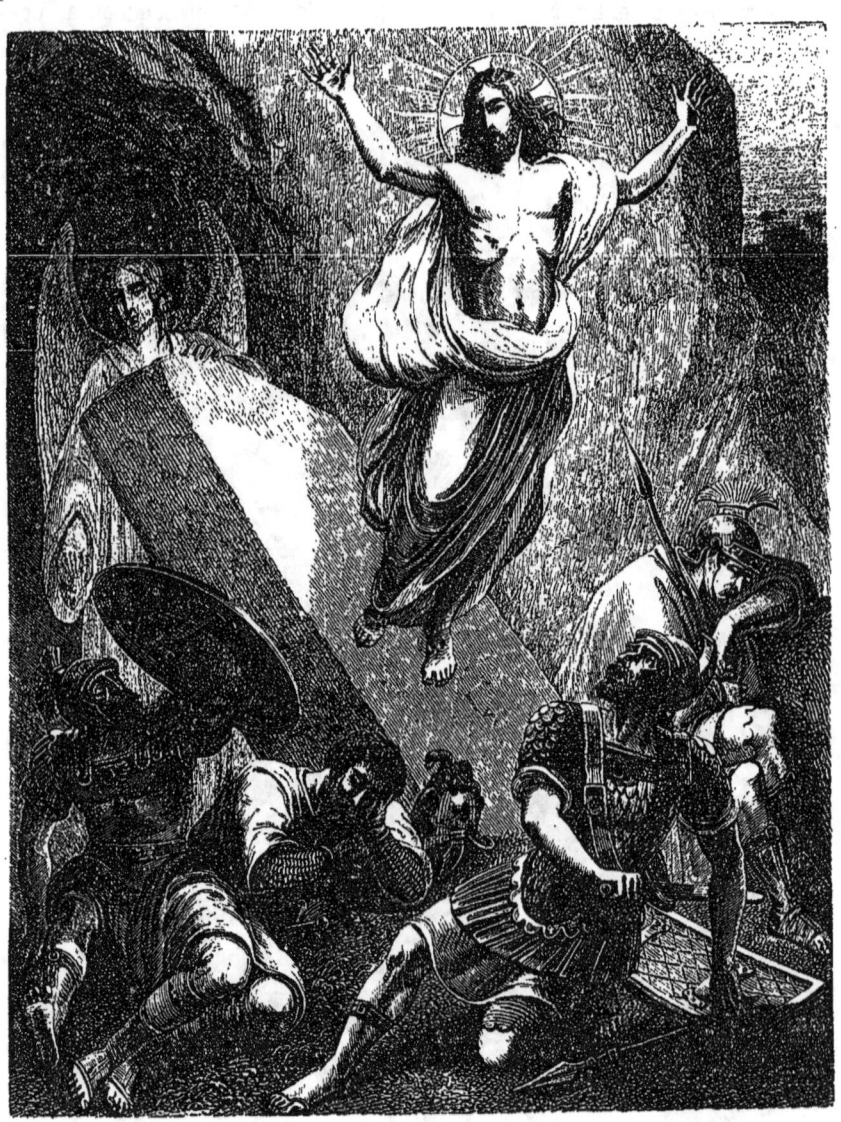

234. Resurrection (gravure classique).

qui se prêtait mal à l'exécution de gravures très fines, comme doivent être celles à intercaler dans les livres pour les éditions illustrées. Son emploi diminuait chaque jour, lorsque Tompson introduisit en France, vers 1815, la nouvelle gravure sur bois inventée par Bervick en Angleterre, et montra tout le parti qu'on pouvait tirer de son emploi pour obtenir les sujets les plus délicats. Ce procédé consistait à graver le bois non plus parallèlement aux fibres, avec des canifs, des lames coupantes, mais à creuser avec le burin le bois en coupant les fibres, en l'employant debout, par des procédés tout à fait analogues à ceux de la gravure en taille douce sur cuivre, en profitant de la résistance des fibres dans le sens de leur longueur pour obtenir des traits fins, résistants[1].

Deux procédés de gravure sur bois correspondent aux deux genres de dessin dont nous avons parlé plus haut.

Le premier consiste à imiter le dessin exactement en enlevant, à l'aide de burins, les parties blanches. Ce travail, dit « fac-similé, » s'appliquant plus souvent à des dessins très chargés, rentre dans la première classe, c'est-à-dire que le burin produit surtout des teintes, que les lignes sont souvent confuses.

Le second, dit classique, » dans lequel le graveur a souvent à interpréter des parties lavées ou estompées, se fait avec des outils à faces presque parallèles et en déterminant des lignes de courbure continues, de largeur variable (on n'emploie en général qu'une seule série de lignes de courbure, la plus caractéristique) pour les surfaces convexes ; des teintes formées par des lignes parallèles, pour les surfaces plates, les ciels, etc.

Nous donnons, figure 233 et figure 234, deux exemples de cette gravure employée pour des représentations de personnages, afin de montrer toute l'étendue du procédé ; le présent ouvrage est d'ailleurs un spécimen du second genre de travail appliqué à la représentation des œuvres d'art.

IMPRIMERIE TYPOGRAPHIQUE

Nous allons compléter maintenant ce qui a rapport au plus important procédé de reproduction du dessin, à l'imprimerie typographique, dont nous avons étudié en partie les productions dans ce qui précède.

L'imprimerie typographique n'a, dans le cas général, à sa disposition qu'une couleur, le noir, mais elle offre l'avantage, au point de vue artistique, de pouvoir, par la nature de l'encre qu'elle emploie, rendre des gravures extrêmement délicates et fines, et en même temps de donner des tons noirs et vigoureux. De plus, les ressources de la fonderie et le principe de la mobilité des types dû au génie de Guttemberg permettent de multiplier et de faire varier à l'infini les combinaisons des vignettes et des éléments divers dont l'imprimerie dispose. Cet avantage n'existe qu'à un moindre degré dans l'impression des étoffes et des papiers peints, où le dessin élémentaire, le cachet, n'est reproduit que par des moyens imparfaits ; il en résulte que la multiplication du dessin engendre de nombreux défauts, ce qui force à le faire d'une certaine grandeur, en rapport avec la largeur de l'étoffe ou du papier.

1. On doit citer parmi les graveurs sur bois les plus | Godard, Quartley, Hébert, Brevière, Pisan, Charlot, estimés de nos jours, Tompson Jackson, Orren Smith, | Laplante, Pégard, etc.

IMPRIMERIE TYPOGRAPHIQUE.

L'étude artistique des caractères typographiques, comme celle des vignettes que peut employer la typographie, est très intéressante et n'a jamais, que nous sachions, été essayée.

DES CARACTÈRES TYPOGRAPHIQUES

Nous nous garderons d'entrer ici dans des développements relatifs à la découverte de l'imprimerie, et, nous bornant à ce qui rentre dans notre cadre, nous dirons seulement quelques mots sur les modifications successives qui ont été apportées à la forme des caractères, afin de mieux faire comprendre l'évolution historique qui s'est produite dans tous les éléments d'une industrie que l'on est peu habitué à considérer au point de vue de l'art.

Nous venons de dire comment la gravure sur bois, l'imprimerie tabellaire appliquée aux cartes, aux légendes, a conduit de la reproduction des textes gravés joints aux figures à l'idée des caractères mobiles, découverte immense par ses résultats, que sut réaliser le génie de Guttemberg.

Au moment de la découverte de l'imprimerie, le type fut fixé d'une manière définitive, ou au moins les modifications furent plus lentes, plus difficiles qu'aux époques où les manuscrits régnaient sans partage, où l'action d'un artiste écrivain, pour modifier le goût régnant, pouvait être très-grande. Malgré cela, si on passe en revue quelques monuments des diverses époques célèbres, après comme avant la découverte de l'imprimerie, on voit reparaître d'une manière très-tranchée, bien que non remarquée jusqu'ici, les modifications du goût, les divers styles, qui, en effet, doivent être aussi sensibles dans l'écriture que dans toutes les autres manifestations de l'activité laborieuse.

La moindre inspection fait reconnaître qu'au point de vue de l'art le caractère des inscriptions grecques, tout géométrique, composé seulement de parties rectilignes et de parties circulaires, répond au style grec ; celui des manuscrits romans, qui d'abord provient d'une altération des inscriptions grecques, prend bientôt un aspect tout particulier correspondant non seulement au moyen spécial de production, à la calligraphie, mais encore au goût régnant ; on sent quelque chose du plein-cintre de l'architecture de l'époque. Plus tard on voit l'écriture se transformer et, suivant les changements du goût, prendre les formes du caractère gothique ; ce genre d'écriture, adopté généralement au moment de la découverte de l'imprimerie, rappelle évidemment, par la recherche des pointes, les flèches des constructions adoptées partout et répond tout à fait au style gothique, si naturel à l'Allemagne qui a conservé ce genre de types.

Montrons par quelques exemples la vérité palpable de ces propositions :

ΧΡΗΤΗΙ ΑΔΕΛΦΗΣ ΕΜΝΗϹϴΗ ΟΝΗϹΙΜΑ

Inscription grecque.

ΥΕΝΤΡΙΣΜΕΛΝΔΡΟΣ

Écriture capitale au IVᵉ siècle.

Ce dernier type provient évidemment de l'altération des caractères des inscriptions.

Dans l'exemple ci-après, la forme des lettres s'arrondit dans le goût dominant dans le style roman.

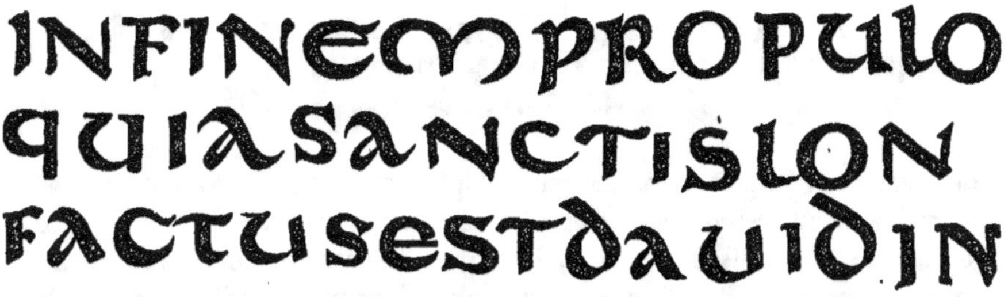

INFINEMPROPUIO
QUIASANCTISION
FACTUSESTdAUIDIN

Psautier de Saint-Germain des Prés (vie siècle).

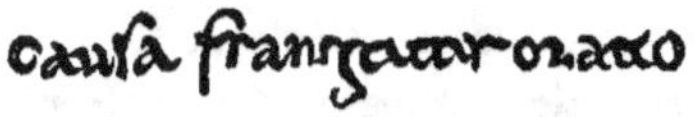

cauſa franzatarozacto

Écriture minuscule de 819.

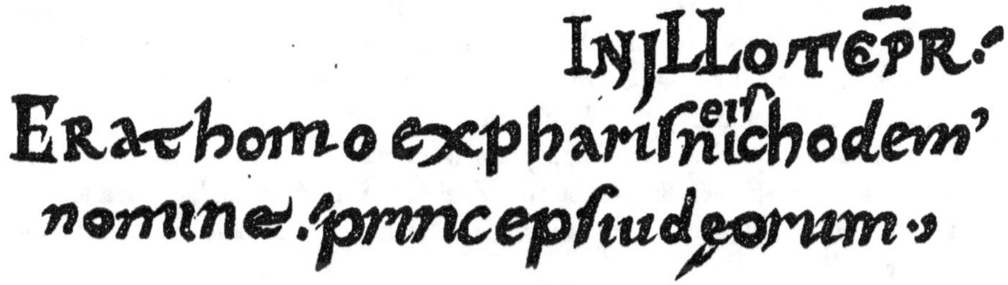

INJLLOTEPR·
ERachomo exphariſnichodem'
nomine.princepſiudeorum·

Bible latine du ixe siècle.

La calligraphie modifie de plus en plus les formes et donne naissance aux lettres dites BAS DE CASSE, entièrement différentes des capitales. (Voir plus loin CALLIGRAPHIE.)

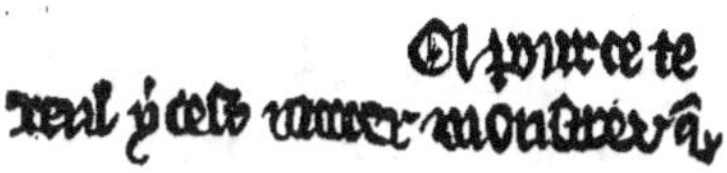

Olpourœ te
xeul ẏœlt vamer mongreva,

Ape fnthan pape ſathan aleppe
commao pluro co la bore chioria
quel ſamio gentle che tutto ſepp

Écriture en minuscules de 1373. 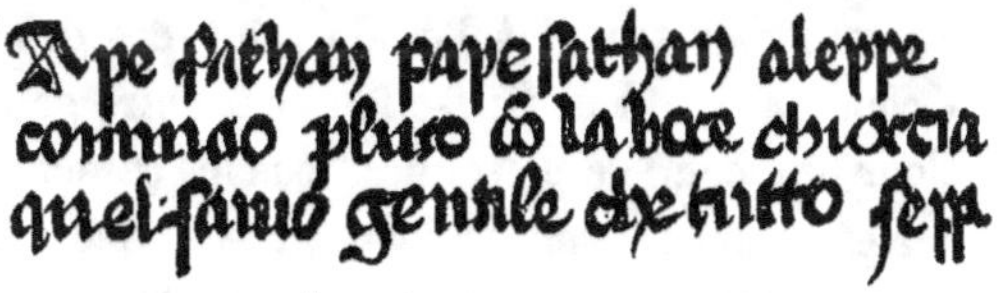   Écriture italienne du xive siècle.

Les formes aiguës sont recherchées pour donner de l'élégance aux lettres sous l'influence du style gothique. Nous touchons au moment de l'apparition de l'imprimerie.

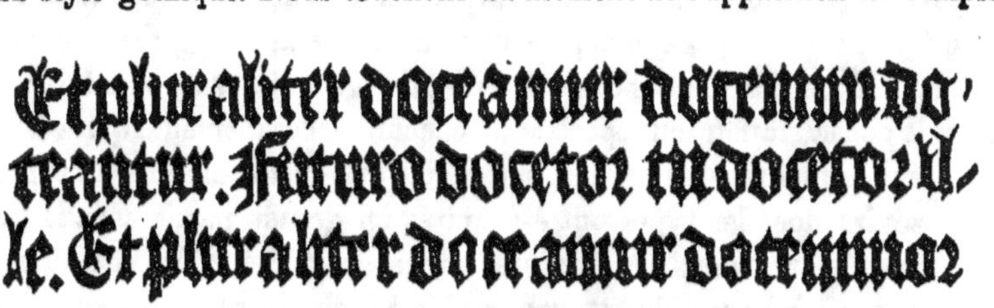

Etpluraliter doceamur docemur do'
teantur. Ifuturo docetor tudocetoz.U'
le.Etpluraliter doceamur docemnoz

Grammaire latine de Donat (édition xylographique attribuée à Faust et Gutemberg).

Les lignes ci-dessus sont une copie du type gothique le plus estimé de l'époque qui vit la découverte de l'imprimerie, et que l'on chercha à reproduire.

Enfin nous donnerons un exemple de la forme la plus élégante du type gothique, conservée par les premiers graveurs sur acier.

Ces Publicains et les pecheurs Uindrent a Jesus affin quilz öyssent sa parole et sa predication/

Gothique du XVIᵉ siècle en typographie.

Le caractère gothique, naturellement adopté pour les premiers monuments de la typographie, subit bientôt une radicale transformation pour donner nos types actuels, à l'époque de la Renaissance : ce fut l'œuvre de Jenson, graveur de la Monnaie de France, envoyé en 1462 à Mayence, par Louis XI, pour apprendre les secrets de l'imprimerie, et qui, retiré à Venise, grava les beaux types de caractères romains que Garamond prit ensuite pour modèles au siècle de François Iᵉʳ. Il y réintroduisit les éléments classiques des inscriptions romaines, et cette réforme, cette renaissance est bien de même ordre que toutes les transformations qui ont été alors produites dans toutes les directions de l'art aussi bien que dans l'écriture. Le type romain fut créé à l'aide de la réunion, dans un même alphabet, des minuscules des manuscrits et des capitales romaines, en modifiant en outre quelques formes traditionnelles pour obtenir une facile lecture, une grande régularité, débarrasser les lettres d'accessoires inutiles et les réduire à la combinaison la plus simple possible de parties droites et de parties circulaires. Ce fut Alde Manuce, imprimeur de Venise, qui, bientôt après, grava le caractère italique dit quelquefois « lettres aldines, » complétant ainsi le mouvement de la Renaissance.

Au seizième siècle, Garamond perfectionna la gravure et donna aux lettres des formes qui font encore l'admiration des amateurs de vieux livres, à tel point qu'aujourd'hui ils en arrivent à nier, à tort suivant nous, tous progrès accomplis depuis cette époque. Il est certain, toutefois, qu'on s'est éloigné d'une manière fâcheuse de plusieurs des règles qu'il avait posées, comme nous allons le montrer.

Passons maintenant à l'étude des types des époques plus rapprochées de la nôtre, aux conditions de leur perfection pour notre goût.

Pour beaucoup de personnes, tous les caractères typographiques de même grandeur se ressemblent; ce sont toujours, dit-on, des *a*, des *b*, etc. Si toutefois on met sous les yeux de ces personnes un volume sortant des presses d'Elzévir, ou de quelque autre imprimeur justement célèbre, elles sont frappées de la netteté, de l'élégance des types, à ce point que beaucoup en font collection, non pour les lire, mais comme d'estampes, d'objets d'art. Il y a donc un certain charme, une certaine harmonie dans l'ensemble d'un caractère, dans une page, indépendamment même de l'élégance qui peut appartenir à chaque lettre, car c'est l'ensemble de la page qui paraît admirable aux amateurs. C'est la considération plus spéciale de chacun de ces éléments qui a fait la réputation des deux principales écoles qui ont acquis une juste célébrité en typographie : celle des Elzévirs, dont les types ont été imités en grande partie dans les caractères anglais les mieux réussis dans ces dernières années; celle des Didot et de Bodoni, dernier terme des progrès accomplis en typographie à la fin du dernier siècle, et qui a été célèbre au commencement de celui-ci; aussi ces types ont-ils d'abord servi de guides à la majorité des graveurs français modernes.

Le principe des caractères Didot était de faire les fins des lettres, comme les traits horizontaux qu'elles portent pour la plupart, extrêmement minces, ce que permet la gravure sur acier; de rendre continu le passage des fins aux pleins, en en arrondissant les formes, en donnant ainsi à la lettre typographique, autant que possible, l'élégance de l'écriture.

Les Elzévirs, qui employaient les types de Garamond, et à leur imitation les Anglais, notamment Baskerville qui, au siècle dernier, améliora les types et indiqua la voie qui a été suivie depuis avec succès, ont sacrifié la forme de la lettre, quand il était nécessaire, à la netteté de la ligne, tenant surtout très-fortes les parties horizontales des lettres, soutenant les empâtements qui donnent le sentiment net de leur alignement.

Nous prions le lecteur de se reporter à quelque belle édition des Didot pour juger le premier système; le caractère de ces pages, fourni par Caslon (de Londres), lui permet d'apprécier le second.

Le problème à résoudre aujourd'hui consiste à donner les avantages de ces deux systèmes aux nouveaux caractères, en faisant dominer toutefois tout ce qui peut contribuer à la netteté de la typographie, à l'éclat de l'impression, car cette condition doit passer avant toute autre. C'est ce qui a été tenté dans les caractères les mieux réussis en Angleterre et en France, trop incomplétement à notre avis dans notre pays, où cependant les types Didot sont abandonnés, et le mérite des anciens types bien apprécié aujourd'hui.

C'est ainsi qu'on a vu, à l'Exposition de 1862, M. Claye, imprimeur distingué, voulant donner à ses impressions un cachet de supériorité au point de vue de la composition semblable à celui qu'il avait su leur donner comme tirage, exposer de vieux types pareils à ceux du dix-septième siècle. Un imprimeur de Lyon, L. Perrin, a fait encore plus radicalement la même révolution et avec un égal succès. Il a fait graver une série très-complète de ces vieux caractères. Voici ce que nous écrivions à ce sujet comme rapporteur du Jury :

« On a pu différer d'opinion sur le mérite de cette tentative, mais ce qu'il faut constater, c'est qu'elle a été couronnée de succès, et que nombre de publications importantes ont été dirigées sur Lyon, pour y être exécutées avec les types de M. Perrin.

« Si nous cherchons à apprécier l'importance de ce mouvement, en apparence rétrograde, nous remarquerons d'abord que, dans tous les cas où il s'agit de réimpressions d'ouvrages anciens, de publications archéologiques, les vieux caractères s'harmonisent évidemment mieux avec les vieux textes que nos types modernes; que Rabelais, par exemple, sera certainement très-convenablement reproduit avec des caractères anciens, un peu rustiques, comme cet auteur.

« Pour les impressions de livres modernes, nous ne saurions admettre que la gravure des anciens caractères ait atteint la perfection absolue de l'art, et nous pourrions signaler bien des imperfections évidentes. Nous pensons cependant que l'on doit applaudir à une tentative de retour vers la fermeté typographique que nous admirons dans les éditions des Elzévirs, que les Anglais ont su conserver dans leurs meilleurs types, et dont nous nous sommes à tort écartés, surtout depuis le commencement du siècle, pour poursuivre l'élégance de chaque lettre en en exagérant la finesse. Cette voie peut conduire à de bons résultats lorsqu'il s'agit d'écriture à la plume, mais non en typographie.

« On voit d'après cela que ce n'est nullement par une prévention favorable aux produits étrangers que nous avons dit que nous avions d'utiles emprunts à faire aux types anglais; c'est uniquement parce qu'ils représentent les types anciens améliorés, parce qu'ils ne sont pas sortis de la tradition consacrée par de nombreux chefs-d'œuvre.

« La confirmation que nous avons trouvée pour la thèse que nous soutenons ici, dans le succès des vieux types imités avec tous leurs défauts, n'est pas la seule; il en est une autre que manifestaient d'une manière incontestable les expositions des premiers éditeurs de l'Allemagne. Leurs publications faites il y a quelques années avec des types français, fondus au moyen de matrices que nos graveurs vendent à bon marché, étaient en général assez médiocres. Un progrès très-notable s'est accompli dans ces dernières années, et la fabrication allemande est devenue, en général, très-satisfaisante. Mais, chose bien remarquable, le point de départ de ce progrès a été l'abandon complet des types français et leur remplacement par des types du genre anglais. On trouverait difficilement aujourd'hui en Allemagne un ouvrage, nouvellement imprimé avec quelque luxe, qui le soit avec d'autres caractères.

« Le jugement de l'Allemagne, parfaitement désintéressée dans la question, ne cherchant que la netteté, la beauté typographique, nous paraît sans appel, et nous semble indiquer la voie du véritable progrès, que l'habitude peut seule nous empêcher de reconnaître.

« Il prouve que, pour les gens non prévenus, la lettre anglaise, taillée, pour ainsi dire, à la hache, ayant des fins de peu de longueur, des empâtements forts et soutenus, donne plus facilement de bonnes impressions que nos types dans lesquels nous cherchons à prolonger le passage des fins aux pleins; elle procure plus sûrement cet éclat de la page imprimée, qui se compose à première vue de lignes plutôt que de lettres, cette netteté enfin que l'on recherche avec grande raison. »

Les questions dont nous venons de parler ne sont pas les seules qu'on puisse traiter au point de vue de la gravure des caractères, mais ce sont les plus importantes. Nous dirons seulement quelques mots des autres déjà indiquées à l'article GRAVURE.

La fabrication des journaux, des éditions à bon marché, a fait naître, en France, les caractères compactes, c'est-à-dire dans lesquels les courtes *m, o,* etc., ont grandi relativement aux longues *b, d,* etc. Après avoir exagéré ce résultat, qui permettait d'employer pour une page un caractère plus gros à l'œil sans changer le nombre de lignes, on s'est arrêté à un accroissement réel des lettres courtes, à la limite qu'on ne peut dépasser sans amener la confusion, lorsque le blanc devient insuffisant entre les lignes.

La nécessité de faire tenir des vers dans une ligne avait fait créer depuis longtemps des caractères dits poétiques, dans lesquels l'*o* et les rondeurs étaient allongées, contrairement au principe paraissant inviolable autrefois, par on ne sait trop quelle prétention à une détermination mathématique des formes des lettres, que l'*o* d'un caractère devait être un cercle parfait. L'œil s'est habitué à cette forme, plus gracieuse que la circulaire, et on a pu ainsi obtenir des formes inscrites dans un rectangle sûrement plus élégantes.

Enfin, l'adoption des poétiques compactes eût rendu la page trop noire, si on n'eût en même temps amaigri toutes les lettres des caractères.

Nous ne parlons pas ici des caractères allemands. Par amour de la tradition, le type de style gothique a été conservé jusqu'à ce jour en Allemagne; nous croyons que c'est un tort; c'est, par un patriotisme exagéré, nier le progrès accompli depuis le quinzième siècle dans tous les arts, et nous faisons des vœux pour que les essais tentés par divers savants, et notamment par les frères Grimm, pour faire adopter à l'Allemagne les types du reste de l'Europe, soient couronnés de succès.

Quant aux Orientaux, qui possèdent d'admirables manuscrits, la forme de leurs caractères, toute différente de celle des nôtres, ne nous permet pas de les apprécier sûrement; toutefois on sent en eux le style oriental, la similitude avec l'arabesque et l'ornementation orientale avec laquelle ils se mélangent si bien.

Ce résumé montre combien de questions d'art et de goût se rattachent à la gravure des caractères; c'est ainsi que, dans cette industrie comme dans toutes les autres, dans une de celles qui doit paraître la plus simple aux personnes qui y sont étrangères, le goût de chaque époque vient se faire sentir, et qu'il y a toujours de nouveaux progrès à effectuer.

INITIALES ET LETTRES DE FANTAISIE

Pour compléter ce qui est relatif à la typographie, nous devons dire quelques mots des initiales qui servent pour les titres, et quelquefois sont placées au commencement des chapitres, comme les majuscules qui ornaient les manuscrits. Ces initiales, prove-

MONTAUBAN
BOURGUIGNONS

nant directement de la tradition des inscriptions romaines, ont été variées à l'infini quant aux proportions de graisse, de largeur relative des lettres, pour disposer les titres suivant des formes convenables, car ils plaisent en raison de l'espacement, de la grandeur relative des caractères, de la longueur des lignes, etc. Nous donnons ici deux des types les plus justement appréciés.

Les types ci-dessus appartiennent à la pure tradition classique, c'est-à dire qu'on n'a pas sacrifié, dans leur gravure, à la fantaisie qui règne dans les lettres employées pour les actions, les factures, etc. On a, pour ces cas divers, créé nombre de types, qui ne sont pas tous de bon goût, il s'en faut, mais qui, lorsqu'on sait les employer, donnent une grande variété et un grand charme aux produits de la typographie.

Ne relevant que de la fantaisie, les créations de ce genre ne peuvent pas être considérées comme assujetties à des règles quelconques. Pourtant il est une série assez notable qui peut être classée à part, à savoir celle des caractères dont on rend l'épaisseur des pleins très-grande, pour les employer à faire des lignes de titre extrêmement saillantes à l'œil. Telles sont les Normandes (dont nous donnons ici deux lignes), où

Normandes.

Les monuments égyptiens portent gravés sur les murailles une foule de scènes, et, par suite, différentes formes de meubles.

l'épaisseur des pleins est grandement augmentée, les Égyptiennes, dans lesquelles les parties habituellement fines sont également rendues épaisses. Inversement, des lettres

Égyptiennes.

Les magnifiques soubassements des monuments de la capitale

AVENTURIERS DE L'ESTRAMADURE

très-maigres tranchent sur les caractères ordinaires, telles sont les Capillaires, dont ci-joint un échantillon.

Capillaires.

La Belgique est une partie de l'ancienne Gaule. Les Belges, Germains pour la plupart, étaient fiers, accoutumés à braver les fatigues et les périls; ils furent les derniers qui purent être soumis à leurs vainqueurs

Parmi les lettres de fantaisie proprement dites, nous donnerons un certain nombre

Lettres blanches.

HISTOIRE DE LA FRANCE MARITIME MILITAIRE ET COMMERCIALE

DISCOURS SUR LE CHRISTIANISME

HISTOIRE DU NOUVEAU MONDE. LA JÉRUSALEM

Antiques ornées.

EMBARCADÈRE DU CHEMIN DE FER DE ROUEN

Antiques larges.

PARIS, ROME, FLORENCE

Allongées ornées.

REVUE MUSICALE ET ARTISTIQUE

d'exemples pour faire apprécier, par un choix suffisant, les variétés nombreuses que nos graveurs ont créées. Nous montrons des lettres blanches, ombrées, antiques ornées, etc., etc.

Ottomanes.

LES MONARCHIES
LE CHEMIN DE

Prismatiques.

HONORABLE

Le champ de ces créations est celui de la fantaisie, c'est-à-dire évidemment indéfini.

CALLIGRAPHIE

L'écriture est de la nature du dessin, et constitue un produit artistique qui a subi des transformations multiples bien plus nombreuses qu'on ne peut l'imaginer, telles enfin que les connaissances nécessaires pour la lecture des chartes et anciens manuscrits constituent une science spéciale dite « paléographie[1]. »

[1]. Toutes nos écritures européennes dérivent de celles des Romains, dit M. Merlin dans son savant rapport sur l'Exposition de 1855 (qui nous paraît un travail très-remarquable, dont nous reproduisons ici les considérations générales), qui avaient reçu eux-mêmes leurs lettres des Grecs, lorsque ceux-ci étaient déjà arrivés à un haut degré de civilisation. Il ne nous est parvenu aucun vestige de l'écriture cursive des Romains, antérieurement à la chute de la République; mais la pierre et l'airain, la brique et l'argile, nous ont conservé sur les monuments, sur les médailles, sur les armes et sur divers ustensiles de la vie privée, la forme des lettres tracées à main posée. Ce n'est guère que du troisième au quatrième siècle de l'ère chrétienne, que le temps a épargné quelques livres manuscrits et quelques rescrits impériaux, qui nous permettent de juger de l'écriture latine; on y reconnaît que les Romains avaient quatre sortes d'écritures : celle des monuments, celle des livres, celle des actes émanés de l'autorité et celle de la vie privée. Les caractères qu'on trouve sur les monuments sont généralement des capitales; les livres étaient écrits soit en lettres capitales,

Il serait oiseux de nous étendre beaucoup sur les œuvres de nos calligraphes modernes; il faudrait étudier bien des fantaisies calligraphiques prétentieuses qui n'ont aucune valeur artistique. Nous ne nous occuperons ici que de l'écriture courante, que depuis les derniers progrès on appelle « anglaise » dans notre pays. C'est dans la régularité de la pente, dans le passage graduel du plein au fin, que s'obtient la grâce de cette écriture. Nous en donnerons un exemple par une ligne d'anglaise Firmin Didot,

Ministère d'état des Affaires

chef-d'œuvre de la typographie moderne, tant par l'élégance de sa gravure que par l'heureux système de sa composition.

Depuis quelques années on a essayé quelques caractères plus droits ou plus penchés

Nouveaux Caractères d'Écriture

qui ne manquent pas de grâce. Nous donnerons ici un exemple d'un des plus élégants.

soit en lettres onciales, qui ne différaient, en réalité, des premières que par des formes plus arrondies et par de légers changements destinés à en rendre le tracé plus facile et moins lent. Quant aux écritures des rescrits et autres actes publics, les caractères en étaient tellement liés et entrelacés, ils présentaient des formes si différentes de celles des lettres employées dans les livres, qu'ils semblent, au premier coup d'œil, ne point appartenir à l'alphabet latin. Pour l'écriture de la vie privée, nous manquons de monuments, mais il est vraisemblable qu'elle était celle des livres, sauf les altérations que pouvait y produire la rapidité et l'inapplication habituelles dans les écritures cursives. Cette opinion semble d'autant plus probable, que Quintilien conseille, pour l'enseignement de l'écriture aux enfants, l'usage de tablettes de cuivre où des lettres modèles étaient gravées en creux, pour que la main des enfants en suivant, avec la pointe du style, les contours de ces lettres, prît l'habitude de bien former les caractères.

La forme des capitales et des onciales, telle qu'elle était au quatrième siècle, époque des plus anciens manuscrits latins qui soient parvenus jusqu'à nous, se maintint assez pure jusqu'au septième; c'est d'elle que dériva la minuscule latine. Quant aux diplômes, ils avaient fini par devenir tellement indéchiffrables, que Charlemagne crut devoir ordonner, pour toutes les écritures, le retour aux formes pures des types romains. C'est cette réforme qui donna lieu à l'écriture désignée en diplomatique sous le nom de *caroline*.

Nous ne suivrons pas la forme des lettres latines dans les altérations successives introduites par le goût des différents peuples qui ont adopté cet alphabet depuis le démembrement de l'empire romain; nous ne parlerons pas des écritures mérovingiennes, anglosaxonnes, lombardes, carolines et capétiennes, dont les noms rappellent les époques où elles furent en usage; mais nous donnerons un moment d'attention aux écritures improprement nommées gothiques, dont la mode semble reprendre aujourd'hui avec le goût du moyen âge.

Lorsque, au milieu du seizième siècle, parurent les premières productions de l'admirable invention de Guttemberg, toute l'Europe occidentale faisait usage, déjà depuis longtemps, pour les monuments et pour les livres, de cette forme de caractères allongés, dont les jambages, terminés à leurs extrémités par des brisures angulaires, ne se liaient entre eux que par les pointes de ces angles. Cette écriture, qui, bien exécutée, ne manque pas de grâce, n'était pas née tout d'un coup; ses caractères distinctifs, la brisure et les angles, avaient des précédents, et l'écriture lombarde brisée du dixième siècle en offrait des exemples. La gothique, en les adoptant, en avait régularisé les formes et les proportions. C'était surtout en Allemagne et dans le nord de l'Europe que la longueur des jambages et la forme anguleuse des brisures étaient plus exagérées, comme on le voit par les inscriptions tombales et par les impressions de Guttemberg, qui furent la copie fidèle des manuscrits que cet inventeur voulait reproduire.

Traits d'écriture. — Les calligraphes, en prenant l'habitude de créer des lignes agréables à l'œil, ont tenté de les encadrer de petites compositions à la plume, dites traits d'écriture. La typographie, qui a fixé les premiers types en les soumettant à des procédés de reproduction indéfinie, a rendu le même service aux traits d'écriture, en surmontant de grandes difficultés de fabrication toutes spéciales, pour permettre le mélange des caractères et des traits. Il y a là quelque intérêt à voir ainsi fixer des com-

Mais, dans le Midi, les caractères étaient moins longs, plus carrés et les angles plus adoucis. Une troisième gothique, principalement usitée en France, était issue de cette deuxième; moins large qu'elle, mais moins aiguë et moins longue qu'elle, elle n'avait pas la lettre a à double panse que nous avons adoptée; cette lettre y avait à peu près la forme de notre *a* italique; le *f* et le *s* descendaient au-dessous de la ligne, et l'ensemble de l'écriture se rapprochait beaucoup de l'ancienne minuscule romaine. Les jolies Heures du seizième siècle, écrites en Italie et en France, sont généralement de ce caractère.

Il importe donc aux calligraphes qui veulent employer dans leurs ouvrages les écritures gothiques de se rendre compte de ces différences, pour ne pas commettre de ces mélanges monstrueux dont les imitateurs vulgaires des anciennes écritures ne se rendent que trop souvent coupables, et qui n'offensent pas moins le bon sens que le bon goût.

Les trois espèces de gothique dont nous venons de parler n'étaient que des écritures à main posée, des caractères pour les monuments ou les livres, mais la cursive, qui a besoin de rapidité, ne leur ressemblait en nulle façon. En France c'était une écriture vermiculaire, une espèce de réseau de ligatures, rendues encore plus difficiles à déchiffrer par des abréviations fréquentes et souvent arbitraires. On peut en avoir quelque idée par les anciens caractères dits *de civilité*, ainsi que la cursive actuelle des Allemands. La ronde du dix-septième siècle, qui en dérive, présentait encore dans les ligatures de nombreuses traces de son origine.

A la même époque, l'Italie, qui s'était préservée des brisures anguleuses de la gothique septentrionale, avait plusieurs cursives d'un tout autre goût que les nôtres, et qu'on peut distinguer en deux classes principales, les écritures de chancellerie et les écritures de commerce.

Les caractères de chancellerie avaient des formes assez allongées, les liaisons généralement un peu aiguës, et les queues supérieures ou hastes des lettres *b*, *d*, *f*, *h*, *l*, très-longues et courbées vers le haut comme une palme, avec un renflement qui les terminait. Quant aux écritures de commerce (*lettera merchantile*), le principe en était tout contraire. Les lettres en étaient aussi larges que longues, les formes arrondies, les hastes courtes et bouclées, et le corps de l'écriture vertical et sans pente, à peu près comme notre ronde d'aujourd'hui. Ces dispositions les rendaient plus rapides à tracer. Palatino donne un assez grand nombre de spécimens de ces écritures commerciales, la *romaine*, la *milanaise*, la *vénitienne*, la *florentine*, la *siennoise*, la *génoise*, la *bergamasque*, l'*antique*; mais les différences entre elles sont légères; le caractère distinctif en est

toujours l'absence de pente, la rondeur des formes et la liaison par des boucles.

Les formes des écritures de chancellerie se réduisent à quatre principales: la *chancelleresque commune*, l'*écriture des brefs* (lettera di brevi), la *chancelleresque bâtarde* et la *chancelleresque de forme* (cancellaresca formata). La chancelleresque commune est celle dont nous avons décrit plus haut les caractères distinctifs; l'écriture des brefs n'en différait guère que par moins de longueur dans les hastes; elle était aussi moins anguleuse; la chancelleresque bâtarde avait les hastes courtes comme l'écriture des brefs, mais sans courbure supérieure, et le renflement arrondi du haut des hastes était remplacé par un léger trait initial à gauche; enfin la *cancellaresca formata* ressemblait à la *cancellaresca bastarda*, mais le haut des hastes n'avait pas de trait, les pleins commençaient à plume pleine et les liaisons étaient très-arrondies.

La beauté de ces diverses écritures, que l'absence presque totale de ligatures abréviatives, ainsi que la forme très-distincte des lettres, rendaient faciles à lire, les fit bientôt adopter par toutes les nations, qui, après la chute du gothique, revinrent à l'alphabet latin, mais chaque pays les accommoda à son goût. Ce furent d'abord les Français et les Espagnols qui les imitèrent et les Anglais n'y revinrent que très-longtemps après. Quant aux Allemands, ils restèrent, pour les livres, fidèles aux formes gothiques en les modifiant aussi à leur fantaisie, et ils firent adopter ce gothique nouveau aux Danois, aux Suédois, aux Bohêmes, et à quelques autres peuples, leurs voisins. Pour leur cursive, ils ont continué jusqu'à ce jour à se servir de l'écriture courte et bizarre qui ressemble à notre caractère de civilité.

C'est la *cancellaresca bastarda* qu'Alde Manuce semble avoir prise comme modèle pour sa jolie italique gravée par François de Bologne et qui fit sa première apparition dans le monde typographique par le Virgile in-8° de 1501. La chancelleresque de forme (*cancellaresca formata*) est évidemment l'écriture que les Français ont imitée pour créer cette belle bâtarde du dix-septième siècle, devenue, depuis, notre deuxième écriture nationale, et que le célèbre Barbedor, dans les beaux modèles qu'il en donne, nomme *italienne bâtarde*.

Nous devons donc à l'Italie notre bâtarde, mais elle ne paraît point avoir figuré parmi les écritures françaises avant le dix-septième siècle, car le Gangneur ne la mentionne pas dans son Traité de l'écriture française (*Technographie*, 1599), et l'exemple qu'il en donne se trouve à la page 28 de ses Éléments de l'écriture italienne (*Rizographie*, 1599). Selon lui les Italiens appelaient cette lettre *formata*, et il ajoute: *On s'en sert fort rarement si ce n'est à écrire livres. Avant* positions passagères, dont il est juste de dire, toutefois, que la gravure en taille-douce a beaucoup multiplié les modèles. Nous en donnons un exemple emprunté aux travaux d'un artiste mort bien jeune, E. Pradelle, groupé autour des initiales d'un type célèbre connu sous le nom de GOTHIQUE ORNÉE, gravé par Firmin Didot.

lui Palatino avait dit : *Questa lettera tondetta non serve se non per scrivere qualche librettino.*

La calligraphie française ne fut pas cependant complétement soustraite au joug gothique ; l'écriture vermiculaire des siècles précédents avait servi surtout dans les actes publics, dans les contrats et dans les mémoires de justice. L'usage en resta encore dans tout le dix-septième siècle. Aussi, comme la lecture en était nécessaire à presque toutes les conditions de la société, l'enseignement de cette lecture entrait dans l'éducation des enfants, et, jusqu'au commencement du dix-neuvième siècle, on la leur montrait en les faisant lire dans un volume intitulé *Civilité puérile et honnête*, dont la première édition, imprimée en 1556 avec ce même caractère d'écriture gravé par le célèbre Granjon, se réimprimait chaque année dans les mêmes types. Chacun apprenait ainsi, dès l'enfance, ses devoirs envers ses parents et envers la société, et en même temps la lecture d'un caractère difficile qu'il avait encore besoin de connaître.

Cette ancienne cursive fut l'origine d'une autre écriture nommée, au dix-septième siècle, *française et financière*, et que nous connaissons aujourd'hui sous le nom de *ronde*. La ronde a pris de la cursive gothique ses liaisons qu'elle a arrondies davantage, une partie de ses ligatures, sa direction verticale et la forme de presque toutes ses lettres. Les maîtres français lui ont donné des pleins proportionnés une longueur égale à sa hauteur, et l'ont soumise à une régularité géométrique. Non moins belle que la bâtarde, bien que d'un aspect tout différent, cette écriture, véritablement nationale par son origine, est d'un brillant effet, surtout dans la composition d'un titre. Elle fut fixée, dans ses proportions et dans ses formes, par arrêt du parlement en date du 26 février 1633, d'après les modèles écrits par Barbedor, comme la bâtarde le fut également, par le même arrêt, sur les modèles tracés par Le Bé.

Si la bâtarde française est née de l'écriture italienne, l'anglaise d'aujourd'hui en descend également. Ce fut, dans l'origine, notre bâtarde écrite avec une plume très-fine et très-fendue qui donnait à la main le moyen d'obtenir, par une simple pression, sans mouvement des doigts, des déliés très-délicats et des pleins très-nourris, d'où résultait une vive opposition, semblable à celle qui, dans le domaine de la gravure, a fait la vogue des vignettes anglaises. Brillante quand elle est posément tracée par une main habile, l'anglaise devient maigre et disgracieuse lorsque la plume court rapidement sur le papier ; sa pente et ses liaisons lui permettent, il est vrai, une exécution rapide, mais elles lui donnent aussi une extrême facilité à se déformer.

La pente de l'anglaise et la finesse de ses déliés ont séduit les Allemands eux-mêmes ; tout en conservant la forme primitive de leurs lettres cursives, ils leur donnent aujourd'hui une pente contraire à celle qu'elles avaient autrefois, et l'extrême ténuité des déliés ajoute encore à la difficulté de la lecture.

Il n'y a pas jusqu'à l'écriture nationale des Russes qui ne se soit laissé envahir par cette anglomanie. Verticale et carrée sous son réformateur Pierre le Grand, elle a, plus tard, adopté la pente et les angles arrondis de notre bâtarde, avec laquelle elle a, en effet, de grands rapports ; et aujourd'hui elle perd son caractère grave et sa grâce sévère, en imitant la coquetterie des déliés de l'anglaise.

L'exagération dans la finesse des déliés a gagné aussi les caractères typographiques, au grand regret des vues faibles et au détriment des imprimeurs, dont les fontes seront plus rapidement hors de service. Cette affectation d'élégance a été portée à un tel excès, que les hommes de l'art eux-mêmes s'en sont alarmés. Depuis plusieurs années ils demandent le retour à des types plus graves et plus en harmonie avec le bon goût et avec la véritable destination des livres qui, avant tout, sont faits pour être lus et pour être lus sans fatigue.

Tous les perfectionnements, changements ou altérations de l'écriture, depuis le quinzième siècle, ne sont pas dus à la main seule des calligraphes. Trois inventions célèbres, qui datent de ce même siècle, y ont également une grande part ; ce sont la gravure en bois, l'impression en taille-douce et la typographie. En multipliant les bons modèles et les répandant partout, la gravure en bois d'abord, et la taille-douce plus tard, ont donné le goût et facilité l'étude des belles écritures. Quant à l'imprimerie, fille de la calligraphie, qui lui prêta d'abord les plus belles formes, elle ne tarda pas à payer envers sa mère la dette de la reconnaissance en contribuant à ses progrès ultérieurs, et, si la calligraphie moderne aime à inscrire, à côté des noms de ses grands maîtres, ceux des graveurs dont l'échoppe ou le burin ont reproduit, sur le bois ou le cuivre, les beaux modèles de ses plus habiles mains, elle ne pourrait sans ingratitude méconnaître ce qu'elle doit aux artistes qui perfectionnèrent le type d'imprimerie, depuis Guttemberg jusqu'à nos jours. Ce n'est pas seulement, en effet, par les beaux caractères d'écriture que gravèrent successivement Granjon, Senault, Moreau, Le Bé, Fournier et les Didot, que la typographie a bien mérité de la calligraphie, c'est surtout en la dégageant du mauvais goût gothique et des ornements superflus qui la défiguraient, et dont les procédés de la fonderie n'admettaient pas, du reste, l'exécution. Reconnaissons aussi que ces obligations furent réciproques, car souvent les meilleurs graveurs de poinçons furent eux-mêmes d'habiles écrivains, à commencer par Schœffer, qui exerçait à Paris, en 1449, l'art de la calligraphie.

Les difficultés de l'entrelacement des traits et des types de forme rectangulaire

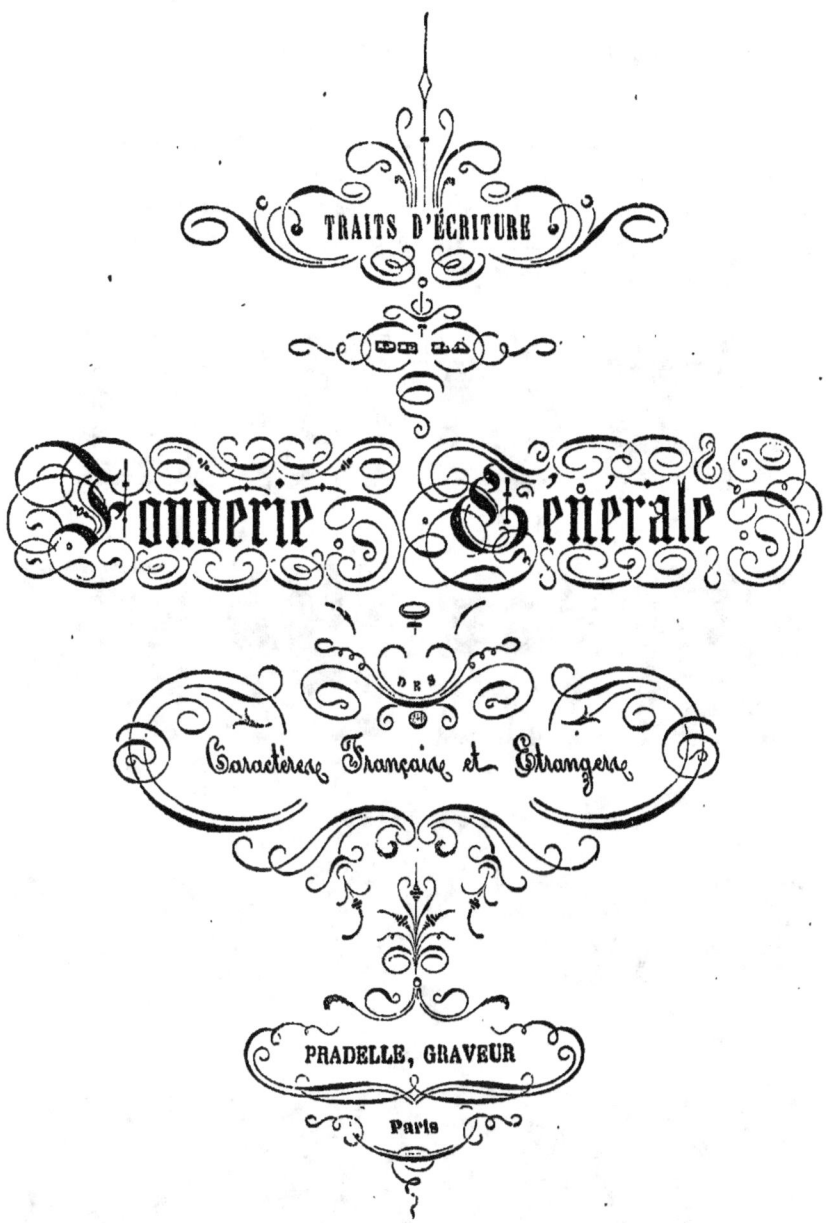

TRAITS D'ÉCRITURE

Fonderie Générale

Caractères Français et Étrangers

PRADELLE, GRAVEUR

Paris

ont été, on le voit, habilement levées grâce aux derniers progrès de la fonderie typographique.

INITIALES D'ANCIENS MANUSCRITS

Les manuscrits anciens et même les premiers livres imprimés étaient illustrés à l'aide d'initiales dessinées en général sur un fond bleu ou un fond d'or, quelquefois avec des compositions formant de petits tableaux, des miniatures ; nous en parlerons plus loin en traitant de la peinture aux diverses époques, car ces compositions très étudiées étaient les véritables tableaux du moyen âge.

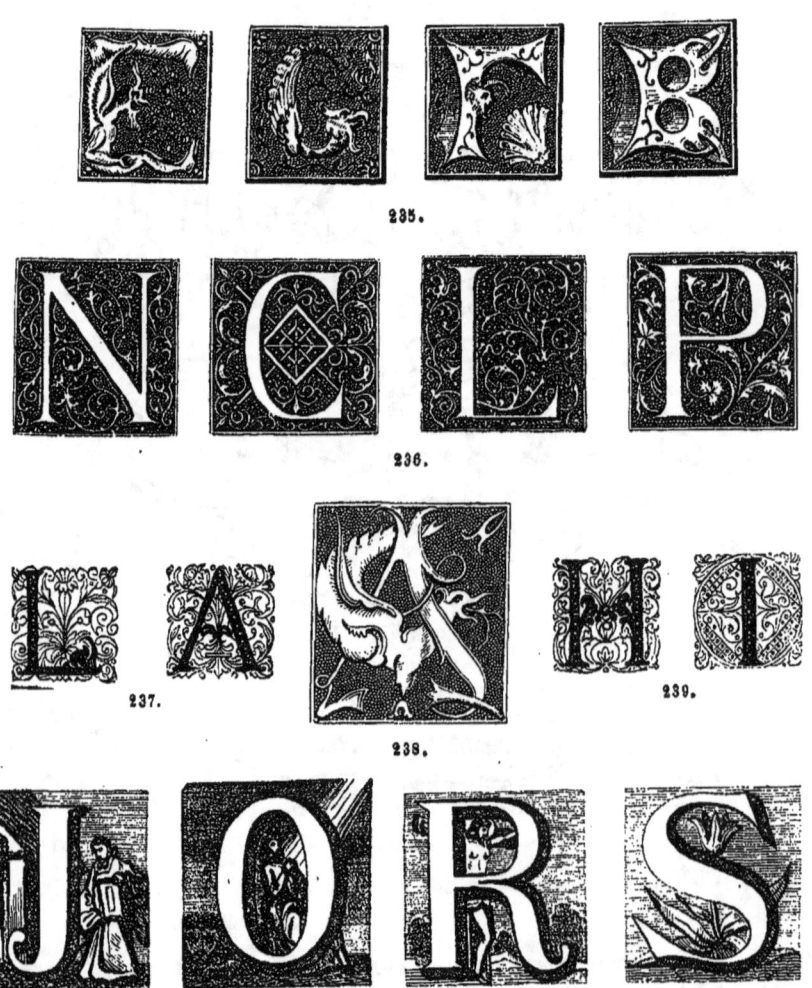

235.

236.

237.

239.

238.

240.

Nous ne reproduisons ici que quelques lettres choisies parmi les plus simples qui ornent des têtes de chapitres, tant des manuscrits que des premiers livres où l'on essaya de remplacer les miniatures par des gravures. Elles ont tellement varié aux diverses époques qu'on pourrait classer les manuscrits par les types principaux des initiales placées en tête des chapitres. Sans doute les artistes calligraphes dans ces créations obéissaient à leur fantaisie, mais toujours sous l'influence du goût, du style de l'époque où ils vivaient.

De nos jours on emploie rarement des initiales ainsi ornées; ce n'est que pour quelques ouvrages illustrés qu'on en voit quelquefois. Elles se détachent alors en général sur un petit dessin qui est une véritable composition ayant plus ou moins de rapports

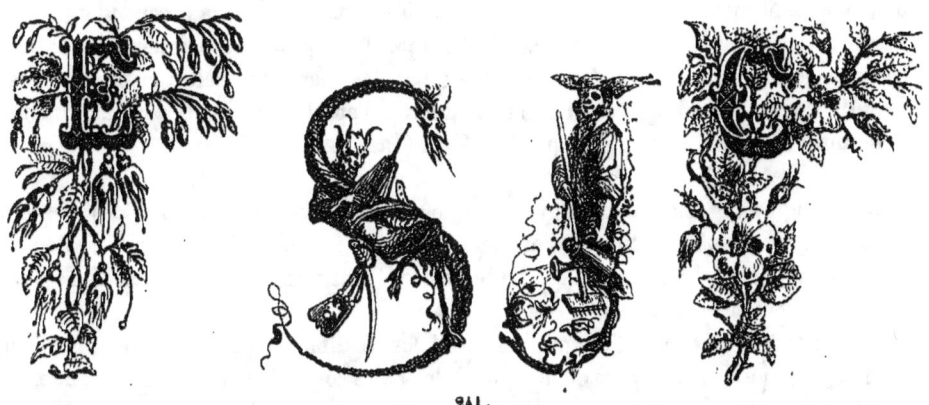

241.

avec le texte de l'ouvrage. Quelquefois elles empruntent leurs ornements soit à des fleurs, soit à des personnages de fantaisie, comme dans les exemples ci-dessus.

GRAVURE EN TAILLE-DOUCE
ET LITHOGRAPHIE

Nous dirons bientôt, en traitant des nielles employées dans la décoration de la bijouterie, comment elles ont conduit à l'invention de la gravure en taille-douce; laissant de côté la question historique de l'invention, nous dirons que le travail des planches de cuivre ou d'acier, pour y creuser les lignes d'un dessin, comprend deux procédés correspondant aux deux genres de dessin dont nous avons parlé.

Le premier est la gravure à l'eau-forte, dans lequel on fait creuser le métal par la morsure d'un acide qui attaque les parties du métal, préalablement découvertes à l'aide d'une pointe qui a tracé le dessin sur une planche recouverte d'un vernis adhérent. Cette action de l'acide, toujours quelque peu irrégulière, formant un trait de largeur constante, n'est évidemment pas convenable pour créer des lignes nettes et fortement accusées par des largeurs variables.

Le second constitue la gravure au burin conduit directement par la main de l'artiste : c'est ainsi qu'ont été produites les œuvres des maîtres; c'est dans leurs travaux que peut se reconnaître l'avantage de l'emploi bien entendu des lignes de grande courbure pour reproduire de la manière la plus satisfaisante des corps de toute forme, par un mode de représentation mieux saisissable que tout autre et qui assurera toujours la supériorité des grandes œuvres sur les plus admirables résultats de la photographie et autres procédés qui ne peuvent fournir que des teintes[1].

Les moyens d'obtenir des gravures rentrant dans l'une ou l'autre des séries ci-dessus indiquées sont nombreux; nous n'avons pas à nous y arrêter longuement. Nous citerons dans la première catégorie la gravure à la manière noire, et dans la seconde la gravure numismatique, qui offre de si curieux résultats par la projection des lignes courbes successives de la surface à représenter, coupée par des plans parallèles, mode de représentation moins parfait que celui que peut donner l'emploi des lignes de grande courbure, mais cependant bien remarquable. (Voy. GRAVURE.)

La lithographie fournit un moyen simple et facile de multiplication des dessins, en offrant cet avantage que c'est l'original même, le travail de l'artiste qui est déposé sur la pierre, et que l'impression rend directement, sans passer par l'intermédiaire d'un traducteur souvent peu fidèle.

Disons toutefois que la lithographie, dont les dessins ne peuvent être tracés sur pierre qu'avec un crayon gras et mou, dont les noirs sont d'une apparence grenue, ne convient pas pour les travaux qui demandent une grande netteté, une grande précision, et ne peut présenter que des effets de la nature de l'estompe. La gravure en creux sur pierre est venue, sous ce rapport, au secours de la lithographie.

On peut dire que l'extrême facilité de la reproduction du dessin sur pierre a fait remplacer par celle-ci, pour les travaux courants, la gravure au burin réservée aujourd'hui aux œuvres d'art, pour lesquelles on recherche la pureté des lignes. La lithographie est devenue un moyen puissant de vulgarisation des œuvres d'art sur une échelle très-étendue et doit avoir une bien heureuse influence sur l'éducation générale du public en fait d'art. Malheureusement cette action ne peut être qu'élémentaire, ne peut dépasser des sphères assez peu élevées, à cause de la difficulté d'exécution, par les procédés de la lithographie, d'œuvres artistiques d'une grande valeur.

La lithographie à deux teintes appliquée à des sujets de genre, à des études de fantaisie, produit des effets séduisants, en rehaussant singulièrement l'éclat de la lumière. Nous verrons bientôt ces effets considérablement accrus par l'emploi des couleurs, et le grand rôle que la lithographie est appelée à jouer dans une voie qui lui est propre.

---

[1]. A la Renaissance, Albert Durer, Lucas Kilian, en Allemagne, publièrent des gravures admirables. L'Italie offre l'œuvre de Marc-Antoine Raimondi, qui, guidé par Raphaël, produisit des chefs-d'œuvre. Van Dyck, Claude Lorrain, Rembrandt furent presque aussi remarquables comme graveurs que comme peintres. Si la France entra plus tard dans la lice, elle produisit beaucoup de célèbres graveurs en taille-douce : Callot, Audran, Bervic, qui, par la grandeur de ses lignes, rappelle bien le siècle de Louis XIV auquel il appartient; Nanteuil, Cochin, Duret, etc., et, de nos jours, Desnoyers, Forster, Calamatta, Henriquel Dupont, etc. En Angleterre, Finden et Lekeux ont dans ces dernières années brillé par l'exécution de vignettes d'une grande finesse, caractère principal et justement estimé de la gravure anglaise.

PHOTOGRAPHIE

La photographie, en fournissant le moyen de représenter des objets de tout genre, par la seule action de la lumière, sans nécessiter en rien l'intervention de l'artiste, constitue un véritable progrès de la civilisation.

Les images photographiques dues à l'action de la lumière ne pouvant donner la représentation des objets que par des teintes, ne sauraient indiquer les lignes de courbure ; elles rentrent donc dans la première classe de dessins, la moins parfaite au point de vue artistique. Mais la facilité de leur production, l'avantage de pouvoir les créer après un court apprentissage, ce qui permet aux voyageurs de rapporter des vues d'une exactitude incontestable des monuments des pays étrangers, font que cette belle découverte est un progrès immense pour la vulgarisation des éléments indispensables aux progrès des arts et de l'industrie. Mettre à la portée de tout le monde la représentation de tout objet intéressant, sans crainte de fausse interprétation sous l'influence d'idées préconçues, obtenir de suite, sous forme de dessin, le résultat d'un groupement de sujets, c'est un immense résultat. Disons qu'il importe surtout d'éviter les déformations qui se produisent fréquemment, bien souvent à cause de l'imperfection des lentilles et des appareils.

La pratique de la photographie n'est pas purement technique. En effet, l'expérience a démontré que la pratique industrielle est insuffisante pour obtenir de bons résultats dans tous les cas, et des personnes initiées aux beaux-arts ont pu seules se faire une belle réputation par l'exécution d'œuvres difficiles. C'est que la disposition des objets, le choix du point de vue, le sentiment de l'intensité des teintes, etc., tout cela est de l'art, et tout cela est indispensable pour créer des œuvres remarquables en photographie.

Nous devons citer, parmi les compléments d'une découverte qui fait si grand honneur à notre siècle, la phototypie, l'impression aux encres grasses, qui permet la multiplication à bon marché des épreuves photographiques (voy. PHOTOGRAPHIE et LITHOGRAPHIE), et la gravure directe des images photographiques.

Les procédés de photogravure ont beaucoup augmenté la puissance de la photographie en fournissant de bien utiles moyens de reproduction et de vulgarisation de toutes les œuvres d'art.

Tandis que les gravures étaient, il y a encore peu de temps, rares et chères, toutes celles qui se rapportent à la reproduction, en quelque sorte spontanée, de réalités d'objets de tout genre, se multiplient chaque jour et de plus en plus, sur une immense échelle. Il y a là toute une révolution, dans les habitudes et le goût qui doit se traduire par des progrès considérables pour tout ce qui dépend de l'art et des industries artistiques.

GILOTAGE ET PHOTOGRAVURE

Les premières recherches de M. Gilot pour doter la typographie des avantages de la lithographie datent de 1848. Son procédé, qu'il dénomma *paniconographie,* et qu'on appelle aujourd'hui gilotage, est analogue à celui que l'on emploie dans le report lithographique; mais, au lieu de décalquer le dessin sur la pierre, on le décalque sur une plaque de zinc bien polie ; puis en faisant mordre cette plaque par l'acide, on obtient une gravure en relief qui, sous la presse typographique, donne un fac-similé du dessin de l'artiste. Toute espèce de dessin, pourvu qu'il puisse fournir une épreuve à l'encre de report, peut ainsi donner lieu à un cliché en relief, susceptible d'être imprimé typographiquement. Les premières gravures obtenues par ce procédé furent exposées à Londres en 1851, et le succès du gilotage n'a fait que s'affirmer depuis cette époque ; les artistes trouvant dans la paniconographie l'avantage de ne dénaturer jamais ni l'esprit, ni l'expression de leurs dessins, y ont eu volontiers recours.

Nous citerons parmi les œuvres sorties des ateliers de M. Gilot les fac-similés des lithographies du *Musée anglo-français* de Philippon, de nombreux dessins de Gustave Doré, l'*Atlas des Guerres du Consulat et de l'Empire* de Thiers, de nombreuses méthodes d'écriture, la musique classique des grands maîtres, Mozart, Beethoven, etc.

Le gilotage est parvenu à rivaliser avec la gravure sur bois, il est plus rapide et moins coûteux. On l'emploie avantageusement pour reproduire les chefs-d'œuvres de la taille douce. Grâce à ce procédé, on voit aujourd'hui de belles gravures insérées, pour un prix modique, dans les journaux périodiques et les livres illustrés.

La photogravure a rendu des services analogues en permettant de reproduire rapidement les dessins des artistes. Les études commencées par Niepce de Saint-Victor sur la sensibilité des corps gras à la lumière, ont été reprises après lui. — MM. Poitevin, Lerebours, Lemercier et Bareswil, Ch. Gilot, etc. ont perfectionné les procédés d'application de la photographie à la gravure, qu'on utilise aujourd'hui en Allemagne, en Autriche, en Italie, en Angleterre, aussi bien qu'en France, sous différents noms.

La lumière solaire elle-même étant insuffisante pour répondre aux nécessités d'une production rapide, la lumière électrique lui vint en aide pour satisfaire les besoins pressants de la presse illustrée.

Nous donnons ici, comme exemple de photogravure obtenue par les procédés de M. Gilot, une page d'un livre d'heures de Simon Vostre. (Fig. 241 *bis*).

Pour la reproduction des tableaux, on a reproché à la photographie de déformer les proportions des objets qu'elle représente et de renverser la valeur que nos yeux attribuent aux couleurs ; on a étendu ce reproche à la photogravure qui en dérive. Or, il est reconnu aujourd'hui que les déformations proviennent toujours d'une mau-

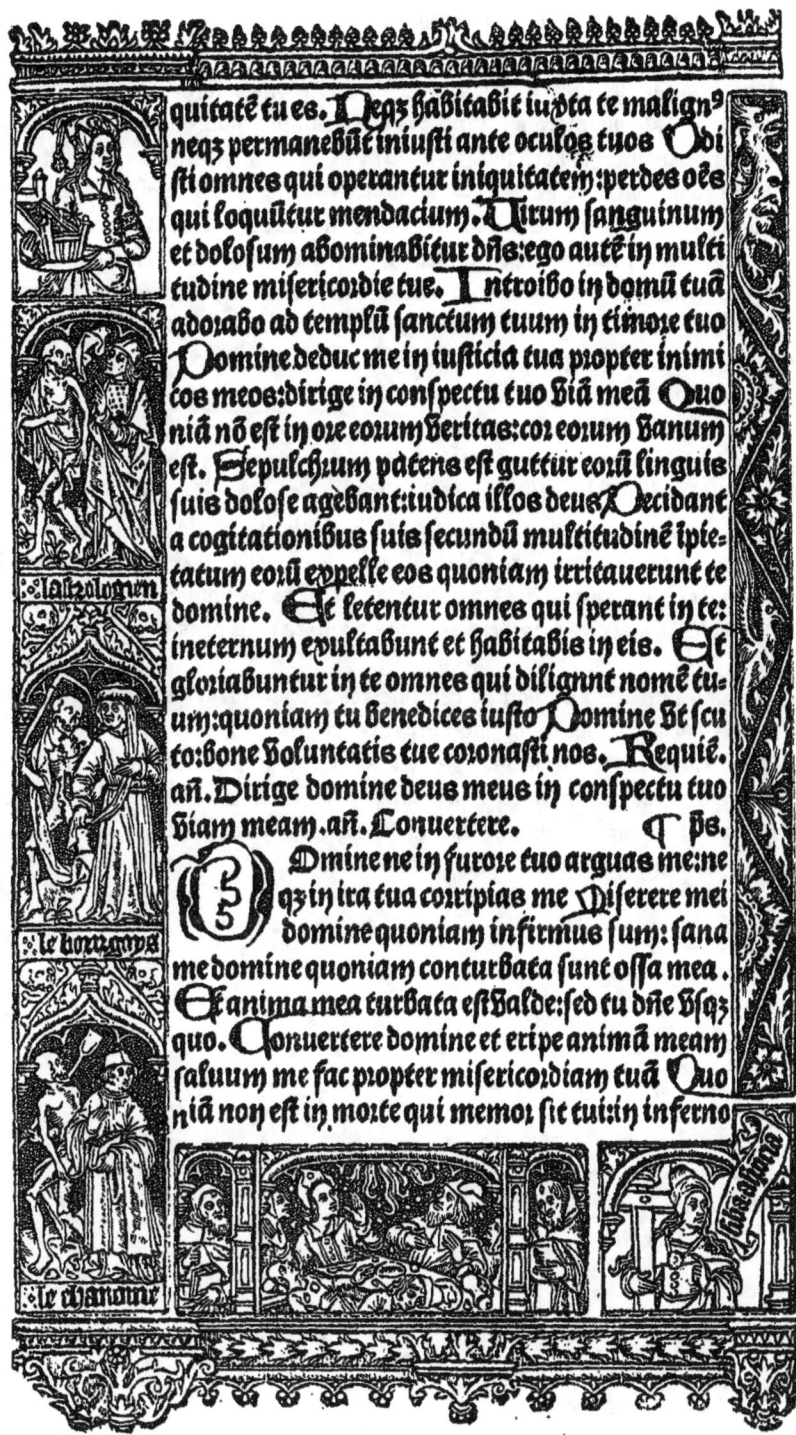

quitaté tu es. Neqz habitabit iuxta te malign⁹
neqz permanebut iniusti ante oculos tuos Odi
sti omnes qui operantur iniquitatem:perdes oes
qui loquitur mendacium. Uirum sanguinum
et dolosum abominabitur dñs:ego auté in multi
tudine misericordie tue. Introibo in domu tua
adorabo ad templu sanctum tuum in timore tuo
Domine deduc me in iusticia tua propter inimi
cos meos:dirige in conspectu tuo via mea Quo
nia nõ est in ore eorum veritas:cor eorum vanum
est. Sepulchrum patens est guttur eorú linguis
suis dolose agebant:iudica illos deus Decidant
a cogitationibus suis secundú multitudine ipie=
tatum eorú expelle eos quoniam irritauerunt te
domine. Et letentur omnes qui sperant in te:
ineternum exultabunt et habitabis in eis. Et
gloriabuntur in te omnes qui dilignnt nome tu-
um:quoniam tu benedices iusto Domine Vt scu
to:bone voluntatis tue coronasti nos. Requié.
añ. Dirige domine deus meus in conspectu tuo
viam meam.añ. Conuertere.   ¶ ps.
Domine ne in furore tuo arguas me:ne
qz in ira tua corripias me Miserere mei
domine quoniam infirmus sum:sana
me domine quoniam conturbata sunt ossa mea.
Et anima mea turbata est valde:sed tu dñe vsqz
quo. Conuertere domine et eripe animã meam
saluum me fac propter misericordiam tuã Quo
niã non est in morte qui memor sit tui:in inferno

le bourgeois

le chanoine

Fig. 211 bis. — Reproduction en photogravure d'une page du livre d'heures de Simon Vostre.

vaise exécution, qu'il ne s'en produit jamais quand l'opérateur sait se servir de ses instruments et mettre son tableau au point.

Quant au renversement des couleurs, on est parvenu à l'éviter : 1° en additionnant les préparations de bromure d'argent avec des solutions colorées de coralline, d'éosine, de chlorophylle, de manière à atténuer leur sensibilité pour les couleurs qui s'impriment énergiquement (violet, indigo, bleu) ; 2° en interposant un verre teinté pour modifier en sens contraire l'action de la lumière sur les couleurs vives (jaune, orangé, rouge) dont l'action sur les surfaces sensibles se traduit par des noirs trop uniformes.

Les clichés de reproduction de tableaux, exécutés avec ces perfectionnements, permettent d'obtenir des gravures où la valeur des teintes est rendue avec toute l'exactitude désirable. On nomme isochromatiques ou orthochromatiques les glaces préparées au gélatino-bromure d'argent, teinté d'éosine ou de coralline, et c'est à Vienne qu'on en fait aujourd'hui le plus grand commerce.

Le nombre des œuvres déjà publiées prouve que les nouveaux procédés sont définitivement entrés dans la pratique. On doit citer, parmi les publications récentes, les gravures éditées par l'*Illustration* et le *Figaro-Salon*, par le *Paris Illustré* et l'*Art-Journal* de Londres, par le *Graphic*, journal anglais et américain ; les belles planches du *Cours de dessin d'animaux* par Van Marck, celles de l'*Armée russe* par Detaille, etc.

En employant un réseau très fin, des presses convenablement disposées et des encres spéciales, on arrive à imprimer d'une manière satisfaisante les gravures les plus délicates.

On estime à plus d'un million de centimètres carrés le travail fait annuellement par les procédés perfectionnés de la photogravure.

Les beaux-arts ne peuvent que gagner à tous ces progrès de l'industrie, grâce auxquels les œuvres des maîtres, reproduites avec fidélité, peuvent être tirées à un grand nombre d'exemplaires et répandues à profusion dans le public, à des conditions de bon marché inconnues autrefois.

SECTION VI

— ✖ —

APPLICATION DES COULEURS

DES COULEURS.

On sait que les couleurs fondamentales, indépendamment du noir et du blanc, qui correspondent à l'absence de lumière et à la lumière complète, sont au nombre de trois, le JAUNE, le ROUGE et le BLEU. Avec ces trois couleurs, en y ajoutant du noir et du blanc, les peintres reproduisent tous les contrastes de tons et d'effets lumineux, toutes les teintes possibles, toutes les NOTES enfin des GAMMES que l'on peut former avec des couleurs.

On doit remarquer que parmi ces couleurs, prises dans un même spectre solaire, le jaune est, à égalité de teintes, le plus lumineux (après le blanc bien entendu), puis vient le rouge, et enfin le bleu, qui est en partie sombre comme le noir; ainsi en allant de la lumière à l'obscurité, on suit l'ordre : blanc — jaune — rouge — bleu — noir. C'est en raison de cette loi fondamentale, fidèlement observée par les grands peintres, que les parties qui dans leurs travaux retiennent l'œil sont : en première ligne celles où le jaune prédomine, ensuite les rouges appliqués d'ordinaire aux draperies, enfin les bleus et le gris qui déterminent les dégradations de la perspective aérienne. Les noirs servent de repoussoirs; les blancs sont toujours rompus de jaune et parfois, dans les dessous, de préparations rougeâtres qui en soutiennent l'effet. (Voir les Titien, les Rembrandt, les Corrége, etc.) C'est ce qu'explique, dans son style brillant, Stendahl, dans son Histoire de la peinture en Italie :

« Le jaune et le vert, dit-il, sont des couleurs gaies, le bleu est triste; le rouge fait
« venir les objets en avant, le jaune attire et retient les rayons de la lumière; l'azur

« est sombre et va bien pour faire les grands obscurs. — Toutes les « gloires » des « grands peintres, et entre autres du Corrége, sont jaunes. »

En résumé, les couleurs à vibrations rapides font paraître saillantes les surfaces qui les portent, par rapport à celles décorées avec les autres couleurs. Les couleurs saillantes sont: le rouge, l'orangé et le jaune; les couleurs rentrantes appartiennent aux diverses catégories du bleu; le vert est saillant par rapport au bleu, et notamment au bleu d'outre-mer; il est rentrant par rapport au rouge, à l'orangé et au jaune. Ainsi si l'on donne au relief la couleur saillante et au fond la couleur rentrante, on augmente l'effet d'illusion; dans le cas contraire, on le diminue.

Nous reviendrons plus loin sur ce point, en traitant de l'emploi des couleurs dans la décoration.

Avant de parler des applications des couleurs, il importe de passer en revue les principes qui président à leur emploi; à cet effet, nous dirons quelques mots des gammes des couleurs, des moyens de les définir, puis nous indiquerons une belle théorie due au savant M. Chevreul; elle offre un beau modèle d'analyse scientifique appliquée aux phénomènes les plus insaisissables en apparence pour les méthodes scientifiques.

DES GAMMES DES COULEURS

C'est à M. Chevreul que l'on doit la détermination la plus satisfaisante des gammes des couleurs, c'est-à-dire l'indication de méthodes pratiques permettant d'obtenir les teintes de couleurs équidistantes, soit franches, soit rabattues par des proportions égales de noir, de manière à pouvoir définir nettement les éléments à l'aide desquels on peut établir les harmonies des couleurs comme on calcule les harmonies des sons dans la musique.

« Supposons, dit-il, 72 couleurs simples ou binaires disposées circulairement sur une table ronde, de manière qu'il y ait 23 couleurs entre le rouge et le jaune, 23 entre le jaune et le bleu, 23 entre le bleu et le rouge; supposons en outre que chaque couleur soit à égale distance de ses deux voisines, vous aurez 72 types. Si vous supposez la couleur de chaque type allant du blanc, qui occupe le centre du cercle, au noir qui occupe la circonférence, par gradation équidistante, vous formerez 20 tons, je suppose, d'une même couleur, dont l'ensemble est ce que je nomme la gamme de cette couleur, dont des points correspondront à des points déterminés du spectre solaire, et par suite n'auront rien d'arbitraire.

« Supposons maintenant que l'on intercale entre chaque type du premier cercle et le gris normal, c'est-à-dire le gris du noir qui représente une ombre dépourvue de couleur, 9 types formés par la couleur de ce type terni par $\frac{1}{10}$, $\frac{2}{10}$, $\frac{3}{10}$, ... $\frac{9}{10}$ de noir; qu'on réunisse ensuite, dans un même cercle, toutes les couleurs ternies par la même fraction de noir de manière à avoir :

Un second cercle dont les gammes sont ternies par $\frac{1}{10}$ de noir;

Un troisième   —   — $\frac{2}{10}$ —

. . . .

Un dixième   —   — $\frac{9}{10}$ —

on obtiendra ainsi 720 types, lesquels, divisés chacun en 20 tons, donneront 14,400 tons.

En y ajoutant 20 tons de gris normaux, nous aurons 14,420 tons pour l'ensemble de la construction chromatique hémisphérique.

« Au moyen de ces 10 cercles, on peut se représenter toutes les couleurs, car on définit la gamme, le ton ou l'intensité, et le noir qui peut ternir la couleur. Ainsi l'expression 3 rouge 12 $\frac{3}{10}$ signifie la couleur correspondant à la gamme 3 rouge, 12 ton, terni par $\frac{3}{10}$ de noir, c'est la couleur garance des uniformes français.

CONTRASTE SIMULTANÉ DES COULEURS

Les effets, savamment analysés par M. Chevreul, et qui résultent de ce qu'il appelle le contraste simultané des couleurs, se résument surtout en ceci :

Le contraste simultané des couleurs est un phénomène qui se manifeste en nous toutes les fois que nous regardons en même temps deux objets différemment colorés placés à côté l'un de l'autre. La différence de ton et de couleur qui peut exister entre les deux objets est augmentée de telle sorte :

1° Que si l'un des objets est au point de jonction plus foncé que l'autre, celui-ci nous paraît plus clair, et le premier plus foncé qu'ils ne le sont réellement; c'est ce que rend sensible une juxtaposition de teintes plates, comme la représente l'exemple ci-joint, et prouve bien l'impossibilité d'obtenir des successions parfaites de tons, sans

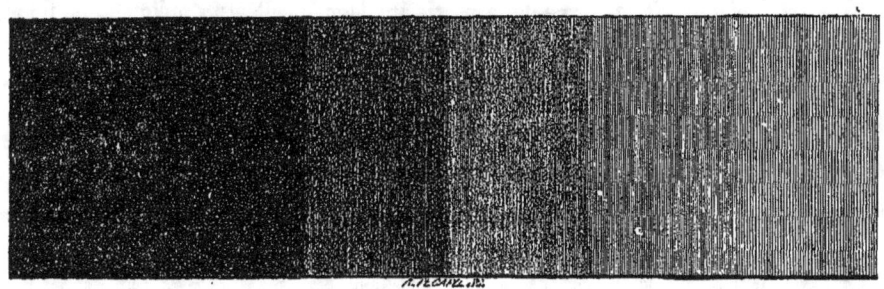

242.

un très grand nombre de tons intermédiaires; comme l'emploi de teintes plates successives en nombre très limité, ce qui est le procédé employé par l'industrie, ne peut jamais qu'approcher du but. C'est ce qui se sent bien en regardant la figure formée de teintes parfaitement régulières;

2° Que les couleurs des deux objets juxtaposés sont elles-mêmes modifiées, pour l'œil de l'observateur, dans leur nature optique, chacune d'elles éveillant pour les parties voisines de celles colorées, le sentiment de la couleur complémentaire, celle qui, dans le spectre solaire, résulterait de la réunion des rayons autres que ceux qui produisent la couleur considérée, et qui, dans les cercles de M. Chevreul, se trouvent à l'extrémité opposée du diamètre passant par la couleur considérée. C'est ainsi qu'une tache verte sur un papier blanc, par une vive lumière, éveille un sentiment de rose sur son contour. Ainsi encore, si on place une feuille de papier bleu à côté d'une feuille de papier jaune, ces deux feuilles, loin de nous paraître tirer sur le vert, comme on pourrait le présumer d'après ce qu'on sait de la reproduction du vert par le mélange du bleu et du jaune, semblent prendre du rouge, de telle sorte que le bleu paraît violet et le jaune orangé.

Des caractères noirs imprimés sur papier rose, paraissent verts, et, au contraire, roses sur fond vert.

Nous avons donné nombre d'exemples d'applications de cet e théorie à l'article Contraste; nous n'y reviendrons pas ici. Nous ajouterons seulement une observation qui résulte de la nature des couleurs complémentaires : c'est que le mélange de celles-ci forme du gris, qu'en ajoutant à une couleur sa complémentaire, on la noircit, on la « rabat. »

Comme application vraiment curieuse de la loi du contraste des couleurs, je citerai l'emploi du manganèse dans la cristallerie. Le manganèse communique au cristal une teinte violette qui est complémentaire de sa couleur verte; celui-ci se décolore, ou plutôt il conserve une teinte blanche, très-légèrement rosée, qui est très-belle.

Des lignes de séparation en noir ou couleur foncée fournissent le moyen usité d'annuler les effets de contraste au contact des couleurs, quand ils sont nuisibles.

M. Chevreul a également analysé les variations d'éclat des couleurs selon la manière dont sont placées, relativement à l'œil de l'observateur et à la direction des rayons lumineux, des parties convexes colorées. Nous donnerons une idée de ses travaux en parlant des étoffes, objet spécial de ses recherches, mais nous noterons seulement ici que, dans tous les cas de la pratique, on doit tenir compte, en même temps que de la couleur, de l'éclat et de la forme de la partie sur laquelle elle est appliquée; qu'il faut avoir soin de considérer, par exemple, si elle est déposée sur une partie rentrante et obscure, ou sur des surfaces planes ou convexes, où se trouvent des points brillants plus ou moins multipliés, suivant la forme et la position de ces surfaces [1].

1. Un auteur anglais, M. Field, a essayé, en utilisant les propositions précédentes, de formuler les principes de l'emploi simultané des couleurs. Nous les rapporterons ici pour attirer l'attention des artistes, dont les yeux ont acquis la sensibilité qui fait défaut au grand nombre, qui peuvent se rendre compte pourquoi une couleur plaît ou ne plaît pas, comme un musicien reconnaît une note juste ou une note fausse.

I. — Les couleurs primaires (jaune, rouge ou bleu du prisme) s'harmoniseront ou se neutraliseront l'une l'autre, dans les proportions de 3 de jaune, 5 de rouge et 8 de bleu (en tout 16).

II. — Les couleurs secondaires (composées de deux primaires) dans les proportions de 8 d'orangé, 13 de pourpre et 11 de vert (en tout 32).

Les tertiaires dans les proportions de citrin (composé d'orangé et de vert), 19; de brun roussâtre (orangé et pourpre), 21 ; d'olivâtre (vert et pourpre), 24 (en tout 64).

III. — Il s'en suit que:

Chaque couleur secondaire, étant composée de deux primaires, se trouve neutralisée par la primaire qui forme son complément, d'après ces mêmes proportions; ainsi 8 d'orangé (rouge et jaune) seront neutralisées par 8 de bleu (complément de l'orangé); 11 de vert par 5 de rouge, 13 de pourpre par 3 de jaune.

Chaque couleur tertiaire étant un composé binaire de deux secondaires, est neutralisée par la secondaire qui reste: comme 24 d'olivâtre par 8 d'orangé, 21 de brun roussâtre par 11 de vert, 19 de citrin par 13 de pourpre.

Dans les vérifications pratiques que l'on peut faire de ces lois, il faut tenir compte des observations faites à l'article Contraste des couleurs sur la quantité variable de noir que renferme chaque substance naturelle qui nous fournit la couleur.

DE LA PEINTURE

Avant de passer en revue l'emploi multiple des colorations dans l'industrie par application des couleurs sur des surfaces, il nous faut dire quelques mots de la peinture, de l'art qui emploie toutes les ressources du dessin et de la couleur, bien qu'en tant qu'art pur il ne rentre pas dans notre cadre. Ce sont surtout les tableaux, dans lesquels la beauté morale, l'expression des sentiments vient tracer une ligne de démarcation entre l'art pur et l'art industriel qui n'a pas à aborder ce domaine, qui ont été, à juste titre, l'objet de nombreux et savants ouvrages; nous n'avons pas à les résumer ci ; néanmoins il n'est pas sans intérêt de rappeler que, dans les lignes générales de son histoire, la peinture, qui domine de haut toutes les applications industrielles qui en relèvent, se prête parfaitement aux divisions de styles que nous avons établies, d'après les manifestations des idées régnantes dans chaque siècle, à l'aide des produits industriels et de leur décoration; qu'elle a subi les mêmes influences; que les époques de splendeur et de décadence sont les mêmes, par une solidarité nécessaire entre les Beaux-Arts et l'Art industriel. C'est ce qu'il nous sera facile d'établir brièvement et sans trop nous écarter du cadre de cet ouvrage.

GRECS. — Il ne nous est rien resté de la peinture des Grecs (exécutée, pense-t-on, à la cire); mais le caractère de cette peinture ne saurait être douteux d'après les décorations céramiques que nous possédons et surtout d'après le goût de cette nation. Le peuple qui admirait avec tant d'enthousiasme la sculpture grecque n'aurait pu accepter des peintures chargées, confuses. Zeuxis, Apelles ne devaient pas se borner à des œuvres décoratives; les récits des auteurs contemporains nous rappellent l'admiration qu'excitait leur reproduction excellente d'objets animés. Nous ne saurions nous représenter la peinture grecque comme très-différente de celle des Byzantins dont nous allons parler, peinture qui conservait les traditions grecques, mais non le sentiment si parfait de la beauté.

ROMAINS. — Leurs peintures à la cire nous sont connues par des restes trouvés à Pompéi et à Herculanum, qui, d'après la tradition, se rapprochent des peintures grecques. Toutefois l'art chez les Romains avait perdu cette finesse, cette élégance de l'art grec; il était devenu, comme la religion, plus grossier. Gênés dans la reproduction des effets de lumière, les artistes se bornaient à représenter des personnages isolés, d'un ton mat et égal. Leurs œuvres se rapprochaient de la décoration des vases campaniens. C'est surtout aux mosaïques que les Romains demandaient des représentations qui leur paraissaient parfaitement suffisantes (remarquons que la perspective est toute moderne) et les séduisaient par leur éclat.

BYZANTIN-ROMAN. — Le christianisme, en créant un mouvement d'exaltation religieuse qui vint se mêler aux traditions affaiblies de l'art grec, inspira, après que la fureur des iconoclastes qui associèrent l'art grec et le paganisme fut passée, les peintures byzantines. Des fonds d'or, de couleurs franches, parsemés d'étoiles; des profils très-purs, des auréoles d'or, peu d'étude de la nature, un assemblage de disproportions monstrueuses entre les figures du Christ et celles des saints personnages, mais avec cela une heureuse alliance de tons : tels sont les caractères principaux de ce style.

Des catacombes de Rome sortit un art chrétien qui, empruntant beaucoup au byzantin, chercha à rendre l'idée, l'aspiration chrétienne. Celle-ci devait, quelques siècles plus tard, trouver dans le bienheureux Fra Angelico de Fiesole son dernier et plus pur interprète, au seuil de la renaissance païenne.

A l'Occident, les décorations des églises, bien qu'inspirées par les préceptes de l'Église d'Orient, ne produisirent pas d'œuvres remarquables; elles se bornaient le plus souvent à des fonds avec semis et ornements à contours spéciaux. C'est moins là qu'il faut aller chercher les monuments de la peinture au moyen âge que dans les miniatures qui ornent les manuscrits. En effet, presque toujours ceux-ci étaient illustrés à l'aide d'initiales dessinées sur un fond bleu ou un fond d'or; bien souvent des compositions formant de petits tableaux exécutés avec des couleurs à l'eau en général, et fixées sur le parchemin du volume à l'aide de recettes assez compliquées, acquéraient sur la peau un éclat fort apprécié. Ces miniatures ou enluminures étaient souvent le produit du travail de véritables artistes, de moines qui étaient les gens les plus instruits de leur époque, et qui, usant leur vie à de semblables ouvrages, eussent mérité parfois une véritable célébrité, si la postérité se fût intéressée à ce genre de travaux comme elle s'est passionnée pour la peinture à l'huile. On possède des Heures de Charlemagne qui renferment des dessins remarquables. Dans la maigreur des plis, dans l'emploi du vermillon et du bleu non rompu, dans les hachures d'or des draperies, on ne peut méconnaître l'influence byzantine sur ces œuvres de l'Occident. Il faut aussi citer comme très-remarquables deux Bibles de Charles le Chauve, où se trouvent des compositions d'un grand intérêt, dues à un artiste nommé Ingobert. Ces compositions, étudiées avec le plus grand soin, sont les œuvres d'art, les tableaux d'histoire de l'époque. Le goût s'en maintint jusqu'à la découverte de l'imprimerie.

En général, les enluminures du huitième, du neuvième et du dixième siècle sont, pour le dessin, inférieures à celles des siècles précédents, mais elles les surpassent pour la vivacité des couleurs et l'originalité de la composition. Les fonds bleu et or sont prodigués et les détails exécutés avec une fidélité minutieuse.

Il suffit d'examiner des manuscrits précieux de diverses époques pour reconnaître l'influence des styles qui sont manifestes pour tous les yeux dans les grandes modifications de la peinture et de la sculpture.

GOTHIQUE. — On peut suivre bien facilement dans les manuscrits la transformation du roman en gothique. Le genre de ce premier style n'est plus du tout celui de Jean Fouquet (de Tours), qui vécut sous Louis XI et laissa de véritables chefs-d'œuvre.

La perspective va poindre; elle se rencontre dans les œuvres de Fouquet avec un emploi du clair-obscur inconnu jusqu'à lui. Les Antiphonaires de la Libreria (sacristie) de Sienne forment une série de volumes in-folio remplis de lettres initiales d'une rare beauté d'exécution. Le plus célèbre miniaturiste de l'époque était le chanoine don

Giulio Clovio, qui vivait au quinzième siècle; ses petits ouvrages ornés de fleurons élégants sont de véritables tableaux.

En France, l'art italien vint sous Louis XII lutter contre les anciennes traditions gothiques. Ce progrès semble avoir atteint son apogée dans l'exécution d'un manuscrit célèbre connu sous le nom d'HEURES D'ANNE DE BRETAGNE. Parmi les nombreux tableaux qui décorent ce livre de prières, plusieurs ne seraient pas indignes du pinceau de Raphaël.

Ce chef-d'œuvre marque en quelque sorte le terme glorieux d'un art qui s'est perdu, alors que l'invention de l'imprimerie fit disparaître la classe nombreuse des scribes et des enlumineurs.

A partir de ce moment, par cette cause et bientôt après par suite de la découverte de la peinture à l'huile, les enluminures sur peau vélin devinrent plus rares, et les artistes se livrèrent surtout à la peinture des portraits à l'aide des nouveaux procédés.

RENAISSANCE. — Nous nous garderons bien de vouloir esquisser l'histoire de la peinture à cette époque de merveilles. Nous rappellerons seulement que Cimabué reçut ses leçons des mosaïstes byzantins; que l'école du Pérugin, d'où sortit Raphaël, procédait directement de la tradition byzantine modifiée et singulièrement agrandie par Giotto et ses nombreux élèves, dans les belles fresques dont ils couvraient les murailles et les voûtes des églises, et que Lucas Cranach en Allemagne, qui le premier s'illustra dans la peinture à l'huile, tout nouvellement découverte, s'inspirait évidemment du style gothique, que la renaissance allemande et Albert Durer allaient transformer.

La peinture à l'huile, trouvée de 1420 à 1430, par Jean Van Eyck, dit Jean de Bruges, en facilitant les procédés matériels de l'art, vint aider aux progrès qui tendaient à se faire jour de toute part. Jusqu'à Masaccio, on n'employa, en Italie, que les procédés de la peinture byzantine. On sait quelle place la fresque occupa dans l'art de la Renaissance, combien les fresques de Raphaël notamment rappellent, avec une grande supériorité toutefois, les peintures d'Herculanum; et que c'est en visitant les Thermes de Titus qu'on venait de découvrir, qu'il conçut la décoration des loges du Vatican.

Toute l'œuvre de Raphaël personnifia avec éclat la restauration des lignes de l'art grec dans leur pureté, en même temps qu'il y mêla cette grâce merveilleuse qui lui a valu le nom de DIVIN. Michel-Ange fut le représentant le plus hardi des tendances nouvelles des artistes de la Renaissance; il résuma dans ses puissantes fresques toutes les données modernes. Titien, le Vinci, le Corrége, trois beaux génies encore, concoururent avec le Véronèse et André del Sarto à développer avec une glorieuse activité les progrès rapides de l'art de la peinture, qu'à leur suite et plus tard le Dominiquin, les Carraches, Guido Reni, etc., eurent la tâche de continuer.

Il serait inutile de compléter l'énumération de la pléiade d'artistes éminents qui ont fait, à cette époque, de la peinture le premier des beaux-arts; contentons-nous de citer ici, après les illustres maîtres, un artiste que François Ier ramena d'Italie, et qui sut tirer un habile parti de l'emploi de la peinture dans la décoration industrielle; nous voulons parler du Primatice. Les fresques de Fontainebleau, dues à la main facile de ce fécond artiste, ainsi que ses peintures à l'huile que possèdent le Louvre et le musée de Cluny, montrent bien le style élégant de cette époque, mieux que les tableaux des grands maîtres préoccupés d'exprimer des sentiments profonds plutôt que de produire des images gracieuses et séduisantes.

ÉCOLE FLAMANDE. — Avant de parler de la peinture sous Louis XIV, nous ne pouvons nous dispenser de faire une exception à toutes nos omissions de noms d'artistes, en faveur de Rubens et de l'école flamande. L'apparition de cette école nous fournit une nouvelle preuve de la relation intime qui existe entre l'art et l'industrie, et qui fait toujours concorder leurs grands développements, à cause de la grande influence qu'ils exercent l'un sur l'autre. Les germes d'art qui existaient nécessairement dans un pays que l'on a vu exceller si longtemps dans les tapisseries, l'orfèvrerie, la sculpture sur bois devaient produire une école de peinture puissante : ce fut l'école flamande.

LOUIS XIV. — Chacun sait que Lebrun fut le peintre de Louis XIV ; tout le monde a vu ses batailles d'Alexandre, sous les traits duquel il s'attachait sans cesse à représenter le grand roi. Chef suprême de la direction artistique, superintendant des manufactures royales, Lebrun ne pouvait inspirer aux travaux d'industrie de cette époque d'autre caractère que celui que l'on reconnaît dans ses tableaux, qui sont la véritable expression du style Louis XIV en peinture. Grandeur théâtrale, noblesse un peu guindée, couleurs éclatantes, etc. : telles sont les tendances de toutes ses œuvres, qui étaient bien plus estimées à la cour que celles du Poussin, ayant une bien autre portée philosophique, mais sévères de style et de ton ; d'ailleurs Poussin vécut presque constamment à Rome. Les autres peintres, leurs contemporains, sans même en excepter Lesueur, ne paraissent pas avoir eu d'influence sérieuse sur le mouvement industriel de l'époque.

LOUIS XV. — Sous Louis XV, la peinture change tout à fait de caractère et se modifie aussi profondément que les mœurs. Vanloo, Boucher, Watteau, etc., avec leurs petites scènes familières ou imaginaires et leurs bergeries, furent les complices d'une époque qui ne connaissait plus ni l'idéal, ni le grandiose, mais concevait seulement la grâce et la volupté. L'industrie par l'élégance de ses produits s'associa à ce mouvement dans toutes les directions. Un peu plus tard se fit jour un commencement de réaction, favorable au côté moral de la peinture. Chardin et Greuze préparèrent le développement du genre intime dans sa plus saine acception.

XIXᵉ SIÈCLE. — Au commencement du siècle, David, avec une grande force de volonté et un talent supérieur, mit à néant les restes de la tradition de l'époque de Louis XV et Louis XVI, et remit en honneur la pureté classique en soumettant la peinture aux exigences de formes et de style de la plastique antique. Il est constant aujourd'hui qu'il outra un mouvement heureux en soi. Dominé exclusivement par l'absolutisme de ses principes révolutionnaires (qu'il avait conservés seulement en peinture), laissant de côté toute tradition nationale, il exagéra l'étude du nu jusqu'à vouloir faire de la sculpture avec le pinceau, sans laisser une part suffisante au charme du coloris.

Enfin, parmi les grands peintres qui ont succédé aux célébrités de la génération précédente, on doit citer :

EN FRANCE : — Ingres, le maître illustre dont les œuvres rappellent la beauté, la précision raphaélesques ; Vernet, au pinceau plein de verve ; Delaroche, connu pour son goût exquis d'arrangement ; Delacroix, coloriste puissant qui semble négliger systématiquement le dessin ; Decamps, dont la palette est si étonnante d'accent et de vigueur ; H. Flandrin, l'artiste religieux ; Thomas Couture, dont l'œuvre splendide et capitale, *les Romains de la décadence*, mérite une mention spéciale ; Henri Regnault, enlevé si prématurément ; Baudry, l'auteur des plafonds de l'Opéra ; Corot, Millet, Bastien-Lepage, de Neuville. Nous citerons aussi parmi les peintres actuels : Meissonier, le merveilleux traducteur de la peinture hollandaise ; Gérôme, Bouguereau, Carolus Duran, Hébert, Bonnat, J. Breton, Cormon, J. P. Laurens, Maignan, Puvis de Chavannes, Lerolle, Lhermite, Detaille, qui, tous, ont déjà formé de brillants élèves.

EN ALLEMAGNE : — Overbeek, le restaurateur de la peinture catholique, qui rappelle les pieux archaïstes de la Renaissance par la pureté naïve des contours et la pensée religieuse à laquelle tout est sacrifié dans ses mystiques compositions; l'école de Munich, et celle de Dusseldorf, représentées par MM. Cornélius et Kaulbach, etc., écoles qui ne sacrifient pas autant à l'effet des couleurs que les maîtres italiens, et peut-être pas assez, en ce qu'elles semblent mettre trop de recherche de pensée dans leurs œuvres.

EN ANGLETERRE : — Depuis Reynolds et Lawrence, deux admirables peintres de portraits qui rappelaient Van Dyck et son éclatant coloris, les œuvres les plus remarquables chez cette nation sont celles des peintres réalistes, qui, donnant une place très-grande aux représentations des détails de la nature, n'ont pas créé une puissante école dans le pays de l'individualisme; on doit surtout citer Landseer comme un artiste d'un grand mérite. En fait, il y a en Angleterre, sinon une école, au moins assez de talents incontestables pour guider les productions peintes de l'industrie anglaise vers un haut degré de perfection.

DE L'EMPLOI DES COULEURS

Passons en revue les diverses natures de produits du travail humain pour apprécier l'importance des colorations dans chacun d'eux. Nous y retrouverons le rôle rempli par les Orientaux, nuls dans l'art proprement dit, mais puissants dans l'art industriel.

Les peuples de l'Orient, dit un juge bien compétent, n'ont point une perception complète du beau telle qu'elle a été donnée à la haute intelligence des Grecs et de certains peuples de l'Europe. Ce qui les distingue, c'est un sens exquis de la coloration, un point de départ sensé dans toutes les applications de la forme à la matière et à l'usage; c'est la tradition suivie avec une sorte d'innocence qui, sous beaucoup de rapports, les rend encore nos maîtres actuellement, dans la coloration des tapis notamment.

ARCHITECTURE

COULEURS EMPLOYÉES A L'EXTÉRIEUR DES MONUMENTS

Dans l'architecture moderne, on n'emploie ordinairement les matériaux de construction qu'avec leurs couleurs naturelles; il n'en a pas toujours été ainsi. On sait que les Grecs appliquaient des couleurs vives en teintes plates sur leurs monuments, principalement sur les fonds pour faire valoir la saillie des moulures. C'était sous l'influence des mêmes idées, qu'ils essayèrent de colorer leurs statues.

Comme les législateurs de la Grèce, en fait de politique aussi bien qu'en fait d'art, dit Ziégler, avaient coutume de visiter l'Égypte, la vue des monuments colorés de Thèbes et de Memphis ne pouvait manquer d'exercer une influence sérieuse sur l'art grec. Les peintures de l'enveloppe sculptée des momies préparaient la vue aux cheveux d'or et aux chairs de cinabre dont les chefs-d'œuvre de la statuaire grecque furent rehaussés. D'autre part, les murailles entaillées d'hiéroglyphes peints inspiraient le sentiment de la couleur dans l'architecture religieuse; sur les murailles grises, les teintes « rouge, jaune, bleue et verte » indiquaient les chairs et les draperies.

Nous ne donnerons pas ici de détails sur l'emploi de la couleur dans l'architecture grecque, question sur laquelle il reste un certain doute à cause du petit nombre d'éléments qui sont parvenus jusqu'à nous. Comme accessoire tout au moins, la coloration de certains fonds ornés de vignettes a produit un effet excellent dans quelques monuments, notamment dans plusieurs de ceux dont le roi Louis de Bavière a décoré la ville de Munich.

Sous Arcadius et Honorius, on commença dans l'empire d'Orient à revêtir les églises de fresques, de mosaïques, de dorures.

Charlemagne fit, par une loi, une obligation de revêtir de peintures les murs des églises. Cet usage dura jusqu'à la fin du dixième siècle. Mais ceci rentre dans la décoration des intérieurs, dont nous allons traiter ci-après.

On doit faire rentrer dans cette section l'emploi de colonnes en porphyre rouge et en marbre qui décorent plusieurs basiliques célèbres, et dont la belle couleur et le poli font surtout le prix.

La décoration architecturale par coloration la plus remarquable est sans contredit celle des monuments mauresques, telle que celle de l'Alhambra, obtenue à l'aide de poteries colorées et qui avait été imitée à la Renaissance, notamment au château de Madrid. Ceci rentre dans la coloration des poteries dont nous allons parler, mais nous devions rappeler ici l'éclat, la durée de ces colorations vitrifiées, formant des surfaces brillantes et réfléchissant la lumière. L'emploi des couleurs vives dans la décoration rappelle toujours le style oriental qui seul les a conservées, car, à l'Occident, les décorations peintes le sont toujours en couleurs peu éclatantes.

En dehors de ces cas, et presque exclusivement depuis l'époque romaine, c'est pour décorer l'intérieur des appartements que la peinture a été employée. Toutefois elle le fut assez souvent à l'extérieur par les Romains; et l'usage s'en est conservé sous le beau ciel de l'Italie. L'emploi de la faïence semble aujourd'hui devoir fournir les plus heureux résultats en architecture ; il est indiqué par l'éclat et l'inaltérabilité de ce genre de produit.

DÉCORATION DES INTÉRIEURS

Les décorations des intérieurs ont une relation intime avec l'architecture et varient nécessairement avec les divers styles. Elles se produisaient :

1° Chez les Romains, par l'emploi de stucs, de marbres de tout genre, de mosaïques, de fresques, de peintures à la cire.

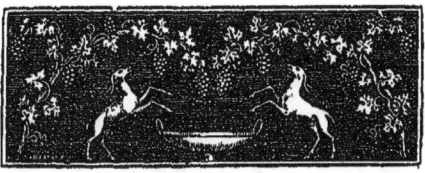

243.

Nous donnerons quelque idée de ce genre de décorations chez les Romains par les

244.

gravures ci-jointes : le dessin était en général clair sur fond noir ou coloré. Les mosaïques, destinées tant à former les planchers qu'à orner les murs des appartements, seront étudiées dans la section suivante, dans laquelle nous traitons des juxtapositions d'éléments colorés.

2° Dans le style byzantin-roman la répétition des petits ornements de couleurs diverses était, avec les fonds bleu d'azur et d'or et les carreaux émaillés, le grand moyen de décoration. La peinture à la fresque y tenait aussi une place importante.

Le goût d'un autre genre de décoration se mêla, au huitième siècle, à celui de la peinture qui, jusque-là, couvrait les voûtes. Entre les années 628 et 638, Dagobert, ayant ordonné la reconstruction de l'église de Saint-Denis, s'abstint de faire peindre l'intérieur de cet édifice; on couvrit les murailles et même les colonnes de draperies tissées d'or et brodées de perles, et ce genre de décoration devint de plus en plus commun dans les églises de France, au grand préjudice de la peinture.

3° Le style gothique ogival avait gardé, du style roman, la coloration d'azur des voûtes des églises et y ajouta les richesses des vitraux, en même temps que le sculpteur sur bois décorait les chœurs.

4° A la Renaissance, la peinture à la fresque vint se multiplier sur les murs des églises, et tous les grands noms de cette brillante époque ont produit des chefs-d'œuvre plus directement liés à la décoration des édifices que ne peut l'être la peinture à l'huile, de dimensions généralement restreintes. Il nous suffira, pour le rappeler, de citer le Jugement dernier peint par Michel-Ange dans la chapelle Sixtine.

Dans un ordre plus voisin de la tendance laïque de l'art moderne, nous rappellerons les célèbres décorations du Vatican citées plus haut, dues à Raphaël, qui sont restées le type harmonieux du genre de décorations toujours usité dans les habitations riches de l'Italie. Cette ornementation fut inspirée par celle des anciens dont le modèle venait d'être donné par la découverte des Thermes de Titus, que devait confirmer plus tard l'exhumation de Pompéi et d'Herculanum, pressentie en quelque sorte par le génie de Raphaël.

L'étude de l'application directe du travail d'un artiste plus ou moins éminent excéderait les limites de notre cadre : nous dirons seulement qu'à l'exemple du maître, on doit le plus souvent, pour la décoration, se borner à de simples arabesques. Dans les décorations de grand luxe, ce sont des sujets gracieux, tracés légèrement, rehaussés de peu de couleur, qui doivent en former la base. Nous donnons un panneau du Vatican, modèle de ce genre raphaélesque.

5° Sous Louis XIV, on fit un fréquent emploi des trophées, des marbres plaqués sur les murailles, encadrés par des moulures: toutefois les peintures et les dorures jouent un grand rôle dans les riches décorations intérieures. Nous en donnons pour exemple un panneau de la célèbre galerie d'Apollon au Louvre.

Les moulures prirent sous Louis XV plus de relief et un caractère spécial dont nous avons déjà dit quelques mots à propos de la sculpture.

6° De nos jours, le plus souvent, ce sont des moulures rappelant celles de l'architecture, des boiseries plus ou moins sculptées encadrant des tableaux, et dans les habitations des particuliers, des panneaux de bois, le tout peint en couleurs unies souvent rehaussées par des filets d'or, qui sont la base de la décoration de la plupart des habitations élégantes.

Citons les glaces étamées comme moyen de décoration ; grâce à l'éclat et à la lumière qu'elles répandent dans les appartements, elles sont fort appréciées à notre époque.

Ce n'est guère que dans les palais ou les musées que se voient dans nos pays (bien plus

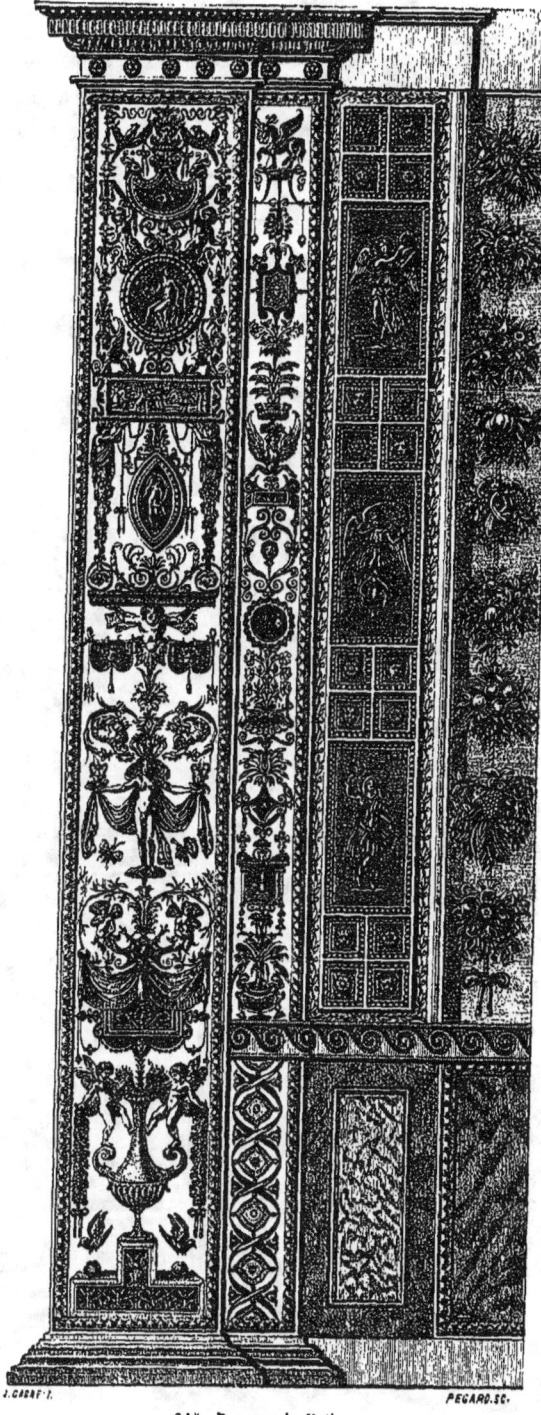

245. Panneau du Vatican,

fréquemment en Italie, où la décoration par fresques est restée en grand honneur) les riches décorations peintes. On emploie alors en général des arabesques, des repré-

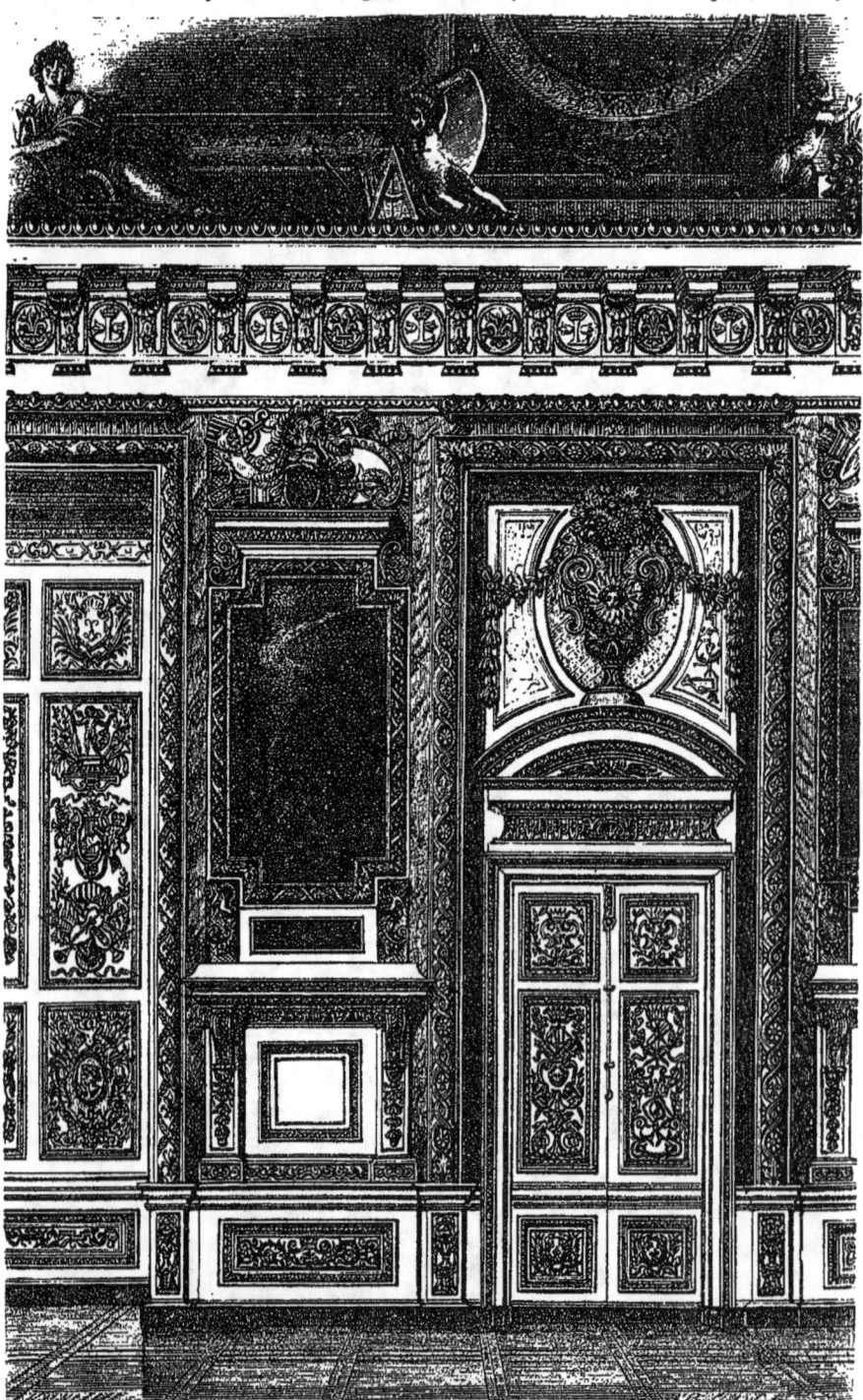

246. Salon d'Apollon.

sentations de plantes et de fleurs qui encadrent des médaillons portant la représentation de sujets ayant quelque rapport avec la destination des salles à orner ; ces décorations sont aujourd'hui l'œuvre spéciale d'artistes d'un vrai talent.

Les étoffes drapées fournissent une décoration en rapport avec le CONFORTABLE ; elles seront étudiées en traitant de la décoration des tissus ; l'art du tapissier les dispose de manière à faire jouer la lumière dans des plis harmonieusement distribués. Les tapisseries richement tissées sont, pour cet usage, employées avec succès dans les palais ; les étoffes de soie chez les particuliers riches ; enfin, dans la masse des habitations de nos contrées, c'est un genre de produits dont nous allons parler bientôt qui est devenu le moyen essentiel de la décoration. Nous voulons parler des produits de l'industrie des papiers peints, qui est presque née de nos jours et qui est venue offrir un procédé de décoration économique, quelquefois même riche et élégant.

COULEURS DANS LA CÉRAMIQUE

Les vases grecs, dit Ziégler, se divisent en trois classes, selon les époques de leur fabrication. La couleur rouge pâle, avec figures noires et blanches, indique ceux de la première époque; ils remontent à 700 ans avant l'ère chrétienne. Les vases moins anciens sont de deux couleurs seulement, figures jaunes et fond noir ; la perfection des peintures et leur extrême légèreté les distinguent particulièrement.

On voit que les décorations étaient déjà bien connues dans l'antiquité ; toutefois ce n'est en général que par des superpositions de deux terres que les couleurs étaient produites. Ce n'est que depuis la Renaissance, depuis la découverte de la faïence, que la palette du peintre en poteries a été créée, et qu'on a pu produire tous ces tableaux émaillés extrêmement remarquables, malgré toutes les difficultés que présente leur exécution. On peut juger des ressources dont on disposait par la richesse des couleurs des majoliques italiennes et par celle des plats de Palissy. Toutefois ce n'est que depuis les progrès de la chimie que la palette du peintre en porcelaine a acquis une richesse suffisante pour rivaliser avec la peinture à l'huile et que les représentations élégantes de fleurs, d'oiseaux, etc., ont pu être multipliées à l'infini.

Nous répéterons ce que nous avons déjà dit pour les compositions complexes : sauf pour les médaillons, ornant des pièces de grande distinction (telles que celles en porcelaine tendre, style Louis XV, faites pour orner les boudoirs, et décorées de scènes de bergeries ou autres de même genre), les tableaux ne nous semblent pas en général le mode de décoration propre aux poteries, à moins qu'on n'emploie celles-ci à porter des tableaux faits pour elles et que la poterie ne soit que l'accessoire du tableau. C'est l'effet de la coloration vue à distance qui importe surtout, comme les Chinois l'ont bien compris, pour la décoration des vases notamment, dont les lignes convexes, déformant toute composition déterminée, risquent de détruire la perspective.

C'est ce qui se voit encore dans le genre oriental, dans lequel sont employés, en proportions convenables, avec la couleur du fond, les couleurs des décorations ; l'or, placé sur les parties saillantes, acquiert beaucoup d'éclat. Nous avons été contraints de traiter ces questions au chapitre III (Céramique) ; nous n'y reviendrons ici que brièvement.

Nous dirons d'abord que l'étude séparée des décorations et des formes est tellement naturelle, qu'elle correspond à une division fréquente dans l'industrie. Ainsi, il existe à Paris un nombre considérable d'ateliers de décoration pour lesquels on achète les pièces de forme convenable en porcelaine blanche et où on les revêt de brillantes décorations. Il y a là une division du travail parfaitement naturelle et très favorable à sa perfection, vu la différence profonde qui existe entre ces deux natures de travaux et l'indépendance naturelle à l'artiste qui perd l'esprit d'initiative quand il est enrégimenté. Toutefois il ne faut pas que le consommateur néglige de faire la différence de valeur et de solidité qui existe entre les couleurs au grand feu cuites avec la porcelaine et les couleurs de moufles, formées avec des émaux quelquefois trop fusibles et pas assez résistants. Nous donnerons, pour preuve de l'excellence de cette division, la division semblable adoptée pour la taille des cristaux à Londres, pays des grands ateliers.

Les Expositions universelles ont fait apprécier l'élégance du style de Sèvres dont nous avons parlé en traitant de la Céramique. Ses artistes, par une réaction sur les anciennes méthodes, ne décorent plus sa belle porcelaine blanche que d'ornements légers, peu serrés, ne détruisant pas l'éclat du fond.

Un genre de décoration qui n'est pas entièrement nouveau a été employé avec un grand succès par M. Copeland, habile fabricant anglais, célèbre à juste titre par la beauté de ses statuettes en parian ; nous voulons parler de la décoration de la porcelaine par des pastilles, des perles en émail qui ont beaucoup d'éclat. Ses buires de

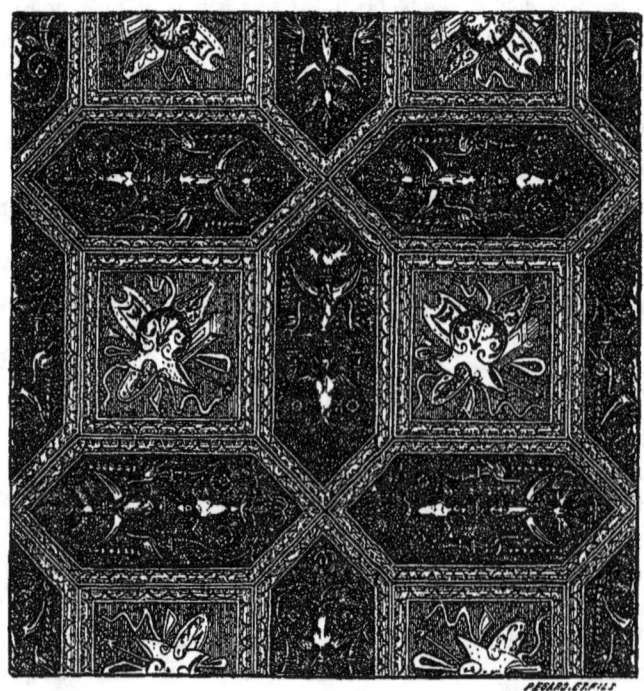

247.

forme et décoration style indou ont été admirées aux Expositions par tous le connaisseurs. Une pièce semblable fond bleu et parsemée de pastilles blanches fait comprendre, par son éclat, le nom de porcelaine-bijou qu'on a donné à ces produits.

Les Expositions nous ont aussi fait connaître quelques teintes grand feu, à tons rouges et verts, obtenues à Sèvres en faisant naître à volonté une atmosphère réductrice ou oxydante.

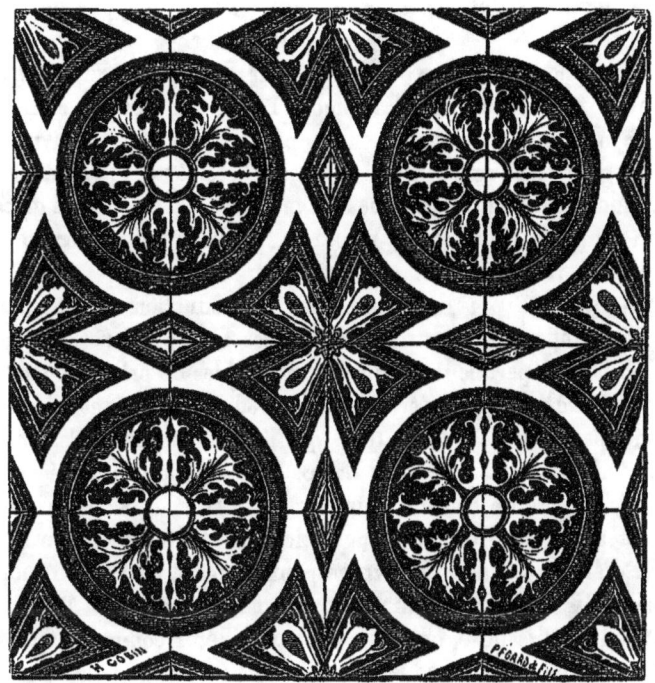

248.

Enfin, nous rappellerons l'emploi de fonds vermicellés, pointillés, formés par une dorure très-fine, qui donnent sur porcelaine et surtout sur cristal des effets très-heureux.

La faïence, dont le développement répond au plus grand progrès récent des arts céramiques, en permettant de faciles décorations par de véritables coloristes, a ouvert une voie toute nouvelle ; le charme de couleurs mieux fondues que sur porcelaine les fait aujourd'hui rechercher, et toute une série d'applications architecturales, basées sur l'emploi de la faïence dans la décoration des édifices, paraît devoir se propager. Les figures 247 et 248, faisant partie d'une série de carreaux émaillés habilement agencés, montrent tout le parti que savent tirer de cette matière nos artistes modernes pour décorer de grandes surfaces.

COULEURS EMPLOYÉES DANS LES MEUBLES

Les couleurs qui servent à la décoration des meubles sont principalement celles mêmes des bois employés dans leur construction. Le poli du bois fait ressortir ces couleurs et donne aux œuvres de l'ébénisterie leur plus grand charme.

Le chêne était le bois exclusivement usité jadis pour la confection des meubles; et on sait que le chêne ciré est encore fort estimé aujourd'hui pour les antichambres, les salles à manger, etc. Son ton frais l'a remis à la mode et le fait préférer au noyer qui, malgré la richesse de ses veinures, n'est guère admis aujourd'hui que pour les mobiliers des personnes peu fortunées ou pour de grandes pièces sculptées.

L'ébène, qui prend un si beau poli, était le bois de luxe par excellence de nos pères. Sa couleur noire fait ressortir admirablement l'éclat des pièces riches déposées dans des vitrines construites avec ce bois. On peut admirer, au Louvre, de superbes vitrines de ce genre qui renferment les émaux, les faïences précieuses. Construites par M. Fourdinois, elles ne portent que des moulures en bois et les glaces sont encadrées dans un simple filet d'acier. La rareté de l'ébène le fait souvent remplacer par le poirier noirci qui se travaille plus facilement.

Nous avons rapporté plus haut comment l'introduction de l'acajou était venue transformer le mobilier et fournir des ressources bien précieuses à l'ébénisterie. Le procédé du placage a permis de donner aux meubles de prix très-modéré les belles teintes rouges de l'acajou ; d'utiliser, pour une production immense, les belles variétés de dessin formé par diverses espèces, telles que l'acajou moucheté, les loupes, etc.

Sous Louis XV et Louis XVI, les beaux laques de la Chine décorés d'or, et les meubles en bois de rose de couleur claire, furent fort à la mode. Ces deux genres ne s'emploient guère aujourd'hui que pour articles de fantaisie ; le dernier surtout est apprécié pour d'élégantes tables à ouvrage pour dames et de petits meubles.

Un nouveau bois est venu fournir de précieuses ressources à l'ébénisterie ; nous voulons parler du palissandre, que l'on peut considérer comme intermédiaire entre l'acajou et l'ébène ; plus foncé que le premier et de ton rouge-noir, il est moins foncé que le second.

Enfin, nous devons citer une nouvelle ressource fournie à l'ébénisterie par l'Algérie, le bois de thuya, connu des romains ; ses loupes sont d'une vigueur de ton admirable, il est d'une grande richesse.

Nous avons déjà parlé de la plupart des substances qui se mélangent souvent au bois pour rehausser l'éclat des meubles ; nous ne ferons guère que rappeler ici, en parlant de la décoration des meubles au point de vue de la couleur, après avoir cité d'abord l'emploi des glaces, des marbres, etc., nécessaires pour beaucoup de meubles :

1° L'incrustation en cuivre, élément de décoration essentiel du genre Boule, du style Louis XIV, mélangé avec des figures en bronze doré qui, conservées seules dans le style Louis XVI, viennent s'appliquer sur les faces des meubles.

2° Le bronze, avec sa couleur propre, mélangé avec l'ébène et le chêne. Les essais de M. Barbedienne, pour employer ses plus beaux bronzes, en les encadrant dans des panneaux de meubles remarquables par la beauté des lignes, n'ont pas eu tout le succès qu'on eût pu espérer. Le chêne sculpté formant le corps des meubles a paru terne et sans éclat à côté du bronze.

3° Les émaux, les surfaces métalliques gravées, les pierres, la porcelaine peinte incrustée dans le bois, qui doivent être employés avec une grande modération et en évitant avec soin les tons criards ; cela est difficile, impossible même pour la porcelaine à fond blanc brillant.

4° Enfin, les peintures, qui ne sont pas, à proprement parler, des décorations de meubles, mais des tableaux réunis aux meubles ; il arrive, en général, que la peinture à l'huile n'a pas assez de brillant pour bien se mélanger avec le poli du bois. Les fonds d'or, pour des ornements de style byzantin, ont été employés dans quelques œuvres d'art, mais rarement avec succès

COULEURS EMPLOYÉES DANS LA DÉCORATION DES PIÈCES D'ORFÉVRERIE ET LA BIJOUTERIE.

ARGENTURE. — DORURE.

L'art de couvrir d'or ou d'argent les surfaces de cuivre, de laiton, etc., fournit de grandes ressources aux industries que nous avons étudiées section IV pour donner à ces surfaces l'apparence et l'éclat de l'or et de l'argent.

On distingue deux dorures, l'une mate et l'autre brillante ; la seconde, réfléchissant la lumière, possède un éclat que n'a pas la première.

Le bronzage (procédé pour donner au laiton fondu l'apparence de bronze antique ou celle du bronze florentin d'une riche teinte rougeâtre) est un procédé analogue.

ÉMAUX.

Les émaux sont de véritables verres colorés, formés par la fusion de plusieurs oxydes colorants, mêlés en général avec l'oxyde d'étain, qui rend cette vitrification opaque. Ils sont de couleurs diverses en raison de la nature des oxydes employés ; ils adhèrent au métal relativement infusible sur lequel ils sont appliqués, et forment une des ressources les plus utiles de la décoration de la bijouterie ; l'éclat de ces vitrifications, se mariant parfaitement avec celui de l'or et de l'argent, est seul assez brillant pour fournir des colorations convenables.

Nous donnerons, d'après M. A. Petit, quelques détails sur l'histoire et les procédés de l'émaillerie.

Le plus ancien document écrit qui fasse allusion à l'art des émailleurs établit que cet art était cultivé dans les Gaules alors que les Romains et les Grecs en ignoraient encore les secrets ; c'est un passage de Philostrate, rhéteur grec qui vivait à la cour de l'impératrice Julie, femme de Septime Sévère, au commencement du troisième siècle de notre ère. Après avoir parlé de différents objets enrichis de métaux précieux, de pierres fines et rehaussées de peintures, Philostrate ajoute : « On dit que les barbares qui habitent près de l'Océan étendent ces couleurs sur l'airain ardent, qu'elles y adhèrent, deviennent aussi dures que la pierre, et que le dessin qu'elles représentent se conserve. » Durant les guerres qui bouleversèrent l'Occident du quatrième au onzième siècle, l'émaillerie fut presque complétement abandonnée dans les Gaules ; mais, pendant la même période, cet art prit un grand développement en Italie, et surtout à Constantinople, où les Byzantins l'avaient appris des peuples de l'Asie, qui de temps immémorial exécutaient avec une grande perfection des travaux en émail.

Au onzième siècle, l'émaillerie fut en faveur en Allemagne, et au douzième siècle cet art s'était répandu en Aquitaine. Limoges, ancienne colonie romaine, qui déjà depuis des siècles avait acquis une grande réputation par les travaux d'orfévrerie qu'on y exécutait, devint le principal centre de fabrication.

Les différentes pièces de cette époque sont exécutées sur cuivre par le procédé du CHAMPLEVÉ. Ce terme nous amène à dire quelques mots sur la technique de l'émaillerie.

D'après les différentes manières dont l'émail est appliqué sur le métal, les émaux peuvent se diviser en trois classes distinctes : les émaux incrustés, les émaux translucides sur relief, et les émaux peints.

Jusqu'à la fin du treizième siècle, on fabriqua seulement des émaux incrustés ; ils étaient exécutés soit par le moyen du cloisonnage, soit par le procédé du champlevé. Les émaux cloisonnés, fort en honneur jusqu'au quatorzième siècle, et fabriqués surtout en Orient, étaient d'une exécution difficile et coûteuse, puisqu'elle nécessitait presque toujours l'emploi de l'or. Le moine Théophile, qui écrivait au douzième siècle, donne sur la technique des émaux cloisonnés des détails minutieux dans sa DIVERSARUM ARTIUM SCHEDULA. Sur la plaque de métal destinée à servir de fond, l'artiste disposait de petites lames d'or très-minces qui, posées sur champ et diversement contournées, devaient former les traits du dessin en affleurant à la surface de l'émail. Ces petits morceaux de métal étaient fixés sur la plaque de fond ; puis les différents émaux, réduits en poudre impalpable, étaient introduits dans les interstices que les lames laissaient entre elles. La pièce à émailler était alors portée au feu jusqu'à la complète fusion des matières vitrifiables. Il ne restait plus ensuite qu'à égaliser et à polir la surface en la frottant. L'émaillerie cloisonnée fut surtout employée en Orient ; le goût s'en répandit pourtant en Italie vers le dixième siècle. Indépendamment des émaux cloisonnés fabriqués en Italie même, un grand nombre de pièces émaillées furent apportées de Constantinople en Occident, et quelques monuments importants d'émaillerie cloisonnée furent commandés aux artistes grecs par les princes et les grands seigneurs de l'Occident. C'est ainsi qu'à la fin du dixième siècle, le doge de Venise, Orseolo Ier, fit exécuter par des émailleurs grecs le splendide parement d'autel qui forme la pièce principale de la PALA D'ORO à l'église Saint-Marc. Cette œuvre considérable est le plus beau monument connu de l'émaillerie byzantine.

En France, les procédés du cloisonnage furent peu pratiqués. La plupart des pièces émaillées sorties des ateliers de Limoges jusqu'au quatorzième siècle sont traitées, à de rares exceptions près, par le procédé du champlevé. Dans les émaux champlevés, comme dans les émaux cloisonnés, les contours et les linéaments du dessin sont exprimés par un trait de métal ; souvent même les personnages, en tout ou en partie, sont rendus par le métal : mais ce métal, au lieu d'être rapporté sur la plaque du fond, comme dans le cloisonnage mobile, est pris dans cette plaque même. L'émail est déposé, non pas dans des interstices ménagés entre les bandelettes posées sur champ, mais dans des intailles que l'artiste creuse sur la plaque servant d'excipient, et qui, souvent aujourd'hui dans l'industrie, est obtenue par la fonte en bronze.

Ce procédé n'était pas en usage seulement à Limoges. Ainsi que nous le disions plus haut, les Allemands l'employèrent avec beaucoup de succès dans le onzième siècle, avant même la fondation de l'école limousine. Et en effet on trouve dans les provinces du Rhin un grand nombre de châsses, de crosses, de calices et d'instruments divers consacrés au culte, exécutés en cuivre rehaussé d'émaux champlevés et qui révèlent un sentiment de l'art très-développé.

Au treizième siècle, la vogue des ŒUVRES DE LIMOGES était à son comble. Les ateliers limousins produisirent alors une multitude de pièces de toutes sortes, qui furent répandues non-seulement en France, mais en Allemagne, en Italie, en Angleterre, dans tous les pays où le goût des arts s'était développé ou maintenu. Encore aujourd'hui, dans les anciennes provinces du Poitou, du Limousin et de la Marche, dans la Vienne, la Haute-Vienne, la Corrèze et la Creuse, il est peu d'églises un tant soit peu importantes qui ne possèdent quelque châsse ou quelque reliquaire remontant à l'émaillerie limousine des douzième et treizième siècles.

Vers la fin du quatorzième siècle, les émaux champlevés subirent le sort commun à la plupart des productions de l'industrie artistique de toutes les époques ; ils passèrent de mode. La fabrication s'arrêta alors, les traditions se perdirent peu à peu ; on finit par oublier l'existence des anciens ateliers de Limoges, si bien qu'au commencement de ce siècle on attribuait généralement aux artistes de Constantinople les nombreuses pièces émaillées qui avaient été fabriquées à Limoges, du onzième au quatorzième siècle. Cette opinion, réduite au néant depuis que des recherches sérieuses ont été faites sur l'histoire et la technique de l'émaillerie, avait en apparence quelque raison d'être. En effet, le style adopté à une certaine époque par les émailleurs de Limoges se rapprocha un peu du style byzantin ; mais cette analogie (fort exagérée par quelques archéologues) peut s'expliquer historiquement d'une façon fort naturelle. A la fin du dixième siècle, un grand nombre de Vénitiens vinrent se fixer à Limoges, où ils bâtirent même tout un quartier nouveau. Il y avait autrefois à Limoges une rue nommée Vénitienne, et cette rue et son faubourg étaient habités par des marchands vénitiens, dès l'an 979. Ce qui engagea les Vénitiens à bâtir ce faubourg et à se loger à Limoges fut le commerce des épiceries et étoffes du Levant qu'ils faisaient venir sur leurs navires par voie d'Égypte à Marseille et de là par voiture à Limoges, où ils avaient établi de grands magasins d'où une bonne partie du royaume tirait ce qui lui faisait besoin. Le doge Orseolo lui-même vint finir ses jours dans un couvent de camaldules à Limoges. Or, au dixième siècle, Venise était en rapports suivis avec Constantinople ; des artistes grecs étaient venus s'établir sur les bords de l'Adriatique, chassés de l'Orient par les persécutions des empereurs iconoclastes ; en un mot, l'art grec s'était implanté à Venise. Il doit donc paraître parfaitement naturel que les Vénitiens en aient introduit à Limoges le style et les traditions. Cela ne semble-t-il pas expliquer suffisamment le cachet byzantin dont se ressentent quelques-unes des productions de l'émaillerie limousine du moyen âge ?

Ainsi que nous le disions tout à l'heure, les émaux champlevés passèrent de mode au quatorzième siècle ; ils furent détrônés par les émaux translucides sur reliefs (ou émaux de basse taille), qui dans le principe furent surtout exécutés en Italie, mais dont le goût se répandit promptement en France et dans les Flandres. Ces émaux étaient fabriqués par des procédés fort simples en apparence, qui demandaient néanmoins le concours d'artistes très-habiles. Sur une plaque de métal plus ou moins épaisse on creusait une intaille occupant toute la partie à émailler. Ensuite, avec des outils très-fins, on gravait dans l'intaille primitive le sujet qu'on voulait reproduire, en donnant un léger relief aux parties les plus saillantes des carnations et des vêtements. Enfin un émail translucide était introduit dans le creux qu'il devait remplir entièrement et la pièce était mise au feu, fondue et polie. Benvenuto Cellini, dans son traité d'orfévrerie, donne des détails très-complets sur la technique de ce genre d'émaillerie, dont les procédés subirent plusieurs modifications et que Vasari définissait fort bien en l'appelant une sorte de sculpture alliée à la peinture : E SPECIE DI PITTURA MESCOLATA CON LA SCULTURA. Beaucoup d'artistes célèbres employèrent ce procédé. Jean de Pise, Ghiberti, Pallajuolo, Francesco Francia, y excellèrent, si l'on en croit Vasari, et Benvenuto lui-même émailla un grand nombre de pièces d'orfévrerie de cette façon.

Au commencement du quinzième siècle, les émaux de basse taille furent abandonnés à leur tour. Les émailleurs limousins, longtemps délaissés, relevèrent alors la fabrication française en inventant un nouveau moyen d'employer l'émail pour reproduire des sujets de toute espèce. Ils découvrirent la véritable peinture en émail, art nouveau que devait bientôt féconder le génie des maîtres de la Renaissance, et dont les procédés permettaient à l'artiste émailleur d'employer toutes les ressources dont dispose la peinture ordinaire.

En trouvant la peinture en émail, les Limousins ouvrirent des voies nouvelles à l'émaillerie et l'amenèrent presque à rivaliser avec la peinture à l'huile, découverte, elle aussi, depuis peu de temps. L'émailleur ne se servit plus de métal pour exprimer les contours et les traits du dessin, et il fut affranchi du travail de ciselure nécessité par l'emploi des émaux incrustés. L'émail, manié au pinceau, rendit tout à la fois le trait et le coloris, et le métal resta seulement la matière subjective de l'émail, comme la toile ou le bois sont celles des couleurs à l'huile, dans la peinture.

Au seizième siècle, les émaux peints étaient arrivés au plus haut point de perfection. Après de longs tâtonnements, après de nombreux essais, les émailleurs avaient adopté un procédé que chaque artiste modifiait plus ou moins dans la pratique, mais dont la base était toujours la même. La plaque de fond était recouverte d'une couche épaisse d'émail noir ou de teinte sombre. Sur ce fond, le dessin était exécuté avec un émail blanc opaque, de façon à produire une grisaille dont on obtenait les ombres, soit en ménageant plus ou moins l'émail noir, soit en le faisant reparaître par le grattage de l'émail blanc avant la cuisson. Si l'émailleur voulait colorer sa pièce, diverses couleurs d'émail translucides étaient appliquées sur la grisaille.

L'œuvre des Pénicaud, Jean l'aîné, Jean Pénicaud junior et Pierre Pénicaud, tient la plus grande place à cette époque, mais leur œuvre s'efface devant celle de Léonard Limousin, le maître entre tous de la peinture sur émail.

Depuis 1530 jusqu'en 1574, Léonard Limousin ne cessa pas de travailler, et, durant ces quarante-quatre années de labeur, il peignit une incroyable quantité d'émaux. François Ier le prit en affection et lui donna, à ce que l'on prétend, le surnom de Limousin ou Limosin, pour le distinguer de Léonard de Vinci. Ce fait est fort contestable ; mais ce qui est certain, c'est que Léonard Limousin dut à la faveur de François Ier d'être nommé valet de chambre du roi et directeur de la manufacture royale des émaux de Limoges. Si Léonard Limousin n'inventa pas la peinture en émail, on peut dire qu'il lui a donné une impulsion vivifiante et un caractère tout nouveau, en un mot qu'il l'a élevée à la hauteur d'un art véritable.

Le grand nombre d'émaux signés et datés que l'on possède de Léonard Limousin permet de suivre en quelque sorte sans interruption les différentes phases de progrès et de décadence que subit le talent de cet artiste. Durant sa longue carrière, Léonard

Limousin changea plusieurs fois de manière et modifia souvent ses procédés. Dans ses premières œuvres, il s'inspira des maîtres allemands, qu'il copia souvent. Son dessin était lourd et parfois peu correct, son coloris manquait d'éclat et de vigueur. Plus tard, Léonard Limousin subit, comme les artistes de son temps, l'influence exercée à la cour de France par les maîtres italiens qu'avait attirés François Ier. Alors il délaissa l'école allemande, vieillie et passée de mode, pour adopter franchement le style italien. Il copia Raphaël, Jules Romain, le Rosso. Il parvint à identifier son talent avec celui de ces grands artistes ; peintre lui-même, il comprenait leurs beautés, et il savait merveilleusement s'approprier leurs brillantes qualités. Son dessin devint alors plus correct et plus expressif, les sujets de ses compositions furent mieux choisis, le ton de ses émaux acquit une énergie et une puissance nouvelles ; il apprit à nuancer ses couleurs avec une harmonie charmante ; ses peintures prirent un cachet d'inspiration poétique dont il trouva le secret en copiant les dessins de Raphaël.

Léonard Limousin arriva à l'apogée de son talent entre 1550 et 1560. Ce fut en 1553 qu'il exécuta pour Henri II les deux admirables tableaux votifs de la Sainte-Chapelle actuellement conservés au musée du Louvre. Au dire des juges les plus savants, cette œuvre « réunit tous ses mérites et tous les progrès que lui doit l'émail-lerie. » Sur la fin de sa vie, Léonard Limousin perdit beaucoup de ses brillantes qualités. Ses dernières œuvres ne sont plus à la hauteur de son talent.

Un juge excellent, M. Léon de Laborde, a ainsi caractérisé la manière de Léonard Limousin, à l'apogée de son talent, vers 1550. « L'effet général est éclatant, clair, harmonieux ; il est égayé par des bleus de ciel vifs, par des bleus turquoise, chatoyant sur paillons (feuilles minces d'or placées sous l'émail). Un ton jaune serin employé dans les cheveux lui est particulier, et des carnations rosées, limpides, ajoutent à la surprise séduisante causée par ces émaux qui ont quelque chose du brillant d'un satin changeant. Nul n'a su comme lui se servir de rehauts d'or pour agrémenter ses médaillons ou ses ornements sur fond noir. »

Léonard Limousin s'efforça d'ouvrir des voies nouvelles à la peinture d'émail, en l'appliquant à la décoration des meubles de la vie privée, tels que coupes, aiguières, bassins, vaisselle de toute espèce. Ces applications industrielles eurent le résultat de répandre en Europe l'émaillerie de Limoges. Les grandes familles françaises, anglaises, allemandes, hollandaises, voulurent toutes orner les dressoirs de leurs châteaux et de leurs hôtels avec la vaisselle émaillée de Limoges. Mais l'extension de la peinture d'émail à la décoration des objets industriels entraîna, au bout de quelque temps, une certaine dégénérescence dans cet art qui se faisait industrie. Déjà dans certaines productions de Pierre Raymond, célèbre émailleur contemporain de Léonard, on peut constater les fâcheux écarts de goût et de style qu'amena, dans les ateliers de Limoges, la nécessité de produire vite et beaucoup pour répondre aux besoins de l'industrie.

Pierre Raymond excellait à peindre, sur le revers de ses plats et de ses bassins, des arabesques fantastiques et légères. Il savait à merveille faire courir en frises élégantes de gracieux rinceaux, des enroulements capricieux de feuillages et de fleurs, des animaux chimériques bizarrement profilés. Il rendait mieux que tout autre ces fantaisies si fort goûtées au temps de la Renaissance, et dans lesquelles l'esprit et l'imagination prennent souvent une part plus grande que le talent du peintre.

Dans les émaux de Jean Court, dit VIGIER, et des Courtois, on trouve un singulier mélange d'art et d'industrie, de peintures de premier ordre et d'émaux de pacotille.

La collection Rothschild possède entre autres un médaillon d'émaux colorés, signé J. Curtius (Jean Courtois), qui est une œuvre vraiment belle et bien digne d'un des meilleurs artistes de Limoges [1].

Peu à peu cependant le côté artistique s'amoindrit, et insensiblement l'école limousine arriva à la décadence. Jean Limousin, qui passe pour le fils de Léonard, et qui ouvre la liste des émailleurs du dix-septième siècle, n'est plus pour ainsi dire qu'un habile ouvrier. On peut en dire autant des Poncet, des Noualhier, des Landin, et de la plupart des émailleurs du dix-septième siècle.

Au commencement du dix-huitième siècle, la vieille réputation des ateliers de Limoges était perdue, oubliée. Les nouveaux procédés de peinture sur émail, découverts ou plutôt remis en usage par Toutin, firent complétement abandonner l'émaillerie limousine. Avec les couleurs opaques employées par Toutin, l'émailleur peignait sur fond d'émail, comme un miniaturiste peint sur vélin ou sur ivoire, sans qu'il fût besoin de recourir à l'enduit d'émail noir pour obtenir les ombres. Un siècle auparavant, Léonard Limousin avait découvert ce procédé, mais il l'avait abandonné après quelques essais, en voyant qu'il ne pouvait suffire aux exigences de la grande peinture d'émail. Une nouvelle école se forma ; mais les artistes qui se groupèrent autour de Jean Toutin furent des ornemanistes ou des MINIATURISTES plutôt que de véritables émailleurs. Si cette nouvelle école fut illustrée par le nom célèbre de Petitot, elle ne fournit pas une longue carrière. Vers le milieu du dernier siècle, la peinture sur émail était presque abandonnée.

Petitot fut un artiste d'un admirable talent, qui fit d'excellents portraits sur émail. Nous donnerons idée de son habileté en rappelant que quelques-uns des portraits peints par Petitot ne sont guère plus grands qu'une pièce d'argent de cinquante centimes. Et cependant la science du dessin et la précision de la touche sont telles, la physionomie du modèle est si bien conservée, que ni l'œil ni l'esprit ne sont blessés de cette extrême réduction. On oublie le tour de force pour ne chercher que le caractère intime du personnage et son tempérament. C'est la miniature élevée à la hauteur de la peinture d'histoire. Le Louvre en possède une série intéressante.

C'est la légèreté de la feuille de métal sur laquelle s'appliquent les émaux, la facilité de lui donner des formes élancées qu'il serait presque impossible d'obtenir avec d'autres substances, qui, avec l'éclat des émaux rappelant celui des pierres précieuses, rendent les ouvrages en émail extrêmement séduisants et font des émaux un accompagnement excellent de l'orfévrerie. C'est surtout au point de vue des formes qu'ils diffèrent des poteries émaillées qui ont fait la gloire de Lucca della Robbia et de Bernard de Palissy. Nous en donnerons pour échantillon une élégante buire faite à Sèvres sur les dessins de M. Diéterle (fig. 249).

---

[1]. Noms de quelques émailleurs principaux de Limoges, d'après M. de Laborde et l'abbé Texier:

Abbo, orfèvre, maître de saint Éloi, vivant aux sixième et septième siècles.

Saint Éloi — septième siècle.

Wilhelmus (frère Guillaume), vivant de 940 à 960.

Vitalis, orfèvre à Limoges — 1087.

Chatard — 1209.

Vital Pierre de Julien, Ayanba — 1389.

Penicaud — 1503.

Léonard Limousin — 1530 à 1575.

Pierre Courteys — 1545 à 1568.

Poncet — 1552 à 1625.

Jean Limousin — 1597 à 1625.

Martial Raymond — 1590 à 1608.

Bernard Limousin — seizième et dix-septième siècles.

Landin, Noualhier, etc., dix-septième siècle.

Toutin, Petitot, etc., dix-huitième siècle.

Les émaux cloisonnés sont restés une des gloires de l'industrie chinoise qui exécute ainsi des vases de grande dimension, d'une richesse incomparable.

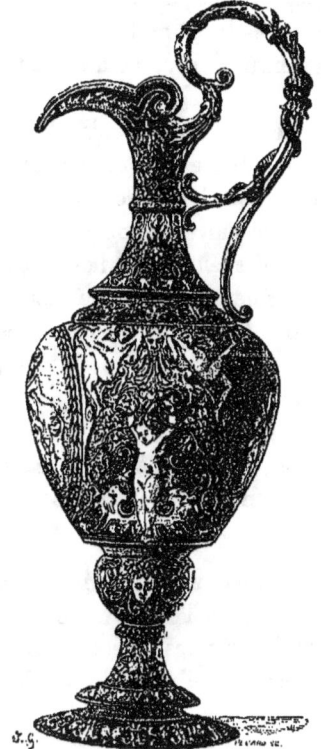

249. Buire de M. Diéterle.

L'emploi des émaux est la ressource la plus précieuse de la bijouterie, celle qui permet, par le mélange de couleurs aussi éclatantes que l'or qui les entoure, de produire une multitude d'effets charmants. C'est surtout pour former des feuilles avec des émaux verts que cette ressource est utilisée dans les produits les plus ordinaires.

Pour montrer leur talent et lutter avec les plus grandes difficultés, les artistes les plus distingués font quelquefois des « chefs-d'œuvre » représentant des personnages colorés par des émaux, des scènes exécutées en émail ; ils exigent beaucoup de travail et sont d'un prix élevé, mais aussi ils font la joie des amateurs. Nous doutons toutefois qu'on les appréciât autant, si la difficulté d'exécution, plutôt qu'une véritable beauté, n'en faisait pas le principal mérite.

Nielles. — L'art de nieller, dit Vitet, fort en usage durant le moyen âge, consiste à étendre, dans les tailles d'une gravure exécutée sur l'or et sur l'argent, une composition métallique, espèce d'émail noirâtre (un sulfure métallique), appelé en latin, à cause de sa couleur, « nigellum, » et en italien « niello ; » cet émail, qu'on fixait en le mettant en fusion, était ensuite poli avec le reste du métal. L'argent et l'or devenaient brillants dans toutes les parties que le burin n'avait pas entamées ; partout, au contraire, où il avait tracé le moindre sillon, la nielle en remplissait le creux, et par sa couleur noire faisait ressortir vivement le dessin de la gravure.

Inventée par les Égyptiens, dit le duc de Luynes, peut-être avant l'ère chrétienne, la nielle devint un art de prédilection dans l'Orient; elle paraît avoir été importée par les Byzantins en Russie, à l'époque où les Barbares qui habitaient ce pays se convertirent au christianisme, et il est probable que ce fut aussi de Byzance que les artistes occidentaux du moyen âge reçurent les premières leçons sur l'art de nieller l'argent.

L'usage des nielles, continué en Europe depuis le septième siècle jusqu'au douzième, fut ensuite négligé pendant un long espace de temps; il fut repris dans le quinzième siècle et presque complétement abandonné de nouveau. Ce procédé, que Wagner rapporta en 1825 de la Russie, a été souvent appliqué de nos jours à de menus objets de bijouterie courante, plutôt qu'à des œuvres d'un ordre très-élevé.

C'est la nielle qui a mené directement à l'impression en taille-douce; il n'y avait qu'à tirer des épreuves des gravures faites pour nieller, après en avoir rempli les tailles de noir, et presser sur un papier pour créer ce mode d'impression; or c'est ce qui a été fait souvent pour tirer épreuve de la nielle et en juger le travail. C'est une épreuve de nielle considérée comme une estampe, et dont on a retrouvé la gravure sur une pièce d'orfévrerie existant à Florence, qui a servi à établir exactement la date de la découverte de l'imprimerie en taille-douce, en 1452, par Tomaso Finiguera, orfévre de cette ville.

Passons maintenant aux colorations considérées en quelque sorte comme but, c'est-à-dire aux industries dans lesquelles les couleurs ne sont pas employées, comme dans les cas précédents, pour décorer des objets déterminés, mais dont les produits ne sont que des moyens de supporter et d'utiliser les colorations. Tels sont les papiers et les étoffes.

COLORATION DES PAPIERS ET ÉTOFFES

CHROMO-TYPOGRAPHIE. — CHROMO-LITHOGRAPHIE.

CHROMO-TYPOGRAPHIE. — Au lieu d'encre noire, on peut employer pour l'impression typographique des encres de couleur, préparées également avec de l'huile cuite, dans laquelle on incorpore des poudres colorées, du vermillon, de l'outremer, etc., au lieu de noir de fumée. En imprimant sur la même feuille, et faisant en sorte que les contours obtenus par plusieurs gravures diverses soient disposés de façon à se juxtaposer, ce que les pointures de la presse permettent d'obtenir avec une grande précision, on a tous les effets qui peuvent être obtenus à l'aide de teintes plates. Le plus souvent on se limite à des impressions en couleur de vignettes, de teintes de fond, pour rehausser l'impression des types en noir, mais on peut aussi obtenir des productions plus complètes, ainsi que le prouvent les nombreux atlas que l'on édite aujourd'hui et les journaux illustrés qui se publient chaque jour. Les procédés actuels de la chromo-typographie lui permettent de lutter avec la chromo-lithographie; elle donne des résultats d'une transparence que la lithographie ne peut atteindre.

CHROMO-LITHOGRAPHIE.

CHROMO-LITHOGRAPHIE. — La facilité avec laquelle on dessine sur diverses pierres les parties qui doivent donner des couleurs différentes (après avoir reporté les principaux contours de l'ensemble de la composition tracé sur une première pierre) a rendu l'emploi de la lithographie bien plus fréquent que celui de tous les autres procédés, pour obtenir des impressions en couleur. La rapide et peu coûteuse exécution des dessins sur pierre nécessaires pour obtenir un dessin colorié en 10, 20 couleurs différentes, a fait tenter en lithographie des œuvres remarquables, à des prix assez modérés pour les grands tirages, grâce à l'emploi de la presse mécanique lithographique, et a fait naître de nombreuses tentatives d'imitation des œuvres d'art. Nous avons fait apprécier au commencement de ce chapitre pourquoi de semblables tentatives ne pouvaient réussir complètement ; mais la chromo-lithographie permet d'approcher du but et a un rôle très important à remplir dans l'industrie en vulgarisant des œuvres où l'emploi des couleurs habitue l'œil à en sentir l'harmonie ; c'est un procédé à ressources bien moindres que celles de la peinture à l'huile, mais, entre les mains d'un artiste, il peut produire de très heureux effets.

Des imitations de décoration orientale, des reproductions de vitraux, etc., ont été multipliées par nos artistes. La reproduction des miniatures qui décoraient les anciens manuscrits est aussi l'une des plus précieuses applications de cet art. La multiplicité des planches et des teintes, et surtout l'emploi du pointillé, fournit des ressources presque égales à celles dont disposaient les peintres sur vélin et permet de reproduire leurs œuvres avec succès.

En Angleterre les travaux de chromo-lithographie ont suivi une direction autre qu'en France ; la popularité de l'aquarelle dans ce pays a fait le succès des imitations que l'on a pu en produire. L'aquarelle exécutée par les procédés de la chromo-lithographie y est très-goûtée. Nous ne devons pas négliger cette voie sous le prétexte, que j'ai entendu répéter, que les aquarelles n'étaient pas très-recherchées en France, et que les travaux qui se rapprochent de l'enluminure des manuscrits se vendaient seuls. C'est à nos artistes à faire comprendre un genre trop peu apprécié, et à faire l'éducation du public ; chaque jour voit naître de nouveaux progrès sous ce rapport.

En Allemagne, ce ne sont pas les aquarelles que l'on s'est proposé d'imiter, mais bien de véritables tableaux, et ce genre, secondé par le goût généralement répandu à Munich et à Berlin pour tout ce qui rappelle les œuvres d'art, a pris des développements très intéressants ; toutefois il exige une très grande quantité de planches, une dépense très considérable pour conduire à des résultats incomplets.

La chromo-lithographie produit à bas prix une foule de petits sujets fort élégants traités avec esprit et simplicité, qui peuvent procurer des jouissances artistiques aux classes peu fortunées, chez qui le goût des arts se développe chaque jour au grand profit de l'art industriel.

Nous préférons cette voie de l'utilisation intelligente du procédé spécial de la chromo-lithographie, de sa palette particulière, à sa rivalité avec la peinture à l'huile. C'est en imprimant directement sur une toile préparée à peu près comme pour la peinture à l'huile que s'obtiennent les paysages de Hartinger, de Vienne. Ces paysages, une fois vernis, rappellent passablement les modèles, et sont comme eux résistants à l'air, par suite assurés d'une grande durée ; les couleurs sont d'ailleurs préparées au vernis gras. Mais entreprendre ainsi de lutter avec l'art, c'est sortir de la sphère propre du procédé et ressembler un peu à la grenouille de la fable.

TAILLE-DOUCE. — Dans ces derniers temps on est parvenu à obtenir, à l'aide de l'impression en taille-douce, des impressions en couleurs légères, de petits tableaux très-agréables à l'œil, infiniment supérieurs à ce qui avait été tenté antérieurement. La gravure en creux qui permet de varier les épaisseurs des couleurs et qui a sous ce rapport une supériorité réelle sur les deux procédés ci-dessus, qui ne peuvent employer dans tous les cas qu'une même épaisseur de couleur, paraît tout à fait propre aux effets de modification des couleurs par épaisseur ou transparence des couleurs, par superposition des teintes ; elle permet aussi d'imiter le grain du papier, de la toile, dans des imitations curieuses de peinture à l'huile, par l'impression d'une surface grenue.

Le procédé dû à M. Desjardins, perfectionnement de tous les essais analogues tentés à l'aide de la taille-douce, repose sur une donnée logique et extrêmement remarquable. Il n'obtient pas ses impressions à l'aide d'un nombre infini de planches, ce qui ferait de la difficulté vaincue une œuvre de patience seulement ; il n'emploie en général que quatre planches pour déposer les couleurs primitives et former les couleurs composées par transparence qu'il applique dans l'ordre suivant :

1° Le jaune sur toutes les parties qui doivent rester jaunes, et celles composées de jaune et d'une autre couleur, les verts, les orangés ;

2° Le bleu qui donne les bleus, les verts par superposition sur le jaune, et cela dans des tons variables en raison de l'épaisseur du bleu ;

3° Le brun qui donne les ombres, les contours ;

4° Enfin, le rouge qui donne les rouges, les violets, et par lequel on finit, parce que cette couleur possède l'éclat qui donne une apparence artistique à une œuvre.

Ces couleurs sont en général suffisantes pour lutter avec la belle enluminure à la main, et on arrive avec six planches seulement (deux rouges et deux bruns par exemple), ou tout au plus avec sept ou huit, à des effets très-remarquables. Toutefois il faut bien dire que, pour atteindre ces résultats, l'intervention d'un graveur et d'un imprimeur habile, dont le travail ait quelque chose d'artistique, bien distinct de l'exécution mécanique, est indispensable. Les principes posés relativement à l'emploi des couleurs sont excellents et fort utilisés pour la chromo-lithographie qui, grâce au bon marché et à la facilité de la production des types et des moyens de tirage, envahit et agrandit chaque jour le domaine de la fabrication des dessins colorés.

IMPRESSION DES PAPIERS PEINTS

L'industrie du papier peint, qui nous vient de Chine, d'où nous recevons encore des produits peints à la main qui paraissent toujours curieux, se propose la décoration des habitations, et y parvient en se substituant, soit aux tentures d'étoffes qu'elle a souvent pour objet d'imiter, soit aux peintures. Rarement elle se propose des reproductions d'objets d'art, ou bien ce n'est que comme tour de force, dans le but de montrer l'étendue possible des ressources du procédé technique (toujours celui de la juxta-position des couleurs, comme en lithographie, mais ici les couleurs sont à l'eau, et par suite les contours sans finesse) plutôt que comme fabrication d'un produit commercial.

Quelques œuvres bien remarquables de ce genre ont paru aux Expositions; toutefois nous ne citerons que les paysages sur papier peint. Leur impression rapide sur papier humide, permettant d'adoucir les contours à l'aide de la brosse ronde, amène par un travail modéré à un effet excellent. Le paysage supporte mieux que tout autre genre la lutte avec les produits d'art, par les moyens à la portée de l'exécution industrielle; une petite variation de position d'une planche n'a pas la même gravité sur un détail de paysage que sur la figure humaine.

Les couleurs étant déposées sur le papier préparé, à l'aide de planches de bois gravées, on voit que, théoriquement, toutes les reproductions de dessins sont possibles. L'architecture notamment peut fournir beaucoup de motifs, la décoration des appartements ayant de sa nature quelque chose de monumental.

Tous les styles se traduisent dans les papiers peints et se matérialisent par l'exécution facile des planches propres à reproduire le dessin-modèle de l'artiste. La facilité du travail donne l'audace de tenter des effets souvent heureux, mais est aussi la cause de bien des produits de mauvais goût; il arrive que tous les genres sont confondus, surtout dans les pays étrangers qui ont essayé de lutter avec la France pour cette fabrication, et qui n'ont pas une école d'artistes-peintres aussi distinguée que la nôtre pour donner l'impulsion au goût [1].

Dans les derniers progrès de la fabrication, il faut citer les superpositions de couleurs qui font varier la dernière posée en raison de celle déposée la première. C'est le bon emploi de cette ressource qui a donné à nos papiers peints un aspect plus artistique dans ces dernières années. Elle est venue s'ajouter heureusement au procédé employé dès l'origine de cette industrie pour obtenir les dégradations de teintes, et qui consiste à superposer partiellement la même teinte un certain nombre de fois.

Nous avons parlé du contraste et de l'harmonie des couleurs qui fait le charme des papiers peints; nous voudrions en pouvoir donner quelques exemples, ce que les progrès de la chromo-lithographie rendent possible. On peut utilement consulter quelques belles publications de ce genre, comme on étudierait des collections de produits fabriqués; mais la première de toutes les études doit être celle des chefs-d'œuvre de la peinture.

Revenons à la nature des dessins qui se répètent le plus souvent dans ce genre d'industrie.

La fabrication des papiers peints ayant pour objet de mettre en manufacture l'ornementation des appartements, au lieu de la créer sur place, de l'appliquer par un simple collage, il va sans dire que la plupart des grandes décorations se font par une série de panneaux qui forment un ensemble.

---

1. La fabrication du Papier peint est fixée, à Paris, au faubourg Saint-Antoine, et y occupe une nombreuse population qui enfante avec une rapidité merveilleuse de nouveaux modèles; la production par procédés mécaniques, pour lesquels les moyens de fabrication sont longs à créer, est rapidement dépassée par des créations nouvelles; toutefois le bon marché donne chaque jour plus d'avantage aux procédés mécaniques, pour les produits de grande consommation. Il se fait en papiers peints bien des produits de faible valeur artistique parmi ceux que l'on crée à bas prix pour satisfaire tous les goûts, mais il se fait également des œuvres remarquables, qui dépassent en quelque sorte la sphère où doit se tenir l'industrie du papier peint. Nous citerons M. Delicourt et M. Desfossé, le successeur de l'ancienne maison Mader, comme chefs des principales maisons où se fabriquent ces produits hors ligne. La maison Zuber, de Mulhouse, a aussi su se maintenir au premier rang, mais sans pouvoir attaquer aussi facilement tous les genres à la mode que les fabricants du faubourg Saint-Antoine.

En fabrique, au point de vue des dessins et en laissant de côté les procédés de fabrication qui donnent les trois classes de papier, ordinaires, satinés et veloutés (les deux derniers produisant des effets d'éclat et de richesse tout particuliers, les veloutés notamment rappelant les velours), on distingue :

Les papiers à raies, écossais, coutils, dont la décoration résulte de combinaisons de lignes droites ;

Les papiers à ornements classiques, grandes lignes de cadres, panneaux à sujets, genre antique, retraçant les harmonies architecturales ;

Les papiers à arabesques, à enroulements de fantaisie, qui ne rappellent que vaguement des sujets déterminés, genre dont le papier représenté dans la figure ci-contre

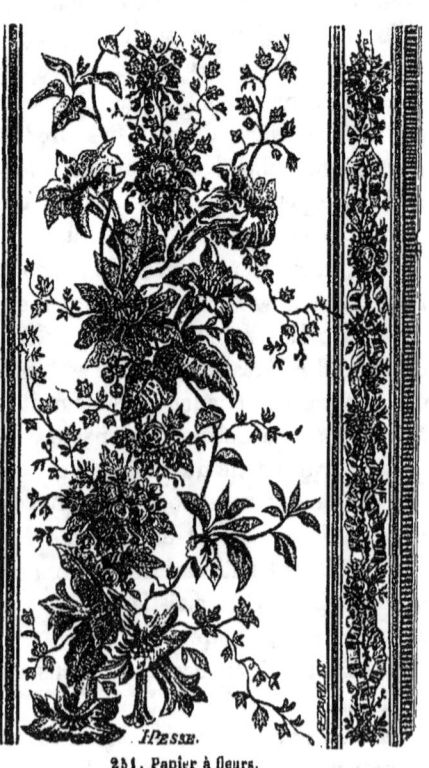

250. Papier à arabesques.   251. Papier à fleurs.

peut donner une idée : c'est, avec les papiers rayés, la fabrication la plus courante, celle qui s'obtient en général par des gris de plusieurs tons, sans arriver aux couleurs ;

Les papiers imitant les bois, les marbres, etc. ;

Les papiers à fleurs et bouquets, les uns tels que celui représenté dans la figure 251, employant le rose et le vert principalement, l'association de couleurs qui plaît le plus à l'œil ; les autres absolument semblables aux étoffes perses dont nous donnons plus loin un dessin et qui s'impriment avec les mêmes planches: ce genre est le plus brillant par l'harmonie des couleurs ;

Les papiers dorés satinés, qui réfléchissent la lumière ; les papiers gaufrés reproduisant les anciens cuirs de Cordoue ;

Les papiers genre régence, dont les ornements sont formés de lignes ondulées rappelant le style Louis XV.

Parmi les progrès les plus remarquables de ces dernières années, après la superposition des couleurs dont nous avons parlé plus haut et dans un autre ordre d'idées, nous devons citer les riches bordures ou galeries découpées qui sont d'un excellent effet.

IMPRESSION SUR ÉTOFFES

Le tissage, comme nous allons bientôt le dire, produit des étoffes dont la surface est ornée de dessins colorés variés à l'infini, du moins quand on emploie toutes les ressources qu'offrent les méthodes les plus perfectionnées. Ces dessins sont, par la nature de leur exécution, parfaitement distincts du fond et des dessins voisins, et se trouvent en saillie rendue bien sensible par la courbure du fil qui s'infléchit sur leurs contours, et qui vient en ces points s'insérer dans les fils de la chaîne.

Le défaut des étoffes obtenues par tissage est d'être d'un prix élevé, leur fabrication exigeant nécessairement un travail considérable. Il n'en est plus de même de celles ornées de dessins colorés par simple impression, c'est-à-dire par application de couleurs à l'aide de surfaces gravées, qui, si elles n'ont pas les qualités des étoffes tissées que nous venons de rappeler, peuvent posséder la même richesse de coloration, et causer quelquefois une illusion complète ; ces produits à bon marché, qui imitent si bien les produits chers, expliquent le développement à l'époque actuelle de la belle industrie de l'impression sur étoffes. Cette industrie est parvenue, dans quel-

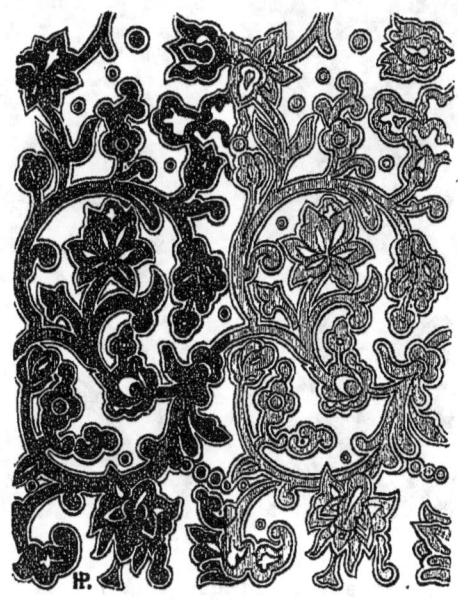

252.

ques cas, à obtenir des résultats que ne fournirait pas le tissage, notamment l'impression de fleurs très légères sur étoffes très fines, transparentes, de teintes dégradées. Il est certain, d'ailleurs, que l'effet de l'impression pour une même gravure est en raison de la finesse de l'étoffe, du nombre et de la force des fils contenus dans l'unité de surface. C'est ce que la figure 252 fera facilement comprendre ;

elle permet aussi d'apprécier la légèreté ainsi obtenue sur les étoffes à fils peu serrés, transparentes.

La peinture des étoffes paraît très-ancienne dans l'Inde; elle l'enseigna sans doute à l'Égypte, qui, sous les Ptolémées, posséda de grandes manufactures de toiles peintes et fournit Rome sous l'empire, comme on le voit dans Pline. Au siècle dernier, les indiennes provenant de l'Inde tenaient encore une grande place dans la consommation.

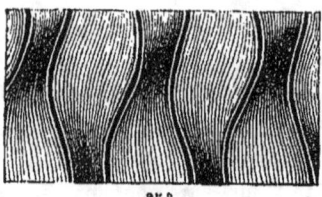

253.

Elles ont disparu entièrement aujourd'hui devant les admirables progrès mécaniques et chimiques accomplis dans cette belle industrie de l'impression sur étoffes que l'on doit considérer, dans son état actuel d'avancement, comme entièrement moderne [1].

Ainsi qu'il a été expliqué en traitant des procédés techniques, une petite gravure en relief, dite CACHET, forme en général le point de départ de toute impression; multipliée et disposée en rectangles, pentagones, elle forme la planche ou (et

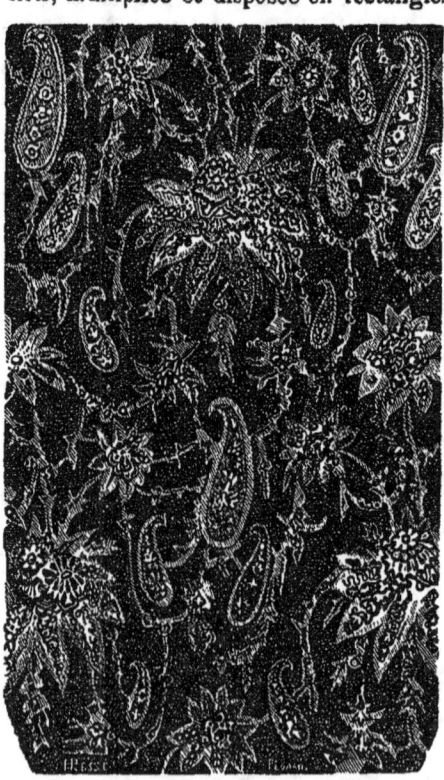

254.

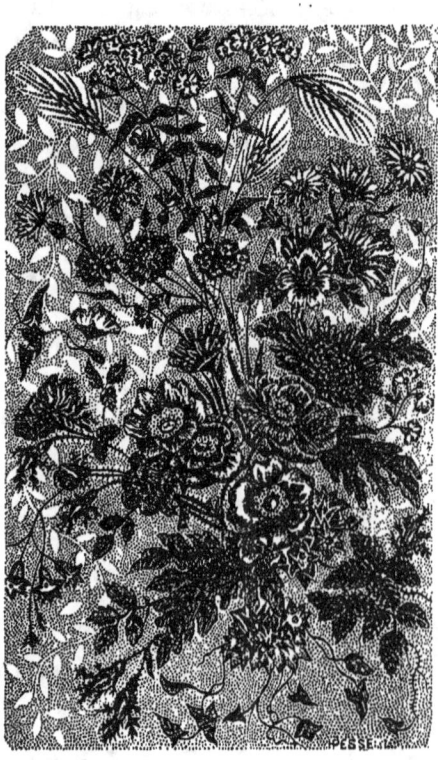

255.

alors elle est exécutée d'abord en relief sur une petite molette d'acier afin de produire et de répéter à l'infini un dessin en creux) le rouleau cylindrique en métal servant à

---

1. Ce sont les progrès modernes de la chimie qui ont surtout permis le développement des manufactures d'étoffes imprimées, en améliorant les procédés, en multipliant les couleurs et en lui fournissant les matériaux, les produits chimiques à bon marché. Mulhouse est le centre de la fabrication la plus avancée; Rouen, Glasgow, Manchester, les lieux de fabrication les plus considérables. Grâce aux machines, la puissance de production de ces centres est, pour ainsi dire, illimitée.

l'impression de chaque couleur. Nous ne reviendrons pas ici sur ce qui a été dit dans le travail si complet consacré dans le présent ouvrage à l'impression sur étoffes, auquel nous renverrons le lecteur curieux d'étudier une magnifique industrie. Quant à l'article ur la GRAVURE des rouleaux, véritable industrie d'art, née et développée par suite des progrès de l'impression, on ne saurait la séparer du présent travail. Nous rappellerons seulement, parmi les procédés de répétition qui sont employés dans ce travail, l'emploi du tour à guillocher, qui donne des résultats curieux, surtout pour fond en une première couleur, et dont la figure 253 peut donner une idée. Le pantographe à branches multiples, pour préparer les dessins pour la morsure à l'eau-forte, n'offre pas moins d'intérêt que la machine à graver à la molette, mais nous n'avons pas à en parler longuement ici, le lecteur ayant entre les mains l'article précité.

On parvient par impression à reproduire la plupart des effets obtenus par tissage; toutefois, ce genre de fabrication ne cherche pas en général à lutter contre les produits riches. Nous pouvons établir comme divisions principales dans les objets de cette fabrication:

1° Les petits dessins au rouleau, tant fleurs que pointillés de tout genre pour étoffes légères, peu chargés en couleur.

2° Les impressions communes réclamant de grandes masses de couleurs et exécutées fréquemment soit avec la perrotine, soit avec le métier à surface. La première gravure ci-contre (fig. 254) se rapporte à ce genre, qui imite souvent aujourd'hui les fleurs si brillantes du cachemire de l'Inde. Le fond est en général obtenu par teinture, les rentrures étant faites dans des places où la teinture n'arrive pas, l'étoffe étant protégée par des réserves.

3° Les perses, dessins à fleurs et feuillages, étoffes qu'on recouvre d'un apprêt extrêmement brillant; très-convenables pour tentures et meubles d'été. Nous en donnons un échantillon dans la figure 255.

4° Les fondus, obtenus soit par des gravures où les traits sont d'épaisseur décroissante, soit par procédé mécanique servant à étaler la couleur;

5° Enfin les imitations des brochés et des étoffes tissées en général, les écossais, les châles imprimés, etc.

La question d'art est ici la même que pour les papiers peints, sauf la différence d'emploi des produits destinés à l'habillement, et non à la tenture des appartements.

SECTION VII

—◦◦—

ÉLÉMENTS COLORÉS

————

Les procédés dont nous venons de parler dans la division précédente, et qui permettent de colorer les diverses matières par l'application de substances colorantes, par des moyens semblables à ceux de la peinture, ne sont pas les seuls employés dans l'industrie. Il est une série très-nombreuse de fabrications qui tirent leur charme de la réunion, soit d'éléments ornés de leurs couleurs naturelles, soit d'éléments préalablement teints complétement en couleurs diverses. On va voir combien de procédés industriels, résultant de la nature du travail à effectuer pour obtenir un produit utile, permettent, à l'aide des ressources dont nous parlons ici, d'obtenir des produits ayant une élégance qui leur donne quelquefois une véritable valeur artistique.

Avant tout, nous étudierons en elles même les combinaisons auxquelles peuvent donner naissance les réunions d'éléments colorés employés pour les décorations.

COMBINAISONS

Toutes les figures encadrées entre des séries de lignes parallèles équidistantes peuvent servir à couvrir une surface déterminée, avec un seul élément ou avec des éléments de forme semblable, mais diversement colorés ; ce qui peut fournir des décorations très-variées, comme nous allons le voir bientôt.

Les figures 1 et 2 représentent les tracés obtenus par des lignes parallèles équidistantes, ce qui donne soit une réunion de carrés (fig. 2), soit des triangles équilatéraux, qu'on peut supposer alternativement blancs et colorés, ou réunis deux à deux par une même face, ce qui donne des losanges (fig. 3).

Les figures formées par deux séries de lignes parallèles, équidistantes pour chaque série seulement, sont encore souvent employées dans l'industrie du parquet pour couvrir une surface avec un seul ou un petit nombre d'éléments. (Voir la figure 4, et plus loin PARQUET.)

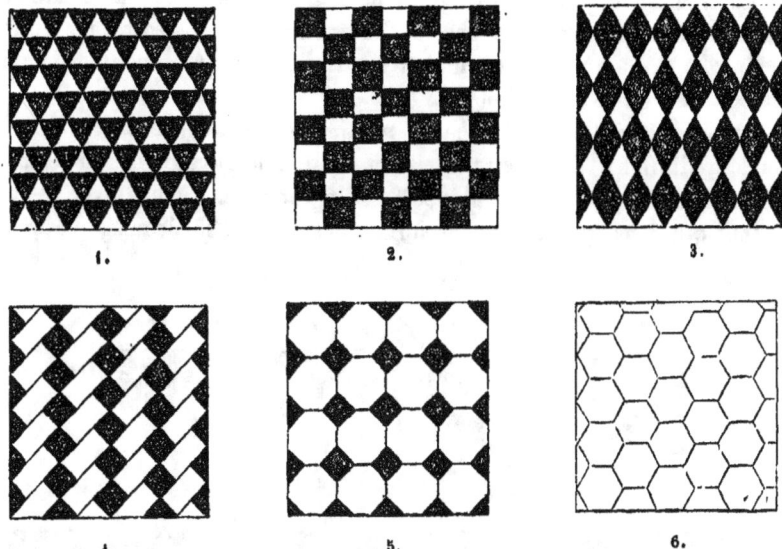

1.   2.   3.

4.   5.   6.

Si au lieu de deux séries de lignes parallèles on en emploie trois, on est en face du problème de couvrir une surface avec un seul élément; l'hexagone régulier en est une solution (fig. 6). On peut, avec deux pièces différentes, employer de même un octogone mêlé avec un carré de même longueur de côté (fig. 5).

Ce n'est que par des figures régulières ayant les formes dont nous venons de parler qu'on peut couvrir une surface avec un ou deux éléments seulement, ce qui est fort à considérer pour plusieurs industries, notamment celle du parquet. Il n'en est plus ainsi des autres figures simples, des pentagones, par exemple, entre lesquels subsisteraient des vides.

La forme rectiligne des côtés n'est évidemment pas indispensable; des triangles équilatéraux à courbes symétriques autour du contour rectiligne comme axe, des arcs de cercle, par exemple, peuvent permettre de couvrir une surface avec des pièces d'une seule forme et de couleurs différentes.

La condition de couvrir toute la surface sans vides, essentielle pour le parquetage, le carrelage, n'est plus à considérer lorsque les éléments employés s'appliquent sur un fond général; ils peuvent prendre alors des formes variables, les formes des incrustations étant déterminées par les vides que les premières laissent entre elles.

La coloration partielle d'éléments de même forme qui servent à couvrir une surface peut donner des combinaisons assez curieuses. Nous choisirons celle très-remarquable de carrés, ombrés, colorés dans une moitié divisée par une diagonale; les combinaisons peuvent être très-nombreuses, plusieurs même sont assez agréables. Elles ont fait l'objet d'un traité publié par le P. Dorat, en 1772, et leur étude montre bien tout le parti que l'on peut tirer d'éléments analogues couverts de dessins et de la combinaison des vignettes, qui constitue une des ressources importantes de la décoration industrielle, surtout pour obtenir des produits dont le prix de revient soit modéré.

On voit d'abord (fig. *a, b, c, d*) que, suivant la situation qu'il peut prendre, un seul carreau forme quatre dessins différents.

De la combinaison de ces quatre figures deux à deux, il résultera soixante-quatre arrangements différents; car, sur chacun des quatre côtés des carreaux représentés dans les fig. *a, b, c, d*, on peut placer un autre carreau dans quatre positions; on a donc en tout 4 × 4 × 4 ou 64 arrangements.

Mais la moitié de ces 64 répète l'autre moitié dans le même sens, ce qui les réduit à 32 ; on les réduirait à 10 si l'on n'avait pas égard à la situation des carreaux.

On pourrait semblablement combiner 3, 4, 5 carreaux les uns avec les autres; on trouverait que 3 carreaux peuvent former entre eux 128 dessins, que quatre en forment 156, etc.

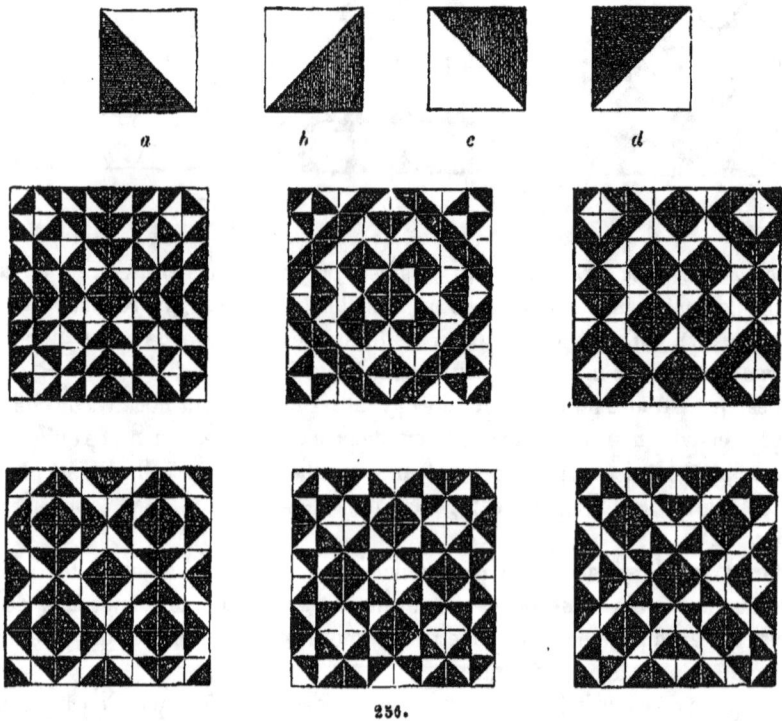

a   *b*   *c*   *d*

256.

Nous donnons ici quelques-unes des figures les plus remarquables qui naissent des combinaisons possibles d'un seul élément. Dès qu'ils sont un peu nombreux, la grande multiplicité des combinaisons possibles fait bien comprendre comment on peut songer à exécuter une foule de dessins géométriques par la réunion d'un nombre assez restreint d'éléments colorés semblables.

SURFACES PLATES FORMÉES D'ÉLÉMENTS JUXTAPOSÉS

CARRELAGE. — Le carrelage formé d'éléments nécessairement égaux dans la pratique commune (en général on n'en emploie qu'un seul, l'hexagone) utilise pour la décoration les diverses combinaisons dont nous avons parlé plus haut. Les formes en sont donc peu nombreuses; ce qui varie à l'infini, bien que l'emploi en soit rare, c'est la décoration, la nature des dessins appliqués sur les carreaux peints ou autres substances employées, de telle sorte que toute la surface soit couverte de dessins répétés dont les contours deviennent plus apparents que les lignes géométriques formées par les joints. Il en est ainsi des carreaux colorés employés dans les monuments romans, dont nous avons donné plus haut un échantillon, et aussi dans l'architecture arabe; on sait qu'ils constituent l'élément essentiel des décorations de l'Alhambra et qu'ils se retrouvent dans tous les monuments arabes.

Minton, en Angleterre, en créant la fabrication des carreaux incrustés en céramique, a obtenu les plus précieux résultats pour dallage des monuments, d'églises, décorations de murailles, jardinières, etc. Rien de plus gracieux et de plus frais que ces brillantes et élégantes décorations. Elles rappellent, avec bien moins de frais, les mosaïques.

PARQUET. — Le parquet est composé en général de pièces plus longues que larges, et forme par suite, le plus souvent, deux séries de lignes parallèles, comme dans les figures 1 et 2. Dans la pratique ordinaire on se borne aux systèmes dont nous venons

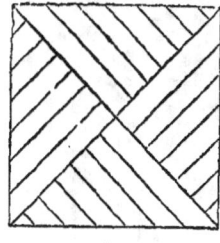 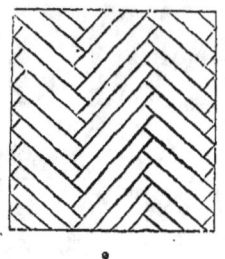 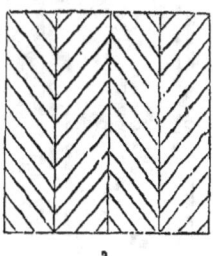

| 1 | 2 | 3 |

de parler ; quelquefois on emploie quelques décompositions de carrés qui constituent un élément nouveau formé à l'aide de pièces diverses telles que celles de la figure 3 ou celles dont nous avons parlé en traitant des combinaisons. Ce n'est que pour des parquets très-riches qu'on y ajoute les ressources de quelques dispositions simples de filets, par exemple de grecques pour bordures, obtenues en bois de diverses couleurs.

Le procédé artistique par excellence, au point de vue architectural, c'est la mosaïque, qui n'est plus limitée par la forme des éléments, celle-ci variant au contraire en raison du dessin à exécuter. Elle peut être exécutée en bois pour quelques cas d'ornementation de meubles; ce fut l'imitation de la mosaïque qui, à la Renaissance, fit naître la marqueterie en bois, qui jeta tant d'éclat à Florence et à Venise.

L'incrustation en cuivre, si fréquemment employée en ébénisterie de nos jours à l'imitation des beaux produits de l'époque de Louis XIV, et qui donne de si beaux résultats, rentre tout à fait dans le cas qui nous occupe. Nous aurions à étudier les styles des dessins formés par ce travail, s'ils ne rentraient pas naturellement dans le cas considéré ci-dessus des vignettes et compositions variant par styles ; ce n'est qu'un mode particulier d'obtenir des dessins avec des filets de métal, d'ivoire, etc.

MOSAIQUE

La mosaïque antique s'obtenait par la juxtaposition de petits cubes de pierres naturelles ou de compositions de diverses couleurs, fixées dans un ciment et polies pour en faire valoir les nuances et les teintes. Les Romains en faisaient un emploi très-considérable ; c'était une décoration qui s'alliait parfaitement avec leur architecture et que faisait rechercher la chaleur de leur climat. Son éclat incomparable la faisait multiplier. Elle constituait chez eux un mode usuel de représentation des objets à l'aide d'éléments colorés. La figure 257 d'une mosaïque pompéienne (marbre blanc et noir) représente bien cette belle décoration.

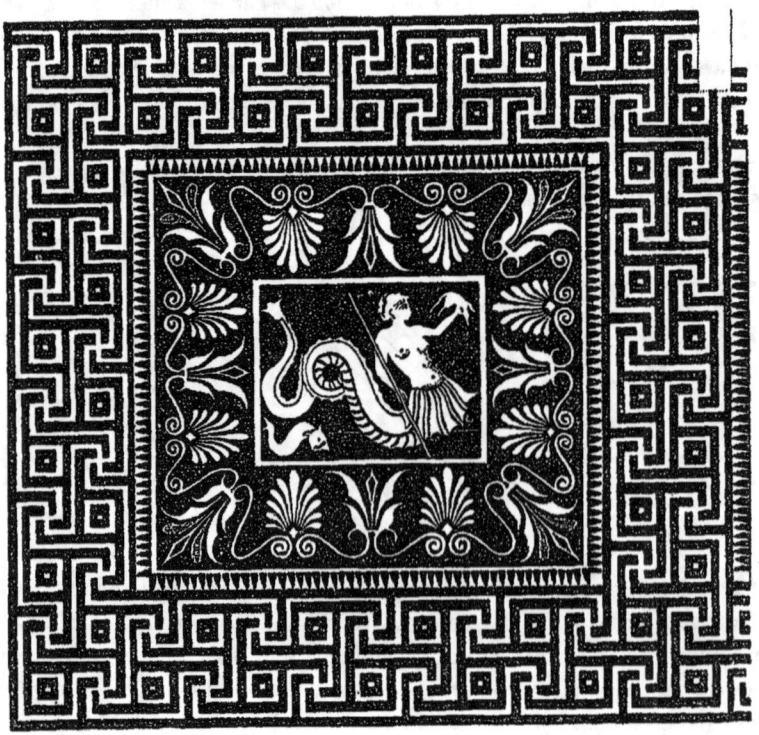

257.

La mosaïque fut acceptée par l'Église, au moyen âge, comme moyen de décoration par excellence. Non-seulement on l'employa pour les carrelages, les dallages, et, dans ce cas simple, on employa surtout des combinaisons de formes géométriques qui acquéraient souvent une grande élégance, comme dans le pavé de la cathédrale de Palerme que nous reproduisons (fig. 258), mais encore pour la représentation de sujets de sainteté. Les travaux des mosaïstes byzantins eurent une grande influence sur la peinture à l'époque de la Renaissance, et l'on ne saurait faire un plus grand éloge de la perfection des résultats obtenus que de dire que des artistes éminents acceptaient comme de véritables peintures ces compositions obtenues par la juxtaposition de petits

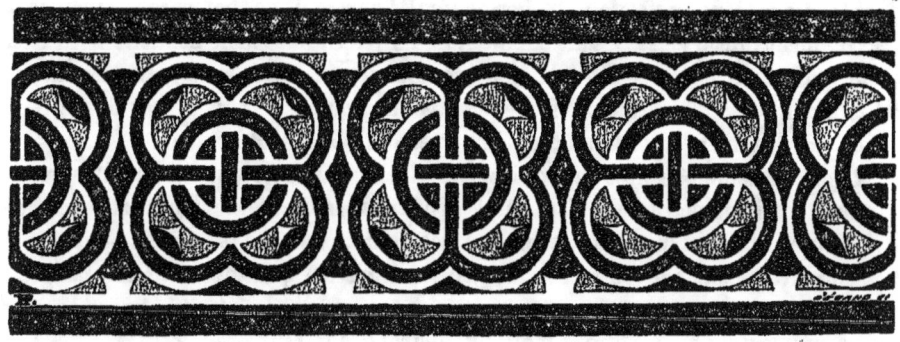

285.

éléments colorés, de teintes plates de petites dimensions. Ghirlandajo proclamait la mosaïque la véritable peinture pour l'éternité.

C'est Rome qui est aujourd'hui la patrie des plus beaux travaux en ce genre ; non-seulement on y prépare de très-belles collections de petites baguettes d'émaux colorés qui fournissent les éléments de la mosaïque, et ont beaucoup accru la richesse de la palette de l'artiste, mais on y accomplit des travaux qui exigent un travail et une habileté incroyables. On a pu voir à l'Exposition de 1855 un admirable travail de M. Galland, représentant le Forum romain, dont les dimensions atteignent 1^m,50 sur 75 centimètres.

La Russie a fait admirer de splendides mosaïques religieuses, des images de saints recouverts d'habits sacerdotaux, sur fond d'or le plus souvent, qui constituent les plus splendides peintures murales qu'il soit possible d'imaginer. Son saint Nicolas était admirable pour parer le fond d'une basilique.

Les mosaïques florentines des quinzième et seizième siècles se composent de plaques ou panneaux de marbre blanc, noir, vert, etc., ou de pierres dures de diverses couleurs découpées suivant les dessins qu'on veut produire.

Enfin, nous devons citer la mosaïque de bijouterie, qui est composée avec des pierres précieuses et des pierres dures, les agates, le malachite, le lapis-lazuli, l'aventurine, etc. Ce genre particulier de mosaïque a été longtemps exploité avec succès à Rome et à Florence, d'où l'on nous apportait tous ces charmants sujets d'épingles, de plaques, de colliers, de broches, de boîtes, de tabatières, etc. Elle est aujourd'hui très-bien réussie en France.

VITRAUX PEINTS

Les verres colorés paraissent avoir été employés dès le quatrième siècle dans les basiliques chrétiennes, surtout dans l'empire d'Orient; mais alors seulement à l'état de coloration d'une seule teinte, formant de simples mosaïques dont les éléments étaient réunis par des plombs. L'emploi de quelques hachures en émail noir, pour indiquer des contours et des ombres, donna lieu, vers le dixième siècle, à un progrès qui conduisit aux riches vitraux qui décorent les beaux édifices religieux que nos ancêtres nous ont laissés.

C'est vers la fin du douzième siècle que la peinture sur verre atteignit peut-être son plus haut degré de perfection. L'effet général, l'harmonie des couleurs lumineuses qui leur donnent tant d'éclat, y sont admirables. Le vitrail était alors combiné par l'architecte, qui savait mettre cette éclatante décoration en rapport avec le monument, qui déterminait les lignes principales des plombs qui réunissaient les pièces de verre, et traçait les dessins géométriques du genre byzantin qui les entouraient.

Au quatorzième et surtout au quinzième siècle, l'architecte n'est plus l'auteur des vitraux; la roideur des figures disparaît, le genre des ornements change; l'artiste cherche des ombres, une perspective inconnue à ses prédécesseurs, opère par application de couleurs diverses sur le verre coloré; mais, malgré ses qualités de détail, malgré le mérite du travail, son œuvre est presque toujours sans effet à distance, et perd le caractère monumental qui doit être le mérite principal des vitraux colorés.

Le moyen principal de la fabrication plus perfectionnée dans ses procédés était l'emploi du verre double, c'est-à-dire coloré seulement d'un côté et sur une épaisseur minime. L'enlevage de la petite couche de verre coloré, combiné avec l'application des couleurs d'émail, permit de faire des pièces merveilleuses quant à la beauté des détails, mais qui n'avaient plus l'harmonie, l'éclat des anciens vitraux.

On doit donc distinguer trois époques:

1° La première (âge byzantin) commence vers 1150 et finit vers le commencement du quatorzième siècle. Les fonds byzantins à petits ornements y tiennent une grande place.

2° La deuxième (âge ogival de l'art) s'étend depuis le commencement du quatorzième jusqu'au seizième siècle.

3° La troisième (âge de transition) comprend le seizième siècle, la Renaissance.

Dans les vitraux du treizième siècle, les champs des mosaïques sont formés de petits morceaux de verre teints dans la pâte et assemblés par des plombs multipliés. C'est une imitation des mosaïques orientales de cette époque. Ces ornements sont caractéristiques de ces premiers et magnifiques produits de la peinture sur verre. Les vitraux du quatorzième siècle se reconnaissent par l'emploi du jaune, obtenu avec l'argent.

MM. Bœswilwad et Bontemps ont résumé ainsi qu'il suit les conditions spéciales à l'art de la peinture sur verre. Ces conditions tiennent à la nature du verre, dont la qualité essentielle est la translucidité. Un vitrail ne doit pas être confondu avec un tableau sur toile. Dans ce dernier, l'artiste laisse généralement dans l'ombre une partie de sa toile pour porter la lumière sur le sujet principal; il y a nécessairement dans un tableau sur toile de grandes parties, telles que des ciels, des figures, dans lesquelles la traversée d'épaisses lignes noires ferait un bien mauvais effet. Le seul moyen de faire un tableau sur verre serait de le peindre sur une grande glace. C'est ce qu'avait fait M. Dihl, au commencement de ce siècle; mais on ne pouvait obtenir ainsi, que difficilement et d'une manière coûteuse, un très-mauvais vitrail. On dut revenir à la peinture sur verre dont nos pères nous ont laissé de si précieux modèles, et refaire des vitraux comme aux treizième et quatorzième siècles, ou comme aux quinzième et seizième siècles.

On crut d'abord que pour les vitraux des premiers siècles il ne s'agissait que de faire des figures ou des médaillons grossièrement dessinés, mais entourés de bordures éclatantes, et que, pour imiter les Jean Cousin, les Pinaigrier, il ne s'agissait que d'avoir des cartons dessinés par des Ingres, des Paul Delaroche : on se trompa étrangement dans l'un et l'autre cas. La peinture sur verre, sorte de mosaïque ou plutôt d'émail cloisonné, est un art décoratif assujetti à des règles spéciales résultant de la position qu'occupent les vitraux, des qualités essentielles du verre et de la nécessité du raccordement des fragments. Il faut sans doute amortir partiellement la transparence du verre, mais toutefois sans l'obscurcir. Il ne faudrait pas, en effet, qu'on pût voir les objets au travers du vitrail ; mais la lumière doit être, pour ainsi dire, tamisée sur toute sa surface, et atténuée seulement par des ombres relatives. On ne doit employer que des fragments de verre de petite dimension, car autrement le vitrail est trop fragile ; il faut d'ailleurs

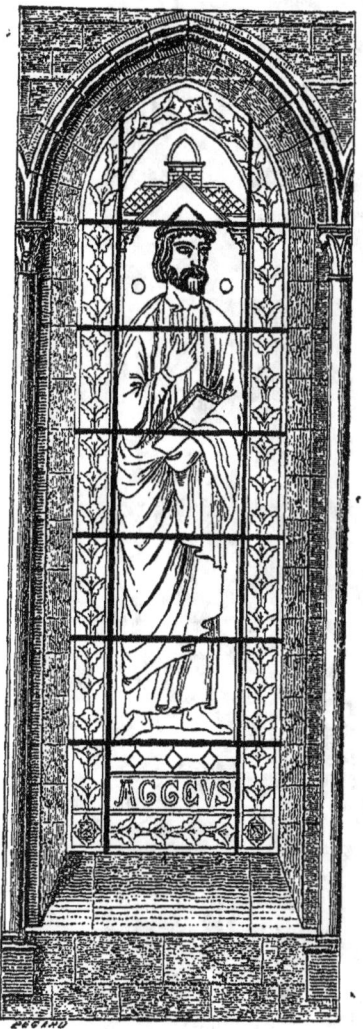

couper les couleurs de manière à ne pas avoir un trop grand espace occupé par une seule nuance, parce que, à une certaine distance, cette couleur ferait un placard, et il ne faut pas perdre de vue que le but principal à atteindre consiste dans une harmonie d'ensemble qui doit plaire à l'œil avant même qu'on ait étudié le détail de l'œuvre.

Enfin un vitrail, tout en représentant un sujet ou simplement un personnage, est destiné à éclairer un édifice ; il doit être conçu et étudié de manière à atteindre ce but auquel vous ne pouvez parvenir si vous vous renfermez dans les conditions d'un tableau, car alors vous devez éteindre tellement la transparence de vos verres, que vous ne pourrez plus placer ce vitrail que dans une espèce de chambre obscure, n'ayant d'autre destination que de faire voir et valoir ce vitrail, et l'éclairage par de tels vitraux serait tout à fait insuffisant. Posez d'ailleurs de tels vitraux à une grande distance, et ils perdront la plus grande partie de leurs qualités.

La figure 259 représente un vitrail dont M. Bontemps décrit, dans son excellent GUIDE DU VERRIER, tous les détails d'exécution ; notamment la mise en plomb, la manière dont les verres des diverses couleurs sont réunis entre eux, puis le tout relié aux barres de fer horizontales et verticales qui lui donnent une solidité suffisante.

Les vitraux de couleur des anciens styles ont été imités avec assez de succès dans ces dernières années. Les procédés techniques ont été facilement retrouvés ; on a appris à monter en plomb les formes irrégulières dont l'ensemble forme la surface à décorer, et on a pu réparer heureusement

259.

les produits d'un art né aux douzième et treizième siècles pour la décoration des églises et dont les œuvres ont conservé les tendances naïves, la forme symbolique de l'architec-

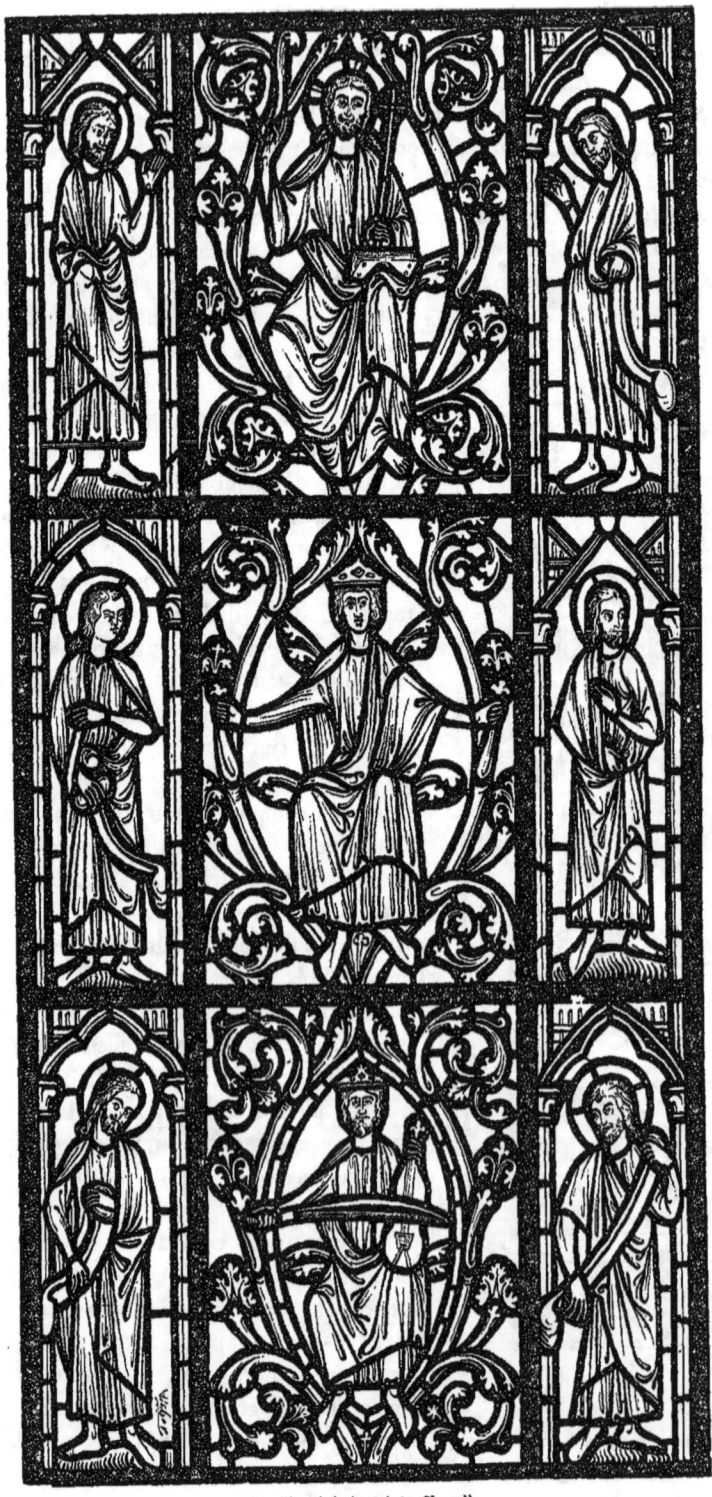

260. Vitrail de la Sainte-Chapelle.

ture du moyen âge. Toutefois les effets des vitraux modernes ont longtemps été inférieurs à ceux des anciens; des teintes bien dégradées, une trop grande propension à imiter la peinture à l'huile, n'ont donné que des résultats très-peu satisfaisants. Un singulier obstacle fut quelque temps le manque d'imperfection du verre moderne, qu'on n'avait pas sû remplacer par un travail convenable. « Tous les vitraux exposés, disait en 1844 M. Lassus, l'architecte de Notre-Dame, pèchent par un défaut commun. La coloration de tous ces vitraux manque de puissance et d'éclat; ils sont incapables d'opposer la moindre résistance à l'action des rayons lumineux, qui les traversent d'outre en outre sans éprouver le moindre obstacle... Dans les anciens vitraux, au contraire, la lumière ne peut pas traverser directement les surfaces courbes, inégales des verres; elle est forcée de se briser, de se réfracter... De là cet effet chatoyant des vitraux, cet éclat et ce scintillement si remarquables des couleurs. »

Par une étude plus approfondie des conditions à remplir, les artistes sont arrivés à satisfaire aux conditions que M. Lassus signalait dans le passage précédent, et cela en faisant des stries sur les carreaux qui, remplaçant les irrégulières imperfections du verre, permettent de produire à volonté les jeux de lumière.

On peut poser comme principe fondamental qu'il faut, dans les verrières, dont tous les éléments doivent concourir à rappeler un style déterminé, choisir des tons éclatants, tracer des contours fermes, bien nettement encadrés par les plombs; toujours se rappeler qu'à distance les détails disparaissent, deviennent aisément confus. Les têtes des personnages doivent toujours être lumineuses pour être distinguées de loin. Il y a pour l'artiste une étude toute particulière à faire, celle de l'emploi de couleurs qui doivent être vues par transparence, tandis que dans tous les autres cas on ne les voit que par réflexion.

Les couleurs ternes ne sont pas admissibles; on doit employer, en fait de couleurs, l'azur, le vert, le rouge, le jaune et le violet poussés à la puissance du saphir, de l'émeraude, du rubis, de la topaze. Un vitrail ne doit jamais perdre entièrement son caractère primitif, celui d'une mosaïque transparente et doit être avant tout monumental.

Nous donnons ici comme spécimen un vitrail célèbre de la Sainte-Chapelle de Paris, représentant Jésus et les apôtres, où respire bien la foi des artistes du moyen âge; il a quelque chose de l'inspiration qui faisait élever l'élégant monument resté un des plus beaux types de l'art gothique.

TISSUS

La grande industrie qui a pour objet la fabrication des tissus de tout genre, la plus considérable de toutes les industries manufacturières, doit aussi être appréciée au point de vue de l'art. Sans doute une grande partie de l'immense production qu'elle comprend ne se rapporte qu'à des tissus simples qui ne valent que par leur utilité, comme les toiles, les calicots, les draps communs, etc.; mais l'art apparaît brillamment dans une partie importante qui comprend les étoffes brochées, les broderies, les dentelles, les impressions en tout genre, les châles, etc. C'est par le goût, l'élégance du dessin, l'harmonie des couleurs, que valent surtout ces produits, et chacun sait quelles ressources nos fabricants trouvent dans l'ardeur et l'imagination de nos nombreux dessinateurs, de Paris principalement, toujours empressés à multiplier et à varier leurs créations. Ils entrent pour une bonne part dans la constitution de cette royauté que l'on appelle la mode qui fait rechercher à Paris, tous les ans, la disposition nouvelle des toilettes des dames, qui s'exécute ensuite dans le monde entier.

Au point de vue industriel, cet élément est d'une importance majeure, et il est bien difficile à des fabricants placés en dehors du centre parisien de créer des nouveautés que la mode doive presque sûrement adopter; c'est le plus souvent en venant chercher des modèles chez nos dessinateurs de Paris qu'ils y parviennent. Il importe donc beaucoup à nos industries que le goût ne faiblisse pas chez les dessinateurs parisiens, qui concourent pour une si grande part à ce qui fait l'élégance des toilettes ; et il faut espérer que leurs travaux continueront à être appréciés, car la capitale de la France est, un centre puissant de mouvement intellectuel et d'activité artistique.

Au point de vue des combinaisons, les éléments étant assemblés rectangulairement par suite de la nature même des procédés de tissage, il semble d'abord qu'il ne s'agit que d'un cas simple, que la finesse et le rapprochement variable des fils fournissent à peine quelques ressources pour obtenir des effets peu variés. Mais l'emploi convenable des entrelacements d'un nombre variable à l'infini de fils, ayant des aspects différents, de toutes les couleurs possibles, apparaissant sur la surface en des points variables à volonté, comme si le fil coloré était dirigé suivant toutes les directions possibles, fournit des moyens d'ornementation infinis, bien autrement nombreux que ceux qui semblent, à première vue, pouvoir résulter d'entrelacements à angle droit.

Ce qui est tout particulier à la fabrication de tissus ornementés du fait du tissage, au point de vue artistique, c'est l'éclat de certaines étoffes, le brillant qui résulte du recourbement des fils vers les contours du dessin, effet qui ne saurait être obtenu par l'impression sur un tissu. Il en est de même de la résistance, de la roideur des étoffes, qu résulte de la nature des fils et des modes de tissage, et qui leur donne la propriété de draper, de former des plis soutenus ; cette propriété, qui fait valoir la richesse, l'élégance de la toilette, est utilisée pour donner aux vêtements les formes qui leur conviennent.

Il est juste, de rapporter aux dames la part importante qui leur revient dans l'application des arts à l'industrie dont nous traitons. Les dessinateurs ne doivent pas oublier, qu'à leur insu, les femmes seules forment leur goût; elles constituent le public de ces artistes, leur critique et leur conseil; ils n'ont d'autre souci que de pressentir leur fantaisie.

EFFETS OPTIQUES DES ÉTOFFES.

Le savant M. Chevreul s'est proposé d'analyser les causes de l'éclat de certaines étoffes de soie, et avec sa perspicacité habituelle il y est parfaitement parvenu. Remarquant que les étoffes sont formées à leur surface de petits fils cylindriques, soit trèscourts dans un tissu semblable à la toile, où le fil de la trame recouvrant un seul fil de la chaîne vient passer ensuite sous les deux fils contigus de celle-ci, soit assez longs et recouvrant plusieurs fils contigus de la chaîne, comme dans l'étoffe connue sous le nom de satin, la plus brillante de toutes, il en a conclu que, dans ce second cas, la lumière se réfléchit comme sur une série de petits cylindres parallèles et polis, et dans le premier sur des cylindres sur lesquels on aurait produit un grand nombre de rayures, de cannelures transversales répétées, correspondant aux courbures répétées du fil. Or les résultats des expériences fondamentales qu'il a faites avec de semblables cylindres métalliques prouvent que, dans les mêmes positions, les effets d'éclats sont complétement inverses dans les deux cas [1]. Ainsi les cylindres étant placés parallèlement à la direction de la lumière, le spectateur placé près des cylindres et faisant face à la lumière voit bien moins de lumière réfléchie avec les cylindres cannelés qu'avec les cylindres unis. Cela explique le brillant du satin et les effets optiques d'une foule d'étoffes.

DESSINS PRODUITS SUR LES ÉTOFFES PAR LE TISSAGE

Entrons maintenant dans l'étude de ce qui est du domaine de l'art dans la fabrication des étoffes, des modes d'ornementation des éléments du vêtement, des tentures, etc.

La décoration des étoffes, résultat des dessins produits à leur surface, s'obtient par deux procédés différents : l'un consiste dans l'impression dont nous avons déjà parlé ; l'autre dans le tissage de fils, en général colorés avant l'opération du tissage (l'impression sur chaîne est une espèce de réunion des deux procédés pour fabriquer à bon marché). Le dessin mieux délimité dans ce second cas par la courbure du fil qui le produit en s'enfonçant à travers l'étoffe, fournit des effets de lumière qui le détachent nettement du fond du tissu. C'est par des procédés de ce genre qu'on fabrique les étoffes très riches.

---

1. Nous rapporterons ici les résultats des expériences de M. Chevreul, parce qu'ils peuvent servir fréquemment dans la pratique pour analyser des phénomènes très-délicats.

Première position des cylindres unis. — Ils reposent sur un plan horizontal, et leur axe est compris dans le plan de la lumière incidente.

1re *circonstance.* Le spectateur, placé en face du jour, voit les cylindres très-éclairés, parce qu'il reçoit beaucoup de lumière réfléchie régulièrement.

2e *circonstance.* Le spectateur, tournant le dos au jour, voit les cylindres obscurs, parce qu'il ne lui arrive que peu de lumière encore réfléchie irrégulièrement.

Deuxième position des cylindres unis. — Leur axe est perpendiculaire au plan de la lumière incidente.

3e *circonstance.* Le spectateur, placé en face du jour, voit les cylindres moins éclairés que dans la première circonstance, parce qu'il n'y a que la lumière réfléchie par une zone étroite de la partie la plus élevée de chaque cylindre qui lui parvienne.

4e *circonstance.* Le spectateur, tournant le dos au jour, voit les cylindres extrêmement éclairés, parce que chacun d'eux lui apparaît avec une large zone réfléchissant spéculairement la lumière.

Passons à la réflexion de la lumière par des cylindres à cannelures transversales.

Première position des cylindres cannelés. — Ils reposent sur un plan horizontal, et leur axe est compris dans le plan de la lumière incidente.

1re *circonstance.* Le spectateur, placé en face du jour, voit moins de lumière réfléchie qu'avec les cylindres unis, puisqu'il y a eu, par l'effet des cannelures, diminution de l'étendue de la surface qui, dans les cylindres unis, lui envoyait de la lumière spéculaire.

2e *circonstance.* Pour le spectateur tournant le dos au jour, la réflexion de la lumière est très-forte, parce que ses yeux sont en rapport avec la face de chaque cannelure sur laquelle tombe la lumière. Ce résultat est inverse de celui des cylindres unis.

Deuxième position des cylindres cannelés. — Leur plan est perpendiculaire au plan de la lumière incidente.

3e *circonstance.* Le spectateur, placé en face du jour, voit les cylindres plus brillants que dans la première circonstance ; le résultat est donc encore inverse de celui des cylindres unis.

4e *circonstance.* Le spectateur, tournant le dos au jour, voit les cylindres moins brillants que dans la deuxième circonstance, et bien moins brillants encore que ne le seraient des cylindres unis.

ÉTOFFES D'ASPECT DIFFÉRENT EN RAISON DES ARMURES.

1° FILS D'UNE SEULE COULEUR. — Nous avons rapporté les observations dues à M. Chevreul, qui permettent de préciser nettement les effets bien connus de l'éclat des fils des étoffes, en raison du mode d'entrelacement de ces fils. C'est sur ces propriétés que reposent toutes les fabrications d'étoffes en fils d'une même couleur pour en varier l'apparence, aussi bien que leur souplesse et leurs autres propriétés physiques.

On a donné, à l'article TISSAGE, la description des divers modes d'entrelacement, des armures, dites armure toile, croisée, satin, etc. L'armure toile est celle qui produit toujours le passage alternatif de chaque fil de la trame dessus et dessous chaque fil de la chaîne. L'armure serge ou croisée fait apparaître des sortes de rayures suivant la diagonale des rectangles formés par les fils. L'armure satin est celle qui permet de faire passer le fil de la trame sur plusieurs fils de la chaîne; c'est le moyen de réaliser l'effet brillant obtenu par des cylindres parallèles. Dans les étoffes de lin et de chanvre, la disposition décorative la plus fréquemment employée, obtenue par un mélange d'armure satin et d'armure croisée, est celle du linge dit damassé, dont la surface est formée de carreaux de dimension un peu grande, dans lesquels le grain et l'éclat du tissu varient.

On comprend combien de semblables combinaisons peuvent varier l'apparence des étoffes sur lesquelles elles font apparaître des lignes à angle droit, des lignes obliques, des côtes cannelées, des surfaces veloutées, etc.

L'industrie du tissage dispose encore de bien d'autres ressources. Non-seulement les modes d'entrelacement des fils font varier l'aspect des étoffes, leur manière de draper, de faire des plis plus ou moins riches; mais encore le mélange des diverses natures de fils permet d'obtenir des étoffes d'un aspect particulier et jouissant de toutes les propriétés désirables, comme éclat, élasticité, etc. La laine peignée sert à faire des mérinos, des damas de laine, etc.; la soie, des taffetas, des satins; le mélange de fils de ces deux substances sert à obtenir des orléans, des damas, etc. C'est dans ces mélanges de substances, comme dans les modes variés de les employer, que réside la science des fabricants si habiles qui s'appliquent à la grande industrie du tissage, dont les produits s'élèvent parfois à un degré inouï de délicatesse, dont il est difficile de donner une idée.

Au premier rang des plus belles étoffes, nous devons citer les velours, les peluches, étoffes à poils dans lesquelles la lumière se joue de manière à donner des effets d'une grande richesse.

2° FILS DE PLUSIEURS COULEURS. — Passons maintenant au cas où l'on emploie concurremment des fils de plusieurs couleurs, tant pour la chaîne que pour la trame. Il résultera évidemment, de leur entrecroisement, des combinaisons rectangulaires multipliées, des séries de carreaux, d'éléments espacés suivant diverses lois, et de couleurs variables en raison de celles des fils.

Ce genre de fabrication fournit un mode de décoration simple que l'on emploie souvent pour rendre agréables à l'œil des étoffes qui doivent avant tout être produites à bon marché. Un des types les plus brillants de ce genre de fabrication est le tartan écossais, bien connu pour la richesse et la vivacité des couleurs, et produit par le croisement à angle droit de lignes de fils de couleurs différentes. L'inspection d'un semblable tissu fait reconnaître comment se succèdent les fils colorés de la chaîne et de la trame, pour donner l'éclat qui résulte surtout de la rencontre de fils de même couleur.

Il est impossible d'indiquer le nombre de variations de fils de diverses couleurs, de combinaisons de toutes natures qu'on rencontre dans les tissus, dispositions dont les effets sont encore modifiés par le foulage, les apprêts spéciaux à chaque substance. Ces combinaisons, n'accroissant pas très sensiblement le prix des étoffes, sont par suite variées à l'infini par les fabricants. Après les rayures, les étoffes à carreaux de tout genre, nous citerons les chinés, qui par des armures convenables donnent des éléments se succédant par intervalles et cessant d'avoir une apparence rectangulaire ; les étoffes transparentes, les étoffes à côtes, l'article dit nouveauté, etc., etc.

Toutes les combinaisons que nous avons énumérées sommairement en parlant des fils d'une seule couleur, notamment le mélange de fils de natures différentes, s'appliquent, à plus forte raison, au cas où l'on emploie des fils de diverses couleurs pour accroître le charme des tissus.

Les effets résultant de la juxtaposition des couleurs exigent, pour être prévus par le fabricant, une très-grande habileté. Une des fabrications les plus curieuses à ce point de vue est celle des étoffes de soie dites changeantes, en ce que la couleur en est différente suivant la position des plis qui reçoivent la lumière. Nous donnerons l'analyse des effets d'une étoffe glacée de cette nature, d'après le savant M. Chevreul :

« Une étoffe de gros de Naples dont la chaîne est bleue et la trame rouge, vue par un spectateur dont la face est tournée au jour, paraît violette ; seulement, si la chaîne est comprise dans le plan de la lumière, le violet est plus rouge que dans le cas ordinaire : ceci est conforme aux principes de la réflexion de la lumière par des cylindres métalliques, et au principe du mélange des couleurs. La même étoffe, vue par un spectateur dont le dos est tourné à la lumière, paraît rouge si la chaîne bleue est dans le plan de la lumière incidente, et bleue si la chaîne est perpendiculaire à ce plan, conformément aux principes de la réflexion par un système de cylindres métalliques. »

BROCHÉS

Lorsqu'on veut obtenir sur étoffes des dessins plus compliqués que ceux dont nous venons de parler, fournissant des figures, des dessins déterminés, il faut entrer dans une fabrication toute spéciale partant de l'imitation d'un dessin déterminé, de l'œuvre d'un artiste ; il devient nécessaire alors d'employer le procédé de fabrication, au perfectionnement duquel Vaucanson et Jacquard ont si remarquablement contribué, en rendant tout mécanique un travail qui ne pouvait jusque-là être produit que par l'imitation directe, et fil à fil, d'un dessin modèle.

Le passage du dessin primitif à la fabrication mécanique se fait à l'aide de l'opération intermédiaire dite « mise en carte. » La mise en carte [1] est étudiée par des

---

1. La mise en carte remonte à 1770 ; elle est attribuée à Revel, peintre d'histoire assez médiocre, qui eut le premier l'idée de reproduire des fleurs sur les étoffes, et qui, après quelques essais, arriva aux moyens pratiqués aujourd'hui, quant au dessin. L'idée de colorier la mise en carte se présenta bientôt. On en fit usage dès 1774, et on la doit à Philippe de la Salbe.

artistes qui, en se livrant à l'étude des étoffes au point de vue du goût, ont fait singulièrement avancer la fabrication en parvenant à réaliser, à des prix modérés par suite
de la facilité de la multiplication, des étoffes de grande valeur artistique.

Nous n'avons pas à parler ici du procédé technique, mais seulement de la reproduction de dessins plus ou moins compliqués à l'aide des ressources qu'offrent les procédés d'exécution les plus parfaits, et qui s'accroissent chaque jour. Dans leur degré le
plus avancé, elles permettent au besoin de contourner, autour de chaque point de la
chaîne, un fil de la trame d'une nuance déterminée. Elles offrent donc le moyen de
réaliser un dessin quelconque, et l'on n'est limité dans ces travaux que par l'élévation
du prix de revient, lorsque la complication des nuances dépasse les limites ordinaires.

Les étoffes de soie, les plus brillantes par leur nature même, sont celles sur
lesquelles se concentrent principalement les efforts du tissage; on les orne souvent
d'imitations de fleurs naturelles qui, par leur éclat, charment les yeux. Lorsqu'on
n'emploie qu'une seule couleur, c'est à l'aide de modes d'entrelacements variés en
divers points qu'on obtient des contrastes d'éclat qui différencient parfaitement les
divers contours et forment ces magnifiques damas de soie, produits si beaux et si juste-

261. Étoffe de soie noire.

ment apprécies. Nous montrons ci-dessus comme exemple une belle étoffe de soie
noire dont la surface est ornée d'un dessin figurant des plumes (fig. 261).

Nous reproduirons encore un autre exemple d'étoffe moderne, brochée en couleur
sur fond blanc (fig. 262), qui donne une idée du style et des moyens de production les
plus perfectionnés.

C'est surtout pour les étoffes de soie qu'il existe une tradition historique ; on les recevait d'Orient pendant le moyen âge, et c'est en grande partie le commerce des

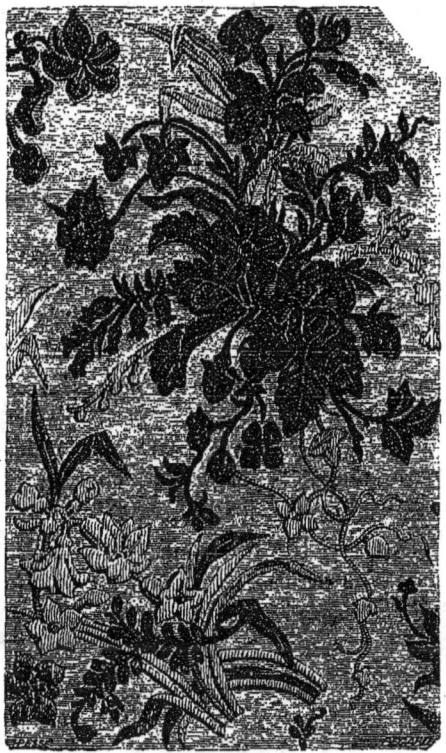

261. Étoffe brochée.

beaux produits fabriqués dans l'Inde et la Chine, et que nous admirons encore, qui a fait alors la richesse de Venise. C'est par suite, jusqu'à une époque assez récente, le goût oriental qui a dominé dans la fabrication des soieries ; il y tient encore, avec raison, une grande place. Pour quelques cas spéciaux, tels que les étoffes pour ornements d'église, on rencontre beaucoup de décorations qui rappellent l'art byzantin.

La fabrication européenne a une origine assez ancienne ; on sait que, dès le quatrième siècle, sous Justinien, deux moines rapportèrent le ver à soie et le mûrier, et que l'industrie de la soie commença en Orient, mais sans pénétrer en Occident. Nous avons déjà dit que c'étaient les Normands qui, au douzième siècle, avaient introduit en Sicile et ravi à la Grèce l'industrie de la soie, qui s'y était conservée depuis l'introduction du ver à soie. Cette industrie se répandit en Italie, et fut introduite dans le midi de la France vers 1260, par des familles guelfes chassées de Florence par les Gibelins. Toutefois cette industrie ne fit que peu de progrès.

Louis XI établit des manufactures à Tours et fit venir des ouvriers de Grèce et d'Italie ; mais les principaux fondateurs de cette fabrication en France furent Charles VIII, et principalement François Iᵉʳ, qui avaient admiré l'industrie de la soie durant les guerres d'Italie. Enfin c'est le grand Colbert qui, au milieu des triomphes des beaux-arts du siècle de Louis XIV, l'achemina vers le degré de splendeur et d'étendue où nous la voyons. Toutefois, c'est à l'industrieuse activité des maîtresouvriers de Lyon qu'on doit faire remonter, avant tout, l'honneur du développement immense de cette belle industrie, aux travaux de Vaucanson et de ses émules, enfin à la grande invention de Jacquart, grâce à laquelle la production et la vulgarisation des beaux tissus de soie ont atteint des limites extrêmement reculées [1].

CHALES CACHEMIRES

Le châle de l'Inde appartient essentiellement au « style oriental » par sa nature même, par l'imitation des fleurs de l'Inde étalées à plat comme dans un herbier, sans essai de perspective, de dégradation de teintes. C'est l'éclat de ces couleurs juxtaposées pour produire un maximum d'effet, avec une entente vraiment parfaite du contraste des couleurs, qui, malgré la bizarrerie des formes, a fait le succès du châle de l'Inde.

Oven Jones a établi les règles suivantes d'après l'étude des tissus de l'Inde ; elles doivent se rapprocher des traditions suivies par les habiles ouvriers qui les produisent.

1° Quand on fait usage d'un ornement d'or sur fond coloré, le fond doit être d'autant plus foncé que l'on emploiera l'or en plus grandes quantités.

2° Quand les ornements d'une seule couleur sont placés sur un fond d'une couleur contrastante, on doit détacher les ornements du fond par des contours d'une couleur plus claire.

3° Quand les ornements d'une couleur claire sont placés sur un fond d'or, on doit détacher les ornements du fond d'or par des contours d'une couleur plus foncée, pour empêcher que l'effet des ornements ne soit affaibli.

4° Lorsqu'on fait usage de plusieurs couleurs sur un fond coloré, des contours d'or ou d'argent, ou bien de soie blanche ou jaune, doivent détacher les ornements du fond. Dans les tapis et les combinaisons de couleurs de tons foncés, on emploie des fils de couleur noire pour ces contours.

Ces principes sont les mêmes que ceux qui règlent la décoration des surfaces dans tous les ouvrages des Orientaux.

Longtemps les artistes français se sont exclusivement proposés de copier plus ou moins fidèlement le châle de l'Inde. La nécessité de varier les dessins pour plaire au goût des consommateurs a fait tenter d'en modifier le dessin ; le genre Renaissance a d'abord été essayé avec quelque succès. Il consistait dans un mélange de l'ornement et de la fleur de fantaisie, le tout modifié dans le style châle, c'est-à-dire dans le genre oriental, à teintes plates et à couleurs vives.

1. C'est à Lyon que se sont accomplis presque tous les grands progrès dans l'industrie du tissage des soies, et ils ont été nombreux et importants depuis un siècle. Elle est aujourd'hui la métropole de cette magnifique industrie, qui n'est pas une source de richesse seulement, mais encore d'honneur pour notre pays. Elle l'était déjà lorsque les fabricants protestants, chassés par la révocation de l'Édit de Nantes, créèrent les centres, rivaux aujourd'hui, de Crefeld, Spitalfields, etc. Grâce aux perfectionnements de chaque jour, la fabrication des étoffes de soie brochées exécute des chefs-d'œuvre, qui sont peut-être l'expression la plus élevée de la partie des arts industriels qui procèdent de la peinture. On ne saurait croire à quelle sûreté de goût parviennent les habiles fabricants et contre-maîtres de Lyon qui font le succès de cette belle industrie. Nous ne les citons pas ici, parce qu'ils forment une trop nombreuse phalange, mais nous devions faire remarquer la puissance de ce grand centre de production.

CACHEMIRES.

Nous en donnons pour exemple (fig. 263) un magnifique châle dit « Ispahan, » dessiné par Couder, un des plus habiles dessinateurs industriels qui se soient livrés à ce genre de créations.

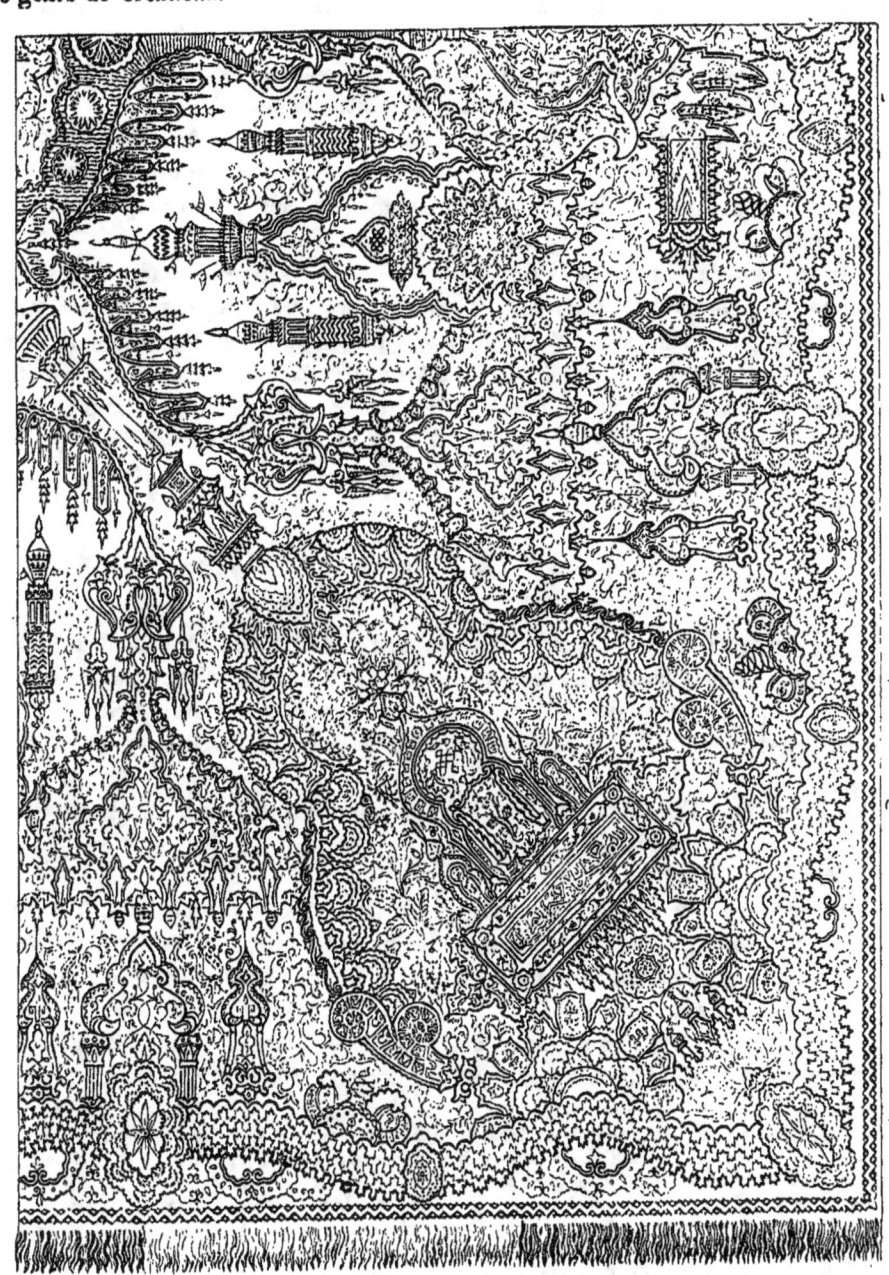

263.

Le genre Renaissance usé, le goût français, enhardi par cet essai, dans lequel on avait introduit des vues de bâtiments, des essais de perspective, erreur que le goût public avait bientôt reconnue, n'a pas craint de modifier le type primitif sous le triple point de vue de la hardiesse des lignes, de la richesse et de la multiplicité des détails; peut-être même est-il allé jusqu'à l'excès sous ce rapport, ce qui l'a amené à se rapprocher ensuite du style de l'Inde.

Les fabricants de châles de Paris, créateurs d'une industrie qui, en utilisant les ressources les plus perfectionnées du tissage, a pris un admirable développement, sont vraiment, au point de vue de l'art, à la tête d'une école de dessin industriel appliqué aux étoffes, dessin d'un genre spécial ayant de très heureuses applications.

On peut difficilement se rendre compte de l'immense travail de composition, tant sous le rapport du dessin que de la coloration, qu'exige l'œuvre du dessinateur en châles. C'est sûrement un des plus grands ouvrages qui puisse être l'objet des efforts d'un artiste industriel doué d'une imagination fertile.

Ce que nous avons dit de l'éclat des couleurs fait bien comprendre la brillante apparence des châles tissés avec des fils teints en couleurs vives, dont les extrémités viennent s'engager dans le tissu; des points brillants se multiplient ainsi à l'infini. L'impression ne saurait donner des étoffes ayant un éclat comparable à celui des étoffes brochées, surtout quand, comme dans celles dont nous parlons ici, on n'emploie pour les dessins que des couleurs franches qui ont le plus d'éclat, le rouge, le jaune, le bleu brillant, et jamais les teintes obscures, telles que le brun[1].

TAPIS

La fabrication des tapis emploie souvent, comme celles des produits précédents, toutes les ressources du tissage; aussi a-t-on pu, avec nos belles tapisseries de haute lisse des Gobelins, reproduire avec une fidélité admirable les tableaux les plus importants de nos artistes, en dépassant, il est vrai, le but qu'on doit se proposer d'atteindre avec ce genre de produit.

« La tapisserie, dit M. de Chevreul, ne pouvant triompher de la peinture, ne doit pas lutter avec elle en cherchant à reproduire des détails et des effets pour lesquels elle n'est pas faite.

« Rappelons que sa structure cannelée, que la forme filamenteuse de ses couleurs s'y oppose; rappelons que ses ombres ne peuvent avoir la vigueur des ombres d'une peinture à l'huile, ni ses clairs l'éclat des blancs de celle-ci. Les extrêmes de contraste de ton se trouvent donc plus éloignés dans la peinture à l'huile que dans la tapisserie. »

Ajoutons que les couleurs ne sauraient, même dans la tapisserie au plus petit point, être dégradées, fondues avec la continuité que la peinture permet d'obtenir.

---

1. Un procédé curieux, imaginé dans ces dernières années, consiste à mélanger des fils pour diminuer le nombre des couleurs employées et simplifier le travail. Donnons un exemple de cette fabrication, qui repose sur le principe du mélange des couleurs.

Supposons que l'on veuille obtenir un ton vert clair et que l'on n'ait que des fils vert foncé et des blancs. Au lieu de se servir d'une navette, on en emploiera deux qu'on chassera successivement, de façon à ce que les deux trames, la verte et la blanche, n'en forment qu'une juxtaposée, qui ne sera ni verte ni blanche, mais, vue à quelque distance, d'un vert clair. On peut faire ces applications pour toutes les nuances par des trames doubles ou triples agissant comme une seule; il faut seulement que la finesse de chacune d'elles augmente dans la même proportion. Ce stratagème, résultant de la combinaison de la science et de l'art, donne la clef de la richesse extraordinaire et du fondu parfait qu'offrent la plupart des châles sortis des mains de nos premiers fabricants.

Les efforts tentés pour arriver à la solution complète de la fabrication mécanique des châles de l'Inde ont été couronnés de succès. MM. Hébert et Voisin, et M. Fabart notamment, par le perfectionnement du battant-brocheur, sont parvenus à une fabrication très remarquable, qui permet difficilement de distinguer le modèle de l'Inde du châle reproduit mécaniquement et fabriqué France.

Fabriqués au moyen du passage, fil à fil autour de la chaine, d'un nombre infini de fils parfaitement nuancés et assortis, les tapis de haute lisse ne peuvent fournir, par chaque fil paraissant à leur surface, que la couleur renfermée dans un petit carré du modèle colorié et divisé en petits carrés élémentaires.

Quand on cherche à reproduire avec de la laine un tableau du Titien, on peut faire un travail très remarquable sans doute, mais d'un prix excessif et toujours inférieur à l'œuvre primitive ; mais quand la tapisserie renonçant à lutter avec la peinture reprend son véritable rôle de tissu destiné à l'ornementation, elle arrive à créer d'admirables produits.

Ainsi, les natures mortes, les bouquets de fleurs des tapis fabriqués par les manufactures de l'État, sont des chefs-d'œuvre d'ornementation. La peinture même n'aura jamais cette douceur, ce moelleux d'aspect qu'offre la tapisserie, et, si nous descendons un peu encore, qui égalera jamais, pour couvrir un fauteuil ou un canapé, ces délicieuses fleurs fabriquées par Beauvais et par Aubusson ? Quoi de plus gracieux que ces fonds vert clair sur lesquels se détachent des guirlandes de fleurs d'une fraîcheur adorable ? Notre ébénisterie est admirablement secondée par les merveilles de nos tapisseries ou de nos soieries de Lyon.

Les meubles dorés couverts de tapisseries sortant d'Aubusson et de Neuilly, sont des merveilles, jamais le luxe n'a rien inventé de plus riche et en même temps de plus beau.

Essentiellement orientale, la fabrication des tapisseries fut introduite par les Sarrasins, par les ouvriers ramenés d'Orient, par les Croisés, et c'est de semblables fondations que procède l'industrie encore florissante d'Aubusson et de Felletin.

Dans la vieille France, dit M. Darcel, les tapisseries étaient de première nécessité et le moyen de décoration par excellence. Dagobert fit couvrir les murs et les colonnes de la basilique de Saint-Denis de tentures tissues d'or et enrichies de perles ; vers 985, Saint-Florent de Saumur possédait une abbaye où les religieux tissaient des tapisseries ornées de fleurs et de figures d'animaux ; vers la fin du douzième siècle, la fabrication se développa en Flandre, et on lit dans le livre des Métiers d'Étienne Boileau, paru en 1260 : « Quiconque veut être tapissier de tapis sarrasinois à Paris, être le peut franchement. »

A la Renaissance, la découverte des peintures antiques qui décoraient les voûtes des palais romains, qui eut tant d'influence sur l'ornementation, n'en eut pas une moindre sur le dessin des tapisseries, et les cartons de Raphaël que l'on admire à Hampton-Court, sont restés à bon droit célèbres.

Après le chef de l'école romaine, son disciple le plus éminent et le plus actif, Jules Romain, fut comme le peintre en titre des ateliers de Flandre et d'Italie ; il imprima à leurs œuvres un caractère de grandeur héroïque, qui finit, dit M. Darcel, par tomber dans la monotonie, lorsque ses imitateurs s'en emparèrent, surtout dans le nord. Les tapissiers en usèrent avec ces cartons dont plusieurs nous sont connus, comme ils en avaient usé avec ceux de Raphaël, c'est-à-dire en employant un nombre de teintes insuffisant, et finirent même par ajouter un bariolage de broderies et de dorures sur les vêtements, qui donna à la pièce une tonalité jaune, peu agréable.

Pendant ce temps à Florence, dont l'atelier fut bien moins important que ceux de Bruxelles, le Bronzino et les élèves de Michel-Ange, enserrèrent dans des bordures colossales des compositions emphatiques, où ils semblent avoir cherché surtout à faire montre de leur science anatomique.

En France, la *tenture d'Artémise*, imaginée par Antoine Caron, transporta dans la tapisserie les élégances un peu maniérées de l'école de Fontainebleau, et ses colorations un peu froides, où elle laisse dominer les bleus suivant une habitude toute française. Après avoir continué sous Henri IV avec quelque éclat, et surtout sous Louis XIII, en empruntant des modèles, tantôt à Jules Romain, tantôt à Rubens, la fabrication de la tapisserie déchut ensuite par suite de l'emploi de colorations trop simples.

Mais Colbert fit venir d'Oudenardes en Flandres le grand maître Jeanssins (dont nous avons fait Jans), avec une colonie de vrais tapissiers qu'il installa dans la manufacture des Gobelins, où de grands progrès avaient été faits dans la teinture des laines. Sous la direction du peintre Ch. Lebrun, le style et les colorations se modifièrent.

Le peintre qui nous semble avoir le mieux compris les exigences de la tapisserie fut Noël Coypel. Toutes les tentures qu'il a composées, comme les *Triomphes*, toutes celles où il est intervenu et qu'il semble avoir dirigées, comme la *tenture des dessin de Raphaël*, où se trouve *le mariage d'Alexandre*, et comme la *tenture des dessins de Jules Romain*, sont tant par l'arrangement des groupes, par la gaieté et l'éclat des décorations, par la transparence des ombres frappées de rouge, par leur parfait accord avec les bordures, des chefs-d'œuvre qui doivent servir d'exemples. Les tapisseries, du reste, exécutées aux Gobelins dans le commencement du dix-huitième siècle semblent se distinguer des précédentes par un emploi plus abondant des rouges, ainsi que par des colorations plus vives, soit que l'on traduise des modèles nouveaux, soit que, dans la pénurie du trésor royal, on copie d'anciennes tentures comme l'*Histoire des Scipions* ou les *Chasses de Maximilien*, appelées les *belles chasses de Guise*, ou enfin celle des *Mois de Lucas*, qui représente les travaux de l'année, d'après un maître de la Renaissance flamande.

Que l'on doive ce ton particulier à une influence directrice, ou à la qualité de la teinture des « étoffes, » employées, toujours est-il qu'il y a là, à la fin du règne de Louis XIV, une phase très caractéristique dans les tapisseries sorties des Gobelins. A cette époque se place une tenture qui a eu le rare privilège d'occuper les métiers depuis la fondation de la manufacture jusqu'aux premières années du dix-neuvième siècle ; c'est la *tenture des Indes*, dont le premier modèle, arrangé par les collaborateurs de Le Brun, d'après les peintures données au roi par le prince de Nassau, furent rajeunies par F. Desportes. Cette tenture que l'on pourrait classer parmi les verdures, car les animaux et les plantes y jouent le rôle principal, est une des plus plaisantes décorations que l'on ait imaginées, tant par la variété et l'étrangeté des bêtes et des choses, alors peu connues ou nouvelles, qui y sont représentées, que par la façon ingénieuse dont elles s'y trouvent mises en scène.

Les Flandres, occupent une grande place dans la fabrication des tapisseries au dix-septième siècle, et dans la première partie du dix-huitième, après quoi elles cessèrent de fabriquer. La mode avait changé, et les boiseries peintes exclurent les tapisseries de la décoration des appartements.

Les procédés de fabrication des tapis permettent d'exécuter la plupart des genres de décoration, variables en raison de l'usage lui-même multiple des produits : c'est ainsi qu'on les emploie pour portières, pour meubles aussi bien que pour tapis de pied.

Nous donnons ci-dessous le dessin d'un tapis (fig. 264) reproduisant un motif de

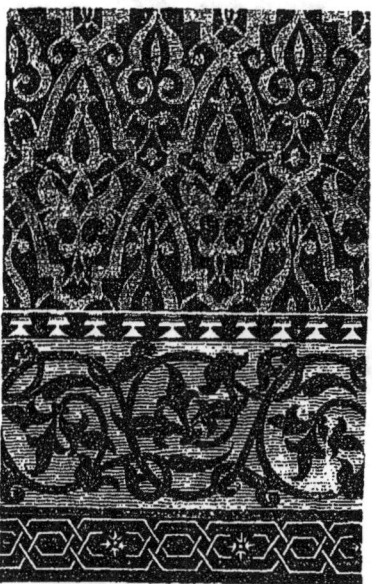

264. Tapis style mauresque.

décoration de l'Alhambra ; le genre mauresque avec ses riches couleurs est éminemment propre à fournir des sujets d'ornementation pour ce genre de produits. En France, la représentation des fleurs et des fruits vient aujourd'hui disputer le terrain aux arabesques et aux contours variés qui, ne représentant aucun objet déterminé, semblent cependant mieux convenir à cette industrie qui se propose la décoration des intérieurs.

TISSUS A MAILLES — DENTELLES — TULLES

Les étoffes à mailles constituent, grâce à leur transparence, un des accessoires les plus élégants de la toilette. Transparentes, elles font jouer la coloration, l'éclat de l'étoffe de dessous, découverte en partie. La plus remarquable, sans contredit, est la dentelle formée d'un tissu à jour obtenu par des entrelacements polygonaux de fils plus ou moins rapprochés en certaines parties, qui donnent des dessins opaques en quelques endroits, et permettent ainsi d'obtenir des variétés nombreuses de dessins. Ceux-ci rappellent en général des rameaux, des fleurs, des arabesques. Ces dessins ont varié aux diverses époques, comme les dessins des divers styles : c'est ainsi que sous l'Empire on ne connaissait que de grands dessins peu gracieux. La figure 265 représente un volant de dentelle noire qui est d'un bel effet sur des étoffes de soie brillantes. La figure 266 représente le quart d'un mouchoir en dentelle de fil de lin, en valencienne, la plus solide des dentelles.

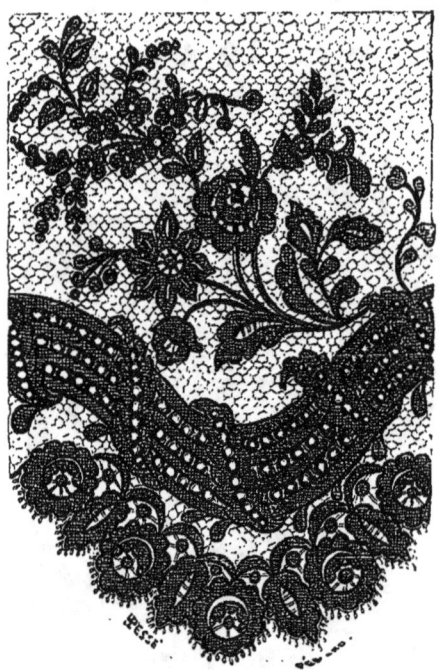

265. Dentelle noire.

A toutes les époques de richesse et de prospérité, la délicatesse et la transparence du

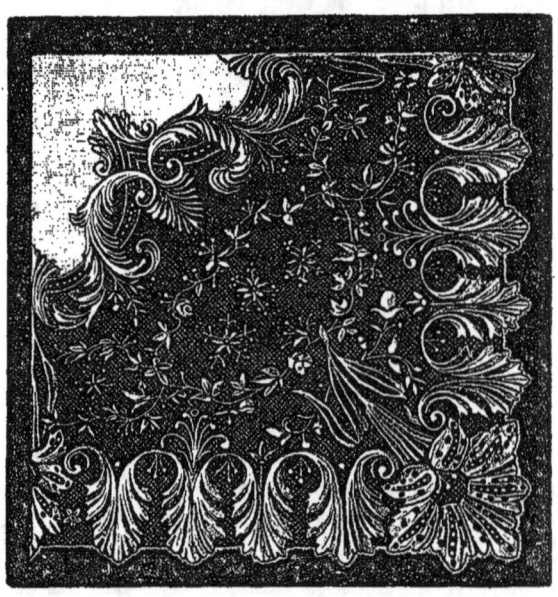

266.

tissu, qui donne des effets très gracieux par la superposition (partielle le plus souvent) de ce réseau si léger sur d'autres étoffes, ont assuré le succès des dentelles pour la toilette des dames, bien que la valeur des dessins qu'elles reproduisent ait été assez minime, au moins jusqu'en ces dernières années. Il y a là des études curieuses à faire, en ayant soin toutefois de ne pas oublier que la légèreté, la délicatesse doivent être le caractère essentiel de ces petites compositions.

Les tulles, les blondes de soie sont des variantes de ce genre de tissus; les gazes et autres étoffes transparentes donnent des effets de même ordre, mais moins complets.

On donne le nom de guipures à des dentelles fort usitées sous Louis XIV, dont le fond disparaît presque entièrement pour ne laisser voir que des ornements mats réunis par un petit nombre de fils. Le point de Venise, imitation des dentelles que nous voyons sur les beaux tableaux des maîtres de l'école vénitienne, est fort estimé.

La fabrication du tulle à la mécanique, en réduisant à un prix minime le réseau même de la dentelle, a vulgarisé l'emploi d'une décoration charmante, l'application de Bruxelles, obtenue avec des ornements tissés à l'aiguille, d'une grande délicatesse, appliqués sur le tulle. La fabrication française n'est pas sortie de la véritable dentelle, mais elle en a varié à l'infini les éléments, les dessins et les matériaux, en employant la soie blanche et noire, le fil de lin, etc.

TISSUS AVEC RELIEFS — BRODERIES

Dans plusieurs procédés de fabrication, on donne au dessin blanc ou coloré, destiné à orner un tissu, un relief dont l'éclat est toujours supérieur à celui d'un ornement qui ne s'élève pas au-dessus de sa surface. Nous citerons notamment les velours sur étoffes de soie.

Quel que soit le procédé de fabrication, l'effet se rapproche en général tout à fait de celui qui est créé par le procédé le plus ancien et qui donne encore la plus grande quantité de produits de cette nature, celui de la broderie.

La broderie s'obtient par le passage de fils, guidés par une aiguille, en des points d'un tissu peu serré. La répétition et la juxtaposition des fils, la différence de longueur entre les points d'entrée et de sortie du fil sur la surface de l'étoffe permettent d'obtenir des dessins en relief de tout genre. L'opposition de parties mates et de parties découpées à jour, l'élévation plus ou moins grande de parties saillantes sur la surface de l'étoffe, fournissent encore des ressources à la broderie.

La broderie est très ancienne ; ses procédés ont été appliqués de tout temps et en tous lieux. On en parle dans la Bible, dans Homère ; on ne trouve pas une peuplade sauvage qui ne produise quelques broderies avec les éléments qu'elle a à sa disposition. Nous citerons au premier rang les mousselines brodées de l'Inde, qui ont fourni des modèles d'une grande élégance.

Quant au goût du dessin, nous n'avons rien à ajouter à ce que nous avons dit à propos de la dentelle, en faisant remarquer toutefois qu'il existe de grandes différences dans les effets des fils dans les deux cas, dans la transparence et le relief du tissu

Chez les nations européennes, le goût de chacune se reconnaît dans leurs broderies ; le style allemand est tout entier dans certaines broderies suisses, comme le style français dans quelques-unes de nos broderies.

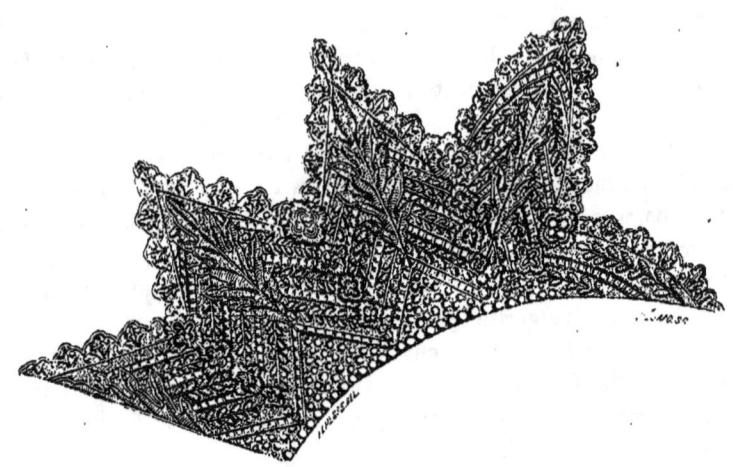

267. Col brodé.

La broderie ne se fait pas seulement en variant les points, mais encore en employant les fils de couleur, les perles, les fils d'or pour la passementerie militaire, en introduisant des grains d'acier ou toute autre substance dans chaque fil ; mais tous ces emplois sont de faible valeur artistique et sont d'une importance commerciale moindre que celle de la broderie blanche en Europe. Les Chinois varient à l'infini la broderie en couleur sur soie, et la Compagnie des Indes nous a montré aux Expositions des broderies en fil d'or, des selles décorées en passementerie, d'un éclat extraordinaire. Enfin la broderie en or trouve une grande application dans les pays catholiques, dans la fabrication des ornements d'église, des chasubles.

Le relief, en détachant les couleurs, donne en général de la dureté au dessin qu'il figure ; c'est pour cela que, sauf un petit nombre de cas, il est de la couleur du fond, ou d'un ton peu différent, la modification dans l'aspect étant produite par la disposition des fils, différente sur la broderie et sur le tissu.

Les tapisseries sur canevas et certaines tapisseries anciennes rentrent dans cette section : c'étaient de véritables broderies. Elles ont été l'objet de travaux très-considérables ; nous citerons entre autres la tapisserie de Bayeux, due à la reine Mathilde et représentant la conquête de l'Angleterre. Ce genre de tapisserie était l'œuvre d'art par excellence des femmes des vaillants barons, le travail des Pénélopes du moyen âge.

CONCLUSION

De l'examen attentif de tous les objets d'art réunis à Kensington, disait fort justement M. Dehérain, dans une belle étude sur les industries d'art écrite à propos de l'Exposition de Londres, il ressort nettement que si plusieurs pays différents ont exposé des œuvres dignes d'attention, la lutte sérieuse n'existe qu'entre l'Angleterre et la France. Sans doute l'Orient est sans rival dans quelques productions; ses tapis, ses vases émaillés, ses coffrets d'ivoire sont admirables, et les nations plus avancées de l'Occident pourraient souvent les prendre pour modèles; mais la production est organisée dans ces contrées lointaines dans des conditions tellement différentes des nôtres, qu'il est difficile de tirer des chefs-d'œuvre chinois autre chose que des motifs à reproduire. Sans doute encore, l'Allemagne fabrique de fort belles porcelaines, bien qu'elles n'approchent plus de celles qui ont fait autrefois à la Saxe une si haute réputation; l'Autriche expose toujours avec un légitime orgueil ses verres de Bohême, l'Italie avec ses mosaïques et les travaux de ses nombreux artistes montre que tout sentiment d'art industriel n'est pas éteint chez elle; mais la France et l'Angleterre sont surtout à considérer quand on étudie l'ensemble de l'industrie où l'art est souverain.

Pour que l'art progresse dans une contrée, il faut, en effet, que le peuple soit riche, qu'il ait des loisirs qui lui permettent au delà des premières nécessités matérielles de la vie, que de grandes fortunes sollicitent à des productions hors ligne. S'il est misérable, si tous ses efforts se portent sur son existence matérielle, ou si une mauvaise constitution politique cause un malaise incessant, l'art est délaissé. Or la riche Angleterre peut, mieux que toute autre nation aujourd'hui, accorder à l'art une sérieuse attention. Les richesses créées par l'industrie, fécondées par le commerce, permettent en même temps une rémunération assez considérable pour attirer vers cette carrière, devenue lucrative, une fraction importante de la population.

Il importe, pour la prospérité de notre pays, que nous restions les maîtres dans ces travaux, il importe que nous ne laissions pas l'Angleterre, qui nous devance habituellement pour tous les objets de grande fabrication, nous primer encore pour ce qui touche au luxe, et les Expositions peuvent être pour nous un enseignement très fécond, si nous savons y voir ce qu'elles renferment; c'est donc surtout de la France et de l'Angleterre que nous allons nous occuper, en cherchant à résumer notre impression et à en tirer des indications sur la voie dans laquelle doit marcher notre pays pour conserver la suprématie qu'il possède.

Si, comme il est certain, l'Allemagne arrive bientôt aussi au premier rang dans quelques industries artistiques, tout ce que nous dirons ici trouvera doublement son application.

Les orfèvres et les bijoutiers anglais sont bien supérieurs à ce qu'ils étaient autrefois; le goût de nos voisins s'est heureusement modifié. Les meubles anglais ont également beaucoup gagné : la tendance à l'imitation française est évidente; sans avoir la perfection de l'ébénisterie française, les meubles anglais, fabriqués avec grand soin, sont même conçus souvent sur de bons types, et s'ils ne s'étaient pas trouvés à côté de leurs puissants rivaux, on aurait peut-être eu grand'peine à découvrir les petites fautes de détail qui les empêchent de prendre le premier rang. Bien que dans cette industrie les Anglais marchent à notre suite, la distance qui autrefois les séparait de nous est tellement diminuée, qu'il y a lieu encore de se préoccuper de leurs progrès.

Les produits céramiques de Minton et Copeland sont dignes du rang élevé où les a placés l'opinion publique.

La France conserve sa supériorité incontestée dans les tapisseries, dans les soieries très-riches, dans les bronzes d'art; mais, en somme, dans beaucoup d'industries d'art le combat a pris les proportions les plus sérieuses.

Risquons-nous d'être complétement vaincus?

La réponse pour nous se trouve dans les galeries de peinture de Kensington.

Il nous paraît impossible, en effet, de ne pas considérer l'art industriel comme une manifestation particulière de l'art proprement dit; il en dérive, il en naît; si à certaines époques l'un progresse, l'autre avance en même temps; dans d'autres périodes, au contraire, la même décadence les entraîne, l'histoire le démontre. Si l'antiquité nous fournit des modèles de grâce, si les vases grecs sont toujours d'un galbe pur, si la silhouette des coupes, la ciselure des bijoux antiques est délicate, si l'ensemble que nous a offert la collection Campana est d'un travail exquis, n'est-ce pas que les auteurs inconnus de ces œuvres d'élite s'étaient inspirés à l'école des maîtres de l'art, qu'ils étaient les élèves des plus grands statuaires du monde, de Phidias, de Lysippe, de Polyclète, etc.?

Si, dix-huit cents ans plus tard, les meubles, les bijoux, les vases de la Renaissance sont si remarquables, si nous revenons avec tant de constance à leur imitation, si nous les considérons comme des modèles de grâce et de goût, n'est-ce pas encore que l'art proprement dit brillait alors de l'éclat le plus vif, que Léonard de Vinci, Raphaël, Michel-Ange, le Titien, le Véronèse, le Corrége, jetaient un éclat qui n'a jamais été surpassé, et que l'art, s'éveillant en France sous leur souffle puissant, nous donnait ce maître dans l'ornementation, Jean Goujon, qu'on recopie si souvent aujourd'hui?

Ces deux exemples ne font-ils pas foi que l'art industriel dérive de l'art proprement dit, et que si une nation veut conquérir le monopole lucratif des œuvres de goût, elle ne doit pas s'efforcer de faire naître ces œuvres directement, mais cultiver d'abord les arts, pour en obtenir, comme d'une semence féconde, les résultats qu'elle recherche spécialement? Vouloir qu'une nation inhabile à manier le pinceau ou l'ébauchoir puisse faire de la céramique, de l'ébénisterie, de l'orfévrerie, c'est vouloir élever le couronnement d'un édifice dont les étages inférieurs n'existent pas, c'est bâtir dans le vide.

C'est à cette conclusion qu'est arrivé Mérimée, rapporteur de la classe XXX du jury international à l'Exposition de 1862 :

« Il ne peut être douteux, pour quiconque a étudié l'histoire des beaux-arts, qu'à toutes les époques où de grands maîtres ont fleuri et fondé des écoles illustres, l'industrie n'ait pris en même temps un essor nouveau et considérable. L'influence la plus heureuse s'est étendue à tous les produits manufacturés susceptibles de recevoir une ornementation. En Grèce, la fabrication des vases, des meubles et des tissus a été portée au plus haut point de perfection, précisément à l'époque où l'architecture, la peinture et la sculpture brillaient du plus vif éclat. Au moyen âge, du treizième au quatorzième siècle, la céramique, la serrurerie, l'ébénisterie ont été traitées avec le plus grand succès, en même temps que s'élevaient nos splendides cathédrales gothiques. Le même phénomène s'est renouvelé à l'époque de la Renaissance : les faïences de Gubbio et de Faenza, les meubles sculptés ou incrustés, les armures damasquinées, les reliures gaufrées ou dorées, tant de choses belles et ingénieuses qu'on admire et qu'on prend aujourd'hui pour modèles, se sont produites alors que Léonard de Vinci, Raphaël et tant de maîtres illustres faisaient fleurir les branches les plus élevées de l'art.

« En rapprochant ces trois exemples, tirés d'époques si différentes, à ne considérer que l'état des mœurs et la constitution de la société, on en déduira cette loi générale : QU'IL EXISTE UNE RELATION INTIME ENTRE TOUTES LES PARTIES DE L'ART, ET QUE PARTOUT OU SURGIT UN GRAND ARTISTE SE FORMENT DES OUVRIERS HABILES ET INTELLIGENTS. Là, en effet, où coule un grand fleuve il est facile de creuser des canaux d'irrigation, et le courant majestueux qui porte à la mer les vaisseaux de haut bord alimente sans peine une infinité de rigoles répandant partout la fécondité. De Raphaël et de Michel-Ange procède Benvenuto Cellini : le grand peintre, le grand sculpteur ont produit le grand orfèvre. Le génie qui peignit les loges du Vatican se reflète dans les arabesques tracées sur les plats de Faenza ou les reliures de Florence et de Venise. »

L'art n'est pas démocratique, ce sont les artistes éminents, issus de bonnes races, qui ouvrent les avenirs féconds, fondent les écoles longtemps incomprises des races peu douées sous le rapport du sentiment de l'art.

Pour reconnaître donc si, dans la lutte qu'elle soutient contre nous, l'Angleterre peut nous surpasser, il faut se transporter aux galeries de peinture, et les passer rapidement en revue.

Les plus nombreuses sont les collections des aquarellistes anglais; on sait combien nos voisins d'outre-mer affectionnent ce procédé, non pas pour en tirer des indications rapides, pour rehausser un croquis enlevé, mais pour en faire des œuvres complètes et terminées. Les aquarellistes anglais arrivent certainement à faire preuve d'une grande habileté manuelle; ils font des peintures roses et blanches, dignes des keepsakes ou des albums, mais n'atteignent presque jamais à de puissants résultats. Ils ont eu, en ce genre cependant, Bonington ; mais ses œuvres font contraste avec les autres aquarelles produites dans le même pays et semblent bien prouver que leur auteur n'est qu'une brillante exception en Angleterre.

Les jeunes miss aiment beaucoup à essayer à la peinture, les aquarelles que l'on voit en Angleterre semblent être précisément destinées à leur servir de modèles. C'est à peine si on peut citer, au milieu de teintes d'une fraîcheur exagérée, quelques dessins un peu vigoureux, mais si nous comparons à ces peintures décolorées les vigueurs de Decamps, l'élégance de M. Eugène Lami, ou le sentiment si profond que M. Bida apporte dans ses œuvres orientales, nous ne pouvons avoir l'idée de méconnaître notre supériorité.

Sans doute, dans la peinture à l'huile, les Anglais prennent une sorte de revanche, du moins ils amènent en ligne des lutteurs avec lesquels le combat est possible; mais dans combien de siècles sont-ils distribués? Hogarth et Wilkie, comme peintres de genres; Reynolds, Gainsborough et Lawrence comme portraitistes, ont une valeur incontestable. Mais quand aujourd'hui on a cité M. Landseer, on est fort empêché pour trouver un nom à ajouter à ceux que nous venons de prononcer.

Si enfin, au lieu de s'en tenir à ces sommités, on considère la masse des peintres anglais, on reconnaît facilement que leurs œuvres sont extraordinairement faibles, et s'il n'est pas douteux que l'Angleterre a donné le jour à des peintres de grand mérite, il paraît certain également qu'il n'y a pas d'école britannique. Reynolds, Gainsborough, Lawrence ont laissé des œuvres, ils n'ont pas fait d'élèves.

Il en est pas ainsi chez nous, Gérôme, Baudry, Bouguereau, Bonnat, Hébert, Puvis de Chavannes, etc., représentés par des œuvres très récentes, dénotent une supériorité incontestable sur l'école anglaise actuelle. En dehors même de ses maîtres, on trouverait très facilement dans les artistes plus jeunes, J.-P. Laurens, Maignan, Detaille, et bien d'autres, des peintres extrêmement distingués. Il est impossible de ne pas reconnaître que l'ensemble de la peinture française est infiniment supérieur à ce qu'ont exposé les peintres anglais. Les Belges seuls, héritiers des Flamands, pourraient lutter; on rend justice à la peinture d'un grand style due à M. Gallait et à M. Leys; à la peinture très-agréable signée de M. Willems et de M. Stevens.

Si nous continuons notre comparaison entre la France et l'Angleterre, nous avons donc lieu d'être rassurés. La Grande-Bretagne, étant très-intérieure à la France dans l'art proprement dit, ne saurait la dépasser dans l'art industriel. Il est impossible que des artistes faibles en moyenne puissent conduire des industriels là où eux-mêmes ne sauraient aller. Non-seulement enfin nous possédons plus d'artistes éminents que l'Angleterre, mais nous en avons un bien plus grand nombre d'un talent moindre, dont le concours est de la plus grande valeur pour l'industrie, qui profite le plus souvent de leurs travaux quand il leur faut renoncer à cultiver les beaux-arts.

Ce que nous venons de dire de la peinture est également vrai de la sculpture qui a des applications plus multipliées, plus directes à l'industrie. On compte en Angleterre des sculpteurs distingués, Gibson notamment; mais sans doute par le défaut de l'esprit d'individualisme qui, en politique, a fait la grandeur de l'Angleterre, ce ne sont pas des chefs d'école, et on ne pourrait citer de nos jours un sculpteur qui ait eu sur l'industrie anglaise l'heureuse action que nous avons vu Pradier exercer en France sur l'industrie des bronzes. Il faudrait remonter jusqu'à Flaxmann, qui inspira à Wedgwood les formes des vases de tout genre, qui ont valu cent ans de célébrité aux poteries anglaises.

Actuellement réduite à ses propres forces, l'Angleterre serait impuissante pour accomplir en peu de temps la transformation artistique de son industrie dont elle apprécie fort bien l'utilité; elle l'a bien senti, et c'est en attirant chez elle des artistes étrangers, notamment des artistes français, qu'elle arrive au point où nous la voyons. Si elle continuait cette méthode, elle se condamnerait évidemment, toujours, à une infériorité relative; car, en admettant même qu'elle sache parfaitement choisir, elle ne pourra jamais transporter en Angleterre le nombre considérable d'hommes spéciaux nécessaire pour conduire à bonne fin toutes les œuvres qu'elle voudra exécuter.

Ce ne sont pas seulement quelques sculpteurs sur bois qui peuvent amener l'ébénisterie anglaise au point où elle se trouve chez nous, il lui faut encore le concours d'une série d'artistes éminents pour les diriger : des architectes pour dessiner le meuble, lui donner un caractère précis, harmoniser toutes ses parties, choisir les étoffes qui le doivent couvrir; il faut encore le concours des manufacturiers habiles qui tissent, teignent les étoffes, qui brodent les admirables tapisseries françaises. De même il faudra non-seulement des ciseleurs habiles pour faire de belle orfévrerie, il faut encore que leur œuvre soit inspirée par des maîtres; le souffle premier appartient encore à l'art proprement dit. Les riches industriels anglais pourront bien à prix d'or embaucher les soldats ou même les sous-officiers de l'art industriel, mais les généraux nous resteront.

Il n'est pas certain, au reste, que les expatriés conservent tout le talent qu'ils ont dans leur pays; les Français ont une nature essentiellement impressionnable, ils sont éminemment sociaux et n'aiment point l'isolement, ils ne prennent toute leur valeur qu'excités, soutenus par un milieu sympathique; transportés au milieu d'une nation étrangère, abandonnés, n'ayant plus ces conversations favorables au progrès, au feu desquelles les hommes de la même profession échauffent leur génie, le goût local qu'ils sont venus pour combattre finit par réagir sur eux, ils déclinent et ne conservent plus la supériorité qui les avait fait rechercher d'abord.

Tant que nous reconnaîtrons à l'Angleterre une infériorité manifeste dans l'art proprement dit, nous n'aurons pas lieu d'être très-inquiets; si elle veut aller plus loin, il faut qu'elle ait une école de peinture et de sculpture britanniques. En fournissant à ses jeunes artistes des maîtres étrangers, dignes de les conduire, elle pourra hâter ce résultat, car on connaît de nombreux exemples de l'heureuse influence d'un homme de génie séjournant au milieu d'un pays encore en arrière dans l'étude des arts. On peut en citer en Angleterre même, car ce n'est qu'après que Holbein et Van Dyck, avant tout admirables portraitistes, eurent passé une partie du seizième et du dix-septième siècle à Londres, que les portraitistes Reynolds et Gainsborough trouvèrent leur véritable vocation. Jusqu'à présent, l'Angleterre néglige cette puissante source de progrès; au lieu de gagner des maîtres de premier ordre, elle s'est contentée de séduire quelques praticiens; mais, à cette exception près, elle ne néglige rien pour organiser l'enseignement artistique et développer le goût de la nation.

Son palais de Sydenham est, sans doute, la tentative la plus gigantesque en ce genre qu'ait jamais faite une nation. En quelques années, construire un vaisseau énorme et y accumuler avec une profusion extraordinaire tous les modèles d'architecture et de sculpture les plus remarquables qui existent au monde, dépenser des sommes énormes pour mettre ainsi sous les yeux de tous ce qui a été produit de plus remarquable dans l'art de la construction, c'est là une preuve évidente de l'intérêt qu'on apporte à l'instruction générale. Sans doute, on n'a pas montré un discernement suffisant dans le choix des œuvres exposées; ce n'est pas une collection faite avec intérêt, avec amour, elle se ressent un peu de la précipitation qu'on a mise à la rassembler. Mais s'il est aisé de critiquer les copies et les reproductions de Sydenham, il faut reconnaître que le BRITISH MUSEUM renferme des chefs-d'œuvre, notamment les marbres mutilés du Parthénon, et l'admirable cariatide qui trône dans son isolement, la perle du British Museum, comme la Vénus de Milo est l'œuvre capitale de notre Louvre. La National Gallery, malgré l'accumulation exagérée des œuvres si discutables de Turner, Hampton-Court enfin et ses admirables Raphaël, constituent une série de modèles suffisante pour exciter les artistes à s'élever jusqu'aux sommets les plus élevés de l'art, si le goût général les soutient, à réagir même heureusement sur lui, à l'épurer, à l'élever par l'influence toute-puissante des chefs-d'œuvre.

L'Angleterre semble vouloir, et on sait qu'elle veut avec persévérance, trouver chez elle des peintres, des sculpteurs, des architectes; elle suit là la seule marche logique, la seule qui puisse un jour, peut-être, lui permettre d'arriver à une supériorité réelle dans les arts industriels, si toutefois le génie de la race anglo-saxonne est susceptible d'arriver, dans la culture des arts, au point où nous la voyons dans tant d'autres entreprises qu'elle a menées à bonne fin.

Le grand moyen d'action que l'esprit pratique des Anglais leur ait suggéré pour donner aux produits de leur industrie, au point de vue du goût, les qualités qui lui manquaient, a été d'organiser sur une échelle immense l'enseignement du dessin. Aujourd'hui 80,000 enfants suivent des cours dont la haute direction est confiée à des maîtres de valeur. Il n'est pas possible de douter qu'en quelques années le goût général de la nation ne soit heureusement modifié par de pareilles mesures, résultat qu'on peut déjà considérer comme obtenu par le seul fait d'avoir passionné la nation pour ces questions, d'avoir éveillé son attention sur ce sujet. Mais de plus, un enseignement aussi étendu doit nécessairement faire naître des vocations, révéler des natures privilégiées, dont les facultés fussent sans cela restées ensevelies dans des travaux d'un ordre inférieur. C'est ainsi qu'en France, dans un pays célèbre par ses facultés peu musicales, on a fait apparaître des artistes distingués avec un Conservatoire de musique. C'est avec des fondations comme celle de Sydenham et surtout du musée de Kensington, que l'on développe les artistes industriels et qu'on les amène à se révéler.

Si la France, comparée aux autres nations, peut se considérer comme la première pour l'ensemble des industries dans lesquelles l'art intervient pour une grande part, il n'en est pas moins vrai qu'on découvre bien facilement dans son industrie des parties faibles. L'invention y paraît insuffisante. Or, nous nous sommes placés à la tête des arts décoratifs de l'Europe, grâce aux œuvres des Lepaute, des Berain et des Boulle, et nous ne pourrons nous y maintenir qu'en créant des rivaux à ces maîtres, et non pas seulement des imitateurs. Qu'est-ce qu'un art indéfiniment reproducteur, si ce n'est le honteux aveu de l'impuissance, le dernier effort d'une fécondité qui s'épuise? Cela soit dit sans partager le découragement auquel tendent les personnes qui comparent trop les accumulations des œuvres d'art d'un siècle avec les travaux journaliers de notre époque, et se trompent par une illusion de perspective.

Quelles sont les mesures propres à nous perfectionner? Avant tout de nous garder d'une confiance exagérée dans une soi-disant supériorité naturelle qui n'existait sûrement pas à l'époque où nous allions chercher des maîtres en Italie, et qui est évidemment le résultat de travaux, d'efforts bien dirigés pour l'éducation de la nation, qui en réclame de nouveaux aujourd'hui.

Après le développement des écoles de dessin, dont l'utilité est admise par tout le monde, nous recommanderons un commerce plus assidu de nos fabricants avec les chefs-d'œuvre des siècles passés. Si notre école de peinture est aujourd'hui la première du monde, le musée du Louvre n'y a pas peu contribué; ses immenses richesses ouvertes à tout venant, ses sculptures, ses tableaux s'offrant sans difficultés à tous ceux qui veulent étudier, s'inspirer par la vue des chefs-d'œuvre ou simplement passer utilement un jour de repos, ont eu la plus heureuse influence sur le goût public.

Une société s'est formée à Paris en 1882, dans le but d'entretenir et de développer en France la culture des Arts ; nous voulons parler de la *Société de l'Union centrale des Arts décoratifs.*

Le musée qu'elle a fondé peut, en se développant, devenir un musée d'art industriel constitué sur les bases que nous avons indiquées dans notre *Dictionnaire des Arts et Manufactures.*

Cette Société, reconnue comme établissement d'utilité publique, se propose :

1° De recevoir, d'augmenter et de tenir à la disposition des travailleurs les collections d'objets d'art anciens et modernes, et une bibliothèque :

2° De créer et d'entretenir des cours spéciaux, des lectures et des conférences publiques ; de fonder une suite de publications concernant les arts décoratifs et les arts appliqués à l'industrie ;

3° D'organiser des concours entre les artistes et les industriels français, et entre les diverses écoles de dessin et de sculpture de Paris et des départements ;

4° D'organiser des expositions temporaires ou permanentes, nationales ou internationales, d'art décoratif et d'industrie d'art ;

5° De répandre l'enseignement du dessin ;

6° D'entretenir un Musée central d'Art décoratif.

Chaque année, le Conseil d'administration doit, aux termes des statuts, se diviser en commissions spéciales chargées d'étudier les diverses questions relatives au fonctionnement de la Société. En outre, une commission consultative, composée d'artistes, de savants, d'industriels et d'amateurs, est appelée à donner son avis sur les questions spéciales qui lui sont soumises.

Nous avions déjà en France bien des ébauches de collections : la galerie d'Apollon, au Louvre, qui est consacrée à l'exposition de bijoux précieux, le musée de Cluny qui renferme des chefs-d'œuvre. Nous aurons désormais une grande collection d'objets d'art industriel, qui pourra guider dans leurs travaux nos ouvriers, comme la galerie des tableaux du Louvre inspire nos artistes.

En vulgarisant l'art, en multipliant les adeptes et les vocations, on aidera puissamment le progrès. Le public, éclairé sur la valeur des chefs-d'œuvre de tous les temps, refusera les objets de mauvais goût ; en même temps les fabricants et les ouvriers, frappés des ressources qu'on peut trouver dans les œuvres anciennes, rivaliseront avec elles.

Si nous avons en Europe des rivaux redoutables, faut-il nous en plaindre ? Non, mais retrouver dans la lutte une nouvelle vigueur pour aller plus avant ; il faut comprendre que notre marche ne peut se ralentir sans grand danger ; il faut redoubler d'ardeur, sous peine de ne plus occuper, dans les industries d'art, le premier rang qu'il importe tant de garder, pour la prospérité et la grandeur de la France.

Pour résumer notre travail, nous dirons que de l'éclat des beaux-arts dans un pays dépendent le développement et le succès d'un grand nombre d'industries, et nous répéterons encore une fois ce principe, que *la Science et l'Art sont les deux bases de l'industrie.*

TABLE DES MATIÈRES

TABLE DES MATIÈRES.

FIN DE LA TABLE DES MATIÈRES.

Paris. — Imp. E. CAPIOMONT et V. RENAULT, rue des Poitevins, 6.

A LA MÊME LIBRAIRIE

Le Diamant, par Henri JACOBS et Nicolas CHATRIAN. 1 volume très grand in-8°, avec 20 planches hors texte à l'eau forte, en chromolithographie, en héliogravure et 30 gravures sur bois représentant les plus beaux bijoux et diamants exécutés depuis l'Exposition de 1878 . . . . **26 fr.**
Relié . . . . **32 fr.**

Le Verre, son histoire, sa fabrication, par Eugène PÉLIGOT, membre de l'Institut. 1 volume in-8° . . . . **14 fr.**
Relié . . . . **18 fr.**

Guide du Verrier. Traité de la fabrication des verres, glaces, cristaux, par M. G. BONTEMPS. Ouvrage classique aujourd'hui sur cette grande industrie. Médaille de l'Institut. 1 fort vol. in-8°, avec nombreuses gravures sur bois. **15 fr.**

Les Métaux dans l'antiquité et au Moyen Age. — L'Étain, par M. Germain BAPST. 1 volume grand in-8°, avec 12 planches hors texte, broché . . . . . **10 fr.**
Relié avec luxe . . . . **12 fr.**

Les origines de la science et ses premières applications, par A. DE ROCHAS. 1 volume grand in-8°, avec 117 figures, dont 5 planches hors texte . . . **10 fr.**
Relié avec luxe . . . . **12 fr.**

Histoire de la Civilisation dans les temps anciens, au Moyen Age et dans les temps modernes, par Ch. SEIGNOBOS, docteur ès lettres. 2 volumes in-18 reliés toile anglaise, avec nombreuses figures . . . . **8 fr.**

Dictionnaire des Arts et Manufactures et de l'Agriculture, formant un traité complet de technologie, par Ch. LABOULAYE, secrétaire de la Société d'encouragement pour l'industrie nationale, etc., et MM. Debette, Alcan, Barral, E. Baude, Berthelot, Bréguet, Dehérain, P. Desormeaux, Dubied, Ebelmen, Faucher, Faure, Grouvelle, Hanriot, Knab, Lissajous, Mallet, Hervé-Mangon, Salvetat, Sanson, Schutzenberger, Vincendon-Dumoulin, etc., sixième édition revue et complétée. 4 vol. in-4°, imprimés sur deux colonnes, avec 5 000 figures dans le texte. Prix, brochés . . . . **100 fr.**
Reliés demi-maroquin, plats toile . . . . **120 fr.**

Le Dictionnaire des Arts et Manufactures et de l'Agriculture est également publié en 44 livraisons dont chacune est vendue . . . . 2 fr. 30

Paris. — Imp. E. CAPIOMONT et V. RENAULT, rue des Poitevins, 6.